フィリピン関係文献目録
―戦前・戦中、「戦記もの」―

早瀬晋三 編

龍 溪 書 舎

目　　次

はじめに ……………………………………………………………………………… 3

Ⅰ．解説 ……………………………………………………………………………… 7

1．「フィリピン関係文献目録（戦前・戦中）」解説にかえて ………………… 7
　　―東南アジアにかんする調査機関・団体とその資料―
　　(1)　機関別出版物 …………………………………………………………… 8
　　(2)　出版物のタイトルの索引から ………………………………………… 21
　　(3)　戦後出版の東南アジア関係の復刻版・研究工具・雑誌・叢書 …… 23

2．「フィリピン関係文献目録（「戦記もの」）」解説にかえて ………………… 27
　　―紙碑としての「戦記もの」―
　　(1)　「戦記もの」研究の現状 ……………………………………………… 28
　　(2)　日本占領期フィリピンにかんする研究状況 ………………………… 32
　　(3)　フィリピン関係「戦記もの」文献目録から ………………………… 34

Ⅱ．目録 ……………………………………………………………………………… 43

1．フィリピン関係文献目録（戦前・戦中） ………………………………… 43
2．南洋協会発行雑誌フィリピン関係記事目録　1915-44年 ……………… 113
3．フィリピン関係文献目録（「戦記もの」） ………………………………… 166

Ⅲ．索引（人名・地名・事項） ………………………………………………… 357

1．フィリピン関係文献目録（戦前・戦中） ………………………………… 357
　　人名 ……………………………………………………………………………… 357
　　地名 ……………………………………………………………………………… 358
　　事項 ……………………………………………………………………………… 360

2．南洋協会発行雑誌フィリピン関係記事目録　1915-44年 ……………… 377
　　人名 ……………………………………………………………………………… 377
　　地名 ……………………………………………………………………………… 383
　　事項 ……………………………………………………………………………… 388

3．フィリピン関係文献目録（「戦記もの」）……………………………………413
　　人名 ……………………………………………………………………………413
　　地名 ……………………………………………………………………………416
　　事項 ……………………………………………………………………………427

は　じ　め　に

　本書は、近現代日本・フィリピン関係史研究のための工具の1冊である。
　ひとつの研究テーマは、研究・教育工具、資料集、一般書、専門書が揃っていることで発展がある。筆者は、これまでそれぞれ以下のような日本・フィリピン関係史にかんする出版物などを発行してきた。専門書としては、論文集『フィリピン近現代史のなかの日本人』（仮題）を出版する予定である。

早瀬晋三『「ベンゲット移民」の虚像と実像―近代日本・東南アジア関係史の一考察』同文舘、1989年。

早瀬晋三『フィリピン行き渡航者調査（1901〜39年）―外務省外交史料館文書「海外渡航者名簿」より』重点領域研究「総合的地域研究」成果報告書シリーズ、No.8、京都大学東南アジア研究センター、1995年。

早瀬晋三「日米比貿易統計　1874-1942年―アジア貿易と阪神2港の視点から」『人文研究』（大阪市立大学文学部紀要）第52巻、2000年12月、1-33頁。

早瀬晋三編『「領事報告」掲載フィリピン関係記事目録、1881-1943年　付録1：『通商月報』『通商彙報』『南方院時報』（大阪発行）、1894-1945年　付録2：『日本外交文書』「外務省外交史料館文書」（戦前・戦中）』龍溪書舎、2003年。

早瀬晋三編『復刻版　比律賓情報　附巻　解説・総目録・索引（人名・地名国名・事項）篇』龍溪書舎、2003年。

早瀬晋三『歴史研究と地域研究のはざまで―フィリピン史で論文を書くとき』法政大学出版局、2004年。

早瀬晋三『戦争の記憶を歩く　東南アジアのいま』岩波書店、2007年。

早瀬晋三『未来と対話する歴史』法政大学出版局、2008年。

早瀬晋三『未完のフィリピン革命と植民地化』山川出版社、2009年。

早瀬晋三編『復刻版　南方開発金庫調査資料（1942〜44年）　附巻　解説、総目次、索引』（仮題）龍溪書舎、近刊。

　本書は、「解説」「目録」「索引」の3つからなる。

「解説」は、それぞれ既発表のものに加筆・修正を加えた。初出は、以下の通りである。
　「調査機関・団体とその資料―東南アジア」末廣昭編『岩波講座　「帝国」日本の学知　第6巻　地域研究としてのアジア』2006年、399-421頁。
　「紙碑としての「戦記物」―フィリピンを事例に」江川温編『死者の葬送と記念に関する比較文明史―親族・近隣社会・国家』日本学術振興会科学研究費補助金プロジェクト報告、基盤研究(A)、2007年、44-83頁。
　「目録」は、それぞれ「解説」の執筆にあわせて作成した。「フィリピン関係文献目録（戦前・戦中）」「南洋協会発行雑誌フィリピン関係記事目録　1915-44年」は、2005年末現在のものが基本である。「フィリピン関係文献目録（「戦記もの」）」は、その後追加して、2008年末現在のものである。
　「フィリピン関係文献目録（戦前・戦中）」は、単行本を基本としながらも、雑誌に掲載されたものを加えた。戦前・戦中には、雑誌に掲載されたものが冊子として配布され、単行本扱いされて図書館に所蔵されているものがあるいっぽう、分類があいまいで登録されないまま利用が困難なものがある。本目録に掲載した1,000点余のうち、約6割の現物確認をおこなった。確認をおこなっていないものには、所蔵図書館・図書室のメモを付した。未確認のもののなかには、フィリピンに関係のないものなど不確かな情報が含まれているかもしれないことを、お断りしておく。
　「南洋協会発行雑誌フィリピン関係記事目録　1915-44年」には、「南洋協会」にかんするものや「南洋」一般に加えて、ボルネオ（カリマンタン）島やスラウェシ（セレベス）島などオランダ領東インドにかんするものが含まれている。東南アジア全体や海域東南アジア全体のなかでフィリピンを理解しようとしたためである。研究成果として、以下のものがある。
　『海域イスラーム社会の歴史―ミンダナオ・エスノヒストリー』岩波書店、2003年。
　「植民者の戦争経験―海軍「民政」下の西ボルネオ」『岩波講座　アジア・太平洋戦争　第4巻　帝国の戦争経験』2006年、31-58頁。
　早瀬晋三『歴史空間としての海域を歩く』法政大学出版局、2008年。
　「フィリピン関係文献目録（「戦記もの」）」では、図書館に登録されインターネットで検索できるもののうち、現物確認をおこなったもの1,300点余を基本とした。そのため、手書きのものやワープロで入力したもの、雑誌や単行本に掲載されたものの1部をコピーして綴じたものが含まれている。また、都道府県立図書館や市町村立図書館には、地元の執

筆者から寄贈され、その地方の図書館でしか閲覧できないものがあるが（実際に訪れてみると各図書館に数点あることが多い）、すべての図書館を訪れて現物確認することができないため、都道府県立図書館の蔵書検索で確認したものを掲載し、「備考」欄に記した。「出版社・発行元」欄では、自費出版の場合、市町村名と発行人を記した。「発行年月日」の00は、発行月日が明記されていないものである。「分類」は便宜上のもので、「内容等」はメモで統一がとれた記述になっていない。削除するつもりであったが、参考になることもあると思い、残すことにした。

　「索引」では、著者名と発行年を記した。「南洋協会発行雑誌フィリピン関係記事目録1915-44年」では、フィリピンに関係するものからのみ語句を拾い、発行年に加えて月を記入した。「フィリピン関係文献目録（「戦記もの」）」では、発行年の上2桁の19または20を省いた。著者名で、姓が同一のものには名を加えた。

　本書の発行によって、近現代日本・フィリピン関係史に関心をもつ者が増え、研究が進展することを願っている。

　本書掲載の文献目録の作成にあたって、国会図書館、大学・研究機関の図書館、都道府県立図書館、市町村立図書館、博物館の図書室などのお世話になった。お名前も知らない無数の図書館で働く人びとに支えられて、ひとつひとつの文献が目録に加えられた。その文献のひとつひとつを現物確認する作業の重要性は、吉久明宏さん（元国会図書館）に教えられた。国会図書館で確認していた本に、差し挟んで忘れられていた吉久さんの字で書かれたメモを見つけたとき、吉久さんにすこし近づいた感じがしてうれしかった。吉久さんをはじめ、図書館で地道な仕事をしているプロがいることで研究が支えられていることに、あらためて感謝したい。

　なお、「フィリピン関係文献目録（戦前・戦中）」の「備考」欄および「フィリピン関係文献目録（「戦記もの」）」の「内容等」欄は、個人的なメモで、出版にさいして削除するつもりであったが、吉久さんの助言に従い、残した。「フィリピン関係文献目録（戦前・戦中）」の作成にあたっては、吉久さんが作成中の目録を参照させていただいた。そのため、「備考」欄の所蔵場所のなかには、吉久さんのメモが含まれている。表記の不統一や説明不足のものがあることをご容赦いただきたい。

I. 解　　説

1.「フィリピン関係文献目録（戦前・戦中）」解説にかえて
　　——東南アジアにかんする調査機関・団体とその資料——

はじめに

　本解説では、筆者が作成した「フィリピン関係図書目録（戦前・戦中）」から、まず機関別発行状況を把握し、それぞれの機関の出版物から東南アジア全体にかかわる叢書などのシリーズものをリストアップする。つぎに、図書のタイトルから人名、地名、事項索引を作成し、考察を加える。さらに、南洋協会が発行した月刊誌からフィリピン関係の記事を網羅的に抜き出し、記事のタイトルから同じく人名、地名、事項索引を作成し、考察を加える。

　雑誌記事を検討した理由は、ふたつある。ひとつは、現在インターネットで検索できる単行本を中心に作成した「フィリピン関係図書目録（戦前・戦中）」には、単行本に値しない数頁のパンフレット類が多数含まれ、なかには雑誌記事をそのまま印刷したものがあり、単行本と雑誌記事の区別をつけることが困難であったことによる。もうひとつは、単行本としてまとめることができない情報、とくに民間が関心をもった情報がなにであったのかを知ることができると考えたためである。

　なお、これらの文献のなかには、著者が機関なのか担当者・執筆者なのかがはっきりしないものがあったり、版がかわって出版されたりしたものがあるため、重複したり抜けたりしていて、必ずしも正確でないことを、あらかじめお断りしておく。とくに戦時中の混乱のなかで発行されたものを網羅的に把握することは困難で、全体の概略をつかむためのものと考えていただきたい。叢書や雑誌の発行数についても、とくに戦時中のものは不明のものがあり、実際には、ここで記した発行数より多いことが充分に考えられる。

　本解説で参考にした戦前・戦中に発行された東南アジア関係の目録に、つぎのものがある。これらの多くは『近代アジア研究文献目録』（大空社、1996年）に収録・復刻されている。

・川崎操・尾崎賢治編『南方文献目録——附・海南島』東京商科大学東亜経済研究所、1942年

8   I. 解　説

・京都帝国大学経済学部研究室『南方資料文献目録』1942年
・京都帝国大学経済学部内東亜経済研究所『南方文献目録』1942年
・太平洋協会調査部『南洋文献目録』1941年；2版、1942年
・台湾総督官房調査課『南支那及南洋調査書目録――附海外調査目録』1935年
・東亜研究所『南方地域資源文献目録』1941年
・東亜研究所『南方植民史文献目録』1942年
・南洋経済研究所『南洋関係図書目録』1941年
・日本拓殖協会『南洋文献目録』1941年；増補、1944年
・横浜高等商業学校太平洋貿易研究所『南方共栄圏資料目録』1941年

(1)　機関別出版物
　①　発行年別出版点数とフィリピンへの関心
　フィリピン関係図書はすでに19世紀に数点見られ、福本日南（日南居士）『フィリッピーヌ群嶋に於ける日本人』（博文社、1889年）や民友社編『比律賓群島』（民友社、1896年）のように、民間人が未知のフィリピンについて関心を示し、紹介したのにはじまる。その

表1：フィリピン関係図書　発行年別出版点数（1889-1945年）

発行年	発行図書点数	発行年	発行図書点数	発行年	発行図書点数	発行年	発行図書点数
		1901	1	1921	12	1941	80
		1902	2	1922	10	1942	194
		1903	2	1923	5	1943	151
		1904	1	1924	3	1944	52
		1905	1	1925	3	1945	9
		1906		1926	14	不明	16
		1907		1927	12	合計	889
		1908		1928	10		
1889	3	1909	2	1929	11		
1890		1910	1	1930	15		
1891	1	1911	2	1931	14		
1892		1912		1932	15		
1893		1913	4	1933	11		
1894		1914	4	1934	9		
1895		1915	3	1935	18		
1896	2	1916	6	1936	33		
1897		1917	4	1937	28		
1898	1	1918	15	1938	24		
1899		1919	7	1939	22		
1900		1920	11	1940	45		

背景には、フィリピンでスペイン人との対等な権利の獲得を目指す平和的改革・啓蒙運動であるプロパガンダ運動がはじまっていたことがあった。そのリーダーのひとりであったホセ・リサールJosé Rizalと、日本からロンドンまで偶然ともにした末廣鉄腸は、旅行記『啞之旅行』（嵩山堂、1889-91年）や『政治小説　南洋乃大波瀾』（春陽堂、1891年）で、フィリピンの現状を紹介した。1896年にスペイン（1899年からアメリカ）からの独立を目指すフィリピン革命が勃発すると、日本に派遣されてきていたマリアノ・ポンセMariano Ponceの『南洋之風雲――比律賓独立問題之真相』（博文館、1901年）や革命のリーダーを主人公とした山田美妙『比律賓独立戦話――あぎなるど』（内外出版協会、1902年；中公文庫、1990年）などが出版された。

　いっぽう、日清戦争（1894-95年）によって台湾を領有した日本は、一衣帯水のフィリピンが身近な存在になった。台湾総督府に加えて農商務省や拓殖局が、漁業、林業、農業、鉄道などの調査をおこなっている。広島県水産試験場も、『比律賓群島漁業視察報告』（1904年）を出版している。さらに、第一次世界大戦（1914-18年）が勃発すると、日本はドイツ領ミクロネシアを占領し、1922年に南洋庁をおいて内南洋とした。このころから台湾総督府や南洋協会が、毎年報告書などを出版するようになり、フィリピン関係全体で年間10点を超えるようになった。その後、外務省がコンスタントに出版するなど30年代後半に出版点数が増加した。そして、「大東亜戦争」（1941-45年）に突入すると出版物は飛躍的に増加して、42年には200点近くに達した（表1参照）。東亜研究所、南洋経済研究所、海外鉱業協会、比律賓協会、南方開発金庫、台湾拓殖株式会社、南方圏研究会など、半官半民の研究機関や各種団体、海外進出企業が実際に統治、事業を展開するための研究に乗りだしたためである（表2参照）。

　では、それぞれの機関は、どのような出版物を刊行したのだろうか。

②　農商務省・農林省・商工省

　農商務省は1881年に設立され、明治政府の殖産興業政策の一翼を担い、おもに農業、林業、商工業といった諸産業を管轄した。1925年に農林省と商工省に分割され、戦時体制強化のために商工省の軍需部分が軍需省として独立し、民生部分が農林省と43年11月に農商務省として再統合されたが、45年8月敗戦直後、軍需省が解体され、ふたたび農林省と商工省に分割された。

　農商務省は早くから商工局、山林局、水産局がそれぞれ視察員を派遣して、『遠洋漁業

10   I. 解 説

表2：フィリピン関係図書 機関別

	農商務省 商工省	台湾総督府	拓務省(拓殖局)	台湾銀行	南洋協会	横浜正金銀行	太田興業株式会社	南満洲鉄道㈱	外務省	ダバオ日本人会
1902	1									
1903										
1904										
1905		1								
1906										
1907										
1908										
1909	1									
1910			1							
1911				1						
1912										
1913	1									
1914		1								
1915		1								
1916										
1917		1			1					
1918	1	4		3	1					
1919		1		1	1	1				
1920	2	1			2	2	1			
1921		2			3					
1922	1	1			2					
1923		3								
1924		1			1			1		
1925	1	1								
1926	1	4			1		1		3	
1927		5			2					1
1928	2	1							1	
1929	1	3	1		2					1
1930	1	4							1	
1931	1	2	3		2		1			
1932	1					1	1		1	
1933		1					1		3	
1934		1			1		1			
1935	1	2			1		1		2	
1936	1	1			2		2	1	1	1
1937		2	4		1		2	1	1	1
1938			1		1		3		3	1
1939	1		2		1		1	3		
1940	1	2			2	1	2	1	9	
1941		2		1	1	1	3	1	3	
1942		4	4			2			2	
1943		5				3				
1944	1	4		1						
1945										
不明		4					2		1	
合計	20	65	17	7	29	11	20	8	32	5

発行年別出版点数（1902—1945年）

華南銀行	比律賓協会	台湾拓殖㈱	東亜研究所	南洋経済研究所	海外鉱業協会	台湾南方協会	南方開発金庫	南方圏研究会	比島軍政監部
3									
1									
	3								
	6								
	2	1							
	1	1							
	2		2	1					
1	2	1	1		6	1			
	4	3	7	2	10	8			
	6	9	5	16	3		16		
	3	6	4	7	5		10	13	9
				1	3		1		
	1								
			1		1				
5	30	21	20	27	27	10	27	13	9

調査報告書』（1903年）や『清国及比律賓群島森林視察復命書』（1905年）など、商業、農業、林業、水産業の状況を報告書にまとめて出版した。第一次世界大戦中・後には、日本との貿易、日本人移民・海外渡航が活発になったことから、特別の調査団を派遣し、1917年および18年に『海外派遣官報告集』、進出企業の参考のために18年および20年に『南洋貿易企業関係法規』を出版した。商工省になった20年代半ば以降には、貿易課（後に貿易局）が毎年のように貿易統計を出版した。貿易統計は、30年から毎年数十冊発行した「通報」の１冊として発行されることもあった。

　雑誌では1905年に『農商務省商品陳列館報告』（農商務省商務局、後に商工局編纂）を創刊、14年に『貿易時報』（農商務省商品陳列館編纂）、17年に『内外商工時報』（農商務省商品陳列館、後に農商務省商務局、商工省貿易局、商工省編纂）に引き継がれ、40年まで27巻を発行した。大阪では1930-42年に『貿易週報』（商工省貿易局出張員事務所、後に商工省大阪貿易事務所または貿易局大阪貿易事務所編纂）を発行した。

③　拓務省

　1929年に設置された拓務省には、39年の時点で朝鮮部、管理局（台湾総督府、樺太庁、南洋庁にかんする事務など）、殖産局（朝鮮以外の外地の産業・交通などにかんする事務、東洋拓殖株式会社・台湾拓殖株式会社・南洋拓殖株式会社の監督事務）、拓務局（移植民および海外拓殖事業にかんする事務）の１部３局があり、臨時の部局として39年に拓殖調査部が設置された。拓務局は、40年11月に満洲を主たる担当地域とする拓北局とその他の地域を担当する拓南局とに分離され、１部４局となった（同時に拓殖調査部廃止）。拓務省は、42年11月の大東亜省の設置にともない廃止された。

　拓務局・拓南局は、1929-42年に『南洋栽培事業要覧』など「海外拓殖事業調査資料」59輯を発行し、おもに東南アジア、中南米、オーストラリアにかんする調査報告書を出版した。フィリピン関係では、マニラ麻などの熱帯農業の調査報告書、鉱業法や土地法などの小冊子を出版し、42年には棉作計画案や民族指導にかんする資料などをまとめている。

④　外務省

　外務省通商局は、一般に「領事報告」とよばれる当該国・地域の領事からの通商経済情報を編集・刊行した。「領事報告」は、政治的外交的情報とは区別され、民間業者の要望に応えるため、誌名を変えながら定期的に発行され、ときには希望者に無料で配布され

た。「領事報告」が本格的に刊行されたのは、『通商彙編』(1881-86年)、『通商報告』(1886-89年)、『官報』(「通商報告」欄、1890-92年)、『官報』(「公使館及領事館報告」欄、1893-1905年)の後を受けて刊行された『通商彙纂』(1894-1913年)からである。

その後、『通商公報』(1913-24年)、『日刊海外商報』(1925-28年)、『週刊海外経済情報』(1928-34年)、『海外経済事情』(1935-43年)と誌名を変えて、中断することなく一貫して海外の経済情報を民間に提供しつづけた。詳細は、早瀬晋三編『「領事報告」掲載 フィリピン関係記事目録、1881-1943年 付録1：『通商月報』『通商彙報』『南方院時報』(大阪発行)、1894-1945年 付録2：『日本外交文書』「外務省外交史料館文書」(戦前・戦中)』(龍溪書舎、2003年)や南原真『『領事館報告』掲載タイ(暹羅)関係記事目録 明治30年から昭和18年迄』(法政大学比較経済研究所、2001年)からわかるが、とくに明治期においては通商にかんする情報だけでなく、現地事情が頻繁に報告されており、当該地の研究そのものにも重要な資料を提供した。なお、東京、大阪、京都、横浜、神戸といった大都市でも、各商業会議所を中心に海外情報を収集し、「領事報告」のような雑誌を発行した。このほか、1923年から31年まで『比律賓「ダバオ」事情』など「移民地事情」を27巻、28年に『蘭領印度ノ農業』など「南洋資源調査報告書」を10号発行した。

外務省のフィリピン関係の出版物は、通商局と亜米利加局のふたつの局に大別できる。通商局の初期の出版物である『移民調査報告』(1908-14年、13巻)は、大規模に世界各地の日本人移民の現状と将来の可能性について調査したものである。第1課が1926年に作成した『第一回貿易会議準備資料』(13巻)は、同年9月に東京で開催された会議のために、東南アジア・南アジアの総領事館・領事館が作成した未定稿である。第5課は、40年に林業、マニラ麻、煙草産業、米作についての小冊子を発行し、42年に『比律賓産業資料』をまとめている。亜米利加局第1課は、独立準備政府の成立(1935年)後、糖業、鉱業、経済事情の小冊子を発行するいっぽう、市民権、独立問題など政局についての調査をしている。両局とも、開戦前の40年に発行点数が増えている。

そのほかの部局では、調査部が『亜細亜民族運動の実体』など「亜細亜諸民族調査資料」を1935年から38年まで5輯を発行し、それらは調査部・調査局が34年から44年まで全世界にかんして発行した「調」シリーズの277号に含まれた。南洋局は、41年に『泰国鉱業事情』など「南調」11輯、『南洋華僑経済ノ危機ニ就イテ』など「華僑研究資料」19輯を発行した。

⑤ 台湾総督府

　台湾総督府は日清戦争後の1895年の下関条約締結後に設置され、1945年の敗戦まで台湾を支配・統治した官庁である。台湾総督は台湾の行政、司法、立法から軍事までを一手に掌握しうる強大な権限をもち、19年6月に台湾総督官房に調査課を設置して、南洋についても積極的に調査をおこなわせた。

　台湾総督府は、第一次世界大戦ころからコンスタントに出版物を発行した。戦前は台湾総督官房調査課および外事課が『南洋調査復命書』など「南支那及南洋調査」を発行し、1916年から39年まで240号を数えた。また、『南洋年鑑』を4回（1929年、32年、37年、43年）発行している。戦時中になると台湾総督府外事部発行の「外事部調査」が中心となり、『仏印要覧』など「一般部門」30号、「技術部門」3号、「経済部門」10号、「経済産業部門」12号、「資源・自然部門」54号、「資源部門」31号、「植物産業資源部門」4号、「政治部門」7号、「文化部門」9号、「南方地図」14号、「雑類部門」5号など、合計165号以上を発行した。フィリピンにかんしては、戦前は農業や邦人事業にかんするものが多く、戦時中は鉱物、森林資源にかんするものが多い。

　また、雑誌として台湾総督官房調査課が1931年11月から38年3月まで『南支那及南洋情報』153号を発行し、引きつづいて外事課が翌月から41年9月まで『南支南洋』154-195号を発行した。

⑥ 台湾拓殖株式会社・台湾南方協会

　台湾拓殖株式会社は、1936年11月に台湾総督府のもとに設立された「国策会社」で、調査課を設け「台調資」A、B、Cの3シリーズを発行した。Aは『南洋華僑と其の対策』など27号、Bは『蘭印を中心とする世界石油問題』など17号、Cは『比島に於ける内皮繊維の研究』など31号を数えた。戦時中の発行物も多く、戦時下の資源開発、産業育成を目指したものがみられる。

　台湾南方協会は1939年11月に南方文化団体として創立され、教育・学芸・衛生など文化事業に加えて、経済関係などの調査活動と人材養成の使命も付与された。40-41年に「南方協会調査叢書」2輯のほか数点と、41年に南方気象予報資料の小冊子を9号発行した。

⑦ 台湾銀行・横浜正金銀行・華南銀行

　台湾銀行は日本の統治時代における台湾の中央銀行で、日清戦争後、台湾経営に乗りだ

した日本が、台湾の金融制度・市場の整備を目的に1897年に台湾銀行法を公布し、99年に設立した。同行は銀行券発行権をもつとともに、一般銀行業務をもおこない、その活動は中国・南洋への資本輸出、日本内地企業との結びつきなど多方面に及んだ。第一次世界大戦を機に南洋に支店を開設、投資を模索し、調査課が報告書を出版した。さらに、「大東亜戦争」を機に、占領地の調査をおこなった。1916年に『仏領印度支那事情』などを「南支那及南洋調査」の1冊として発行し、その後調査課編『蘭領東印度商法手形編』（1921年）などを発行した。43-44年には『スマトラの農業』など「スマトラ概観」5冊を発行している。

　横浜正金銀行は、1880年に国立銀行条例に基づいて設置された。設立の目的は貿易振興であったが、後に外国為替銀行となり、国家との結びつきが強く、1902年から大陸で紙幣を発行した。20年には海外支店の数が30となり、南洋でも支店開設・投資のための調査を開始した。「大東亜戦争」中は、占領地の円決済銀行となり、調査部が調査をおこなった。19年から43年まで『大東亜共栄圏諸地域に於ける貨幣金融為替貿易の概要』など「調査報告」145号を発行した。雑誌として、『正金週報』を43年まで18巻、『内外経済界ノ情勢』を42年まで17巻発行した。

　華南銀行は、1930-33年に南洋、とくに邦人事業にかんする「華銀調査」を57号発行し、その後も調査活動をつづけ42年12月まで92号を数えた。

⑧　南洋協会

　南洋協会は、第一次世界大戦勃発後の日本の対南洋貿易拡大にともなって、1915年に設立された。設立に際し、後に台湾総督となる田健治郎（1919-23年）や内田嘉吉（1923-24年）が指導し、設立後も総督府から経費補助が継続的におこなわれた。戦前・戦中の南洋にかんする諸団体のなかで、もっとも古くもっとも規模が大きく、もっとも活動的でもっとも影響力があったと言っていいだろう。

　南洋協会は、1918年から29年まで台湾支部が『比律賓群島に於ける護謨栽培』など「南洋叢書」51巻、21年から36年まで『蘭領東印度土地法』など「南洋研究叢書」23篇のほか、『在南洋邦人団体便覧』（1937年）などを発行した。南洋協会は、創立とともに『会報』（1915年）、『南洋協会々報』（1916-18年）、『南洋協会雑誌』（1919-37年）、『南洋』（1937-44年）を毎月発行した。連載記事をまとめて、「南洋研究叢書」の1冊として発行したものもある。逆に単行本を連載した場合もある。フィリピンにかんしては、台湾支部を中心に20年

16　I. 解　説

代に農業関係の小冊子を発行し、30年代になるとさまざまな情報を提供した。41年には『比律賓邦人商社名簿』を発行した。また、爪哇(ジャワ)支部は、24から28年まで『蘭領印度時報』5巻を発行した。

⑨　比律賓(フィリピン)協会・暹羅(シャム)協会（後に日暹協会、日本タイ協会）・日本印度支那協会・日本ビルマ協会

　比律賓協会は、フィリピンの独立準備政府成立を契機に、1935年に文部省と外務省の監督のもとに設立された。外務省に加えて、陸海軍、台湾総督府、拓務省からも補助金を得ていたが、あまり影響力のある団体ではなかった。コンスタントに小冊子を発行したが、一般的なものが多く、独自の調査に基づくものは少なかった。機関誌『比律賓情報』は、36年12月から44年12月まで90号を発行した。詳しくは、早瀬晋三「復刻版『比律賓情報——付録　比律賓協会会務報告』解説」『復刻版　比律賓情報　附巻』（龍溪書舎、2003年）を参照。

　暹羅協会（1935年に日暹協会、39年に日本タイ協会に改称）は、1927年に設立され、発行件数はそれほど多くはないが、29年から出版物を発行し、郡司喜一『十七世紀に於ける日泰関係』（1942年）のような大部の書籍を出版した。35年から『会報』3号を発行した後、『暹羅協会々報』を発行、39年9月から『日本タイ協会々報』と名称を変更し、44年まで42号を発行した。

　日本印度支那協会は、『泰・仏印における宣伝戦』など「仏印特報」を9輯発行したほか、『南部仏印事情』など数点の出版物を1940年から41年に発行した。

　日本ビルマ協会は1933年に設立され、37年に『日本緬甸(ビルマ)新通商条約及綿布議定書と最近の緬甸事情』を発行した。

⑩　南満洲鉄道株式会社

　1906年に設立された南満洲鉄道株式会社の東京支社内に、08年東亜経済調査局が設置され、経済を中心に東アジアだけでなく東南アジアを含む世界情勢の研究をおこなった。15年から43年まで『仏印行政制度概説』など「経済資料」205冊や、29年から39年まで『比律賓重要人物批評』など「東亜小冊」20冊を発行した。雑誌では『東亜翻訳通信』『東亜情報』を40年まで384号（継続後誌『東亜旬刊』東亜会発行は44年まで501号）、『東亜』は28年から45年まで18巻、『新亜細亜』は39年から45年まで7巻を発行した。東南アジア関

係では、37年に「南洋叢書」5巻や39年から41年に「南洋華僑叢書」6巻を発行した。

⑪　東亜研究所

　東亜研究所は1938年に企画院の外郭団体として創立され、終戦後の解散まで数百点に及ぶ「資料」（甲乙丙）を発行した。東南アジア関係が、42年から44年まで発行の「東研叢書」全16冊のうち半数以上を占め、J. S. ファーニヴァル『緬甸の経済』などの研究書の翻訳を出版した。同じく42年から44年には、『南方統計要覧』など「東研統計叢書」7点も出版した。雑誌では、『東亜研究所報』を39年から45年まで30号と『東亜日誌』を41年から45年まで隔年に3号発行した。

⑫　南洋経済研究所

　南洋経済研究所は、退役海軍大佐・企画院調査官の小西干比古（たてひこ）が主催した財団法人で、1941年11月から45年まで「南洋資料」シリーズとして約600点の小冊子を発行したほか、37年から42年まで『研究資料』5巻、引きつづき42年から45年まで『南洋経済研究』通巻8巻を発行した。「南洋資料」は、多くが東南アジアにかんするものであったが、オセアニア、南洋群島、マダガスカル島にかんするものも含まれている。そのほか、『南洋関係会社要覧　附在南邦人貿易商社一覧』（改訂増補3版、1939年）などを発行した。

⑬　**東亜経済研究所（京都帝国大学）・神戸高等商業学校（後に神戸商業大学）・横浜高等商業学校・台北高等商業学校**

　京都帝国大学経済学部内に東亜経済研究所が設置され、1941年2月から44年に「東亜経済叢書」4巻2号を発行した。叢書には、さらにシリーズとして「東亜一般問題」「東亜農業論」「東亜金融論」「東亜経済史」「東亜資源論」「東亜経済思想」「東亜経済理論」「東亜商業論」「東亜工業論」「東亜鉄業論」「東亜鉱業論」「東亜交通論」「東亜貿易論」「東亜財政論」「東亜移植民論」があり、福田省三『旧英領馬来に於ける印度人労働者』や蜷川虎三『南方資源論』など100点を超える出版物を刊行した。

　神戸高等商業学校（1930年以降は神戸商業大学商業研究所）は、1915年以来、毎年夏期に学生を海外各地に派遣して、経済事情を視察させ、『海外旅行調査報告』をまとめ、41年まで27冊を発行した。

　横浜高等商業学校太平洋貿易研究所は、1941年から43年まで『東亜共栄圏経済循環の基

本図式』など「太平洋産業研究叢書」9輯の小冊子を発行した。

　台北高等商業学校南支南洋経済研究会は、1943年まで『南支南洋研究』40号を発行した。

⑭　海外鉱業協会・南洋水産協会・水産経済研究所・南洋栽培協会

　海外鉱業協会は、1940年から44年まで『東印度諸島鉱産資源開発の将来性に就て』など「海協資料」143点の小冊子を発行したほか、40年から41年まで『比嶋鉱業情勢』『比島鉱業情勢』15号を発行した。また、40年から41年まで『海外鉱業ニュース』19号を発行し、単行本として『海外鉱業協会主催講演集』を発行するなど、資源開発のための情報を提供した。

　社団法人南洋水産協会は、1935年から42年まで渡邊東雄『外南洋邦人水産業』など「南洋水産叢書」10輯を発行し、雑誌では35から44年まで『南洋水産』10巻を発行した。

　水産経済研究所は、1941年から44年まで『南方漁業の再編成』など「水産経済資料」24輯を発行した。

　南洋栽培協会は、1942年まで『南洋栽培協会会報』16巻、39年まで『業務報告書』14号を発行したほか、清水重次郎編『蘭領東印度外領苦力条例』（1931年）などを発行した。

⑮　日本貿易振興協会

　日本貿易振興協会は、1941年から44年まで『仏領印度支那と貿易事情』など「調査彙報」13輯、41年から43年まで『大東亜共栄圏貿易対策委員会報告書』など「報告」5号、41年から43年まで「泰国関税定率法」など「資料」11輯、41年から43年まで北川勝敏『南方開発金庫に就て』など「講演」12輯を発行した。雑誌では、43年まで『貿易時報』219号を発行した。

　スラバヤ日本商品陳列所など商品陳列館・商品陳列所も、調査成果を小冊子にまとめて発行した。

⑯　野村合名会社海外事業部・暹羅室（後にタイ室）・太田興業株式会社・海外興業株式会社

　野村徳七を祖とする野村財閥は、1917年に野村南洋事業部を発足させて、ボルネオ、スマトラ、ブラジル、ニューカレドニアなどで天然資源開発をおこない、22年に野村合名会社を設立した。海外事業会社に、20年設立の蘭領ボルネオゴム工業（1929年に野村東印度

殖産と改称)、41年設立の西貢(サイゴン)野村商店がある。41年から積極的に調査をおこない、「東南アジア諸国経済調査」3部、「蘭印調査」7部、「蘭印経済調査」10部、「蘭領ボルネオ調査」4部、「英領ボルネオ経済調査」2部、「比律賓経済調査」3部、「馬来調査」1部、「仏印経済調査」17部、「ビルマ経済調査」5部などの謄写版刷りの報告書を出版した。単行本では、野村合名会社海外事業部・野村合名会社調査部『南方圏建設の構想』(東海堂、1942年)などを出版した。雑誌では35年から36年に『南洋経済研究』を発行し、『爪哇銀行年報』も発行した。

　暹羅室は、1935年に三井合名会社の1機関として設立され、39年に独立してタイ室東京事務局と改称、43年には財団法人タイ室に発展した。42年まで『新興暹羅の国家財政』などの調査報告書や翻訳など、「参考資料」87点を出版した。

　1907年にフィリピン南部ミンダナオ島ダバオで、マニラ麻栽培会社として設立された太田興業株式会社は、バゴ農事試験場を設置し、40年まで13報の年報を発行するなど、栽培事業にかんする冊子を発行した。

　海外興業株式会社は、1927年から39年まで『移民地事情』153号を発行した。

⑰　ダバオ日本人会・マニラ日本商業会議所

　戦前3万人の日本人が居住していたフィリピンで、そのうち2万人が居住していたダバオでは、日本人会の活動も活発で、移住地の状況についての冊子が出版された。商工会・商業会議所の案内も発行され、『ダバオ商業会議所　月報』は1941年まで86号が発行されている。マニラでは、『マニラ日本商業会議所　通報』が41年まで58号発行され、マニラ日本人小学校はフィリピン事情にあわせた歴史や地理の教科書、読本を発行した。

　そのほかの東南アジアの商業会議所では、蘭印日本人商業協会連合会が『蘭印日本人商業協会連合会　月報』を1941年まで27号発行しているほか、37年から38年に『輸出制限関係法規』『輸入制限関係法規』『営業及入国制限関係法規』の「蘭印非常時条例集」3輯を発行した。

　在暹日本人会が大部の『暹羅事情』(東亜印刷、1922年)、新嘉坡(シンガポール)日本人倶楽部が『赤道を行く──新嘉坡案内』(1939年)を編集・出版したように、フィリピン以外の在外日本人会も現地事情の紹介などを出版した。

⑱ 比島軍政監部

　日本が東南アジア各地を占領し、軍政を開始すると、軍政監部は統治のための調査を開始し、報告書を出版した。なかでも、『比島調査報告』4編（1943年）は、蠟山政道の下、当時の一流の日本人研究者がまとめたもので特筆に値する。

　フィリピン調査を軍から委託された三菱経済研究所は、『米国戦争経済力の基礎研究』（1943年、改訂版44年）を出版し、フィリピンでの調査もおこなったが、その成果を戦時中に出版することはほとんどなかった。英領マレー、スマトラ、ビルマの調査を委託された南満洲鉄道株式会社調査部、ジャワの調査を委託された東亜研究所、北ボルネオの調査を委託された太平洋協会も、同様の状況であった。

⑲ 南方開発金庫

　日本は占領地の金融機関として、1942年3月に南方開発金庫を設立し、東京の本金庫に調査部、マニラ、ジャワ、マレーなど現地の支金庫に調査係を設置して、調査にあたった。現地からの情報をまとめた『南方日誌』31号、『南方占領地発行新聞論調』のほか、『南方占領地に於ける金融通貨財政現況』など「金調」31号、『南方圏の水運概観』など「産調」39号、『南方ニ於ケル人口問題』など「社調」30号、『南方関係会社要覧』など「経調」26号、『東亜共栄圏ニ於ケル南方地域ノ通貨比率ノ問題』など「貿調」12号、『泰の新領土』など「メモ」14号、『マニラ市ニ於ケル公定小売価格』など比島支金庫「金庫現地報告マニラ」13号、ジヤワ支金庫「バタビヤ」1号『庶民銀行ノ再開』、マレー支金庫「金庫現地報告昭南」3号、『南方資料』2号など、200点を超える出版物を発行した。詳しくは、早瀬晋三『復刻版　南方開発金庫調査資料（1942〜44年）　附巻　解説、総目次、索引』（仮題）（龍溪書舎、近刊）を参照。

⑳　その他の団体発行の雑誌、叢書など
・太平洋協会調査部は、J. H. ブーケ『ジャワ村落論』など「太平洋問題研究叢書」（1941-43年）数冊
・台湾農会『台湾農会報』1巻1号〜5巻12号（1939年〜44年12月）
・拓殖奨励館『海を越えて』1-7巻（1938-44年）
・南支調査会『南華』1-2巻（1939-40年）、『南方』2-6巻（1940-44年）
・南方会「南方工作参考資料」3号（1939年）

・南方圏研究会「研究資料」34点（1942-44年）の小冊子ほか、数点の啓蒙的印刷物
・南方産業調査会「南進叢書」15点（1941-44年）
・日本公衆保健協会南方調査室は、『マラリヤ撲滅の自然的方法』など「南方衛生調査資料」14輯（1942-43年）
・日本拓殖協会「拓殖叢書」7輯（1941-42年）
・熱帯文化協会は、『蘭領東印度小スンダ群島調査報告書』（1937年）など数冊
・貿易統制会『貿易統制会会報』1巻1号～2巻5号（1942年5月～1943年5月）

(2) 出版物のタイトルの索引から
  ① フィリピン関係図書目録（戦前・戦中）

　人名索引では、早くから南進論を唱えたとされる「菅沼貞風（ただかぜ）」が6点で、もっとも多い。つぎにダバオのマニラ麻産業を本格的にはじめ、「ダバオの父」とよばれた「太田恭三郎」が4点、フィリピン革命期の大統領の「アギナルド」が3点、フィリピン第1の国民英雄である「リサール」が2点とつづく。1点ずつでは、17世紀初めから存在したマニラの日本町との関連で「高山右近」と「呂宋助左衛門」、フィリピン革命との関連で日本に亡命してきた「リカルテ」、日本からの工作員であった「坂本志魯雄」、日本に運動の様子を伝えた「末廣鉄腸」、「山田美妙」などがある。

　執筆者では、渡辺薫が17点でもっとも多い。南洋協会、商工省、東京府、日本比律賓メリヤス輸出組合などの嘱託で、フィリピン滞在十数年におよぶ調査の成果が、この点数にあらわれている。『比律賓在留邦人商業発達史』（南洋協会、1935年）や『熱帯医学とフィリッピンの全貌』（拓南社、1942年）などの著書がある。つぎに三吉朋十の16点で、『比律賓の土俗』（丸善、1942年）や『大南洋地名辞典　第一　比律賓』（丸善、1942年）などの著書があり、民族調査の出版物が多い。同じく民族調査では、仲原善徳がミンダナオ島を中心に9点あり、『バゴボ族覚書　附イゴロット少年記』（改造社、1943年）などの著書がある。児島宇一の12点は、おもに太田興業株式会社経営バゴ農事試験場報である。毛利八十太郎の11点は、おもに『国際パンフレット通信』のパンフレットである。

　従軍作家火野葦平の8点、柴田賢次郎の5点、尾崎士郎の4点は、戦時中に発行されたフィリピンを題材にした小説である。大谷純一の5点は『比律賓年鑑』（昭和12-16年度版）である。大久保忠臣の4点は、『霊魂の荒野を往きつゝ　南洋ダバオ伝道記』（ダバオ福音社、1932年）などキリスト教の伝道記録である。民友社の福本日南の4点のうち3点は、

22   I. 解　説

1941年から42年に復刻されたものである。比律賓協会で活動した木村惇は4点、南洋協会で活動した正木吉右衛門は4点、おもに小冊子を発行している。小池四郎の4点は35年から36年に発行され、「南方国策」「愛政パンフレット」シリーズの愛国主義的な小冊子である。宗宮信次の3点は、いずれも43年発行で、比島軍政監部軍政調査部「調査報告」の2冊と比島調査部の「比島調査資料」の1冊である。今村忠助の3点、中屋健弌の3点、濱野末太郎の3点は、いずれもフィリピンの独立問題など、時事問題や現状の紹介である。黒川滋の3点は、繊維製品の輸出入貿易、華僑の状況についてである。木村毅は『布引丸』（春陽堂文庫出版、1944年）などの3点である。

　地名索引では、「ダバオ」「ダバオ州」が計35点でもっとも多く、ついで「マニラ」「マニラ港」「マニラ市」の計21点、「ミンダナオ」「ミンダナオ島」計15点、「呂宋」「呂宋島」計9点であった。そのほかに戦場となった「コレヒドール」4点、「バタアン」3点がある。

　事項索引では、「農業」関係24点、「マニラ麻」など硬質繊維関係40点、「棉花」「棉作」関係16点、「マニラ麻」「棉花」「棉作」関係を除く農産物32点、「森林」「林業」関係27点、「漁業」「水産」関係13点で、農林水産業にかんするものが多く、「鉱業」「鉱産物」関係41件から資源開発にも関心が寄せられたことがわかる。フィリピンには多くの在留邦人がいたことから「邦人」「移民」関係が42点にのぼり、ダバオの中心的存在だった「太田興業株式会社」「バゴ農事試験場」12点がある。第一次世界大戦を契機に日比貿易が発展することから「貿易」関係33点、「経済」関係23点があり、フィリピン経済で重要な位置を占めていた「華僑」にかんするものも11点ある。フィリピン政治では、独立問題に関心が寄せられ、「独立」関係で38点ある。独立問題に関連して「タガログ語」など国語にかんするものが10点ある。また、「民族」にかんするものが21点あり、調査がおこなわれ、成果が出版されたことがわかる。

②　南洋協会発行雑誌フィリピン関係記事目録

　執筆者を含む人名索引から、フィリピン人では「ケソン」12点、「オスメニア」5点、「ロハス」5点と正副大統領など有力政治家の言動に関心が寄せられたことがわかる。また、「セーヤー」高等弁務官3点など、アメリカ人総督・高等弁務官の名前も散見される。

　執筆者では、渡辺薫の47点がもっとも多い。つぎに、フィリピンだけでなく広く南洋各地の民族調査をおこなった三吉香馬の連載があり、フィリピン関係だけで20点にのぼる。榎本信一の16点はフィリピンの産物や風物を1925年から30年に連載したもの、板倉恪郎の

13点は同じくフィリピンの産業を18年から20年に紹介したものである。そのほか、正木吉右衛門が27年から36年に10点、原繁治が37年から41年に10点、フィリピン事情の報告をおこなっている。

　地名索引では、「マニラ」が82点ともっとも多く、ついで「ダバオ」の62点で、「ルソン」12点、「ミンダナオ」17点をそれぞれ加えても、マニラの記事がダバオより多かったことがわかる。そのほかでは、国際港であった「サンボアンガ」の10点、連載の紀行文が載った「サンバレス」の8点が目立つ程度で、圧倒的にマニラとダバオに情報が集中していたことがわかる。

　事項索引では、日本商品・日本人に直接関係するものが多い。「貿易」関係79点、「関税」15点、「商品展覧会」「カーニバル」15点は日本商品のフィリピン進出に関連し、「華僑」「中国人」関係28点は日貨排斥関係を含む。とくに繊維製品が重視されたことから「綿布」17点があり、「日比関係」諸々が27点ある。フィリピン経済一般にかんする関心から「経済」関係が23点ある。

　在フィリピン邦人にかんしては、「邦人」関係51点、「移民」関係17点、別に「ダバオ日本人会」などダバオ邦人関係19点、「マニラ日本商業会議所」など在マニラ邦人関係16点がある。日本人が従事していた産業に関連して、「マニラ麻」関係75点、「漁業」関係14点があり、進出の可能性に関連して「ココナツ」関係23点、「ゴム」関係21点、「砂糖」関係10点、「カポック」8点がある。

　フィリピン政治にかんしては独立問題の行方に関心があったため、「独立」関係52点、「議会」17点の記事があり、アメリカ総督の言動にも関心を寄せたことから「総督」15点がある。

　このように雑誌記事の索引から、単行本より身近な情報が掲載されたことがわかる。

(3)　戦後出版の東南アジア関係の復刻版・研究工具・雑誌・叢書

① 復刻版

　戦後復刻された戦前・戦中の出版物については、1986年に組織された「インドネシア日本占領期史料フォーラム」および後続の「日本のフィリピン占領期に関する史料調査フォーラム」「〈日本のマラヤ・シンガポール占領期史料調査〉フォーラム」「東ティモール日本占領期史料フォーラム」（いずれもトヨタ財団助成）の果たした役割が大きい。「南方軍政関係史料」（龍溪書舎）のなかには、各フォーラムが収集した「証言集」や新たに発掘し

た「史料集」、「文献目録」などが含まれている。おもなものに、『大東亜法秩序・日本帝国法制関係資料』『南方徴用作家叢書』『日本語教科書——日本の英領マラヤ・シンガポール占領期（一九四一—四五）』『ジャワ・バル』『比島調査報告』『第一四軍軍宣伝班　宣伝工作史料集』がある。

このほか、龍溪書舎が発行した東南アジア関係の復刻版に、「二〇世紀日本のアジア関係重要研究資料」第一部「東亜研究所刊行物」（『南方統計要覧』などを含む）、第二部「定期刊行史料」（比律賓協会『比律賓情報』、伊藤友治郎編『南洋年鑑』などを含む）、第三部「単行図書資料（大東亜戦争前後迄外地での刊行邦文図書を中心に）」（「南洋華僑編」などを含む）などがある。

また、「植民地年鑑」（日本図書センター）には、『南洋年鑑』（台湾総督官房調査課／外事課編、全5巻）および『大南洋年鑑』（南洋団体連合会編、全2巻）が含まれている。日本占領中に発行された『マニラ新聞』（日本図書センター）も基本的資料である。「アジア学叢書」（大空社）、「文化人の見た近代アジア」（ゆまに書房）のなかにも、東南アジアにかんするものが含まれている。

② 研究・教育工具

『アジア歴史事典』平凡社、1959-62年、全10巻
松田寿男・森鹿三編『アジア歴史地図』平凡社、1966年
松本重治編『東南アジア・ハンドブック』毎日新聞社、1972年
河部利夫編『東南アジア社会文化辞典』東京堂出版、1978年
アジア経済研究所編『発展途上国研究——七〇年代日本における成果と課題』1978年
滝川勉編『東南アジア・ハンドブック』講談社、1980年
矢野暢編著『東南アジア学への招待』NHKブックス、1983年、全2冊
島田虔次ほか編『アジア歴史研究入門五　南アジア・東南アジア・世界史とアジア』同朋舎、1984年
アジア経済研究所編『発展途上国研究　1978-85』1986年
石井米雄ほか編『東南アジアを知る事典』平凡社、1986年（新版、2008年）
史学会編『日本歴史学会の回顧と展望18　南・東南アジア』山川出版社、1988年
滝川勉編『新東南アジア・ハンドブック』講談社、1988年
土屋健治・加藤剛・深見純生編『インドネシアの事典』同朋舎、1991年

鈴木静夫・早瀬晋三編『フィリピンの事典』同朋舎、1992年

上智大学アジア文化研究所編『入門　東南アジア研究』めこん、1992年

石井米雄・吉川利治編『タイの事典』同朋舎、1993年

アジア経済研究所編『日本における発展途上国地域研究　1986-94　地域編』1995年

古川久雄ほか編『事典　東南アジア——風土・生態・環境』弘文堂、1997年

桜井由躬雄・桃木至朗編『ベトナムの事典』同朋舎、1999年

早瀬晋三『歴史研究と地域研究のはざまで——フィリピン史で論文を書くとき』法政大学出版局、2004年

東南アジア学会監修『東南アジア史研究の展開』山川出版社、2009年

③　雑誌・年鑑

アジア政経学会編『アジア研究』1954年〜現在（アジア政経学会のホームページで公開）

東南アジア調査会編『東南アジア要覧』1959-92年

アジア経済研究所『アジア経済』1960年〜現在

京都大学東南アジア研究センター／東南アジア研究所『東南アジア研究』1963年〜現在

アジア経済研究所編『アジア動向年報』1970-81年、1988年〜現在、『アジア・中東動向年報』1982-87年（アジア経済研究所、アジア政経学会のホームページで公開）

東南アジア史学会／東南アジア学会編『東南アジア——歴史と文化』1971年〜現在

天理南方文化研究会編『南方文化』1974年〜現在

東南アジア考古学会『東南アジア考古学』1994年〜現在

東南アジア文学会『東南アジア文学』1996年〜現在

④　叢書・講座・シリーズ

『東南アジアの価値体系』現代アジア出版会、1970-72年、全4巻

「東南アジアブックス」井村文化事業社（勁草書房）、1976-95年、全117冊

『東南アジア現代史』山川出版社、1977-83年、全4巻

綾部恒雄・永積昭編「もっと知りたい東南アジア」弘文堂、1982-83年、全6巻

岩田慶治ほか編「東南アジア学選書」勁草書房、1985-89年、全4巻

矢野暢編『講座　東南アジア学』弘文堂、1990-92年、全10巻＋別巻

「南方軍政関係史料」龍溪書舎、1990年〜現在、42＋巻

矢野暢編『講座　現代の地域研究』弘文堂、1993-94年、全4巻

「暮らしがわかる　アジア読本」河出書房新社、東南アジア関係6巻、1993-97年

「もっと知りたいシリーズ」弘文堂、東南アジア関係（第2版）など、1994-96年

「地域研究叢書」京都大学学術出版会、1996年〜現在、20＋巻

古田元夫ほか編『写真記録　東南アジア　歴史・戦争・日本』ほるぷ出版、1997年、全6巻

『鶴見良行著作集』みすず書房、1998-2004年、全11巻

「「現代の地殻変動」を読む」弘文堂、2001-02年、全5巻

池端雪浦ほか編『岩波講座　東南アジア史』岩波書店、2001-03年、全9巻＋別巻

2．「フィリピン関係文献目録（「戦記もの」）」解説にかえて
――紙碑としての「戦記もの」――

はじめに

　日本における第二次世界大戦にかんする「戦記もの」の研究としては、高橋三郎『「戦記もの」を読む：戦争体験と戦後日本社会』（アカデミア出版会、1988年）があるだけで、これまで研究対象として充分に意識されることはなかった。関連する研究として、戦友会や戦争記念碑、戦争博物館などがあるが、それらの研究もあまり活発におこなわれてこなかった。そして、これらの研究には、基本的な問題がある。それは、これらの研究が、とくに大きな戦争を経験した後、世界中でおこる現象として共通のテーマであり、また戦場とした海外との関連から国際的なテーマであるにもかかわらず、日本国内だけで通用する議論しかおこなってこなかったことである。そのことが、「靖国問題」や海外での慰霊活動にともなう摩擦の問題になり、日本の戦後処理が充分ではない、と非難される一因になっていると考えられる。グローバル化が進む現代において、国内問題は容易に国際問題になることを考えねばならない。

　いわゆる「歴史認識」問題の解決のためには、日本が戦争に巻き込んだかつての「大東亜共栄圏」の各国・地域で日本の占領がどのように伝えられているのかを、日本人が知ると同時に、なぜ日本人の戦友や遺族が靖国神社にこだわり、治安がけっしてよくないかつての戦場に危険を冒してまで慰霊活動をおこなうのかを、国際的に伝えることも必要だろう。筆者は、東南アジアの各国・地域の人びとが、どのように日本占領期を記憶し、後世に伝える努力をしているのかを、とくに日本人の若者に知ってもらうために、『戦争の記憶を歩く　東南アジアのいま』（岩波書店、2007年）を出版した。このような視点で引き続き研究をしていくいっぽう、日本が戦争をおこし、止めることができなかった原因、日本人が戦場・占領地でおこなったとされる「非人道的」な行為の原因を追及し、また、戦友や遺族の戦後の活動についても考えていきたい。

　本解説では、まず日本における戦後の慰霊活動の一環としての「戦記もの」とそれに関連する研究状況を概観し、つぎに日本占領期フィリピンにかんする研究状況、フィリピン関係「戦記もの」の出版状況から、今後の研究の可能性を展望する。そして、最後にフィリピン関係「戦記もの」の表題に使われた語句から索引を作成し、それぞれの著者が「戦記もの」の執筆にこだわった理由を考える。

28　I. 解　説

　なお、本解説でいう「戦記もの」とは、高橋三郎が定義した「戦争体験に基づいて書かれた手記、回想録、日記、手紙、エッセイ、研究論文、小説など、広く指す」［1頁］に基本的に従い、「など」として、高橋の研究以降に増加した慰霊活動の記録、慰霊巡拝紀行など、戦争体験に関連する戦後の活動について書かれたものを含むものとする。

(1)　「戦記もの」研究の現状

　「戦記もの」そのものの研究では、先に述べた高橋三郎著しかない。この本では、まず「「戦記もの」の読み方」から入り、昭和20年代から10年ごとにその特徴を整理し、最後に「「戦記もの」の意味」を考察している。そして、今後の研究課題として、「戦争体験者が感じたジレンマを戦争体験者がどのような論理や心理や倫理で解決しようとしたか、それを実証的に分析する」［171頁］ことをあげている。また、この本の出版後の動向を追うことも、新たな課題としてあげることができる。

　このような「戦記もの」の研究にとって基本となる文献目録として、西村正守編『戦後刊行　戦史・戦記総目録：陸軍篇』（地久館出版、1987年）がある。しかし、「戦記もの」は、私家版として自費出版されたものが多く、網羅的に把握することは困難で、「総目録」とあるにもかかわらず、わずか1,000点あまりしかリストアップされていない。また、分類も困難であるが、作戦地域別に分類されたものとして、井門寛編『太平洋戦史文献解題』（新人物往来社、1971年）があり、その改題改訂版『太平洋戦史文献総覧』（歴研、2000年）が出版された。改訂版では、「書名をゴシック体で記した下に、①著者・編者名　②出版地・出版社　③刊行年　④頁数・図版や地図の有無・判型　⑤解題の順で表示」されている。フィリピン関係だけで「陸戦記」350余、「海戦記」70弱などが掲載されており、勤務していた国会図書館を中心にリストアップしたのであろうが、それでもかなり欠けていて、今回目録作成のために確認した点数の3分の1にも満たない。文学作品としては、矢野貫一編『近代戦争文学事典』（大阪：和泉書院、1992-2005年、9冊）が参考になる。

　寄贈された「戦記もの」を、国会図書館や地方の公共図書館で見ることができる点数は限られている。現在もっとも多く、まとまって開架式で閲覧できるのは、奈良県立図書情報館の戦争体験文庫コーナーである。募集して集めた「戦記もの」など約5万点の資料が閲覧できる。そのなかには、手書きのものやワープロ打ちしたものも含まれている。靖国神社にある靖国偕行文庫や厚生労働省が戦没者遺族の援護施策の一環として1999年にオープンした昭和館の図書室にも、戦友会や遺族から寄贈された自費出版の「戦記もの」が書

庫に多く所蔵されている。2006年にオープンしたしょうけい館（戦傷病者史料館）にも若干所蔵されている。これら3つは、歩いてすぐのところにある。大学では、立命館大学国際平和ミュージアムの国際平和メディア資料室に、「戦記もの」が集められている。

「戦記もの」を史料として使った本格的な研究として、吉見義明『草の根のファシズム：日本民衆の戦争体験』（東京大学出版会、1987年）があり、藤井忠俊『兵たちの戦争：手紙・日記・体験記を読み解く』（朝日新聞社、2000年）も民衆史の視点から考察されている。最新の研究状況がよくわかる『岩波講座　アジア・太平洋戦争』（2005-2006年、全8巻）の個別論文のなかにも、「戦記もの」が有効に使われているものがある。

「戦記もの」の出版に大きくかかわっている存在として、戦友会がある。その戦友会の研究として、高橋三郎編『共同研究・戦友会』（田畑書店、1983年）があり、新装版が2005年（インパクト出版会）に出版された。この共同研究でわかったことは、2,000〜3,000はリストアップできたが、調査当時数万はあるとも言われたように、実態がつかみにくいということだった。それでも、数千の戦友会が存在し、数十万人の会員が具体的に活動していることが推定できた。

これらの戦友会が熱心だったのは、慰霊活動としての戦史の出版と戦争記念碑の建立であった。戦争記念碑の研究としては、大原康男『忠魂碑の研究』（暁書房、1984年）がある。戦死者の魂のみを祀り遺骨のない忠魂碑にたいして、遺骨を納める墓でもある忠霊塔を市町村で建てる運動の背景には、1937年7月の日中戦争の本格化による戦死者の増大があった。39年7月に設立された財団法人大日本忠霊顕彰会が推進体となっておこなわれ、神社界とつながりの深い内務省と仏教界とつながりの深い陸軍省はともに「一市町村一基」を原則とした。また、海外では、日露戦争（1904-05年）後、各主要作戦地に遺灰を納めた忠霊塔を建立し、戦死者の慰霊とともに勲功を表彰、記念した。なお、日本各地の陸軍墓地に埋葬されたのは、基本的に平時に死亡した軍人で、戦死者はきわめて少ない。

戦後、1963年から全国戦没者追悼式が8月15日に毎年開催されるようになり、翌64年に戦没者叙勲が再開され、軍関係者の復権がおこなわれるとともに、慰霊とあわせて顕彰をするための戦争記念碑が建立されるようになった。戦友会とともに遺族会などの活動も活発になり、無数に戦争記念碑が建立された。国立歴史民俗博物館『近現代の戦争に関する記念碑』（「非文献資料の基礎的研究」報告書、2003年）によると、全国に少なくとも15,942基が現存している。その根拠となった都道府県毎の「戦没者等に関する記念碑報告書一覧」［33頁］のなかには、92年6月の全国護国神社会の臨時総会において、「忠魂碑調査の件」

が決議されたのを踏まえて調査した報告書が含まれている：愛知県護国神社編『愛知県下英霊社忠魂碑等調査報告書　第一～四輯』（愛知県護国神社、1992-2005年）；海老根功編『東京都忠魂碑等建立調査集』（靖国神社、1995年）；海老根功編『神奈川県忠魂碑等建立調査集』（靖国神社、1996年）；滋賀県護国神社編『滋賀県内忠魂碑・慰霊碑等調査集』（滋賀県護国神社、1997年）；千葉県護国神社編『千葉県の忠魂碑』（千葉県護国神社、1998年）；海老根功編『群馬県の忠霊塔等』（群馬県護国神社、2001年）。

　また、各県の遺族会がまとめたものに、つぎのものがある：山形県遺族会編『山形の慰霊碑』（1995年）；山口県遺族連盟忠魂碑関係編纂専門委員会編『ふるさとの忠魂碑』（山口県遺族連盟、1997年）；宮崎県遺族連合会編『宮崎の慰霊碑』（2000年）。これら県ごとに調査し、出版されたものは80年代なかばからはじまっており、つぎのものがある：海老根功編『忠魂碑　第1～2巻　茨城県　上巻　下巻』（東宣出版、1984-85年）；海老根功編『戦争のいしぶみ　埼玉県』（埼玉新聞社、1985年）；海老根功編『栃木のいしぶみ』（栃木県護国神社、1986年）；二橋正彦編著『静岡県内忠魂碑等（慰霊施設）全集』（静岡県護国神社、1991年）。

　慰霊・顕彰活動は海外でも活発になり、政府は1971年に「海外慰霊碑建設要領」を定め、73年の「比島戦没者の碑」を皮切りに2001年までに14カ所に慰霊碑を建立し、76年以降毎年、主戦場で「戦跡慰霊巡拝」をおこなった。

　慰霊碑と関連して戦死者祭祀の問題については、宗教学や民俗学の視座からの研究がおこなわれているほか、近年「靖国問題」を意識した出版が相次いでいる：國學院大學研究開発推進センター企画・編集『慰霊と顕彰の間：近現代日本の戦死者観をめぐって』（錦正社、2008年）；西村明『戦後日本と戦争死者慰霊：シズメとフルイのダイナミズム』（有志舎、2006年）；矢野敬一『慰霊・追悼・顕彰の近代』（吉川弘文館、2006年）；今井昭彦『近代日本と戦死者祭祀』（東洋書林、2005年）；赤澤史朗『靖国神社：せめぎあう〈戦没者追悼〉のゆくえ』（岩波書店、2005年）；波平恵美子『日本人の死のかたち：伝統儀礼から靖国まで』（朝日選書、2004年）；川村邦光編『戦死者のゆくえ：語りと表象から』（青弓社、2003年）；田中丸勝彦『さまよえる英霊たち：国のみたま、家のほとけ』（柏書房、2002年）；岩田重則『戦死者霊魂のゆくえ：戦争と民俗』（吉川弘文館、2002年）；本康宏史『軍都の慰霊空間』（吉川弘文館、2002年）；田中伸尚『靖国の戦後史』（岩波新書、2002年）。また、陸軍墓地の研究として、小田康徳ほか編『陸軍墓地がかたる日本の戦争』（ミネルヴァ書房、2006年）がある。

これらの研究が、先行研究として依拠した基本的文献に、つぎのものがある：小林健三・照沼好文『招魂社成立史の研究』（錦正社、1968年）；村上重良『慰霊と招魂：靖国の思想』（岩波新書、1974年）；大江志乃夫『靖国神社』（岩波新書、1984年）。

　「靖国問題」については、さまざまな立場からの主張がある。国立歴史民俗博物館では、その議論の基礎資料となる戦争にかんする記念碑や墓地の調査、口述史料の収集などを共同研究でおこなっており、その成果はつぎの刊行物として出版されている：国立歴史民俗博物館編『国立歴史民俗博物館研究報告147　［共同研究］戦争体験の記録と語りに関する資料論的研究』（関沢まゆみ編、2008年）；『国立歴史民俗博物館研究報告126　［共同研究］近代日本の兵士に関する諸問題の研究』（一ノ瀬俊也編、2006年）；『戦争体験の記録と語りに関する資料調査1〜4』（2004-05年）；『国立歴史民俗博物館研究報告102　慰霊と墓』（新井勝紘・市ノ瀬俊也編、2003年）；『国立歴史民俗博物館研究報告101　村と戦場』（藤井忠俊・関沢まゆみ編、2003年）；『近現代の戦争に関する記念碑：「非文献資料の基礎的研究」（調査報告）』（2003年）。

　戦争遺跡については、十菱駿武・菊池実編『しらべる戦争遺跡の事典』（柏書房、2002-03年、2冊）で、日本各地のほか海外のものも紹介し、「調査・保存・学習の方法」を検討している。戦争博物館については、［記憶と表現］研究会『訪ねてみよう　戦争を学ぶミュージアム／メモリアル』（岩波ジュニア新書、2005年）で、国内、海外の代表的戦争博物館が紹介されている。

　海外での日本占領期にかんする博物館展示や、日本人による海外での慰霊碑建立にかんする研究で、1国を超えるまとまったものはほとんどなかったが、実地調査にもとづいたものが出版された：早瀬晋三『戦争の記憶を歩く　東南アジアのいま』（岩波書店、2007年）；別府三奈子『アジアでどんな戦争があったのか：戦跡をたどる旅』（めこん、2006年）。国・地域別では、「観光コースでない」シリーズ（高文研）の「マレーシア・シンガポール」「フィリピン」「韓国」「満州」「グアム・サイパン」「沖縄」のなかで扱われている。このほかジャーナリストが戦跡をめぐって書いたものに、つぎのものがある：牧野弘道『戦跡に祈る』（産経新聞出版、2007年）；笹幸恵『女ひとり玉砕の島を行く』（文藝春秋、2007年）；西牟田靖『僕の見た「大日本帝国」：教わらなかった歴史と出会う旅』（情報センター出版局、2005年）；牧野弘道『戦跡を歩く』（集英社、2002年）。

　このように「戦記もの」およびそれに関連する研究は、研究の基礎となる文献目録の作成が不充分で、戦友会の活動などの実態が充分に把握されていないために、これまで発展

しなかった。つぎに、日本占領期のフィリピンの研究状況を概観する。

(2) 日本占領期フィリピンにかんする研究状況

　日本占領期フィリピンにかんする研究および史料の整備は、「日本のフィリピン占領期に関する史料調査フォーラム」(1990–94年、トヨタ財団助成)の活動によるところが大きい。研究成果として、池端雪浦編『日本占領下のフィリピン』(岩波書店、1996年；英語版：Ikehata Setsuho & Ricardo Trota Jose, eds., *The Philippines under Japan: Occupation Policy and Reaction,* Quezon City: Ateneo de Manila University Press, 1999) が出版された。個別8論文のほか、補章「日本占領期フィリピン史に関連する図書館・文書館・博物館の紹介」が収録された。口述資料の収集は、同フォーラム編『インタビュー記録　日本のフィリピン占領』(龍溪書舎、1994年) としてまとめられた。復刻版として、戦後長らく全巻の所在がわからず、幻といわれた比島調査委員会編『極秘　比島調査報告』(龍溪書舎、1993年、2巻) が出版され、史料集として人見潤介・中野聡・寺見元恵編、渡集団報道部発行『第十四軍軍宣伝班　宣伝工作史料集』(龍溪書舎、1996年、2巻)、小野豊明・寺田勇文編『比島宗教班関係史料集』(龍溪書舎、1999年、2巻) が出版された。目録では、川島緑編『防衛研究所所蔵　日本のフィリピン占領関係史料目録』(東京外国語大学アジア・アフリカ言語文化研究所、1994年) がある。同じくトヨタ財団から助成を受けたフォーラムに「インドネシア」「マラヤ・シンガポール」「東ティモール」があり、その成果は「南方軍政関係史料」(龍溪書舎) などとして出版されている。

　フォーラム以外では、戦後収容所で発行された『レイテ島捕虜新聞　絶望から文化創造へ』(影山三郎編、立風書房、1975年)、1942年11月から45年1月まで毎日新聞社が担当して発行した『マニラ新聞』(縮刷版、有山輝雄解説、日本図書センター、1991年)、1936年12月から44年12月まで比律賓協会が発行した『比律賓情報』(早瀬晋三解説、龍溪書舎、2003年) が復刻され、目録では早瀬晋三編『「領事報告」掲載フィリピン関係記事目録、1881～1943年』(龍溪書舎、2003年) が刊行された。「通例の戦争犯罪」(B級戦争犯罪) および「人道にたいする罪」(C級戦争犯罪) で、フィリピンで裁かれたものの資料集として、茶園義男編・解説『BC級戦犯米軍マニラ裁判資料』(不二出版、1986年)、同『BC級戦犯フィリピン裁判資料』(不二出版、1987年) がある。

　日本の公的戦史ともいえる防衛庁防衛研修所戦史室が朝雲新聞社から発行したフィリピン関係のものは、つぎの通りである：『比島攻略作戦』(1966年)、『比島・マレー方面　海

軍進攻作戦』（1969年）、『南方進攻陸軍航空作戦』（1970年）、『捷号陸軍作戦〈1〉レイテ決戦』（1970年）、『比島捷号陸軍航空作戦』（1971年）、『海軍捷号作戦〈2〉フィリピン沖海戦』（1972年）、『捷号陸軍作戦〈2〉ルソン決戦』（1972年）。

　この防衛研修所のまとめた戦史や、作家の書く戦争文学、個人の戦争体験記などの記述にたいして、見方や正確さに問題があるという指摘がしばしばなされた。それらの指摘に応える意味で出版されたのが佐藤喜徳編『集録「ルソン」』で、小冊子ながら1987年3月から95年8月まで70号が出版され、その功績が認められて菊池寛賞を受賞した。

　このように日本占領期のフィリピンにかんする研究工具が整備されたが、研究専門書の単著・単行本の出版には至っていない。慰霊にかんする論文としては、早瀬晋三「フィリピン元在留邦人の戦後の慰霊」（江川温・中村生雄編『死の文化誌：心性・習俗・社会』（昭和堂、2002年）および中野聡「追悼の政治：戦没者慰霊をめぐる第二次世界大戦後の日本・フィリピン関係史」池端雪浦・リディア・N・ユー・ホセ編『近現代日本・フィリピン関係史』（岩波書店、2004年）があるだけである。

　日本占領期フィリピンにかんする研究は、アメリカやフィリピンでも重要なテーマであり、関心が寄せられてきた。その研究動向については、寺見元恵「日本のフィリピン占領に関する研究の成果と動向」『東南アジア―歴史と文化―』23（東南アジア史学会、1994年）に詳しい。おもなアメリカ人による研究に、つぎのものがある：David Joel Steinberg, *Philippine Collaboration in World War II*, Ann Arbor: University of Michigan Press, 1967; Benedict J. Kerkvliet, *The Huk Rebellion: A Study of Peasant Revolt in the Philippines*, New York: University of California Press, 1977; Alfred W. McCoy, ed., *Southeast Asia Under Japanese Occupation*, Monograph Series No. 22, Yale University Southeast Asia Studies, 1980.

　フィリピン人研究者によるものとして、戦争を体験した世代のTeodoro A. Agoncillo, *The Fateful Years: Japan's Adventure in the Philippines, 1941–1945*, Quezon City: R. P. Garcia Publishing Company, 1965, 2 volumes; Renato Constantino and Letizia R. Constantino, *The Philippines: The Continuing Past*, Quezon City: The Foundation for Nationalist Studies, 1978; Teodoro A. Agoncillo, *The Burden of Proof: The Vargas–Laurel Collaboration Case*, Quezon City: University of the Philippines Press for the U.P. –Jorge B. Vargas Filipiniana Research Center, 1984がある。しかし、フィリピン人研究者で日本語の文献を読むことのできる者は少なく、それだけに日本語文献を渉猟しているつぎのふ

34　I．解 説

たりの研究者による専門書、史料集や目録は重要である：Ricardo Trota Jose, *The Philippine Army, 1935-1942*, Quezon City: Ateneo de Manila University Press, 1992; Ricardo Trota Jose and Lydia Yu-Jose, *The Japanese Occupation of the Philippines: A Pictorial History*, Makati City: Ayala Foundation, 1997; Lydia N. Yu-Jose and Ricardo Trota Jose, *An Annotated Bibliography on Philippines-Japan Relations 1935 to 1956*, Manila: Yuchengco Center for East Asia, De la Salle University, 1998; Lydia N. Yu-Jose, *Japan Views the Philippines, 1900-1944*, Quezon City: Ateneo de Manila University Press, 1999（revised edition, first edition 1992）。

　東南アジア各国・地域の日本占領期フォーラムによる研究を発展させた戦後の慰霊にかんする本格的な研究は、まだない。

(3)　フィリピン関係「戦記もの」文献目録から

　第二次世界大戦中のフィリピン戦にかんする「戦記もの」で、図書館に書籍扱いされて登録されているものは、1,300点を超える。これらのなかには、日本語に翻訳されたもの、手書きやワープロ打ちの原稿をコピーしただけのものも含まれる。印刷業者を通じて出版されたものでも、個人の自費出版や戦友会などの団体が発行したものが多く、市販されたものはそれほど多くない。ざっと数えただけで、3分の1の500点弱が個人の自費出版によるもの、6分の1の200点余が戦友会などの団体が発行したものである。戦友会などの戦史の編集を担当した者が、個人として執筆したものもみられる。「戦記もの」を専門に出版している光人社が発行したものが40点ほどある。個人で自費出版したものが光人社から新装再版されたり、戦後50年を記念して刊行を開始した光人社NF文庫の1冊となったりしたものもある。また、自費出版を扱っている文芸社および近代文芸社刊のものも十数点ある。なお、全集や単行本、雑誌、証言記録などの資料集のなかに含まれているものは無数にあるが、すべて把握することは不可能であるため、整理の対象としなかった。

①　発行年別

　発行点数を年代別に見ていくと、図1のグラフから1960年代後半から80年代半ばまで順調に増加し、90年代半ばまでさかんに出版されたことがわかる。年ごとに見ると、95年の58冊がもっとも多い。そして、この戦後50年の95年の出版をピークに急速に出版点数は減っていく。

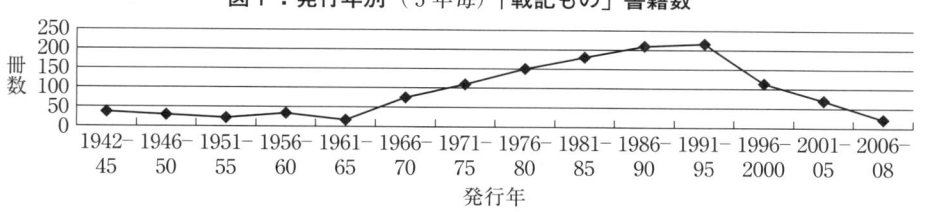

図1：発行年別（5年毎）「戦記もの」書籍数

　つぎに、発行年代順に、出版物の内容をみていく。戦中に発行されたものは、従軍記者の攻略戦記で、フィリピンではバタアン戦、コレヒドール戦が派手に書かれた。朝日新聞社特派員による西田市一『弾雨に生きる：バタアン・コレヒドール攻略戦記』（宋栄堂、1943年）や西川佳雄『比島従軍記』（興亜書院、1943年）などがある。また、軍報道班員として従軍した作家によるものとして、火野葦平などの手記が収録された文化奉公会編『大東亜戦争　陸軍報道班員手記　バタアン・コレヒドール攻略戦』（大日本雄弁会講談社、1942年）や尾崎士郎などの作品が収録された比島派遣軍報道部編『比島戦記』（文藝春秋社、1943年）などがある。

　戦後すぐに出版されたのも、従軍記者や作家によるものだった。戦争文学作家として有名になる大岡昇平は1948年から『俘虜記』（創元社、1948-49年）、『野火』（創元社、1952年）などを出版し、『レイテ戦記』（中央公論社、1972年）として結実していく。今日出海は戦中に出版した『比島従軍』（創元社、1944年）に続いて、『山中放浪：私は比島戦線の浮浪人だつた』（日比谷出版社、1949年）を出版した。また、悲惨な戦争体験の記録も、数は少ないが終戦直後から出版された。しばらくすると、戦争の実相についての関心が高まり、とくにレイテ戦について、アメリカ人の書いたものが翻訳、出版された：ジェームス・A．フィールド・Jr.『レイテ湾の日本艦隊：太平洋戦争の大海戦史』（日本弘報社、1949年）、イラ・ウールファート『レイテ』（妙義出版社、1951年）など。

　1950年になると山下裁判にかんするものが、元将校、作家、アメリカ人によってつぎつぎに出版された。元参謀で陸軍中佐の栗原賀久が書いた『運命の山下兵団：ヒリッピン作戦の実相』（鹿鳴社、1950年）、今日出海『悲劇の将軍：山下奉文・本間雅晴』（文藝春秋新社、1952年）、A．フランク・リール『山下裁判』（日本教文社、1952年、2冊）などである。戦犯容疑者が収監されていたモンテンルパ刑務所は、渡辺はま子の歌う「あゝモンテンルパの夜は更けて」（1952年）の流行とともに注目され、処刑に立ち会った国際戦争裁判教誨師、加賀尾秀忍『モンテンルパに祈る：比島戦犯死刑囚と共に』（富士書苑、1953

年）などが出版され、その後もモンテンルパを題材にしたものが断続的に出版された。第14方面軍司令官山下奉文大将は、マニラの虐殺事件などの責任を問われて、1945年12月7日に死刑判決が下り、翌46年2月23日に絞首刑に処せられたが、当時はまだ多くの日本兵が「捕虜」収容所にいたため、その衝撃は大きく、個人の戦争体験記でも山下裁判についてふれたものが少なくない。この時期に、山下裁判について書かれるようになったのは、51年9月8日にサンフランシスコ条約が締結され、翌52年4月28日に発効して、日本が主権を回復したことが影響している。なお、日本は捕虜の取り扱いを規定したジュネーブ条約を批准していなかったため、国際的に日本人は捕虜と認められず、「降伏日本軍人」として収容された。

戦争文学では、1957年に江崎誠致が『ルソンの谷間』（筑摩書房、1957年）で直木賞を受賞し、戦争にたいする抵抗感が薄れたことがうかがえる。そのことを示すように、翌58年に日比慰霊会編『比島戦記』が出版された。日比慰霊会は56年に結成され、会長は陸軍大将で終戦直後の首相東久邇宮稔彦、理事長はバタアン・コレヒドール攻略戦時の第14軍参謀長、和知鷹二少将であった。また、57年には、ミンドロ島に12年間残留していた日本兵、山本繁一の『ミンドロの日本兵：ジャングル生活十二年』（弘文社）が出版された。戦友会の出版もはじまり、58年には泉五三一五会編の『レイテ：独立歩兵第十二連隊の戦史』が出版された。巻頭に「勇敢なる戦士達の英霊に捧げる」とあるように、多くの戦友会の戦誌・戦史では、戦友にたいする慰霊と顕彰をあらわすことばが捧げられている。

戦跡訪問団の参加者による出版物は、1967年に現れた。第4回フィリピン戦跡訪問団に参加した嶋村欣一は、44年5月に三菱鉱山マニラ支店長として赴任し、45年6月にルソン島北部山岳地帯で自決した父親の遺骨を収集し、『キャンガンの青空：嶋村大輔の遺骨収拾の記録』を自費出版した。慰霊巡拝の記録では、68年11月20-25日の真鍋部隊遺族会比島戦跡巡拝団・真鍋部隊戦友会（1963年結成）の『比島巡拝・記録』（1969年）がある。フィリピンでの慰霊碑建立もはじまり、比島戦没者慰霊碑奉賛会は、建立記念に『フィリピンの英霊に祈る』（1969年）を出版した。

1966-72年に防衛庁防衛研修所戦史室から戦史が出版されると、それを参考に個人の戦争体験記を出版する者が増加した。本格的に単行本を出版する者は、戦争中の手記や日記・日誌があったり、終戦後収容所でメモしたり、復員直後に執筆したものをもとにした。時間的に差のない記録をもとにしたものは、資料としての価値が高い。いっぽう、防衛研修所の戦史やほかの戦記を参考にして書いた資料的に価値の低いものが、多く出版さ

れるようになった。

　1973年には比島観音建立報告招魂巡拝団が組織され、『弔魂　比島巡拝紀行　自昭和48年4月25日　至昭和48年5月2日』を出版した。この巡拝団に参加した古沢定一が小冊子『ルソン島の御霊に捧ぐ』を自費出版したように、個人でも巡拝慰霊の旅行記を出版する者が現れた。巡拝旅行の日程は、だんだん長くなり、観光的要素が増えていった。78年には、33回忌記念に慰霊碑を建立したり、慰霊巡拝旅行をする戦友会があった。戦争体験をした世代が、定年退職を迎え、経済的にもゆとりができて、参加者が増加した。これらの日本人のフィリピンでの慰霊活動は、マルコス大統領による戒厳令体制下（1972〜81年）の観光客誘致にも支えられた。そのようななか、74年に残留日本兵、小野田寛郎がルバン島から帰国し、『わがルバン島の30年戦争』（講談社、1974年）が出版された。

　1980年代になると、時間的、経済的に余裕のできた戦争体験者が、さらに慰霊巡拝旅行や慰霊碑の建立をおこなうようになり、それらに関連する出版物が増えるいっぽう、フィリピン現地で取材し、フィリピン人のインタビューを加えたノンフィクションが出版されるようになった。そのなかには、戦死した兄の足跡を追ったものがある。以下はいずれも、1930年代生まれの著者によるものである：和田多七郎『フィリピン・ノート：兄の風景・戦争への旅』（無明舎出版、1983年）、赤松光夫『太平洋戦争　兄達の戦訓　ルソンに朽ちた若き航空兵達の悲劇』（光人社、1984年）、長部日出雄『見知らぬ戦場』（文藝春秋、1986年）、同『戦場で死んだ兄をたずねて：フィリピンと日本』（岩波ジュニア新書、1988年）。

　1990年には、日本軍がフィリピンで何をしたのかを問う出版が相次いだ。64年生まれの上田敏明は、学生時代に反戦活動で訪れたフィリピンで、フィリピン人から戦争中の話を聞いて衝撃を受け、休みを利用して集めた証言をまとめた『聞き書き　フィリピン占領』（勁草書房）を出版した。「アジア・太平洋地域の戦争犠牲者に思いを馳せ、心に刻む集会」実行委員会は、『アジアの声　第四集　日本軍はフィリピンで何をしたか』（大阪：東方出版）で、集会の記録、証言集をまとめた。海軍で戦争経験のある22年生まれの石田甚太郎は、『ワラン・ヒヤ：日本軍によるフィリピン住民虐殺の記録』（現代書館）を皮切りに、フィリピンでの取材に基づいた証言集や小説を90年代に数冊発行した。また、90年代にワープロが普及したことから、ワープロ入力して自費出版するものが現れ、遺稿集などがまとめられるようになった。

　戦後50年の1995年を境に、「戦記もの」の出版は急速に減少するが、新たな執筆者が現れた。慰霊巡拝旅行に参加する人も、戦争体験者から遺児などの子どもの世代に移って

いった。この世代が、定年退職を迎え、時間的にも経済的にも余裕ができたためである。川崎卓吉は94年に比島50回忌現地供養戦跡巡拝団に参加し、『神々達の思い出：世情雑感―フィリピンルソン島巡拝記』を自費出版した。南条岳彦は、『一九四五年マニラ新聞：ある毎日新聞記者の終章』（草思社、1995年）で、父親の足跡を追うとともに、戦争報道の実態を問うている。戦争を、肉親の死という感傷的な見方から、より客観的にとらえようとしていることがわかる。

　いっぽう、フィリピン人によって書かれた「戦記もの」の日本語への翻訳、出版は、それほど多くない。しかも、遅い。傀儡大統領（1943-45）と言われたホセ・ラウレルの回顧録『ホセ・P・ラウレル博士戦争回顧録』（日本教育新聞社出版局）が出版されたのは1987年のことだった。翌88年には日本兵との友好を記した証言集、アルフォンソ・サントス『フィリピン戦線の日本兵：草の根の証言集』（パンリサーチインスティテュート）、95年には「慰安婦」の回想、マリア・ロサ・ヘンソン『ある日本軍「慰安婦」の回想：フィリピンの現代史を生きて』（岩波書店）が出版された。フィリピン人の日常生活のなかに、日本の占領がどのような影響を与えたのかを、日本人が知る機会は少なかったが、2007年にペラジア・ソリヴェン『スータンを縫いながら：日本占領期を生きたフィリピン女性の回想』（段々社）が出版された。

　「戦記もの」を分類することは、ひじょうに難しいが、あえて「戦争体験」「部隊史」「慰霊旅行記」「ノンフィクション」などに分類すると、半数近くの600ほどが個人の戦争体験にもとづいて書かれていることがわかる。個人が書くことによって、戦争のトラウマから解放されようとした結果かもしれない。それにたいして、150ほどある部隊（師団・兵団・連隊・大隊・中隊）史は、戦場での個人の体験が特異なものであると同時に、それを理解してもらえる仲間（戦友）がいることを確認する場であったということができる。そして、ともに戦死した戦友を弔うことによって、個人の問題から解放された。慰霊巡拝・遺骨収集などの旅行記が1割の100余も書かれているのは、戦死者の多くが埋葬されていないことと無関係ではないだろう。厚生労働省は2008年3月31日現在、海外戦没者概数約240万のうち、半数近くの約115万が未送還であるとしている。遺骨収集がかなわない場合でも、戦死した場所の近くに慰霊碑を建て、慰霊の記録を残すことによって、生き残った者の責務を果たそうとしている。このような個々人の戦争体験は、研究対象となりにくく、その「実相」を伝えるために、ノンフィクションやドキュメンタリーという手法がとられ、50ほどの出版物を数えることができる。

② 著者生年別

　つぎに、「戦記もの」の執筆者について、考察を加える。図2のグラフが示す通り、生年が1920年前後の数年間に集中している。年齢でいうと25歳前後で戦争を体験した人びとで、かれらの出版物のタイトルにも「青春」ということばがみられる。人生でもっとも衝撃的なことであったことがわかる。しかし、これらの年代の戦争体験者が、出版するようになるのは80年代になってからである。戦争中は位が低く、当初は戦友会での発言力も弱く、仕事も忙しかったためと考えられるが、しだいに発言・行動力が増すようになり、80年代には活動の中心を担うようになった。

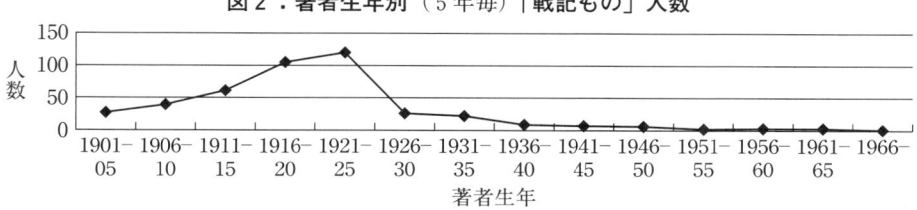

図2：著者生年別（5年毎）「戦記もの」人数

　職業では、はじめ新聞記者や作家といった文章を書くことを専門にする者が多かったが、やがて教師、医師・看護婦、学徒動員者など、高学歴の者が目立つようになった。とくに、軍医・従軍看護婦は、直接戦闘に参加しなかったことから生存率も高く、患者からいろいろな情報を聞くこともできた。また、日記やメモをとることができた者もいた。

③ 人名・地名・事項索引

　人名索引でまず目立つのは「山下奉文」の14点で、つぎに「マッカーサー」の5点がつづく。日米それぞれを代表する将軍名が登場するのは、たんなる英雄史観からだけではないだろう。緒戦においてアメリカ極東軍最高司令官マッカーサーDouglas　MacArthur（1880-1964）が「I shall returnわたしはきっと帰ってくる」の名台詞を残し、フィリピンを去らねばならなかったのにたいして、山下奉文（1885-1946）は第25軍司令官としてマレー半島を南下し、1942年2月15日に英領マラヤのイギリス軍を降伏させて、「マレーの虎」の威名を誇った。ところが、戦局が逆転すると、マッカーサーは日本軍の占領からフィリピンを「解放」した英雄として、44年10月20日にレイテ島に逆上陸し、翌45年2月23日にマニラを奪還した。いっぽう、日本軍の敗色が濃くなった44年9月26日に第14方面軍司令官に就任し、フィリピン防衛を指揮した山下奉文大将は、レイテ戦に敗れ、首都マ

ニラを放棄して、ルソン島北部山岳地帯に司令部を移して抵抗したが、45年9月3日に降伏した。山下は、戦後マニラ法廷で「マニラ虐殺」などの日本軍による残虐行為にたいする「絶対責任」を問われ、処刑された。マッカーサーによる報復的裁判との見方から、悲劇の将軍とされた。

　この2人以外では、緒戦の「バタアン死の行進」の責任から戦犯容疑で処刑された本間雅晴中将が3点、敗戦後30年間近くルバン島に潜伏して1974年3月に「救出」された小野田寛郎（1922-　）少尉と行動をともにし、小野田「救出」の1年半前の72年10月19日に「戦死」（フィリピン警察軍による射殺）した小塚金七（1921-72）一等兵が2点ある。これらの4人以外は、1人の執筆者によるものである。

　地名索引で、もっとも多いのが「比島」の353点、つぎが「ルソン」「ルソン島」の計173点で、「フィリピン」120点、「レイテ」「レイテ島」計66点、「フィリッピン」36点、「ミンダナオ」「ミンダナオ島」計35点、「ネグロス」「ネグロス島」計22点、「マニラ」19点、「ダバオ」19点、「セブ」「セブ島」計18点、「モンテンルパ」10点とつづく。それぞれ「比島沖」や「比島北部」など、関連するものが何点かある。「比島」「ルソン」「レイテ」が多いのは、比島攻略作戦やルソン決戦、レイテ決戦などと結びついて、戦後も語られたためだろう。また、戦前・戦中は比島、フィリピン、ヒリッピン、比律賓が一般的な呼称で、戦後はフィリピンと表記されるようになった。「モンテンルパ」は、山下奉文大将など戦犯容疑者が収監された刑務所があった場所である。

　10点未満では、具体的な戦場や川、谷、峠などの地名がある。峠は、バレテ峠など攻防戦のあった戦場である。川や谷の名が出てくるのは、レイテ戦で敗退した後やマニラを放棄した後など、敗残兵としてあてもなく山中を放浪したためだろう。このことからも、具体的な戦闘だけでなく、放浪中に飢餓などで病没死した者が多かったことがうかがえる。

　事項索引では、多い順に並べると、つぎのようになる：「戦記」131点、「記録」104点、「従軍」「従軍記」「従軍○○」計59点、「戦争」「戦争○○」計50点、「戦線」46点、「太平洋戦争」「太平洋戦記」「太平洋戦史」計40点、「作戦」39点、「手記」39点、「最後」「最期」「最后」計37点、「回想」「回想記」「回想録」計33点、「思い出」「思い出○○」など計32点、「慰霊」「慰霊○○」計32点、「兵士」「兵」など計32点、「戦没」「戦没者」「戦没○○」計31点、「戦場」「戦場○○」計29点、「戦跡」「戦跡巡拝」「戦跡○○」計29点、「歩兵」29点、「戦友」「友」計26点、「青春」23点、「日記」「日誌」計22点、「海戦」「海戦記」「海戦史」計21点、「邦人」21点、「鎮魂」「鎮魂歌」計20点、「決戦」「決戦○」計19点、「山河」19点、

「戦闘」「戦闘○○」計19点、「死闘」「死斗」「死闘記」計18点、「大東亜戦争」「大東亜戦史」「大東亜戦」計18点、「追憶」「追憶集」「追想」計18点、「真相」「真実」など計18点、「巡拝」「巡拝慰霊」計17点、「戦車」「戦車隊」計17点、「南十字星」16点、「敗走」15点、「遺骨収集」「遺骨収拾」計14点、「生還」「生還○○」計14点、「平和」14点、「証言」13点、「敗戦」13点、「玉砕」12点、「散華」12点、「敗残」12点、「比島作戦」12点、「軍医」11点、「父」11点、「日本軍」11点、「追悼」「追悼○○」計10点。

　「戦記」「記録」計235点のほか「○○記」という表題が目立つように、まず自分の体験を記録しておかなければならない、という生き残った者の責務が感じられる。そのことは、「真相」「真実」など計18点からもうかがえる。その体験は、生と死が隣り合わせであったことが、「生」「死」ということばからわかる。「死」ではじまる事項は計43点ある。戦死した戦友のことが山中放浪中に星を見ながら思い出されたのか、「戦友」「山河」「南十字星」ということばが表題に使われている。「戦記もの」が慰霊のために書かれたことも、「慰霊」「鎮魂」「巡拝」「追悼」といったことばからわかる。

おわりに

　日本では、1950-60年代に「軍人」が復権し、政府主催の慰霊活動がはじまると、戦友会・遺族会の活動が活発になり、70年代になると海外での慰霊活動が活発になった。そして、その慰霊活動は、国内でも海外でも顕彰をともなうものであった。その背景には、戦争責任を極東国際軍事裁判、いわゆる東京裁判でA級戦犯（主要戦争犯罪人）とされた一部軍事指導者に押しつけたことがあった。天皇や一般の国民は、戦争責任から免れたのである。しかし、近年、そのA級戦犯が合祀されている靖国神社に首相が参拝したことから、戦争責任についても見直さざるをえなくなってきている。戦争にたいして、一般国民や民間企業はどのように対応したのか、まずは国際的に説明をする責任が生じている。そのうえで、国際的に戦争責任や戦後責任が問われることになるだろう。そのための資料として、「戦記もの」が重要なものとなる。

　つぎに、「靖国問題」のように、いま日本人の慰霊のあり方が、国際的に問われている。とくに戦場とした海外に無秩序に建てられた慰霊碑は、日本人の戦争への反省のなさを証明するものとなっている。紙碑として書かれた多くの「戦記もの」から、日本人はどのような慰霊をしようとしたのかを明らかにすることも、重要な課題である。

　本解説で例としてとりあげた「戦記もの」すべてが、内容的にも信頼でき、史料的にも

高く評価できるものとはかぎらない。信頼できないものを含めて、なぜこのような「戦記もの」が書かれてきたのかを検討するために、例としてあげたにすぎない。国内的には、立場や見方などによって評価が分かれるのが、「戦記もの」である。しかし、「戦記もの」の研究は、もはや国内問題としてのみで議論できなくなった戦争にかんする問題を、国際的に考えるための恰好の材料を提供することになる。国際的に議論することで、国内の「戦記もの」の評価も、また違ったものになるだろう。

II. 目　　　録

1．フィリピン関係文献目録（戦前・戦中）

著　者　名	書　　　名	出版社・発行元	発行年	頁　数	備　　　考
愛知県商工館	貿易研究会講演集　第44回　比島、亜国、北満経済事情	愛知県商工館	1939	47	貿易叢書14；大分経
愛知県水産試験場	南洋漁業調査報告書	愛知県水産試験場	1933	63	国会図
明石　鉄也	呂宋の月（長篇小説）	室戸書房	1943	327	山口県
赤沼　三郎	菅沼貞風	博文館	1942.03.01 再版	351	1941.12.01初版
浅香　末起	「比島資源価値の進展」	『東亜経済論叢』2-1	1942.03	1-19	
朝倉　政次郎	南洋に於ける鉄道調査報告書	台湾総督府鉄道部	1915	93＋65＋29	国会図686.22-Ta25ウ
朝倉　政次郎	比律賓概観	南洋に於ける鉄道調査報告書ノ内	1915.03	29	国会図686.22-Ta25ウ
麻船具社	マニラ麻大観　増補版	麻船具社	1943	284＋32	国会図686.22-A88イウ
麻船具新聞社	マニラ麻大観	麻船具新聞社	1940	273	国会図618.6/A88ウ
安里　延	沖縄海洋発展史―日本南方発展史序説	沖縄県海外協会	1941.03.10	515	1967.08.01　2版琉球文教図書
安里　延	沖縄海洋発展史―日本南方発展史序説　普及版	三省堂	1941.11	515	国会図
安里　延	沖縄県人南方発展史要綱	南洋経済研究所出版部	1942.10.10	30	南洋資料106
朝日新聞社	「フィリッピン」『最近の海外新市場』	朝日新聞社	1932.05.25	57-74	

44 Ⅱ. 目 録

著者名	書名	出版社・発行元	発行年	頁数	備考
朝日新聞社編	タガログ語	朝日新聞社	1942.10.15	108	日用南方語叢書2
阿部　吟次郎	比島ト日本　モツト比島ニ注目ヲ望ム為メニ	阿部吟次郎	1933.03.15	104	
阿部　艶子	比島日記	東邦社	1944.02.20	280	
アンダーソン、ウイリアム著、藤原文雄訳	比島の諸問題：アメリカはそこで何をしたか	南北社	1944.02.20	318	東文研L80/21
アンダーソン、ウィリアム　H.	「比律賓の統治四十年」	『日本読書協会会報』225	1939.07.15	105-164	
飯澤　要玄編述	馬尼剌麻	台湾銀行調査課	1919.11	239	南洋産業調査書3
飯田　吉英	比律賓に於ける肉製品需要の状況	台湾総督官房調査課	1927.12	62	南支那及南洋調査141
飯本　信之・佐藤弘編	南洋地理大系2：海南島・フィリッピン・内南洋	ダイヤモンド社	1942.06.10	404	東文研L60/1.(2)
池上　博	米国対比政策史	人文閣	1944	390	国会図
池田　曄	フィリッピン―歴史と現実	中川書房	1942.01.30	259＋19	東文研L51/20；国会図
池田　卓一	比律賓情報	池田卓一	1935.08.15	32	昭和10年6月12日於台湾総督府講演
石井　英太郎	比律賓独立戦争秘聞	比律賓協会	1942.02.10	67	
石井　英太郎編	日比関係年表	比律賓協会	1942.11.15	115＋15	東文研L55/1
石井　白羊（文作）	マニラ麻と麻真田	麻真田公報社	1916.11	274＋33	国会図361/13
石川　抄訳	比島の重要港湾近情	台湾拓殖株式会社調査課	1941	40	台調資B16ノ4
石川　文七・朝倉敏雄編訳	比島経済論叢	台湾拓殖株式会社調査課	1942.05.20	175	台調資A第20号

著者名	書名	出版社・発行元	発行年	頁数	備考
石黒　大介	フィリッピン大観　付録　フィリッピンに関する参考資料	新興社	1934	194	国会図
石黒　大介	フィリッピン大観　付録　フィリッピンに関する参考資料	鴻盟社	1942	193	一般書　京大法292.48/Is
石原　清熙	朝鮮総督府派遣台湾南支那比律賓教育視察	石原清熙（京城）	1930	270	国会図斉藤実
伊多波　俊吉報告	「マニラ」『綿織物海外市場調査報告（マニラ・……）』	日本輸出綿織物同業組合聯合会	1928.08	1-4	
板橋　三郎	南方畜産資源に関する統計的概観（未定稿）第2篇：比律賓	東亜研究所	1942.04.15	17＋表	資料丙 第265号C；政策研Ni―14436/日本農研文庫
伊藤　隆吉	比律賓の農産資源1　ココ椰子（主として生産と其の分布）	東亜研究所	1942.08.15	97＋表	資料丙287ノ1C 第八調査委員会資料18ノ1；政策研610-2-587/
糸賀　庸・出崎　誠一	新しい南方の姿：フィリッピンと東印度諸島	翼賛図書刊行会	1943	12＋278	国会図292.4-I89ウ
井出　季和太	比律賓に於ける華僑	満鉄東亜経済調査局	1939.10.10	195＋5＋5	南洋華僑叢書3
稲川　宮雄	「比律賓の独立問題とその経済的影響」	『京都経済時報』58	1935.01	32	抜刷
稲田　茂	「比島事情」	京都貿易振興館	1942	78の一部	一橋経
井上　徳彌	比律賓の農業教育	台湾総督官房調査課	1927.01	63	南支那及南洋調査129
井上　徳彌	比律賓の農業教育	南洋協会台湾支部	1927	63	南洋叢書44；アジ研
井上　直太郎	比律賓群島と太田恭三郎君	川瀬俊継	1927.07	368	
井上　雅二	南方建設問題	名古屋市臨時東亜調査部	1942.07.15	24	

Ⅱ. 目録

著者名	書名	出版社・発行元	発行年	頁数	備考
井原　家吉	比律賓群島事情	農商務省商工局	1909.02.09	278	
今井　達夫	蒼穹の鷹	春江堂	1942	262	国会図
今村　末吉	南支那海及ビ南洋漁業視察復命書	日本トロール水産組合	1928.08.05	87	
今村　忠助	独立比律賓を語る	平凡社	1935.10.22	21＋602	東文研LO/64
今村　忠助	比律賓は独立し得る	東南亜細亜民族解放同盟	1941	30	国会図　特242-952
今村　忠助	フィリッピンの性格	岡倉書房	1941.09.20	301	新東亜風土記叢書5；東文研LO/34
移民収容所	移民収容所概要	移民収容所（神戸）	1932.03	48	
入江　寅次	邦人海外発展史	移民問題研究会	1938	2冊	上巻1936（海外邦人史料会）、1942および1981復刻
入江　寅次	外南洋邦人の現勢と其の歴史的背景―昭和十四年―	南洋経済研究所出版部	1942.09.15	14	南洋資料98；『地理教育』30-5（1939.8）より転載
入江　寅次	比島独立戦争と日支の志士	南洋経済研究所	1943	15	
入江　寅次	明治南進史稿	井田書店	1943.03.15	300	
岩谷　譲吉	「比律賓群島に於ける日本人の状態」	『太陽』臨時増刊16-15	1910.11.10	67-74	
Weekley, C. A. 著、海外鉱業協会訳	比律賓に於ける銅精錬に就いて　マンブラオに新設されたるコンセントレート及混合鉱処理工場	海外鉱業協会	1942.05	19	国会図PD171-3
ウィルス、ベーレイ著、海外鉱業協会訳	比律賓群島の地質学的観測	海外鉱業協会	1941	55	神戸大

フィリピン関係文献目録（戦前・戦中） 47

著者名	書名	出版社・発行元	発行年	頁数	備考
上田　耕一郎	南支南洋を巡る　比島独立問題の真相	釜山商工会議所	1934	84	一橋
上田　孝造	比島に於ける司法制度の研究	司法研究所	1943	322	司法研究報告書第32輯ノ1；国会図
上田　広	緑の城　バタアン・コレヒドール戦話集	新興亜社	1944	252	国会図
上治　寅次郎	比律賓に於ける鉄、マンガン、クローム鉱資源	南洋経済研究所出版部	1942.10.15	35	南洋資料74
J. Wester著、村社　新訳	比律賓群島に於ける護謨栽培	南洋協会台湾支部	1918.05	21	南洋叢書第一巻　東文研L5/5(1)
ウェスター著、田中　秀雄訳	比律賓群島に於ける古々椰子	南洋協会台湾支部	1920	66	南洋叢書7；衆議院
P. J. Wester著、田中　秀雄抄訳	比律賓群島に於ける農業の発達と対米貿易関係	南洋協会台湾支部	1920.09	30	南洋叢書第九巻　東文研L5/5(9)
Wester, P. J.著、田中　秀雄訳	比島ダバオの富源と其開発	南洋協会台湾支部	1921.06.11	34	南洋叢書16
鵜崎　多一	「比島産業の話」南方事情叢書1	帝国農会	1943	89	国会図602.23-I82ウ
宇佐見　信郎	比律賓に於ける銀行発達史	横浜正金銀行調査部	1942.06	31	調査報告131
ウースター、ディーン・シー	菲律賓ニ於ケル蕃地行政	台湾総督官房調査課	1920	283	南支那及南洋調査38
ウッド、室田　有訳	ウッド総督の教書	南洋協会台湾支部	1922	52	南洋叢書23
ウッド、レナード	比律賓総督施政報告　一九二二年度	台湾総督官房調査課	1923.11	84	南支那及南洋調査79
ウッド、ロバート・J.	「フィリピン独立問題概観」	『国際文化協会会報』84	1939.10.20	119-136	

Ⅱ. 目 録

著者名	書名	出版社・発行元	発行年	頁数	備考
ウノカズマロ著、柴田賢次郎・望月元雄共訳	コレヒドール最後の日	成徳書院	1944	181	三康
江口 禮四郎	南進の先駆者 菅沼貞風伝	八雲書林	1942.06.16	314	
エドワーズ、H. T.	アバカ（マニラ麻）の栽培	台湾総督官房調査課	n.d.	n.p.	比島農業叢書12；政策研Ni―12802/日本農研文庫　手稿
エドワーヅ、サリービー共著、藤村誠太郎訳編	比島のアバカ（馬尼剌麻）	台湾総督府商品陳列館	1919	78	館報2
エドワード、エイチ・チー＆ムラッド・エム・サリーピイ、比島農務局	比律賓之産物　マニラ麻とサイサル	太田興業株式会社	1920.01.29	158	
江野澤 恒、ラファエル・アキノ共著	日・英・タガログ語会話辞典	岡倉書店	1942	190	神戸市
江野澤 恒	ケソン伝	ジャパン・パブリシチー・エイゼンシー	1940.10.30 三版	238	1939.10.20初版
榎本 中衛	比島綿作概説		1942	23	早大
榎本 中衛	比島棉作事情	日本棉花栽培協会	1942.09.30	91	政策研Ni―13591/日本農研文庫
エヘルシスト、ビクルース共著、田中長三郎訳	比律賓の綿花栽培(1)(2)	三井物産商事部南洋課	n.d.	29＋29	南洋栽培協会会報16-2ノ3掲載；政策研Ni―12787 & 12788/日本農研文庫
扇谷 正造	立上る比島	新紀元社	1943.10.20	303	

著者名	書名	出版社・発行元	発行年	頁数	備考
大石　千代子	（小説）ベンゲット移民	岡倉書房	1939.05.18	255	国会図782/95
大石　千代子	創作集　山に生きる人々	洛陽書院	1940	343	開拓文芸選書2；国会図
大石　千代子	交換船	金星堂	1943	344	国会図
大井上　義近	比律賓レイテ島土れき青岩調査邦文抜粋	農商務省	1922	11	大蔵文
大内兵衛訳補	フィリッピン・マライ貨幣史	栗田書店	1943	421	建設選書1；国会図
大形　太郎	南洋華僑と経済	聖紀書房	1942.08.10	354	
大宜味　朝徳	比律賓群島案内	海外研究所	1935	279+70	国会図693-54
大久保　忠臣	霊魂の荒野を往きつゝ　南洋ダバオ伝道記	ダバオ福音社（ダバオ）	1932	80	青山；同志社
大久保　忠臣	曠野に開花する福音　比律賓開拓伝道記	比律賓ダバオ日本人基督教会（ダバオ）	1938	82	同志社
大久保　忠臣	福音は赤道を超えて　南洋開拓伝道を語る	日本伝道教会出版部	1939.05.10	34	
大久保　忠臣	南方共栄圏に十字架を建てる	日本伝道教会出版部	1941.02	142	
大蔵省理財局	比律賓　米国との経済的関係	大蔵省理財局	1935	16	米国駐割財務官報告3；法務図
大阪経済研究会	怯へる比島とその軍備	大阪経済研究会	1941.02.10	20	大経研資料1
大阪市役所産業部	「比律賓群島」『昭和三年度版　海外商工人名録東洋南洋の部』	大阪市役所産業部	1928.05.19	378-384？	
大阪市役所産業部	「比律賓群島」『昭和七年度版　海外商工人名録東洋南洋の部』	大阪市役所産業部	1932.03.25	422-29？	
大阪市役所産業部調査課	「第一編　比律賓」『新市場印度と南洋』	大阪市役所産業部調査課	1930.02	1-75	貿易経済叢書32

Ⅱ. 目録

著者名	書名	出版社・発行元	発行年	頁数	備考
大阪市役所産業部貿易課	「比律賓群島」『昭和十三年版 海外商工人名録 亜細亜（満洲国及ビ中国ヲ除ク）大洋洲・阿弗利加ノ部』	大阪市役所産業部貿易課	1938.03.25	182-211	
大阪商工会議所	昭和四年マニラ、カーニバル商工見本市本邦参加報告概要	大阪商工会議所	1929	51	
大阪商工会議所	「比島」『地域別大阪貿易業者名簿（アジア洲之部）』	大阪商工会議所	1941.06	68-79	貿易資料昭和十六・第六ノ一
大阪商船	比律賓へ 比律賓航路案内	大阪商船	1936	1冊	国会図
大阪商船株式会社	南洋航路案内	大阪商船株式会社	1925.05	1枚	折りたたみ
大阪南方院	新生フイリピン共和国	大阪南方院	1944.03.31	39	大阪南方院パンフレット8 昭和十九年二月フイリピン共和国独立記念講演会速記録
大島 孝吉	マニラ麻概念	太田興業株式会社	1931.06.17	39	
太田 鍼次郎	莫大小の輸出統制	日本比律賓メリヤス輸出組合	1933	205	国会図
太田興業株式会社	比律賓群島マニラ麻統計表	太田興業株式会社	1926.09	43+写真	
太田興業株式会社	ダバオとマニラ麻	太田興業株式会社	1932.09	70+表22	
太田興業株式会社	「日本人事業に関係ある比島法規概要」	『内外調査資料』第4年第六輯	1932.06.01	188-206	
太田興業株式会社	事業概要	太田興業株式会社	1936.07	11	

著者名	書名	出版社・発行元	発行年	頁数	備考
太田興業株式会社	太田恭三郎氏追想録	太田興業株式会社	1937.06	62	
太田興業株式会社	太田興業株式会社写真帖	太田興業株式会社	1940		
太田興業株式会社	比律賓太田興業株式会社事業写真帖	太田興業株式会社	19-		国会図YQ2/474
太田興業株式会社	ダバオ史	太田興業株式会社			
太田興業株式会社バゴ農事試験場	比島パダダの棉作	太田興業株式会社	1937	26	京大農
太田興業株式会社バゴ農事試験場	苧麻栽培に就いて	太田興業株式会社バゴ農事試験場	1938.10	15	
太田興業株式会社経営バゴ農事試験場	試験及調査項目　昭和13年度	太田興業株式会社	1938	11	
太田興業株式会社経営バゴ農事試験場	試験及調査項目　昭和14年度	太田興業株式会社	1939	11	
太田　恒弥	赤道従軍　ボルネオからフィリッピンへ	富士書店	1943	319	国会図
大谷　喜光担当、比律賓協会調査部編	比律賓人口統計の分析	比律賓協会	1941.12.22	38	
大谷　喜光	フィリッピンの経済資源	東亜政経社	1942	618	国会図
大谷　喜光	フィリッピンの経済資源　3版	日本経国社	1944.07		南方経済資源総覧9
大谷　純一編	比律賓年鑑　昭和十二年度版	大谷純一（神戸市）	1936.12.20	609	
大谷　純一編	比律賓年鑑　昭和十三年度版	大谷純一（神戸市）	1937.12.10	717	
大谷　純一編	比律賓年鑑　昭和十四年度版	大谷純一（神戸市）	1938.12.10	669	

II. 目録

著者名	書名	出版社・発行元	発行年	頁数	備考
大谷 純一編	比律賓年鑑 昭和十五年度版	大谷純一（神戸市）	1939.12.30	676	
大谷 純一編	比律賓年鑑 昭和十六年度版	大谷純一（神戸市）	1940.12.30	711	
大西 二郎訳	日支事変ニ対スル南洋ノ論調 A 比律賓（其ノ1）	南満洲鉄道株式会社産業部資料室調査班東亜経済係（大連）	1937	52	国会図
大平 秀雄	不滅の戦果 香港・マニラ・新嘉坡	大政翼賛会宣伝部	1942	37	国会図
大村 肇	フィリピンの製塩とその適地	南洋経済研究所出版部	1942.11.05	15＋6図	南洋資料103
岡崎 仁平	比律賓に於ける鳳梨事情	台湾総督官房調査課	1931	34	南支那及南洋調査191
岡田 朝太郎訳	比律賓刑法	司法省	1919	252	法務
岡部 正	「比律賓鉱業法の一解析」	『第二十五回海外旅行調査報告（昭和十四年夏期）』	1940.06	456-462	神戸商業大学商業研究所
岡本 理治	比島統治とカトリック教会	毎日新聞社東亜調査会	1943	40	東亜調査資料2；東大社情
沖 実雄	比律賓タガログ語会話	アトラス商会（マニラ市）	1939	292	石浜
小国 英雄	あの旗を打て	桃蹊書房	1943	150	三康
奥間 徳一	フィリッピン読本	改造社	1943	280	国会図
尾崎 士郎	戦影日記	小学館	1943	357	国会図
尾崎 士郎	闘魂録	学芸社	1943	367	国会図
尾崎 士郎	峰煙	生活社	1943	267	近代
尾崎 士郎	積乱雲	小学館	1944	391	昭和館
尾崎 卓爾	弔民 坂本志魯雄	弔民会	1932.04.03	648	
織田 作之助	わが町	錦城出版社（大阪）	1943	315	国会図

著者名	書名	出版社・発行元	発行年	頁数	備考
小野　豊明	比島宣撫と宗教班	中央出版社	1945	210	国会図
小野　正雄編	第一回海外学事視察団復命書（南支那、香港及比律賓に関するもの）	台湾総督官房調査課	1926.07	349	南支那及南洋調査113
恩地　正伍	「比律賓市場に於ける繊維工業製品の現状とその将来」	『第二十五回海外旅行調査報告（昭和十四年夏期）』	1940.06	463-490	神戸商業大学商業研究所
海外興業株式会社	南洋比律賓群島ダバオ付近邦人発展最近事情	海外興業株式会社	1920.08	15	
海外鉱業協会	比律賓鉱業図　鉱山所在地及生産表	海外鉱業協会	1940	1枚	一橋経
海外鉱業協会	比律賓の鉄鉱並に石炭に就て	海外鉱業協会	1940.09.00	7	東大経12/1139
海外鉱業協会	比律賓バギオ地方鉱区図　昭和15年	海外鉱業協会	1940	1枚	神大
海外鉱業協会	フィリッピンのマンガン鉱	海外鉱業協会	1940	19	九大理
海外鉱業協会	マッシンロックのクロマイト	海外鉱業協会	1940	13	返還
海外鉱業協会	比島鉱業情報(1)—(15)	海外鉱業協会	1940-41	15冊	(1)28p. 国会図；(3)-(6)一橋経；(9)30p. アジ研；(10)43p. アジ研；(11)48p. アジ研；(12)16p. 国会図；(14)34p. アジ研；(15)24p. アジ研
海外鉱業協会	過去十五年間の比島貿易概説	海外鉱業協会	1941.07.25	27	
海外鉱業協会	一九三九年、一九四〇年度ノ比律賓鉱石輸出量	海外鉱業協会	1941.03.00	12	東大経12/1138
海外鉱業協会	比律賓の鉱業　附　比律賓鉱業図	海外鉱業協会	1941	254	国会図

54　II. 目録

著者名	書名	出版社・発行元	発行年	頁数	備考
海外鉱業協会	比律賓の鉱業（補遺）石油、石炭、セメント、其の他	海外鉱業協会	1941.12.25	56	東大経8G/18
海外鉱業協会	比律賓ノ銅鉱業ニ就テ	海外鉱業協会	1941	38	アジ研
海外鉱業協会	比律賓の輸出統制管理に関する文書	海外鉱業協会	1941	86	国会図
海外鉱業協会	ブスアンガ島ノ満俺鉱ニ就テ	海外鉱業協会	1941.10.00	8	東大経12/1138
海外鉱業協会訳	大戦下の比律賓に於ける工業用燃料	海外鉱業協会	1942.06.00	11	東大経12/1137; *The American Chamber of Commerce Journal* (June 1941)
海外鉱業協会	比律賓ノ銅鉱床(1)(2)	海外鉱業協会	1942	39＋30	内閣
海外鉱業協会	比島鉱業情勢に就て	海外鉱業協会	1943	52	拓殖大
海外鉱業協会	自1940年至1941年比島鉱業情勢	海外鉱業協会	1943	246	一橋経
海外鉱業協会	比島ニ於ケル石膏鉱床ニ就テ	海外鉱業協会	1943	13	拓殖大
海外鉱業協会	比律賓の鉱産資源　1934年-1938年　第2部　卑金属及非金属	海外鉱業協会	1943	197	神戸大
海外鉱業協会	比律賓のマンガンに関する資料	海外鉱業協会	1944	96	九大理
海外鉱業協会	フィリッピンの石油に関する資料	海外鉱業協会	1944	63	資料143；地質
海外鉱業協会調査部	フィリッピンのアルミニウム資源に関する報告書	海外鉱業協会	1944.02	35	海協資料136
海務院総務部情報課	船舶用材トシテノ南洋材ノ利用的価値研究　其の1　比律賓ニ於ケル船舶用材	海務院総務部情報課	1942	15丁	国会図
海務院総務部情報課	比律賓の主要港湾	海務院総務部情報課	1942	142	東亜共栄圏の港湾調査3

フィリピン関係文献目録（戦前・戦中） 55

著者名	書名	出版社・発行元	発行年	頁数	備考
外務省	比律賓ノ独立問題	外務省	1935	1冊	衆議院
外務省訳	比律賓憲法	外務省	1935		衆議院
外務省亜米利加局第一課（鶴原書記生）	比律賓市民権ノ考察	外務省亜米利加局第一課	1936.05	35	米一調書第二輯
外務省亜米利加局第一課（上月書記生）	比島糖業概観	外務省亜米利加局第一課	1938.04.00	125	東文研ZB/597/1705
外務省亜米利加局第一課	一九三九年度比島経済事情	外務省亜米利加局第一課	1940.07.00	35	東文研ZB597/1704
外務省亜米利加局第一課	最近に於ける比島独立再検討及延期問題	外務省亜米利加局第一課	1940.08.00	82	東文研ZB597/1703
外務省亜米利加局第一課	一九三九年度比島鉱業状況	外務省亜米利加局第一課	1940.08	18	
外務省亜米利加局第一課	次期正副大統領及上下両院議員選挙ヲ繞ル比島政界ノ動静	外務省亜米利加局第一課	1941.11	n.p.	国会図AP6-251-1
外務省欧米局第二課（井澤）	比律賓独立問題	外務省欧米局第二課	1933.07	91+21	
外務省条約局	「フィリッピン」関係条約集	外務省条約局	1942.01	127	
外務省調査部	比律賓民族史	外務省調査部	1938	227	亜細亜諸民族調査資料3、調124；京大経調193；東文研?
外務省調査部	1939年度世界経済年報 比律賓	外務省調査部	1940	28	
外務省調査部編	比律賓民族史	日本国際協会	1941.06.21	258	
外務省通商局	比律賓ダバオ渡航案内（在マニラ総領事館ダバオ分館管内）	外務省通商局	1928.08	33	
外務省通商局第一課	第一回貿易会議準備資料第一（未定稿）（在「マニラ」帝国総領事館提出）	外務省通商局第一課	1926.09	333	

56　Ⅱ. 目録

著者名	書名	出版社・発行元	発行年	頁数	備考
外務省通商局第一課	第一回貿易会議準備資料第六（未定稿）（在マニラ帝国総領事館ダヴァオ分館提出）	外務省通商局第一課	1926.09	223	
外務省通商局第一課	第一回貿易会議準備資料第六（未定稿）追補（在マニラ帝国総領事館ダヴァオ分館提出）	外務省通商局第一課	1926.09	43	
外務省通商局第五課	比島林業概観	外務省通商局第五課	1940.12	36	比島産業叢書1
外務省通商局第五課	比島ニ於ケル煙草産業	外務省通商局第五課	1940.12.00	22	比島産業叢書3；東文研ZB597/353
外務省通商局第五課	比島ニ於ケル米作概要	外務省通商局第五課	1940.12.00	22	比島産業叢書2；東文研ZB597/351
外務省通商局第五課	一九三九年度マニラ麻市況	外務省通商局第五課	1940.12	14	比島産業叢書4
外務省通商局第五課	比島貿易概況　1939年度	外務省通商局第五課	1941	26	一橋経
外務省通商局第五課	比律賓産業資料	外務省通商局第五課	1942.01	168	
外務省通商局第三課	比律賓「ダバオ」事情	外務省通商局第三課	1930.10	107	移民地事情　第二十五巻
外務省通商局第六課	比律賓輸出入統計　輸出之部	外務省通商局第六課	n.d.	18	東文研；1937-38年データ
外務省通商局第六課	比律賓貿易額主要品別並ニ国別表	外務省通商局第六課	1940.12.00	81	東文研ZB597/403；1937-39年データ
外務省南洋局	比律賓及ビ比律賓人ノ過去ニ就テ―古代ヨリ最近世（一八九八年）マデ	外務省南洋局	1941.03	85	
嘉規　富太郎	船舶用材としての南洋材の利用的価値―比律賓に於ける船舶用材	南洋経済研究所	1942	19	南洋資料125

著者名	書名	出版社・発行元	発行年	頁数	備考
カーク、グレースン	「フィリピン独立の将来」	『日本読書協会会報』194	1936.12.15	61-123	
学徒至誠会	ダヴァオに於ける邦人事情	学徒至誠会	1937		学徒至誠会派遣団報告
影山　知二	比律賓の全貌　米国極東進出の拠点	愛国新聞社出版部	1941	270	大東亜共栄圏叢書3
笠井　鎮夫	比律賓会話要訣　日本語―西班牙語―タガログ語	外語学院出版部	1942	245	国会図
笠井　鎮夫	タガログ語語彙	三省堂	1944.01.25	180	
片岡　弥吉	高山右近大夫長房伝	カトリック中央書院	1936	224	国会図
加藤　長	南方軍政建設の方針	南洋経済研究所出版部	1942.06.15	11	南洋資料46；情報局編輯「週報」昭和17年4月22日号（289号）より転載
加藤　輝男	マニラの小馬車	北光書房	1944	268	三康
加藤　勇太郎	台湾並比律賓に於ける熱帯農業視察	拓務省拓務局南洋課	1937.06.30	175＋31＋7	政策研Ni―9369/日本農研文庫　手稿、復命書
葛野　浅太郎・寺田　日吉	比島矮馬ニ関スル研究	台湾総督府農業試験所	1942.02.09	38	報告79
華南銀行編	比律賓に於ける邦人事業調査	台湾総督官房調査課	1927	102	南支那及南洋調査207；東洋文庫
華南銀行	マニラ事情	華南銀行	1930.01	30	1930年1月　調査；3号
華南銀行	ダバオ事情	華南銀行	1930.01	54	1930年1月　調査；4号
華南銀行	マニラ事情	台湾総督官房調査課	1930.09	20	南支那及南洋調査188
華南銀行	ダバオ事情	台湾総督官房調査課	1930.09	37	南支那及南洋調査189

58　Ⅱ.目録

著者名	書名	出版社・発行元	発行年	頁数	備考
華南銀行	比律賓ニ於ケル邦人事業調査㈠（マニラ地方）	華南銀行	1930.10	28	1930年10月　調査；19号
華南銀行	比律賓ニ於ケル邦人事業調査㈡第二　ダバオ地方　第三　サンボアンガ地方	華南銀行	1931.02	116	1931年2月　調査；24号
華南銀行	比島邦人経済事情	華南銀行	1940.12		1940年12月調；華銀調書87
金子　章	「日比貿易の展望と其諸問題」	『第二十四回海外旅行調査報告（昭和十三年夏期）』	1939.04	378-412	神戸商業大学商業研究所
金子　豊治	日比関係の現状と将来	比律賓協会	1936	73	国会図684-319
金子　豊治	比律賓ノ独立再検討論	興亜院政務部	1940.03.00	19丁	東大経8-C/705/11
金田　近二講演	比律賓の独立と其の経済問題	神戸商業大学商業研究所	1937.08.10	22	政策研Ni―4649/日本農研文庫
金平　亮三	比律賓、北ボルネオ林業復命書　軍艦淀便乗南洋諸島巡航記		1913-14	118＋80	アジ研
鎌田　正威	比律賓視察所感	台湾総督官房調査課	1922	74	南支那及南洋調査20
上伊那郡富県植民研究会編	南洋フィリッピンの信濃村	上伊那郡富県植民研究会	1917.05.25	52	国会図327/977
紙村　貫治	マニラ麻	同文舘	1913.08.11	162	東京高等商業学校研究叢書
カムス著、台湾総督官房調査課訳	比律賓の米	台湾総督官房調査課	1927	133	南支那及南洋調査137
蒲原　廣二	比律賓マニラ麻大観	南洋協会	1934.12.01	60＋13	政策研Ni―13216/日本農研文庫
蒲原　廣二	ダバオ邦人開拓史	日比新聞社	1938	22＋1580	

著者名	書名	出版社・発行元	発行年	頁数	備考
カラウ、テオドル・エム・毛利　八十太郎	比律賓独立運動の現状	『国際パンフレット通信』328	1930.03.16	49	
川崎　操・尾崎　賢治編	「比律賓」『南方文献目録　附・海南島（邦書篇）』	東京商科大学東亜経済研究所	1943.06.01	30–45	特殊文庫目録1
河西　新太郎	南へ飛ぶ歌　南進の先駆者菅沼貞風伝	田中宋栄堂（大阪）	1942	182	国会図
川渕　久左衛門	呂宋覚書	更正閣書店	1928	1冊	海表叢書巻6ノ内；国会図
川俣　鉄也調査、大東亜省南方事務局編	比律賓詳密地図	日本地図株式会社	1944	1枚	京都府
ガンサー、ジョン	「比島大統領ケソン」	『外国の新聞と雑誌』417	1939.02.20	1–24	
貴司山　治	大扶桑国	全国書房（大阪）	1942	344	国会図
木全	農業投資と商業移民の発展地としての南洋	山口高等商業学校東亜経済研究所	1933.08	23	南洋経済事情木全教授講述
北　久一	比島電力調査報告	n.d.	1943.12	109	東大経ミツビシ273
北里　蘭	日本語の根本的研究	紫苑会（大阪）	1930	87＋241	国会図
北里　蘭	日本語の根本的研究	紫苑会（大阪）	1931	87＋263	国会図
北里　蘭	フィリッピン国民に告ぐ		1942	6＋6	三康
北村　一夫	戦錬記　神武の兵	日本報道社	1943	294	天理
北村　小松	熱帯の風	淡海堂出版部	1942	308	国会図
北村　小松	基地	晴南社	1943	221	国会図
木原　英夫	一九三七年度比島経済事情	外務省亜米利加局第一課	1938.08	32	
岐阜商工会議所編	独立前夜の比島	岐阜商工会議所	1942.03.04	19	南方叢書3

II. 目録

著者名	書名	出版社・発行元	発行年	頁数	備考
木村　惇	フィリッピン事情に就て	東京商工会議所	1942.06	53	南方調査室参考資料1
木村　惇	ミンダナオ島処理に関する意見書	比律賓協会？	1942.07	16	
木村　惇	比島に於ける物資不足並対策に関する意見書	比律賓協会？	1942.09	42	
木村　惇	フィリピンの歴史	大東亜出版	1944.10.28	41	英文；国会図特246-779
木村　毅	マニラ紀行　南の真珠	全国書房	1942	346	京大法292.48；国会図
木村　毅	アギナルドの独立軍	大東亜出版	1943	41	国会図
木村　毅	比島独立秘史　布引丸	春陽堂文庫出版	1944	311	国会図
キャリス、H. G.	東南亜細亜における外国投資	日本国際協会太平洋調査問題調査部	1942		JICA
京田　博一	「比律賓独立準備政府の経済対策」	『第二十三回海外旅行調査報告（昭和十二年夏期）』	1938.03	119-183	神戸商業大学商業研究所
極東殖産株式会社	馬尼剌麻・椰子	極東殖産株式会社	1918	38	1914年比律賓政庁農務局報告
吉良　武夫	従軍記者	旺文社	1944	228	国会図
桐原　隆吉	「比律賓群島に於ける古々椰子産業に付いて」	『第十九回海外旅行調査報告（昭和八年夏期）』	1920.03	200-237	神戸商業大学商業研究所
金属工業統制会	比律賓	金属工業統制会	1942	100	金属工業統制会南方対策委員会電線部会調査資料1；国会図
工藤　鉄太郎	最近のフィリッピン事情		1944	67	埼経調査資料3；東京商工会議所

著者名	書名	出版社・発行元	発行年	頁数	備考
隈川　八郎	比律賓ダバオ州に於ける邦人産業調査報告　附同地在住邦人の保健に関する意見書	台湾総督官房調査課	1929.01	21＋7＋9	南支那及南洋調査160
隈川　八郎（＋瀬川幸磨、中島総領事）	南洋に於ける養蚕業　附比律賓ダバオ蚕業調査報告	台湾総督官房調査課	1929.01	33＋60＋10	南支那及南洋調査161
クライン、ジュリアス著、長崎　常訳	比律賓に於けるコプラ及ココ椰子油の取引	台湾総督官房調査課	1927	279＋4	南支那及南洋調査135
クライン、ジュリアス著、長崎　常訳	比律賓に於けるコプラ及ココ椰子油の取引	南洋協会台湾支部	1927	279＋4	南洋叢書47；国会図
栗原　悦蔵	戦争一本　比島戦局と必勝の構え	朝日新聞社	1945.01.15	70	国会図；昭和館
黒川　滋	比律賓華僑概観	繊維製品輸出振興株式会社企画部	1942.06.08	182	調査2
黒川　滋	比律賓貿易概観	繊維製品輸出振興株式会社企画部	1942.08.00	221	調査3；東文研L104/49
黒川　滋編	比律賓繊維製品輸入統計表　自1936年　至1940年	比律賓協会	1943.02	85	
クローバー、A．L．著、三品彰英・横田健一共訳	フィリッピン民族史	三省堂	1943	22＋13	国会図
軍令部	比島独立問題概観	軍令部	1940.01	28	常報号外
経済統計研究所	比律賓鉱産事業	経済統計研究所	1942	67	大商
ケーン、サムエル著、清水暉吉訳	蕃族	牧書房	1942	318	国会図935.9-cK16b-S

II. 目 録

著者名	書名	出版社・発行元	発行年	頁数	備考
小池 四郎	比島独立と日本の態度：附・マクダフィ・タイディング法（独立法）	維新日本社	1935	25	愛政パンフレット2；国会図
小池 四郎	比律賓の独立を支援せよ	台湾懇話会	1936	23	南方国策2；国会図
小池 四郎	歴史が結ぶ日本と比律賓	台湾懇話会	1936	24	南方国策3；国会図
小池 四郎	比律賓に於ける恐日宣伝の一例	台湾懇話会	1936	21	南方国策4；国会図
小石 俊三郎	「マニラ麻の産出と其の輸出規定」	『大正七年夏期 海外旅行調査報告』	1918.07.25	167-190	神戸高等商業学校
小泉 清明	比島蝗害論	台湾総督府外事部（台北）	1944	76	外事部調査167；台大研
小泉 清明・小笠原 和夫	比律賓の飛蝗と台湾との関係	南方資料館	1940		
黄 演馨	比律賓華僑	文化研究社	1944.03.18	275	
興亜院政務部	比律賓ノ独立再検討論	興亜院政務部	1940.03.00	n.p.	興亜資料（経済篇）73；政策研330—2396
河野 辰二	フィリッピン読本	台湾南方協会	1941	254	
河野 辰二	新フィリッピン読本	東都書籍台北支店	1943.03.30	248	
神戸市役所商工課	「比律賓群島」『大正十一年海外商工名鑑』	神戸市役所商工課	1922	404-416	
神戸商工会議所	甦る比律賓の経済力	神戸商工会議所	1942.03.06	81	共栄圏資料4
国際汽船株式会社等編	比律賓事情	国際汽船株式会社	1943	298＋100	成蹊三菱I/5174
国際経済学会編	フィリッピンの政治経済問題	刀江書房	1940.12.27	169	
国際パンフレット通信部編	「米比通商会議と両国の作戦」	『国際パンフレット通信』994	1937.03.11	1-26	

著者名	書名	出版社・発行元	発行年	頁数	備考
国策研究会	比島独立と日本の南進	国策研究会	1937	63	政治経済講演会講演集58；群馬県
小倉貿易株式会社	一九三四年五月二四日公布比島産繊維類新法規翻訳	小倉貿易株式会社	1934.05.24	53	
児島　宇一	ジャバ及スマトラニ於ケル　シザル麻及マニラ麻調査報告	拓務省拓務局	1931.07	147	海外拓殖事業調査資料10
児島　宇一	バゴ農事試験場第6報	太田興業株式会社経営バゴ農事試験場	1933		農業環境技術研究　所C38―/図書室2F78
児島　宇一	バゴ農事試験場第7報	太田興業株式会社経営バゴ農事試験場	1934		農業環境技術研究　所C38―/図書室2F78
児島　宇一	バゴ農事試験場第8報	太田興業株式会社経営バゴ農事試験場	1935		農業環境技術研究　所C38―/図書室2F78
児島　宇一	バゴ農事試験場第9報	太田興業株式会社経営バゴ農事試験場	1936		農業環境技術研究　所C38―/図書室2F78
児島　宇一	バゴ農事試験場第10報　自昭和12年1月1日　至昭和12年12月31日	太田興業株式会社経営バゴ農事試験場	1938.09.15	145	
児島　宇一	バゴ農事試験場第11報　自昭和13年1月1日　至昭和13年12月31日	太田興業株式会社経営バゴ農事試験場	1940.04.20	131	
児島　宇一	バゴ農事試験場第12報　自昭和14年1月1日　至昭和14年12月31日	太田興業株式会社経営バゴ農事試験場	1941.04.20	121	国会図14.2イ/940
児島　宇一	昭和15年12月　農事試験場要覧	太田興業株式会社バゴ農事試験場	1941.04.15	15	
児島　宇一	比島農業事情	日本拓殖協会	1941.08.20	32	拓殖パンフレット20

II. 目録

著者名	書名	出版社・発行元	発行年	頁数	備考
児島　宇一	バゴ農事試験場 第13報（昭和15年）	太田興業株式会社	1941.10.15	37	
後藤　昭	「比島ダヴァオに於ける邦人発展の現状と土地問題に就て」	『南支南洋研究』26	1937.03	1–58	
後藤　曠二	ミンダナオ島の水力電気に関する考察	南洋経済研究所出版部	1942.07.20	8	南洋資料45
後藤　隆調査	比律賓のブリ椰子	南洋協会台湾支部	1921	18	南洋叢書18；国会図
小林　浅吉	比律賓紀行	東方時論社	1920.08.10	289	東大総J60/47；国会図
小林　喜三郎	マニラ麻及マゲー	小林喜三郎	1922	236	
小牧　実繁	大東亜地図大系　第1 フィリッピン群島	博多久吉（大阪）	1944	1枚	国会図
小森　徳治	比律賓史		1921.11.12	200	大部分ジャーネガン『比律賓小史』の訳
小柳　次一編	従軍写真記録集　比島	東亜文化書房	1944	64	早大
今　日出海	秋の歌	三杏書院	1943	308	国会図
今　日出海	比島従軍	創元社	1944	250	国会図
B.W. Gonzalez & G.W. Gonzalez 著、森忠平訳	フィリピン文化史	南洋協会台湾支部	1940	17	台湾分
斎藤　彬	最近の比律賓	外務省通商局第三課	1933.04	111	
斎藤　礒次	比律賓群島の衛生状況	内務省衛生局	1921	126	国会図
斎藤　啓治	比律賓貨幣制度並ニ其沿革概要		1923	74	日銀
斎藤　真編	比律賓の現状と貿易の改善に就て（視察報告書）	横浜貿易協会	1928.05.10	20＋8	
在「マニラ」帝国総領事官報告	1935年度世界経済年報　第20輯　比律賓	外務省調査部	1937	42	調101；衆議院

著者名	書名	出版社・発行元	発行年	頁数	備考
桜田　常久	艦上日誌	興亜日本社	1943	298	海軍報道班選書3；国会図
左近　義親	海国記	旺文社	1943	313	国会図
佐々木　茂枝	「比律賓」『第二回海外派遣官報告集（第四）蘭領印度及比律賓』	農商務省商工局	1917.11.23	32-74	
佐多　長春	比律賓植物種の分類　第1編　桑科無花果属編　比律賓群島産無花果属植物の台湾種との比較研究調査	台湾総督府外事部	1944.04.1	405 + 54 plates	外事部調査143；南方殖産資源調査基礎資料植物産業資源部門3
左親　義親	最後の日本人	教文館	1941	275	国会図
佐藤　栄三郎	タガログ語英語辞典	弘文社（大阪）	1944	146	神戸市
佐藤　観次郎	戦いのきづな	新興亜社	1944	381	三康
佐藤　剣之助	比島の危機	比律賓協会関西支部	1941.07.25 十二版	348	1941.06.12初版
佐藤　秀男	フイリッピンの研究　人・文化・歴史	清水書房	1941.05.25	322	
佐野　常樹	「フィリッピン群島実況一般」	『東邦協会報告』9	1892	19-32	
澤田　清	比島語文法略解	澤田清刊（マニラ）	1944	266	山口経
沢田　謙著、太平洋協会編	宝庫ミンダナオ	六興商会出版部	1943.04.05	152	
産業組合中央会南方調査室	南方共同組合運動資料第3輯（比律賓の共同組合運動）（1941年11月15日フィリッピンヘラルド紙）	産業組合中央会南方調査室		19丁	東大経8-A/134
塩田　良平	山田美妙研究	人文書院	1938	562	国会図
資源科学研究所	東亜共栄圏資源科学文献目録　第3　フィリッピン	資源科学研究所	1943	391 + 61	国会図

著者名	書名	出版社・発行元	発行年	頁数	備考
資源科学研究所編	大東亜圏地理図集 第3輯 フィリッピンの耕地と人口	日本地図株式会社	1944	3＋4枚	国会図
篠田 丸万太	フィリッピン面積人口表	南洋経済研究所	1942	21	南洋資料183；国会図
篠原 滋	比島決戦場	日本報道社	1945	189	陸軍新輯3；国会図；昭和館
柴田 賢一	ダバオ開拓記	興亜日本社	1942.06.13	340	
柴田 賢次郎	上級向 美しき兵隊	成徳書院	1943	149	小国民大東亜戦記；三康
柴田 賢次郎	樹海	桜井書店	1943	215	国会図
柴田 賢次郎	比島戦記 ナチブ山	成徳書院	1943	248	昭和館
柴田 賢次郎	マニラの烽火	日本文林社	1943	315	大阪府
柴田 賢次郎	霧の基地	晴南社	1944	199	国会図
柴山 武徳	比律賓	日本拓殖協会	1942.07		政策研220—62/
渋谷 昇次	比律賓群島バゴボ族の原始社会	亜細亜青年教団	1943.01.20	50	
島田 錦蔵	アメリカ（フイリッピン）の林業政策	忠誠堂	1942.12.15	41	
志村 秀吉編	マニラ・バギオ・セブ・イロイロ・ネグロス邦人発展40周年記念人名録	志村 秀吉刊	1942	288	和歌山
ジャコブソン、H.O. 著、宗接鶴栄訳	比律賓ニ於ケル真珠貝、椰子、水稲	東洋拓殖株式会社	1918	81	国会図
商工省商務局貿易課	一九二七年中比島経済界ノ推移ニ就テ	商工省商務局貿易課	1928.01	16	昭和三年貿4
商工省商務局貿易課	一九二七年中比島対外貿易	商工省商務省貿易課	1928.10	16	
商工省商務局貿易課	一九二八年比律賓対外並対日貿易	商工省商務局貿易課	1929.08	31	
商工省貿易局	一九二九年度比律賓外国貿易	商工省貿易局	1930.06	42	

フィリピン関係文献目録（戦前・戦中）　67

著者名	書名	出版社・発行元	発行年	頁数	備考
商工省貿易局	一九三〇年度比島対外並対日貿易	商工省貿易局	1931.04	45	昭和六年貿10
商工省貿易局	一九三一年比島対外並対日貿易	商工省貿易局	1932.10	53	昭和7年通報23；大分経；東大経ミツビシsho：42
商工省貿易局	一九三五年比島対外並対日貿易	商工省貿易局	1936	56	昭和11年通報34；大分経
商工省貿易局編纂	「比律賓之部」『世界主要国貿易統計年表　英領馬来、比律賓、蘭領印度之部　昭和十三年度版』	内外商工時報発行所	1940.01.12	1-23	
庄田　作輔編	比律賓の林業	東亜研究所	1941.08.30	97	資料 丙193C、第八調査委員会資料4；永田龍之介編『比律賓群島の林業調査』簡約版；国会図
情報局	→内閣情報局				
白石　升治	比律賓群島漁業視察報告	広島県水産試験場	1904.12.21	106	
Seale, Alvin 著、三菱合資会社査業課訳	比律賓ニ於ケル真珠及真珠採取業	三菱合資会社査業課	1936	56	三菱
末広　鉄腸	政治小説　南洋乃大波瀾	香陽堂	1891.06	324	国会図
末広　鉄腸	啞之旅行	青木嵩山堂	1894.06	46＋134＋130	国会図
菅野　善助	「フィリッピンの貿易取引機構」	『東亜研究所報』23	1943.08	119-164	
菅野　秀雄	農業労働者の楽園　南洋ダバオ案内	実業之日本社	1931.03.20	187	
杉浦　重剛・福本　日南	樊噲夢物語	東半球協会	1943.03.15	14	東半球資料35
杉崎　英信	高砂義勇隊	杉崎英信刊	1943	320	国会図

著者名	書　名	出版社・発行元	発行年	頁　数	備　考
杉野　宗太郎	「フィリッピン群島探検実況」	『東京地学協会報告』17-1	1895	111-136	
杉森　孝次郎	比律賓及暹羅の認識		1937		早大社
杉山書記生稿	比律賓概観	外務省？	1933？		
杉山　元次郎	フィリッピンの一般情勢に就て	海外鉱業協会	1941	32	国会図
杉山　三郎・泉　正勝調査	比律賓の産業と貿易　附比律賓在留邦人発展の状況	台湾拓殖株式会社調査課	1942	289＋28	台調資A19；大商
Scholey, Geo. T. 著	フィリッピンの銅　附銅産額及産銅会社	海外鉱業協会	1940	17	九大理
鈴木　栄二郎	前陸軍報道班員　鈴木栄二郎比島スケッチ展覧会	日動画廊	1943	8	昭和18年4月8日（木）―11日（日）午後7時まで；木下
鈴木　源吾	比律賓ノ天然資源並ニ労働事情ト商業界現況一班	台湾総督府台北高等商業学校	1933.03.30	353	南支南洋研究調査報告書2
鈴木　政	米・甘藷	明文堂	1944	225	比律賓農業1；国会図
鈴木　守雄	比律賓漁業事情	『海洋漁業』10月号第62号		113	抜刷；衆議院
スタッグ、サミュル・W	比律賓に於ける日独第五部隊の暗闘　比島議会の問題となつた恐日記事	『フイリツピン・ジヤパン』5-9付録	1940.08	12	
角　加苗	「比律賓の鉄鉱資源」	『第二十六回海外旅行調査報告（昭和十五年夏期）』	1941.05	240-258	神戸商業大学商業研究所
隅山　馨	「マニラ麻に就て」	『大正七年夏期　海外旅行調査報告』	1919.05	117-130	神戸高等商業学校
セルビー、エム・エム著、長崎　常訳	比律賓に於けるカポック事業	台湾総督官房調査課	1926	62	南支那及南洋調査117；国会図

著者名	書　名	出版社・発行元	発行年	頁数	備考
セルビー、エム・エム著、長崎　常訳	比律賓に於けるカポック事業	南洋協会台湾支部	1926	62	衆議院
仙田　桐一郎	「比律賓群島」『清国及比律賓群島森林視察復命書』	農商務省山林局	1905.07.26	75-188	
	暹羅紀行図　附：呂宋島図、盤谷湾図、盤谷河図、盤谷府之図			5	一橋
大東亜缶詰産業協力会	比律賓に於ける缶詰事業	大東亜缶詰産業協力会	1943.01.20	41	資料2；国会図；東大経ミツビシNaic：7
大東亜経済連盟	比島軍政の根本方針と建設の現況	大東亜経済連盟	1943	34	大東亜産業貿易調査会資料9；大東亜経済建設要綱解説8；横商
大東亜省南方事務局編（金子恭輔）	比島マンガン鉱業の趨勢	海外鉱業協会	1943	14	内閣
太平洋協会編	フィリッピンの自然と民族	河出書房	1942.06.20	611	
台北高等商業学校南支南洋経済研究会	「比律賓紀行」	『南支南洋研究』20	1933.12	1-22	
大本営陸軍報道部監修	大東亜戦争絵巻　フィリッピンの戦ひ	岡本ノート株式会社出版部（大阪）	1944	47	国会図
大本営陸軍部	対南方思想戦ノ参考（比律賓ノ部）	大本営陸軍部	1941.10	66	成蹊大学岡文庫/W/3219
タイムス通信社編	独立比島の憲法と新政治組織	『国際パンフレット通信』868	1936.01.11	40	
タイムス通信社編	比島に於ける新興NEPA運動	『国際パンフレット通信』902	1936.05.06	37	

70　Ⅱ. 目　録

著者名	書　名	出版社・発行元	発行年	頁数	備考
台湾銀行総務部	比律賓群島経済事情概要	台湾銀行総務部	1918	55	
台湾銀行総務部調査課	南支南洋ニ於ケル邦人会社商店	台湾銀行総務部調査課	1917.12		四、比律賓
台湾銀行台北頭取席調査課	比律賓ニ関スル資料	台湾銀行台北頭取席調査課	1941	94	内閣
台湾銀行調査課	「「マニラ」ノ部」『支那南洋各地経済事情』	台湾銀行調査課	1918.05	20	
台湾商工会議所	「マニラ市見本市報告」『盤谷及びマニラに於ける台湾物産見本市報告』	台湾商工会議所	1940.10.23	103-160	調査資料5
台湾総督官房外事課	南洋各地邦人栽培企業要覧　附：南洋邦人林・鉱・水産業要覧	台湾総督官房外事課	1935.10		南支那及南洋調査227
台湾総督官房外事課	南洋各地邦人栽培企業要覧	台湾総督官房外事課	1937.12.17		南支那及南洋調査238
台湾総督官房調査課	比律賓ダバオの邦人事業	台湾総督官房調査課	1921	33	海南産業株式会社編　南支那及南洋調査108
台湾総督官房調査課	比律賓統計要覧　一九二一年	台湾総督官房調査課	1923.03.01	117	南支那及南洋調査71
台湾総督官房調査課	比島現状に関する米国特派調査委員の報告	台湾総督官房調査課	1923.04.01	70	
台湾総督官房調査課	比島の現状に関する米国特派調査委員の報告に対する比島独立主義者の駁論	台湾総督官房調査課	1926.02	284	南支那及南洋調査107；政策研Ni―8587/日本農研文庫
台湾総督官房調査課	比律賓ダバオの邦人事業	台湾総督官房調査課	1926.02	33	南支那及南洋調査108
台湾総督官房調査課	日本台湾対南洋貿易統計　附：南洋各地船舶統計	台湾総督官房調査課	1930.09	63	
台湾総督官房調査課	南洋各地邦人栽培企業要覧	台湾総督官房調査課	1926	2冊	南支那及南洋調査121

著者名	書名	出版社・発行元	発行年	頁数	備考
台湾総督官房調査課	英領北ボルネオ　米領フィリッピン　邦人企業要覧	台湾総督官房調査課	19—	2枚	南支那及南洋調査140
台湾総督官房調査課	南洋各地邦人栽培企業要覧	台湾総督官房調査課	1930.10		南支那及南洋調査168改訂版
台湾総督府	菲律賓ニ於ケル教育ノ現況	台湾総督府	1918.10.21	76	南支那及南洋調査25
台湾総督府	米領ヒリッピン群島、ミンダナオ島、ダバオ麻耕地事情	台湾総督府	1929	47	貿易叢書14；大分経
台湾総督府外事部	比律賓群島地質図	台湾総督府外事部	1934	1枚	滋賀経
台湾総督府外事部	フィリッピンの畜産	台湾総督府外事部	1942	90	外事部調査48；鹿大農
台湾総督府外事部	フィリッピンの畜産	南方資料館	1942	90	南方資料6；国会図
台湾総督府外事部編	南方華僑有力者名簿	南方資料館（台北）	1942.09.10	79＋8＋16	南方資料4
台湾総督府外事部	比律賓の資源	台湾総督府外事部	1943	86	外事部調査109；鹿大農
台湾総督府外事部	比律賓	台湾総督府外事部	1943	390	外事部調査156；台大研
台湾総督府外事部	比律賓植物種の分類　第1編	台湾総督府外事部	1944.03		農業環境技術研究所　台湾—106/図書室2F 78
台湾総督府財務局	「比律賓の関税」「比律賓の内国税」『南支南洋の関税と内国税』	台湾総督府財務局	1935.10	97-124、29-46	
台湾総督府財務局税務課	比律賓共和国の税制	台湾総督府財務局税務課	1941.10.15	116	租税制度研究1
台湾総督府情報部編	フィリピン交通産業明細図	台湾時報発行所	1941	4枚	神戸市
台湾総督府殖産局編	菲律賓概覧、菲律賓に於ける椰子栽培計算	台湾総督官房調査課	1917	36	南支那及南洋調査書13-2

72　II. 目　録

著者名	書　　名	出版社・発行元	発行年	頁　数	備　　考
台湾総督府殖産局商工課編	菲律賓群島ニ於ケル「マゲー」及「アバカ」	台湾総督府民生部殖産局	1918.04.22	86	南支那及南洋調査22
台湾総督府殖産局商工課	南洋ニ於ケル邦人ノ企業	台湾総督府殖産局商工課	1918.07	94＋11	南支那及南洋調査16（再版）
台湾総督府水産試験場	比島東海鮪延縄漁業調査　南支那海鮪延縄漁業調査	台湾総督府水産試験場	1940.08.20	117	昭和12年度昭南丸漁業試験報告；水産試験場出版21；政策研Ni―15309／日本農研文庫
台湾総督府中央研究所	比律賓木材ノ解剖的識別ニ関スル研究	台湾総督府中央研究所	1924	73	台湾総督府中央研究所林業部報告2
台湾拓殖株式会社	1940年比律賓移民法	台湾拓殖株式会社	1940.08	53	台調資A5；政策研Ni―9239／日本農研文庫
台湾拓殖株式会社	比律賓に於けるキャッサバ産業に就て	台湾拓殖株式会社	1942	7	台大法
台湾拓殖株式会社	昭和17年度比律賓棉花調査計画書	台湾拓殖株式会社	1942	1冊	台湾分
台湾拓殖株式会社調査課	比律賓概観	台湾拓殖株式会社調査課	1941	109	台調資B16⒇；台大研
台湾拓殖株式会社調査課	比律賓在留邦人発展の状況	台湾拓殖株式会社調査課	1941.12	52	台調資B第⒃ノ18
台湾拓殖株式会社調査課	比島マングローブの植林伐採概況及其の燃料としての地位	台湾拓殖株式会社調査課	1942	11枚	台調資C17（12号の3）；東南ア
台湾拓殖株式会社調査課	比律賓のマングローブ樹脂及タンニンに就て(2)	台湾拓殖株式会社調査課	1942	16丁	台調資C17⒀；大商
台湾拓殖株式会社調査課	比律賓樹脂資源	台湾拓殖株式会社調査課	1942	56	京大東南ア研
台湾拓殖株式会社調査課（朝倉）	比律賓のマングローブ・樹脂及製紙用パルプ資源	台湾拓殖株式会社調査課	1942.11.16	86	台調資A28

フィリピン関係文献目録（戦前・戦中） 73

著者名	書名	出版社・発行元	発行年	頁数	備考
台湾拓殖株式会社調査課	台拓事情（号外ノ一）―比律賓時報―	台湾拓殖株式会社調査課	1943.01.10	18	
台湾拓殖株式会社調査課	「比律賓情報」	『台拓情報』4-1	1943.01.15	22-35	
台湾拓殖株式会社調査課	比島製糖会社一覧表	台湾拓殖株式会社調査課	1943.02.12	20枚	台調資(C)25
台湾拓殖株式会社調査課	「比律賓情報」	『台拓情報』4-2	1943.02.15	1-16	
台湾拓殖株式会社調査課	比律賓に於ける玉蜀黍産業	台湾拓殖株式会社調査課	1943.05.01	44	台調資C 27
台湾拓殖株式会社調査課	比島に於ける内皮繊維の研究	台湾拓殖株式会社調査課	1943	42	台調資(C)31
台湾拓殖株式会社調査課	比律賓諸島に於ける硫黄資源	台湾拓殖株式会社調査課	1943.05	17	台調C 32
台湾南方協会	比島事情	台湾南方協会	1940	1冊	横商
台湾南方協会	比律賓の華僑	台湾南方協会	1941	145+81	東洋文庫
台湾南方協会南方資料館編	南方資料館所蔵 比律賓関係資料目録	台湾南方協会	1941	37	台湾分
台湾の言論界	フィリッピンのダバオ	拓殖通信社	1926	27	台湾・南支・南洋パンフレット19；拓殖大
	台湾比律賓及南洋視察議員団報告書　昭和13年		1938	1冊	衆議院
ダヴァオ商工会	比島の貿易統計	ダヴァオ商工会	1936.07	72	第五回ダヴァオ商工会報臨時増刊；東商
ダヴァオ商工会	全ダヴァオ州在留邦人商工業者案内	ダヴァオ市	1939.02	118+	1939年2月　現在；ダヴァオ商工会報第十一回臨時増刊
高雄州商工奨励館	比律賓経済事情	高雄州商工奨励館	1937.12.26	275	調査資料1

74　Ⅱ. 目 録

著者名	書　名	出版社・発行元	発行年	頁　数	備　考
高雄州商工奨励館・高雄商工会議所	高雄州商工奨励館・高雄商工会議所所蔵　南方圏資料総目録　昭和十八年三月三十一日現在	高雄州商工奨励館・高雄商工会議所	1943.07.07	61	
高木　音三	「フイリッピン地方に於ける商業調査―特に我国輸出増進策との関連の許に」	『第二十一回海外旅行調査報告（昭和十年夏期）』	1936.03	173-198	神戸商業大学商業研究所
高瀬　五三郎・谷口　貞一	比律賓ニ於ケル林業及パルプ資源調査復命書		1943	126	
高野　実	比律賓材話	南興社	1927.11.15	64	『南洋協会雑誌』14-2〜5（1928. 2〜5）
高橋　清次郎	比律賓と我が南洋：太平洋の一角日本の南の海の生命線を巡りて	フタバヤ書店	1937	272	国会図
高橋　武美	「比律賓群島」『第三回臨時海外派遣官報告集（第三）』	農商務省商工局	1919.03.20	355-389	調査資料23
高原　逸人講演	フィリッピンの経済事情	台北商工会議所	1942	26	調査資料27；滋賀経
高幣　常市	壮烈ダヴァオの人柱　肉弾校長上野重信先生伝	清新書房	1942	221	国会図
高曲　敏三	「比律賓国勢調査法と国勢調査組織」	『東亜研究所報』21	1943.04	130-211	
高見　之元	比律賓に於けるマニラ麻の生産―特にその生育条件と栽培に就て	東亜研究所	1941.06.15	91	資料丙 第177号C（第8調査委員会資料1）
田上　旺作	新しきフィリッピン	日本書館	1943	286	一般書
高山　伊太郎	南洋之水産　附録南洋紀行	大日本水産会	1914.08.10	668＋75	農商務省水産局御蔵版
瀧田　要吉	比島絵だより	国民図書刊行会設立事務所	1944.06.20	223	

著者名	書名	出版社・発行元	発行年	頁数	備考
田口　芳五郎編	マニラ万国聖体大会に使して	日本カトリック新聞	1937	36	昭和12年1月24日―2月16日；国会図
拓務省拓殖局	比律賓ニ於ケル米国	拓殖局	1911.03.07	53	
拓務省拓南局	南洋栽培事業要覧	拓務省拓南局	1929.11		
拓務省拓南局	外南洋ニ於ケル邦人拓殖事業状況図	拓務省拓南局	1939.10	1枚	1939年10月現在
拓務省拓南局	比律賓ダバオに於ける芋麻栽培法	拓務省拓南局	1942.8	38	政策研Ni―8258/日本農研文庫
拓務省拓南局	比律賓ノ綿作計画案資料	拓務省拓南局	1942.01	15丁	政策研610-2-256
拓務省拓南局	南洋邦人農企業現況一覧	拓務省拓南局	1942.01.18	23表	
拓務省拓南局	民族指導方策樹立に関する資料（比律賓）	拓務省拓南局	1942.03	25丁	政策研Ni―8250/日本農研文庫
拓務省拓務局	比律賓ノ工業	拓務省拓務局	1931.09		
拓務省拓務局	比律賓鉱業法	拓務省拓務局	1937.12.28	75	海外拓殖事業調査資料35；南洋各地法令輯3
拓務省拓務局	マニラ麻栽培概要	拓務省拓務局	1937.06	23	
拓務省拓務局南洋課	比律賓ニ於ケル石炭及石油関係法規	拓務省拓務局	1938.10	37+8	海外拓殖事業調査資料41、南洋各地法令輯6
拓務省拓務局	マニラ麻栽培概要	拓務省拓務局	1939.07	24	
拓務省拓務局南洋課（木口訳）	比律賓公有土地法	拓務省拓務局	1937.09.30	55	海外拓殖事業調査資料33、南洋各地法令輯1
拓務省拓務局南洋課編	比律賓に於る鉱物資源	比律賓協会	1940.11.30	61	
竹下　源之介	横尾東作と南方先覚志士	南洋経済研究所出版部	1943.08.20	28	南洋資料258
田沢　震五	南国見たままの記　付：比島独立問題（三神敬長）	新高堂（台北）	1922	442+29	神戸市

II. 目録

著者名	書名	出版社・発行元	発行年	頁数	備考
橘　外男	米西戦争の陰に	春秋社	1937	233	国会図
田中　秀作	南洋に於ける日本の経済的進出	彦根高等商業学校調査課		24	調査研究32；彦根高商論叢15抜刷
田中　忠夫編	比律賓群島経済事情	山口高等商業学校	1918	82	山口高商講義用
田中　忠夫編	比律賓群島経済事情	山口高等商業学校	1922	82	山口高商講義用
田中　長三郎	帝国海軍南方軍需基地としての「ミンダナオ」島開発私案	海軍省軍需局第三課		26	主計会報158別冊
田中　長三郎	比律賓の蔬菜	台湾南方協会	n.d.	21	熱帯特殊植物資源委員会別報3；政策研Ni—13732/日本農研文庫
田中　秀雄訳	比律賓と綿作	南洋協会台湾支部	1921	49	南洋叢書15；東大経
棚瀬　襄爾	比律賓の民族文化の系譜	帝国学士院東亜諸民族調査室	1941.11.30	20	報告会記録1
棚瀬　襄爾	比律賓の民族	東亜研究所	1941.07.05	246 + 19 + 9	資料乙33С
棚瀬　襄爾	比律賓の民族	東亜研究所	1942.09.15	294 + 14 + 25	東研叢書2
田名部　道雄編	ダバオ案内　改訂版	中野写真館（ダバオ）	1928	76	国会図423-314
田名部　道雄編	ダバオ案内　訂補2版	中野写真館（ダバオ）	1929	75	国会図423-314イ
ダバオ日本商業会議所	全ダヴァオ州及其他ミンダナオ　スルー州在留邦人商工業者案内	ダバオ日本商業会議所（ダバオ市）	1940.02	136	1940年2月現在；ダヴァオ商工会報第十二回臨時増刊
ダバオ日本人会	比律賓群島ダバオ事情	ダバオ日本人会	1927.01	40	

著者名	書　　名	出版社・発行元	発行年	頁　数	備　　考
ダバオ日本人会	比律賓群島ダバオ事情	ダバオ日本人会	1929.05	38	
ダバオ日本人会	ダバオを語る	ダバオ日本人会	1936	90＋14	台湾分
ダバオ日本人会	新渡航者の心得	ダバオ日本人会	1937	21	和歌山
ダバオ日本人会	ダバオ日本人会調査資料	ダバオ日本人会	1938？	16枚	未刊行史料　国会図蔵
ダバオ日本人栽培協会	麻病害虫予防駆除の実行を要望す	ダバオ日本人栽培協会	1937.05.28	20	
ダバオ農民道場	ダバオ農民道場案内	ダバオ農民道場		1 sheet	UH missing
ダバオ農民道場	ダバオ農民道場概要	ダバオ農民道場	1939.05	16	
	ダバオ邦人概況	幸写真館（ダバオ）	1934	1冊	太平洋
玉手　亮一	南洋瞥見	台湾総督府熱帯産業調査会	1937.01	93	
中央気象台編	東亜気象資料　第2巻　ヒリッピン・仏領印度支那・泰・ビルマ・マレー及印度ノ部	東亜研究所	1941	575	資料甲3A；国会図
中央気象台	ヒリッピン気象調査概要	中央気象台	1941	49	気象庁
ヂユガン、ステフェン	米国の暗い影　フィリッピン独立問題	『ジャパンタイムス邦文パンフレット通信』91	1926.12.06	34	
ヂューラン、ピオ	日比同盟説	『国際パンフレット通信』740	1934.11.06	32	
朝鮮情報委員会編	比律賓人問題	朝鮮総督府（京城）	1921	54	日韓
朝鮮情報委員会編	比律賓の現勢	朝鮮総督府（京城）	1921	51	斉藤実

著者名	書名	出版社・発行元	発行年	頁数	備考
朝鮮情報委員会編	比律賓の教育及其の将来	朝鮮総督府（京城）	1922	23	情報彙纂9；斉藤実
朝鮮総督府学務局	第十八回比律賓教育年報（一九一七年度）	朝鮮総督府学務局（京城）	1920.08	77	
塚本　昇次	従軍司祭の手記	中央出版社	1945	316	純心；駒大；神戸女
辻　豊編輯	比律賓自動車道路の解説	南満州鉄道株式会社東亜経済調査局	1941.12.08	309	南方交通調査資料4
土屋　元作	比律賓跋渉	同文舘	1916.12.28	438＋18	
ヅーラン、ピオ	「フィリッピンの独立と極東問題」	『日本読書協会会報』183	1936.01.15	279-306	
テオドロ、ジ・ロドリゲス著	タガログ語　文法・会話・語彙	冨山房	1944	215＋84	国会図
鉄興社鉱山部編	フィリッピンの満俺鉱資源に就て	鉄興社鉱山部編	1942	20	三康
鉄道省運輸局連絡運輸課編	南方交通調査資料　第二部第三分冊　フイリッピン交通篇	鉄道省	1942.03	94	
鉄道省国際観光局	南方交通調査資料　第七部第三分冊　フィリッピン人文篇	鉄道省	1942.07	57	
鉄道省鉄道調査部第四課	「比律賓」『南方交通調査資料　第一部産業編第一分冊』	鉄道省	1942.04	55-80	
デッペルマン著、小笠原和夫解説	比律賓前線論撮要	台湾南方協会（台北）	1941.06.30	30	南方気象予報資料1；政策研Ni—14107/日本農研文庫
デッペルマン著、小笠原和夫解説	南方気象予報資料　第3輯　比律賓孤島発生雷雨の前線論的研究	台湾南方協会（台北）	1941.06.30	9	南方気象予報資料3；政策研Ni—14109/日本農研文庫

著者名	書　名	出版社・発行元	発行年	頁数	備考
デッペルマン著、小笠原和夫解説	南方気象予報資料　第5輯　比律賓群島近東西太平洋台風、低気圧の発生機構の研究	台湾南方協会（台北）	1941.06.30	26+	南方気象予報資料5；政策研Ni―14111/日本農研文庫
デッペルマン著、小笠原和夫解説	比律賓群島を中心とする南洋地方の高層気流（16粁）調査	台湾南方協会（台北）	1941.06.30	1冊	南方気象予報資料9；解説未完成；政策研Ni―14112/日本農研文庫
出淵　勝治	太平洋の重要性と比島独立問題	霞山会館	1936	29	講演集35
デュラン、ピオ	比島独立と東洋の盟主「日本」―比島独立とアジア・モンロー主義	『国際パンフレット通信』773	1935.02.26	30	
デューラン、ピオ	中立の笑劇―フィリッピンと東亜	白揚社	1942	251	京大経15/3-8/D　国会図
デューラン、ピオ	比律賓独立と東亜問題	ダイヤモンド社	1942	290	京大経15/3-8/D　国会図
デユラン、ピヨ著、吉田正史訳	フィリッピン独立論	博文館	1943	214	国会図
寺下　宗孝	比島作戦従軍記　星条旗墜ちたり	揚子江社	1944	294	国会図
電気協会調査部編	「比律賓の電気事業」『蘭領東印度及比律賓の電気事業』	電気協会	1942.04.05	58-65	電気事業資料81
東亜海運株式会社営業部企画課	比律賓ノ対外貿易	東亜海運株式会社営業部企画課	1940.12.27	30	調査内報15-29
東亜海運株式会社営業部	比律賓主要港湾調査	東亜海運株式会社営業部	1941	42	港湾調査資料；東大経
東亜海運株式会社営業部企画課	比律賓ノ貿易及海運	東亜海運株式会社営業部企画課	1941.12.10？	178	調査資料第三巻第十一号
東亜経済研究所	南方文献目録　第二冊　馬来、緬甸、比律賓	『東亜経済論叢』2-2	1942.05	18	抜刷

Ⅱ. 目 録

著者名	書　　名	出版社・発行元	発行年	頁数	備　考
東亜経済調査局	比律賓篇	東亜経済調査局	1939.03.30	439＋75＋9	南洋叢業5；経済資料別冊
東亜研究所	比島統治機構関係主要訳語一覧	東亜研究所		22	内閣
東亜研究所	フィリッピン全島嶼図	東亜研究所	1941	1枚	一橋
東亜研究所	昭和十一年・十二年　在外本邦内地人人口動態統計　支那—比律賓群島—英領馬来、蘭領東印度	東亜研究所	1941.06.15		資料丁第五号C
東亜研究所	比律賓鉱産資源　第1—2	東亜研究所	1942	48＋68	資料 丙266ノ1D、2D；国会図
東亜研究所	フィリッピンの地形及産業図（翻訳）	東亜研究所	1943.03	1枚	資料丙 第284号C
東亜煙草株式会社	比島煙草事情	東亜煙草株式会社	1942	1冊	台湾分
東亜貿易政策研究会編	大東亜共栄圏綜合貿易年表　4：比律賓	有斐閣	1942.03.25	123	国会図；政策研670—148/
東京商工会議所	主要問題処理記録　昭和13年度第2冊(19)比律賓ニ於ケル日本製自転車及部分品ノ販路維持ニ関スル依頼処理記録	東京商工会議所	1938	1冊	東商
東京商工会議所	第三回商業工業貿易連合部会記録（比律賓事情懇談会記録）	東京商工会議所	1942.04.20	108	東商
東京地図協会	南洋地質図　第2　馬尼刺　400万之1	東京地学協会	1932	1枚	国会図
東郷　実	比律賓農業銀行	台湾総督府民政部殖産局	1914.03.31	37	殖産局出版28；『南洋協会々報』10（1925.11.30）
東方通信社調査部	太平洋諸島歴史地図　附：比律賓群島地図	東方通信社調査部	1922	1枚	国会図

著者名	書　名	出版社・発行元	発行年	頁　数	備　考
同盟通信社	東亜各国主要人名録　第4号　比島篇	同盟通信社	1944	7	同盟通信東亜電報版　特輯第4号；横商
東洋拓殖株式会社	比島の綿作	東洋拓殖株式会社	1942	22	政策研日本農研文庫なし
東洋拓殖株式会社調査課編	比律賓ト東洋拓殖株式会社	東洋拓殖株式会社調査課	1942.01	27	政策研Ni―13234/日本農研文庫
東洋拓殖株式会社調査課訳	比島農業参考資料	東洋拓殖株式会社	1943	240	アジ研
東洋拓殖株式会社・海南産業株式会社	比島マニラ麻生産ト太田興業会社	東洋拓殖株式会社・海南産業株式会社	1942.03	42	
土手　年松	「今次事変下フイリッピン華僑ボイコット状況」	『東亜同文書院大学　東亜調査報告書』（上海）昭和十四年度	1940.07	1211-36	
友安　儀一・大熊　保道・青木　起雄・森脇　虎壽	比律賓、ボルネオ並にセレベス近海に於ける漁業試験報告	台湾総督官房調査課	1928.03	109	南支那及南洋調査146
友添　保之	比律賓ニ於ケル華僑ニ関スル調査	比島調査部	1943.11	21	東大経ミツビシRik：15；比島調査資料7
内閣情報局	比律賓の政治・経済・文化	内閣情報局	1942？	94	時局資料
内閣情報局総裁官房秘書課	敵産押収図書目録　其二　比律賓	内閣情報局総裁官房秘書課	1943.09	39	
中　輝雄	「比島小売市場に就て」	『東亜同文書院大学　東亜調査報告書』（上海）昭和十四年度	1940.07	1237-48	
永井　雄三	新比島労働概観	三菱経済研究所	1944	39	三菱

Ⅱ. 目録

著者名	書名	出版社・発行元	発行年	頁数	備考
長尾　清	最近に於けるフィリッピンの鉱業概況	海外鉱業協会	1941	22	アジ研
永丘　智太郎	比律賓に於ける政策の変遷	日本拓殖協会	1941	70	拓殖パンフレット16；国会図
長崎　正造	比律賓ニ於ケル損害保険業	長崎正造	1942.02.12	19＋3＋8	東大経ミツビシKig：132
長崎市総務課調査係	我国移植民の現況と長崎移民収容所の将来	長崎市役所	1932.08	66	
長崎県農会	マニラ、香港ニ於ケル馬鈴薯、葱頭、蜜柑ノ市場調査	長崎県農会	1931	38	農業文
長沼　直兄ほか編	大東亜の基本用語集　日・支・馬・比・西・英対照	大東亜出版株式会社	1943.05	165	政策研Ni—3192／日本農研文庫
長野　政来	比島に於ける棉作事情	台湾拓殖株式会社調査課	1942.07.28	50	
永原　俊次郎調査	比律賓棉花事業調査報告	台湾拓殖株式会社	1938	100	台湾分
仲原　善徳	比律賓紀行	河出書房	1941	371	
仲原　善徳	ミンダナオ島物語	興亜書房	1942.11.20	410	
仲原　善徳解説	マニラ麻写真集	南洋経済研究所	1942	1冊	南洋資料701；国会図
仲原　善徳解説	ミンダナオ島モロ族写真集	南洋経済研究所	1942	1冊	南洋資料703；国会図
仲原　善徳	比律賓群島の民族と生活	南方出版社	1942.07.20	341	
仲原　善徳写真蒐及ビ解釈	ミンダナオ島・バゴボー族写真集	南洋経済研究所出版部	1942.12.23	n.p.	南洋資料702
仲原　善徳	日本人ミンダナオ島開拓略史	南洋経済研究所出版部	1943.02.20	14	南洋資料185
仲原　善徳編著	バゴボ族覚書　附イゴロット少年記	改造社	1943.10.28	306	
仲原　善徳編	フィリッピン独立正史	中文館書店	1944	306	国会図
中村　国穂編	ブラジルとヒリッピン	大正堂（長野）	1918.06.07	224	

著者名	書名	出版社・発行元	発行年	頁数	備考
中村　直一	「比島独立に伴ふ経済問題」	『第二十一回海外旅行調査報告（昭和十年夏期）』	1936.03	157-171	神戸商業大学商業研究所
中目　覚	呂宋紀行	大阪地理学会	1934	39	国会図
中屋　健弌	最近の比律賓	比律賓協会	1941.10.22	23	
中屋　健弌	フィリッピン	興亜書房	1942.03.05	364	興亜書房版
中屋　健弌	新東亜とフィリッピンの現実	同盟通信社	1942.03.30	62	
中山　忠直	ボースとリカルテ	中山忠直刊	1942	136＋3	国会図
中山　富久	バタアン砲兵戦記　放列	目黒書店	1943	223	国会図
中山　富久	放列　バタアン砲兵戦記	育英書院	1943	223	国会図
楢崎　観一	比律賓・馬来半島・泰・仏領印度支那視察報告書	毎日新聞社東亜調査会	1944	53	東亜調査会資料3；東洋文庫
名和田　政一	比律賓の通貨・金融	東亜研究所	1943.03.10	259＋24	資料丁35Ｃ、臨時南方調査室資料6
南国企業株式会社	比律賓産有用樹種ト其ノ性質並ニ用途	南国企業株式会社	1942	105	林野庁
南船北馬	比律賓の独立	改造日本社	1935	37	太平洋パンフレット2
南方開発金庫調査課	南方日誌	南方開発金庫調査課	1942-43		全31号？
南方開発金庫調査課	比島政治組織概要	南方開発金庫調査課	1942.07.06	23	社調資料3
南方開発金庫調査課	戦前ニ於ケル南方各地邦人企業概観（比律賓）	南方開発金庫調査課	1942.08.20	113	経調資料5
南方開発金庫調査課	南方の銅　主として比島	南方開発金庫調査課	1942.10	18	産調資料12
南方開発金庫調査課	ナリックヲ中心トシテ観タル比島米国対策	南方開発金庫調査課	1942.11	9	産調資料18
南方開発金庫調査課	南方地域ニ対スル支払差額ノ処理ニ就テ	南方開発金庫調査課	1942.11	8枚	金調資料14

84　II. 目録

著者名	書名	出版社・発行元	発行年	頁数	備考
南方開発金庫調査課	マニラ麻	南方開発金庫調査課	1942.11	53	産調資料19
南方開発金庫調査課	比律賓の財政概要	南方開発金庫調査課	1942.11	13	社調資料15
南方開発金庫調査課	比律賓の諸民族概観	南方開発金庫調査課	1942.11	20枚	社調資料16
南方開発金庫調査課	最近ノ比島ノ米作ニ就テ	南方開発金庫調査課	1942.12	6	メモNo.6［7］
南方開発金庫調査課	比律賓の教育並に国語問題	南方開発金庫調査課	1942.12	20枚	社調資料18
南方開発金庫調査課	南方占領地に於ける物価現況	南方開発金庫調査課	1943.02	82	金調資料20
南方開発金庫調査課	戦前比島に於ける中央銀行設立問題	南方開発金庫調査課	1943.07	46	金調資料25
南方開発金庫調査課	「比島」『南方各地富籤発行状況』	南方開発金庫調査課	1943.08	1-3	メモNo.14
南方開発金庫調査課	戦前ノ比島貿易（資料）	南方開発金庫調査課	1943.08	50	貿調資料11
南方開発金庫調査課	比律賓国保険法	南方開発金庫調査課	1944.07	64	金調資料31
南方開発金庫比島支金庫	比島糧食統制組合ニ就テ	南方開発金庫比島支金庫	1942.10	6	金庫現地報告マニラ2
南方開発金庫比島支金庫	ラミー、黄麻ノ増産計画要綱発表サル	南方開発金庫比島支金庫	1942.10	8	金庫現地報告マニラ3
南方開発金庫比島支金庫	比島棉花増産計画要綱	南方開発金庫比島支金庫	1942.11	10	金庫現地報告マニラ4
南方開発金庫比島支金庫	マニラ市ニ於ケル物価状況	南方開発金庫比島支金庫	1942.11	8	金庫現地報告マニラ5
南方開発金庫比島支金庫	マニラ市ニ於ケル食料品小売価格（比島国立銀行調査）	南方開発金庫比島支金庫	1942.12	3	金庫現地報告マニラ6
南方開発金庫比島支金庫	比島コプラ収買組合ニ就テ	南方開発金庫比島支金庫	1942.12	11	金庫現地報告マニラ7

フィリピン関係文献目録（戦前・戦中） 85

著者名	書名	出版社・発行元	発行年	頁数	備考
南方開発金庫比島支金庫	「カシケ」ニ就テ	南方開発金庫比島支金庫	1943.02	13	金庫現地報告マニラ8
南方開発金庫比島支金庫	比島ニ於ケル地券制度ニ就テ	南方開発金庫比島支金庫	1943.02	11	金庫現地報告マニラ9
南方開発金庫比島支金庫	マニラ小売物価戦前戦後比較表	南方開発金庫比島支金庫	1943.04	8枚	金庫現地報告マニラ10
南方開発金庫比島支金庫	マニラ市ニ於ケル公定小売価格（比島生活必需物資配給統制組合調）	南方開発金庫比島支金庫	1943.06	1枚	金庫現地報告マニラ11
南方開発金庫比島支金庫	比島郵便貯蓄制度ニ就テ	南方開発金庫比島支金庫	1943.06	19	金庫現地報告マニラ12
南方開発金庫比島支金庫	「制限預金」引出に伴ふ「特殊」横線小切手振出制度の撤廃について	南方開発金庫比島支金庫	1943.07	5	金庫現地報告マニラ13
南方研究座談会	独立問題を中心として比律賓を語る	千代田通信社	1936	123+13	南方国策パンフレット第一輯；国会図
南方圏研究会編	比律賓森林樹木の研究(1)	南方圏研究会	1943.03.15	35	研究資料13；政策研Ni―10705／日本農研文庫
南方圏研究会編	比律賓森林樹木の研究(2)	南方圏研究会	1943.03.31	48	研究資料14；政策研Ni―10706／日本農研文庫
南方圏研究会編	比律賓人の人口とその過程（其の1）	南方圏研究会	1943.04.15	36	研究資料15；政策研Ni―10709／日本農研文庫
南方圏研究会編	比律賓人の人口とその過程（其の2）	南方圏研究会	1943.04.30	53	研究資料16；政策研Ni―10710／日本農研文庫
南方圏研究会編	比律賓森林樹木の研究(3)	南方圏研究会	1943.05.15	78	研究資料17；政策研Ni―10707／日本農研文庫
南方圏研究会編	比律賓森林樹木の研究(4)	南方圏研究会	1943.07.10	62	研究資料18；政策研Ni―10708／日本農研文庫

II. 目録

著者名	書名	出版社・発行元	発行年	頁数	備考
南方圏研究会編	モロ族の歴史と王侯の系譜(一)	南方圏研究会	1943.08.10	33	研究資料20
南方圏研究会編	モロ族の歴史と王侯の系譜(二)	南方圏研究会	1943.08.15	34	研究資料21
南方圏研究会編	モロ族の歴史と王侯の系譜(三)	南方圏研究会	1943.09.15	44	研究資料22
南方圏研究会編	比律賓の工業用林産物(1)	南方圏研究会	1943.09.20	24	研究資料23；政策研Ni—10715/日本農研文庫
南方圏研究会編	比律賓の工業用林産物(2)	南方圏研究会	1943.10.30	26	研究資料24；政策研Ni—10716/日本農研文庫
南方圏研究会編	比律賓の工業用林産物(3)	南方圏研究会	1943.12.15	57	研究資料25；政策研Ni—10717/日本農研文庫
南方圏研究会訳	フィリッピンの石油に就て	南方圏研究会	1943.01.31	16	研究資料10；政策研Ni—10704/日本農研文庫
（大尾）	南方建設ニ関スル陳情理由書　スルー王国再興＝ミンダナオ、スルー、北ボルネオ		1942.03	39枚	
南方産業調査会編	比律賓	南進社	1942	172	一般書
南方政治経済研究所編	比律賓総覧	科学社	1944	318	国会図
南洋映画協会企画部調査課	比律賓の映画事情	南洋映画協会企画部調査課	1942	10	NFC
南洋協会	1921年度に於ける比律賓農業	南洋協会	1924	147	南洋研究叢書14；貿易セ
南洋協会	会員名簿	南洋協会	1937.12.10	73	
南洋協会	比律賓邦人商社名簿　昭和十六年六月調査	南洋協会	1941.12.25	188	
南洋協会台湾支部	比律賓群島の米作	南洋協会台湾支部	1922	97	南洋叢書20

著者名	書名	出版社・発行元	発行年	頁数	備考
南洋協会台湾支部編	南洋水産資源	南洋協会台湾支部	1929.09.28	522＋16	
南洋経済研究所	ベンゲット移民並に山岳住民写真集	南洋経済研究所出版部			南洋資料704
南洋経済研究所	フイリッピン面積人口表	南洋経済研究所出版部	1943.03.20	21	南洋資料183
南洋水産協会	比律賓並北ボルネオ水産業調査書	南洋水産協会	1943	174＋41	東亜
南洋貿易会	比律賓貿易概観	南洋貿易会		134	アジ研
西川　佳雄	比島従軍記	興亜書院	1943	354	国会図
西田　市一	バタアン・コレヒドール攻略戦記　弾雨に生きる	宋栄堂(大阪)	1943	289	国会図
仁田　直	濠洲及比律賓ニ於ケル家畜衛生及畜産状況	農商務省畜産局	1925	98	国会図
日刊千代田通信社編	独立問題を中心に比律賓を語る：南方研究座談会	日刊千代田通信社	1936.05	123＋13	成蹊岡文庫W/4410
日比青年文化協会	論文集　紀元2601年記念	日比青年文化協会	1941	189	一橋経
日比青年文化協会	比律賓支部設立について	日比青年文化協会	1941.06.15	83	
日本移民協会編	比律賓	東洋社	1918	120	海外叢書３；一般書　京大経XV/III-8/H
日本英語学生協会編	第4回日比学生会議中間報告　第一報		1940	19	同志社
日本英語学生協会	論集　第五回日比学生会議　準備研究会報告	日本英語学生協会	1941.12.01	138	
日本外交協会	最近のフィリッピン事情	日本外交協会	1944	34	特別委員会用資料：社情研
日本銀行調査局	各国発券銀行及通貨関係法規　其26　比律賓ノ部	日本銀行調査部	1942	47	神戸大研
日本経済研究会編	「ヒリッピンの資源をさぐる」『南進日本商人』	伊藤商店	1941.03.15	104-117	

88　II. 目　録

著者名	書名	出版社・発行元	発行年	頁数	備考
日本公衆保健協会南方調査室	「フイリッピン衛生事情」『マレー及フイリッピン衛生事情』	日本公衆保健協会南方調査室	1942.01.29	31-41	南方衛生調査資料1
日本公衆保健協会南方調査室	ヒリッピン衛生事情：続編	日本公衆保健協会南方調査室	1942.09	164	南方衛生調査資料10
日本公衆保健協会南方調査室	マレー及フィリッピン衛生法規抄	日本公衆保健協会南方調査室	1942.12	92	南方衛生調査資料；国会図
日本商工会議所	第七十九回帝国議会衆議院　南方開発金庫法案委員会議録筆記　附南方開発金庫法	日本商工会議所	1942.04.04	307	東亜経済資料29
日本水産株式会社営業部調査課	南方水産業調査資料集第3号比律賓篇	日本水産株式会社営業部調査課		124	国会図
日本拓殖協会	最新　ヒリッピン全図	日本拓殖協会		1枚	地質
日本拓殖協会	比律賓	日本拓殖協会	1942	193	拓殖叢書3；国会図
日本拓殖協会編・東洋拓殖株式会社調査課訳	比島稲作の研究	霞ヶ関書房	1945.02.01	420	京大法：610.4；政策研Ni―19302/日本農研文庫
日本糖業聯合会	比律賓ノ砂糖	日本糖業聯合会	1942.07	68	東大経ミツビシ：Keid：47
日本比律賓メリヤス輸出組合	日本比律賓メリヤス輸出組合	日本比律賓メリヤス輸出組合	1933.01	55	広大中
日本比律賓メリヤス輸出組合	輸出数量統制規定及○衣輸出割当数量入札規程	日本比律賓メリヤス輸出組合	1937	25	大分経
日本比律賓メリヤス輸出組合	定款及諸規程	日本比律賓メリヤス輸出組合	1937.05	106	大分経

著者名	書名	出版社・発行元	発行年	頁数	備考
日本比律賓メリヤス輸出組合	日本比律賓メリヤス輸出組合員名簿　昭和13年8月現在	日本比律賓メリヤス輸出組合	1938	12	大商なし
日本貿易振興株式会社企画部	ヒリッピンに於ける資源及貿易	日本貿易振興株式会社企画部	1942	240	国会図
日本貿易振興株式会社企画部編	ヒリッピンに於ける資源及貿易	高山書院	1942.08.30	247	
日本貿易振興株式会社企画部編	比律賓群島土民の生活経済情況	日本貿易振興株式会社企画部編	1943.08.10	40	南方事情5
日本貿易振興協会	比律賓の資源と貿易	日本貿易振興協会	1942.11.25	259＋14	調査彙報9
日本貿易振興協会	比律賓の展望	日本貿易振興協会	1942.03.10	35	資料4
日本綿織物工業組合連合会	海外綿布市場視察報告書（比島）	日本綿織物工業組合連合会	1935.04.30	6	
日本油料統制株式会社南方油脂資源調査室	比律賓ノ油脂資源	日本油料統制株式会社南方油脂資源調査室	1942.05.01改版	50	南方油脂資源資料1；1941.12.20初版
日本油料統制株式会社南方油脂資源調査室	比島ノ油脂ニ就イテ	日本油料統制株式会社南方油脂資源調査室	1942	14	南方油脂資源資料1；神戸大研
日本陸上競技連盟	マニラ遠征記	日本陸上競技連盟	1934	281	国会図
二宮　謙	米比間自由通商貿易問題と比律賓群島国際貿易の趨勢に就て	横浜正金銀行頭取席調査課	1932.12.15	87＋表24枚	調査報告87
二宮　丁三	「比律賓の産業と貿易」	『東亜経済研究』19-1	1935	1-24	抜刷
根本　栄次	南方進出に対する心得	南洋経済研究所出版部	1942.09.18	10	南洋資料117

90　II. 目　録

著者名	書　名	出版社・発行元	発行年	頁数	備　考
農商務省商工局	比律賓群島改正海関税則書　比律賓群島海関税則改正ノ件報告	農商務省商工局	1902.06.10	88＋20	農商務省商工局臨時報告　明治三十五年第七冊㈠㈡
農商務省商務局	「マニラ」『海外各地に於ける重なる日本商品取扱商店調査事項』	農商務省商務局	1911.03.29	27-30	
農商務省水産局	「呂宋島マニラ府」『遠洋漁業調査報告書』	農商務省水産局	1903.12.27	151-171	
農商務省農務局	馬尼剌麻真田ニ関スル調査	農商務省商務局	1913	60	国会図
農商務省臨時産業調査局第四部第二課調	南洋貿易企業関係法規第二巻　比律賓群島(上)	農商務省臨時産業調査局第四部第二課	1918.12	170	調査資料28
農商務省臨時産業調査局第四部第二課	比律賓群島外国貿易一覧表	農商務省臨時産業調査局第4部第2課	1920	1枚	国会図
農商務省臨時産業調査局第四部第二課調	南洋貿易企業関係法規第四巻　比律賓群島(下)	農商務省臨時産業調査局第四部第二課	1920.03	190	調査資料55
農林省南方資源調査室	南方農林畜水産物ノ確保ニ関スル調査　比律賓篇	農林省南方資源調査室	1940		国際農林水産業研究センター600-Nor-/
農林大臣官房南方資源調査室	南方農林畜水産物ノ確保ニ関スル調査(比律賓篇)	農林省大臣官房南方資源調査室	1941？	272	
野崎　圭介	(日米戦の土俵) 布哇と比律賓	二松堂	1932	152	一般書；京大法328.5（297.6）
野田　慶一	「比律賓紀行」	大阪外国語学校『海外視察録』11	1930		九大
信沢　美津夫	比律賓ノ農業		1932	32	神大研
野村　愛正著、長谷川路可絵	少年フィリッピン史	田中宋栄堂	1942	289	国会図

著者名	書名	出版社・発行元	発行年	頁数	備考
野村　愛正	ダバオの父　太田恭三郎	偕成社	1942.06.01	267	偕成社伝記文庫
野村合名海外事業部	比律賓経済調査　第一部　金融財政	野村合名海外事業部	1942.02	22	
野村合名海外事業部	比律賓経済調査　第二部　地文人文	野村合名海外事業部	1942.02	24	
野村合名海外事業部	比律賓経済調査　第三部　水産及鉱業	野村合名海外事業部	1942.02	36	
バージェス、ペリイ著、海南　基忠訳	廃者の花園	改造社	1941	393	国会図
橋本　亙	比律賓群島地学文献目録	東亜研究所第1部自然科学班	1939	52丁	資料丙67D；大阪市大図
橋本　亙	比律賓群島　燃料鉱物の地質	栗田書店	1943.05.20	191＋47＋22 plates	政策研Ni―2859/日本農研文庫
長谷川　了	南方政策とフィリッピン	日本講演通信社	1936	38	日本講演通信328；三康
長谷川　了編著	南方政策を現地に視る	日本外事協会	1936.12.05	393	
蜂須賀　正氏	南の探検	千歳書房	1943.05.05	437	復刻：平凡社ライブラリー2006
花園　兼定	南進論の先駆者菅沼貞風	日本放送出版協会	1942.02.28	160	ラジオ新書72
花野　富蔵	ホセ・リサール伝	西村書店	1942.08.05 再版	331	1942.05.18初版
花野　富蔵	「比島の志士ホセ・リサール」	『日本文化』79	1942.06.01	1-52	
羽生　操	苦闘一路	桑文社	1943	288	国会図
濱野　末太郎	日比の経済関係とダヴァオ問題	全国経済調査機関聯合会	1936.06	37	彙報別冊91
濱野　末太郎	最近の比律賓	東亜経済調査局	1936.06.18	388＋5	

92 II. 目 録

著者名	書名	出版社・発行元	発行年	頁数	備考
濱野　末太郎	比律賓重要人物批評	東亜経済調査局	1939.03.30	71	東亜小冊20
浜松市商工課	大東亜共栄圏南方諸領事情　第2　馬来・比律賓	浜松市商工課	1942	26＋19	国会図
林田　重五郎	支那・比島　従軍五年	青年通信出版社（大阪）	1944	282	国会図
原　繁治	比律賓に於ける華僑の日貨排斥	南洋協会	1938.09.27	37	資料1
ハーリー、V.著、島本妙子訳	ミンダナオ島の発見	霞ヶ関書房	1942.10.01	290	
バロゥス、D.P.著、法貴三郎訳	フィリッピン史	生活社	1942.01.30 三版	399	1941.09.17初版
半澤　正四郎	馬来及び比律賓群島の地史	岩波書店	1932.02	43	岩波講座地質学及び古生物学、砿物学及び岩石学2；慶応
久住　久吉調査	比律賓ノ鉱物資源	台湾総督府外事部	1942	266	外事部調査45；東大経8-G/14
久住　久吉調査	比律賓ノ鉱物資源	南方資料館	1942	266	国会図
比島軍政監部（蠟山政道）	比島調査報告　第一篇　民族	比島軍政監部	1943.09？	127	
比島軍政監部	比島調査報告　第二篇　統治	比島軍政監部	1943	149	
比島軍政監部	比島便覧	比島軍政監部	1943.07	59	国立教育政策研究所；「比島」ではなく「北島」になっている
比島軍政監部産業部	産業関係要綱総攬	比島軍政監部産業部	1943	425	アジ研
比島軍政監部産業部	比島農地制度概要	比島軍政監部産業部	1943	383	末川

著者名	書名	出版社・発行元	発行年	頁数	備考
比島軍政監部総務部司政課	軍政関係法令集	比島軍政監部総務部司政課	1943	218	法務
比島軍政監部総務部司政課	比島司法資料 第1-9号	比島軍政監部総務部司政課	1943		法務
比島調査部編	比律賓手形並ニ小切手法訳文	比島調査部	1943.11	109	東大経ミツビシRik：16；比島調査資料
比島糖業審査会編	比島糖業調査報告	台湾銀行台北調査部	1944.05.24	108	山口経；東大経ミツビシTaig：11
比島派遣軍宣伝班陣中新聞南十字星編輯部編	陣中新聞 南十字星文芸集 第一輯	比島派遣軍宣伝班(マニラ)	1942.06.15	307	
比島派遣軍報道部	比島戦記	文藝春秋社	1943.03.30	323	
比島派遣軍報道部編（渡集団報道部編）	比島派遣軍	マニラ新聞社（マニラ）	1943.06.01	n.p.	
火野　葦平	兵隊の地図	改造社	1942	233	国会図
火野　葦平	祈祷	豊国社	1943	284	国会図
火野　葦平	真珠艦隊	朝日新聞社	1943	262	近代
火野　葦平	敵将軍　バタアン戦話集	第一書房	1943	328	昭和館
火野　葦平	ヘイタイノウタ　初級向	成徳書院	1943	161	小国民大東亜戦記；三康
火野　葦平	バタアン戦話集　南方要塞	小山書店	1944	312	昭和館
火野　葦平	縞手本	創元社	1945	254	近代
火野　葦平	比島民譚集	大成出版	1945	201	国会図
兵庫県実業教育協会商業教育部会	比律賓群島に於ける米作事情、泰国に於ける米作事情	兵庫県実業教育協会商業教育部会	1943	100	大分経

94　II. 目録

著者名	書名	出版社・発行元	発行年	頁数	備考
平井　信二	ニューギニア及びフィリッピン産Pteracarpus（花櫚—Narra）材の材質について	東京帝国大学農学部演習林	1944	24	東京帝国大学農学部演習林報告第32号第1篇別刷；林野庁
平田　隆夫	「比島の水法概説」	『経済学雑誌』14-4	1944.04	27-44 (379-396)	南方経済叢書7（大阪商科大学南方経済研究室）
平塚　武・班目　文雄	詳解比島事情—附フィリッピン交通詳密地図	非凡閣	1942.10	252	一般書；京大292.48
平野　亮平	南国紀行	平野亮平	1940	292	国会図
廣岡　信三郎	南洋に対する日本の経済的進出	台湾総督官房外事課	1935.11	41	南支那及南洋調査229
広瀬　清	比律賓概観	南洋殖産株式会社	1921	134	東文研LO/63
n.a.	比律賓移住関係写真帳	n.p.		3冊	国会図YQ2/478
フィリピン大蔵省関税局編、農林省総務局南方資源調査室訳	比律賓統計書　農林水産物貿易統計	国勢社	1942	183	国会図
	比律賓華僑関係文献目録—覚書			24	東文庫
比律賓協会	マニラ市街地図1935年版 1：11000	比律賓協会	1935		1941年訂正
比律賓協会	比律賓の独立問題	比律賓協会	1935.10.07	25	比律賓資料1
比律賓協会	比律賓憲法	比律賓協会	1935.12.30	27＋30	比律賓資料2；国会図
比律賓協会編	比律賓の旗	比律賓協会	1936.01.10	9	比律賓資料3
比律賓協会	昭和十年度比律賓協会会務報告	比律賓協会	1936.08.23	64	
比律賓協会編	比律賓資料集	比律賓協会	1936.12.26	216＋48	
比律賓協会	昭和十一年度財団法人比律賓協会々務報告	比律賓協会	1937.06.15	52	

著者名	書名	出版社・発行元	発行年	頁数	備考
比律賓協会訳編	マニラ港湾設備並に関税規定	比律賓協会	1937.10.22	93	国会図752/313
比律賓協会	昭和十二年度財団法人比律賓協会々務報告	比律賓協会	1938.04.13	45	
比律賓協会	昭和十三年度財団法人比律賓協会々務報告	比律賓協会	1939.03.25	41	
比律賓協会	昭和十四年度上半期財団法人比律賓協会々務報告	比律賓協会	1939.07.31	40	
比律賓協会	昭和十四年度下半期追加会務報告	比律賓協会	1940.05.26	75	
比律賓協会	昭和十五年度財団法人比律賓協会々務報告	比律賓協会	1941.05	44	
比律賓協会	比律賓ニ於ケル「モロ」族問題（未定稿）	比律賓協会	1942？	5枚	
比律賓協会	昭和十六年度会務報告書	比律賓協会	1942.05	45	
比律賓協会	昭和十七年度会務報告	比律賓協会	1943.05	22	
比律賓協会	旧憲法（一九三五年）対照「フィリピン」新憲法（一九四三年）付マロロス憲法（一八九九年）	比律賓協会	1943.12.22	102	
比律賓協会	昭和二十年度財団法人比律賓協会事業要綱案、収支予算案、収支予算編成方針、給与内規案	比律賓協会	1945.04.01	6	
比律賓協会関西支部編	最新比律賓大地図	国際地学協会	1943.12	1枚	神戸大
	比律賓行政法典			387	台湾分
	比律賓産業道路地図	欧亜通信社	1942	15枚	国会図
	比律賓事情	『胡藤』4、Manila, Aka-shi-sha	1934	204	台湾分
	比律賓事情		1942	288	商船
比律賓商務交通省編	比律賓統計要覧　1923年	台湾総督官房調査課	1925	322	南支那及南洋調査97；大阪府

Ⅱ. 目 録

著者名	書名	出版社・発行元	発行年	頁数	備考
比律賓政庁出品部	比律賓4大農産	比律賓政庁出品部	1916	36	台大研
比律賓政務委員会編	比律賓教育事務官報告	台湾総督府民生部総務局学務課	1905	125	台湾分
比律賓損害保健協会火災保険部	部規定及諸規則	比律賓損害保健協会火災保険部	1943.09.01実施	7	
	比律賓に於ける独立運動の概要	改造日本社	1935	37	太平洋パンフレット2
比律賓農商務省編、台湾拓殖株式会社調査課訳	比律賓に於ける落花生産業に就て	台湾拓殖株式会社調査課	1943	14	台調資C23；大商
Herre, Albert W. 著、三島 文平訳	比律賓群島の水産資源	南洋協会台湾支部	1929	90	南洋叢書49；農研
フェルナンデス著、淵脇 英雄訳	比律賓小史	台湾総督府外事部	1943	295	外事部調査100；国会図
深谷 留三	比律賓の森林資源並に林業概説	台湾総督府外事部	1942	24	台湾総督府外事部調査43；鹿大農
深谷 留三	比律賓の林業概観	台湾総督府外事部	1944.03.13	98	台湾総督府外事部調査145（資源自然部門52）
福田 省三	華僑経済論	巌松堂書店（東京）；大同書院（大阪）	1939.06.15	500	
福原 友吉	比律賓の農業 上巻	三省堂	1943	309＋463	国会図612.248/H779h
福本 日南	フィリッピーヌ群嶋に於ける日本人	博文社	1889.04.20	114	
福本 日南	菅沼貞風略伝	南洋経済研究所	1941	20	南洋資料3；国会図

著者名	書名	出版社・発行元	発行年	頁数	備考
福本　日南	菅沼貞風略伝	東半球協会	1941.11.05	20	東半球資料12；南洋資料3
福本　日南	日南抄	博文館	1942	185	博文館文庫129；アジ研
藤井　員治	比律賓に於ける土地制度に関して、特に農業経営との連関に於て		1942	41	台湾分
藤井　光太郎訳	比律賓内国税法	東亜研究所	1943	238	資料丙354Ｃ；国会図
藤井　為次郎	「比律賓群島に於けるコプラと椰子油」	『大正七年夏期　海外旅行調査報告』	1918.07.25	191-210	神戸高等商業学校
藤田　安二	南方産植物油に関する研究　第1報　フィリッピン産サルピシアの精油(1)	台湾総督府工業部研究院（台北）	1940	3	報告26、日本化学会誌61帙11号別刷；国会図
藤田　安二	南方産植物油に関する研究　第2報　フィリッピン産パピナ及ダゴグニリット油	台湾総督府工業部研究院（台北）	1941	5	報告40、日本化学会誌60帙5号別刷；国会図
藤沼　庄平	フィリッピン瞥見	日本外交協会	1938	11	日本外交協会第36回例会席上
藤原　裕正	南方西班牙語会話	春陽堂	1942		天理
藤本　茂彌	「附　比律賓の独立に就て」	『南支南洋研究』26	1937.03	附1-106	
藤村　誠太郎	比島の製帽業	台湾総督府商品陳列館	1921.05	72＋図19	館報6；『南洋協会雑誌』7-7～12（1921）連載
ブラオン、ウヰリアムH.	比律賓繊維植物誌	台湾総督官房調査課	n.d.	40枚	手稿；政策研Ni―12768/日本農研文庫
フルカワ　ヨシゾー	セカイ　ヒトノゾキ	カワセ　トシツグ（西宮市）	1930.06.30	429＋90	
古川　義三	マニラ麻栽培と日本人	拓殖奨励館	1939.12.20	39	パンフレット8
古川　義三	フイリッピン事情	京都商工会議所	1942.04	19	

Ⅱ. 目録

著者名	書名	出版社・発行元	発行年	頁数	備考
古屋　正之助	比島独立の正面と横顔	南洋経済研究所	1939	24	『南洋経済研究資料』第2年9月号付録
古屋　正之助	比島独立の正面と横顔	南洋経済研究所出版部	1942.09.02	26	南洋資料97
文化奉公会編	バタアンコレヒドール攻略戦	大日本雄弁会講談社	1942	310	大東亜戦争陸軍報道班員手記2；国会図
ベイヤー著、淵脇英雄訳	比律賓の民族	台湾総督府外事部	1943.08.06	82	台湾総督府外事部調査112（文化部門4）
n.a.	米領ヒリッピン群島ミンダナオ島ダバオ　麻耕地事情		1928.08改正	1枚	折りたたみ表裏
ヘルナンデッ、ジェームス	フィリッピン通貨法改革	南方開発金庫調査課	1943.01	91	金調資料26
貿易研究会	フィリッピン貿易の展望	『国際貿易週報』第24号附録		10	東大社研
貿易奨励会	比律賓物資問題　附比律賓一般事情	財団法人貿易奨励会	1942.04.17	194	貿易奨励資料31
法貴　三郎、鈴木　修二、神宮司　瑞郎共編	比律賓統計書	国際日本協会	1942.04.20	211	
星　篤比古	比律賓群島	東京講演会出版部	1942.04.05	177	
星　篤比古	先駆者　ダバオ開拓の父太田恭三郎伝	誠美書閣	1942.11.03	227	
星野　行則	フイリッピノ印象	星野行則	1935.04.25	44	
ポータ、カザリン	「比律賓の企画経済」	『外国の新聞と雑誌』400	1938.05.20	102-119	
ポーター、カサリン	「比律賓産業の現在及び将来」	『外国の新聞と雑誌』406	1938.08.20	101-117	

著者名	書　名	出版社・発行元	発行年	頁数	備考
北国新聞社	林政文氏と比島	北国新聞社	1942	43	国会図
堀口　由己	比律賓台風の調査	『海洋気象台彙報』(神戸：海洋気象台) 107	1937	7	国会図
堀本　実	「日比貿易の現状と其の将来性」	『第二十六回海外旅行調査報告（昭和十五年夏期)』	1941.05	259-290	神戸商業大学商業研究所
本庄　栄治郎	「先覚者の南方経営」	『経済史研究』27-5	1942.05	1-30	抜刷
ポンセ、マリアノ著、宮本平九郎・藤田季荘共訳	南洋之風雲　比律賓独立問題之真相	博文館	1901.02.13	198	
本田　忠雄	比島綿作調査	台湾拓殖株式会社調査課	1937	27	台調資Ｃ17（12号3）；台湾分
毎日新聞社編、大本営陸軍報道部監修	フィリピン共和国　報道写真集	毎日新聞社	1944.10.10	128	
前田　稔靖訳	比律賓独立問題	外務省欧米局第二課	1933	91＋21	国会図
前田　寳治郎	比律賓スナップ	前田寳治郎	1932	102	南遊紀年叢書4；国会図
槙本楠郎著、渡辺菊二絵	フィリピン童話集　椰子の実と子供	増進堂（大阪）	1943	233	大東亜圏童話叢書4
馬越　文雄	ダバオ写真帳	幸写真館（ダバオ）	1930.11.28	52＋15	国会図292.484/M147d
正木　吉右衛門	南隣の友邦　比律賓	日本植民通信社	1926.09.10	34	
正木　吉右衛門	南隣之友邦　比律賓　訂4版	日本植民通信社	1930	44	国会図

100 Ⅱ. 目 録

著者名	書　名	出版社・発行元	発行年	頁数	備考
正木　吉右衛門	比律賓群島に於ける一九三〇年の日本人問題	南洋協会台湾支部	1931.03.11	10丁	政策研Ni―13192/日本農研文庫
正木　吉右衛門・児島　宇一	比律賓ミンダナオ島事情	外務省通商局第三課	1932.11	206	
増沢　深治	南支呂宋島旅行記	増沢深治（台北）	1937	42	台湾分
松井　隆之助	「マニラ麻及邦人のマニラ麻栽培に就きて」	『大正九年夏期　海外旅行調査報告』	1921.02	125-158	神戸高等商業学校
松岡　富雄	比律賓経済的視察一班	民友社	1913.11.29	62	
松岡　富雄	比律賓の栞	松岡富雄（台中）	1916	79	台湾分
松岡　正男	比律賓群島に対する卑見		1914.12.31	25	政策研Ni―13975/日本農研文庫
松岡　正男	「比律賓群島の現勢並に米国の対比島殖民政策」	台湾総督府『南洋視察復命書』	1914.08.30	85-97	
マック・アーサー	「比島新国防計画の実際―所謂三十ヶ年計画案―」	『国際パンフレット通信』919・920	1936.07.01	1-68	
松隈　正蔵	「日比貿易の現状及び将来」	『第二十三回海外旅行調査報告（昭和十二年夏期）』	1938.03	185-208	神戸商業大学商業研究所
松下　正寿編	フィリッピン文化―第四回日比学生会議	理想社出版部	1941.04.15	336	
松下　正寿	フィリッピン	朝日新聞社（大阪）	1942	97	朝日時局新輯11；国会図
松波　仁一郎	比律賓ト日本ノ交通（比律賓ノ海事）	松波仁一郎	1921	70+52	太平洋
松波　仁一郎	比律賓と日本	丸善	1921.11.25	260	

著者名	書名	出版社・発行元	発行年	頁数	備考
松本　勝司	ダバオ土地問題と邦人事情	南方経済調査会	1936.08.22	55	南方国策叢書11
マニラ麻栽培組合	マニラ麻栽培事業実地調査書	マニラ麻栽培組合	1917	18＋72	岡大農
マニラ新聞社	新比島誕生の前奏　東条首相の来比	マニラ新聞社（マニラ）	1943	1冊	岐阜県図書館
マニラ新聞社出版局編	マニラ案内	マニラ新聞社	1943.06.01	37	
マニラ総領事館	比律賓要覧	日本人商工会	1923	69	
馬尼剌日本人会	会員名簿　昭和8年9月30日現在	馬尼剌日本人会	1933？	46	拓殖大
マニラ日本人会	比島移民法大要	マニラ日本人会	1941.04.00	32	東大総L70/159
マニラ日本人小学校	創立二十周年記念誌	マニラ日本人小学校	1938.04.15	174	
マニラ日本人小学校	フィリッピン読本	マニラ日本人小学校	1938.04.28	254	
マニラ日本人小学校	比律賓小学歴史	マニラ日本人小学校	1940.03.25	149＋6	
マニラ日本人小学校編	比律賓小学地理	マニラ日本人小学校	1940.05.15	111＋10	
三上　真吾	英領香港・新嘉坡・蘭領爪哇・暹羅国盤谷・仏領西貢・米領馬尼剌等ニ於ケル交通状態取調書	鉄道員鉄道調査所	1909	143	内閣
三神　敬長	フィリッピン独立問題		1919	36	慶応
三神　敬長	比律賓事情	拓殖新報社	1922.04.07	299	
三木　清編	比島風土記	小山書店	1943.12.15	355	国会図
三島　虎次郎・児玉　敏尾	比律賓群島出張報告概要	台湾銀行	1918.03.03	55	復命書

102　Ⅱ. 目　録

著者名	書名	出版社・発行元	発行年	頁数	備考
三井物産株式会社業務部	南方各地（馬来、蘭印、比律賓、ビルマ、泰、仏印）ハ羊毛生産ニ適スルヤ否ヤノ検討	三井物産株式会社業務部	n.d.	3	政策研Ni―12779/日本農研文庫
三井物産株式会社砂糖部商務課	蘭印・比律賓・泰国・仏印・全馬来・ビルマの砂糖事情	三井物産株式会社砂糖部商務課	1941	1冊	内閣文
三井物産株式会社木材部	比律賓ニ於ケル三井物産株式会社ノ山林経営	三井物産株式会社木材部	1938.01	8＋9	
三菱経済研究所	「比律賓貿易」『東洋及南洋諸国の国際貿易と日本の地位』	三菱経済研究所	1933	241-261	国会図
三菱商事株式会社	ヒリッピン	三菱商事株式会社	1941	1冊	南方諸国調査資料6；日銀
三菱商事株式会社業務部	比律賓概況　交通通信、海運航空ノ件		1941-	110	成蹊ミツビシ/I/6539
三菱商事株式会社調査課	三菱資料　B　比島		1940-42	1冊	内閣
光村写真部	呂宋の夏草 Del Vista de Manilla y del derrotado arsenal de Garite	光村写真部	1898	15＋20	国会図
南満洲鉄道株式会社東亜経済調査局	日本に於けるマニラヘンプ加工業	南満洲鉄道株式会社東亜経済調査局	1924.12.01	89	経済資料第10巻第12号付録
南満洲鉄道株式会社東亜経済調査局	比律賓篇	南満洲鉄道株式会社東亜経済調査局	1939.03.30	439＋75＋9	南洋叢書　第五巻；経済資料別冊
満鉄東亜経済調査局編	比律賓	慶応書房		439＋75＋9	南洋叢書5
南満洲鉄道株式会社東京支店調査室資料係	比律賓需給表　昭和14年現在	南満洲鉄道株式会社東京支店調査室資料係	1940	75	国会図

著者名	書名	出版社・発行元	発行年	頁数	備考
三穂 五郎	邦人新発展地としての北ボルネオ	東京堂書店	1916.02.05	335	
宮尾 績	東亜に於ける熱帯地の一般衛生状況(1)比律賓	東亜研究所	1942	187	資料丁24С；国会図
宮尾 績	比律賓衛生事情	日独医学協会	1942.08.15	26	「日独医学」特輯2
宮坂 国人	比島北「ミンダナオ」州産業調査報告書	拓務省拓務局	1931.02	218＋41	
宮崎 彦一郎	「比律賓の独立と日比貿易の現状及将来」『片貿易調整問題』	神戸貿易研究会	1936.02.24	18	
宮下 正美	フィリッピン物語	冨山房	1943	234	三康
宮武 辰夫	フィリッピン原住民の土俗と芸術	羽田書店	1943.06.20	426	
宮村 堅弥	高砂義勇隊	東都書籍	1943	269	三康
三吉 朋十	比律賓蛮族の実生活	三吉朋十刊	1936	35	昭和17年7月10日於南洋協会講演速記；国会図
三吉 朋十	日比国交と呂宋壺	『東洋』47-2・3	1938	24	別刷；国会図
三吉 朋十	比律賓ノ民族	東亜研究所	1939	24	資料（外乙）14С；高岡
三吉 朋十	東亜共栄圏と比律賓	刀江書院	1941	296	井上民族政策研究所研究叢書第1輯；国会図
三吉 朋十	比律賓群島の標準語	南洋経済研究所	1941.11.30	12	南洋資料8
三吉 朋十	パラワン・チモール・セレベス探検記	刀江書院	1942	528	国会図
三吉 朋十	比律賓国名考	南洋経済研究所	1942.09.30	11	南洋資料61
三吉 朋十	比律賓の土俗	丸善	1942	527	国会図
三吉 朋十	比律賓民族誌	偕成社	1942	288	国会図

著者名	書　　名	出版社・発行元	発行年	頁　数	備　　考
三吉　朋十	「フィリッピン」の民族	南洋経済研究所	1942	34	南洋資料119；国会図
三吉　朋十	フィリッピンはどういふところか	汎洋社	1942	76	国会図
三吉　朋十	比律賓の宗教と文化	偕成社	1942	293	国会図
三吉　朋十著、南洋経済研究所編	大南洋地名辞典　第1　比律賓	丸善	1942	668＋14	国会図
三吉　朋十	ミンダナオ概記	南洋経済研究所出版部	1942.05.29	50	南洋資料32
三吉　朋十	比律賓奥地紀行(1)	南洋経済研究所	1943.07.30	23	南洋資料302
三吉　朋十	比律賓奥地紀行(2)	南洋経済研究所	1943	54	南洋資料320；国会図
ミラー、H.H.著、法貴　三郎訳	フィリッピン農業史	生活社	1942.12.15	215＋86	
ミラー、H.H. Miller & M.E. Polley著、上野福男訳	比律賓の地理	東亜研究所	1943.04	99	丙　第284号Ｃ；北大919.1/MIL
ミラード	比律賓近状	拓務省拓殖局	1910	29	内閣
民友社編	比律賓群島	民友社	1896	204	
向井　潤吉	比島従軍記　南十字星下	陸軍美術協会出版部	1942	208	昭和館
向井　潤吉	大東亜戦争画文集　比島	新太陽社	1943.12.08	127	
武藤　長蔵	海外南遊記之一節　上海・マニラ・香港・広東及廈門旅行記の一節	『海星』8	1922.02	12	長崎県
宗宮　信次	比島会社法調査	比島軍政監部軍政調査部	1943	87丁	調査報告2；法務
宗宮　信次	比島土地関係法制調査　公法関係ノ分	比島軍政監部軍政調査部	1943	119丁	調査報告1；法務

著者名	書名	出版社・発行元	発行年	頁数	備考
宗宮　信次	モロノ法律	比島調査部	1943.12	56	東大経ミツビシRik：13；比島調査資料2
村岡　玄・村岡　恭子編	西、葡、墨、比、中南米、伯、玖、ドミニカ、ハイティー地名辞典	大観堂	1942	747	国会図
村上　直次郎校注	異国日記抄	三秀舎	1911	225＋82	国会図
村上　直次郎	「江戸時代初期の日比貿易（講演）」	遠藤壽三編『台北高等商業学校開校十周年記念論文集』	1930.02.15	19-35	
村上　直次郎	日本と比律賓	朝日新聞社	1945.07.20	177＋9	朝日新選書14
村上　浪六	呂宋助左衛門	青木恒三郎刊	1896	146	国会図
村社　新	比律賓群島の開発	南洋協会台湾支部	1919.05.15	10	南洋叢書第三巻
村山　明徳	比律賓概要と沖縄県人	文明社	1929.08.25	110＋114＋32	比律賓ダバオ市ダバオ沖縄県人会
毛利　八十太郎	「比律賓独立運動の展開」	『国際パンフレット通信』379	1930.12.01	53	
毛利　八十太郎	「比律賓の将来はどうなるか」	『国際パンフレット通信』551	1932.12.06	42	
毛利　八十太郎	「独立案に渦巻く比島」	『国際パンフレット通信』643	1933.12.01	35	
毛利　八十太郎	「独立に直面する比島」	『国際パンフレット通信』687	1934.05.06	45	
毛利　八十太郎	「独立を控へる　比島の二大暗流」	『国際パンフレット通信』836	1935.09.26	36	

著者名	書名	出版社・発行元	発行年	頁数	備考
毛利　八十太郎	「第二のキューバたらんとする　比島政界視察」	『国際パンフレット通信』859	1935.12.11	37	
毛利　八十太郎	「比島通信　マニラ今日、この頃　マニラ刑務所の一風景」	『国際パンフレット通信』911	1936.06.06	1-23	
毛利　八十太郎	「比島通信　比島を横行する「日本の脅威」」	『国際パンフレット通信』923	1936.07.11	1-20	
毛利　八十太郎	「明日の比律賓はどうなるか」	『国際パンフレット通信』1025	1937.06.26	19-44	
毛利　八十太郎	「比島大統領の日本訪問は何を意味するか」	『国際パンフレット通信』1122	1938.08.11	1-30	
毛利　八十太郎	フィリッピンの偉人　ホセ・リサール	青年書房	1942.05.30	251	
元田　作之進	比律賓群島	警醒社	1916	128	国会図
元吉　光大	比律賓群島ニ於ケル日本商品ノ声価及ビ其将来	横浜正金銀行	1919.10.21	37＋17	調査報告4
元吉　光大	マニラ麻ニ就テ　附比律賓群島麻栽培目論見書	横浜正金銀行	1920.08.03	166	調査報告17
森　忠平	比律賓独立問題に関する論戦	南洋協会台湾支部（台北）	1939.12.07	54	政策研Ni―13165/日本農研文庫
森　忠平	比島現下の経済問題	南洋協会台湾支部	1940.02.01	35	政策研Ni―13166/日本農研文庫
森　文三郎	「フイリッピンに於ける官有地処分制度」	『商業論集』（大分高等商業学校）6-1	1931	37-56	抜刷
森　文三郎	「比律賓の独立」	『商業論集』（大分高等商業学校）8-2	1933.11	131-65	

著者名	書名	出版社・発行元	発行年	頁数	備考
森 良治編	「比律賓群島」『亜細亜年鑑（南洋版）』	亜細亜年鑑発行所	1941.10.14	140-173	
森川 瑛	「マニラ麻栽培業に於ける邦人労働事情並に其の産出及輸出」	『大正十一年夏期 海外旅行調査報告』	1923.02	58-88	神戸高等商業学校
森田 金蔵	フィリピンと豪州	阪神実業協会（兵庫県住吉村）	1927	21	国会図；神戸大研
森山 信規	米西戦争 附 比律賓群島小地理	小林又七刊	1903	235	国会図
諸隈 弥策	比律賓の現状	南洋協会	1936	8	三康
モンガド、H.C. 著、清沢洌訳	亜細亜モンロー主義	千倉書房	1933	25＋280	国会図
文部省教育調査部	教育制度の調査 第13輯	文部省教育調査部	1942	475	「フィリッピンに於ける教育」pp. 49-75
文部省宗務局	比律賓ノ宗教事情	文部省宗務局	1942	44枚	南方宗教事情調査1；志水
安田 貞雄	蛍燈記 第1—2部	六興商会出版部	1943	2冊（296, 338）	国会図
安田 貞雄	イラナの海	文松堂	1944	286	国会図
谷田部 梅吉	「馬尼剌形勢之一斑」	『東京地学協会報告』3～7	1890.07～10	3-11, 3-19, 3-24, 47-53	
柳沢 瀧之助（口述）	南洋視察談	安下庄町壮年団	1919.07.15	52	
柳田 泉	海洋文学と南進思想	日本放送出版協会	1942.11.20	167	ラジオ新書94
柳田 泉	南進思想の文学について	南洋経済研究所出版部	1943.08.20	35	南洋資料247
矢部 立志郎調査	比律賓の森林と木材伐採事業	農林省山林局編	1935	84	衆議院

II. 目 録

著者名	書　名	出版社・発行元	発行年	頁数	備考
山霞　紫甫蒐録、佐多調査官編	比律賓事情概要	台湾総督府外事部	1943.04.30	673	台湾総督府外事部調査101（一般部門16）
山鹿　泰治、パウル・ロンドリゲス・ヴェルンソサ共著	日比小辞典	山鹿泰治刊（マニラ市）	1943	234＋48	国会図
山田　耕筰・大木　惇夫	フィリピーン独立の歌：フィリピーン独立大行進曲より	マニラ新聞社	1943？	5	桐明学園
山田　勝伴	「比律賓」『販路調査報告書』	北海道庁内務部	1916.10.01	1-24	
山田　美妙	比律賓独立戦話　あぎなるど	内外出版協会	1902.09		中公文庫（1990.8.10）『フィリッピン独立戦話　あぎなるど』復刻
山田　美妙著、塩田　良平解説	アギナルド将軍	育英書院	1942.11	302	中公文庫（1990.8.10）『フィリッピン独立戦話　あぎなるど』復刻
山田　正徳	比島に於ける小麦栽培	農商務省農事試験場	1944.11.15	13	農商省農事試験場報告60；政策研610-2-255/
山村　楳次郎	比律賓群島調査書		1918.04	56	
山本　由松	有毒植物図譜　比律賓、蘭印、仏印、馬来半島　第1輯	台湾南方協会（台北）	1941	20＋21	北大高岡
行友　廉二	「比律賓の独立と米比貿易の将来」	『第二十回海外旅行調査報告（昭和九年夏期）』	1935.03	115-38	神戸商業大学商業研究所
横浜正金銀行調査課	比律賓ニ於ケル銀行券増発問題	横浜正金銀行調査課	1920	13	調査資料2；国会図

フィリピン関係文献目録（戦前・戦中）　109

著者名	書名	出版社・発行元	発行年	頁数	備考
横浜正金銀行調査課	「日比貿易之概況」『戦時及戦後ニ於ケル南洋貿易事情』	横浜正金銀行調査課	1922.06.15	105-175	調査報告36
横浜正金銀行調査部	南洋諸国通貨事情	横浜正金銀行調査部	1941.12.11	45	通報別刷1
横浜正金銀行調査部	南方経済建設方策―第七十九議会を通じて見たる	横浜正金銀行調査部	1942.02.01	64	調査資料52
横浜正金銀行調査部	南方の通貨・金融便覧	横浜正金銀行調査部	1943.01.29	16	調査報告136
横浜正金銀行調査部編	比島農村金融組合の沿革	横浜正金銀行調査部	1943.05.15	14	正金特報9
横浜正金銀行頭取席調査部	戦前に於ける比島の財政・金融・通貨・貿易一般	横浜正金銀行頭取席調査部	1943.03.05	59	調査報告134
横浜正金銀行馬尼拉支店	比島金融、貿易概要	横浜正金銀行馬尼拉支店	1940.08	41枚	東大経ミツビシGin：103
横浜商工会議所	比島物資輸出入管理令生活必需物資統制令	横浜商工会議所	1942	39	横商
横浜商工会議所	大東亜共栄圏　資源図絵　第五輯　比律賓編	横浜商工会議所	1943.08.28	202	
吉川　祐輝	比律賓農業調査報告	n.d.	19—	72	東大経ミツビシ2386
吉田　丹一郎	フィリピンの政治動向	東亜研究所	1941.03.10	21	資料（外乙）第34号D
吉野　圭三	「比律賓」『豪洲、比律賓及蘭領東印度に於ける電気用品市場調査報告書』	逓信省臨時調査局電気部	1918.11.12	61-87	
芳野　町人（＝浅井　竹五郎）	呂宋の壺	中西書房	1931	626	国会図582-383
吉原　重威	比律賓鉱業の現況	台湾総督官房外事課	1936.03	31	南支那及南洋調査232
吉原　重威	比律賓鉱業の現状	南洋協会台湾支部	1936	31	一橋経
吉村　敏夫	日比関係の回顧と現状	比律賓協会	1936.03.15	75	比律賓資料4

II. 目 録

著者名	書　名	出版社・発行元	発行年	頁数	備　考
吉村　敏夫	比島を背負つて立つ人々	比律賓協会	1936.05.28	39	
依田　友安	フイリピンノ鉱物資源	東亜研究所	1940.10.05	14	資料（外乙）第31号D
読売新聞社編、陸軍省企画	大東亜戦史　比島作戦	読売新聞社	1942	273	国会図
ラディスラオ著、鈴木　秀訳	比律賓ノ塩業	『台湾之専売』昭和17年3月号抜刷	1942.03	13	政策研Ni—12777/日本農研文庫
陸軍経理学校研究部	給養地理資料　昭和16年度第1次調査　比律賓	陸軍経理学校研究部	1941	172	経研資1
陸軍恤兵派遣松竹編成慰問隊編	比島皇軍慰問日誌抄	松竹株式会社	1943	90	国会図
陸軍省主計課別班訳	比律賓に於ける主要港湾	陸軍省主計課別班	1941	20枚	経研資料49；早大社
陸軍省兵務局	比律賓の畜産	陸軍省兵務局	1942	35	大阪市大P640/R2/1
リサアル著、山田　美妙訳	血の涙	内外出版協会	1903	161	国会図
リサール、ホセ著、毛利八十太郎訳	黎明を待つ Noli Me Tangere	大日本出版株式会社	1943	590	国会図
n.a.	呂宋覚書		1928.11		海表叢書巻六ノ内　国会図
	呂宋、盤谷沿岸図			5枚	早大
レイエス、ルイスJ・ルイス　アギィラール著、深谷留三訳	比律賓産普通木材の性質及用途	台湾総督府外事部	1943.10.22	82	台湾総督府外事部調査135（資源自然部門46）

著者名	書名	出版社・発行元	発行年	頁数	備考
歴山英武（＝アレキサンドル・アール・エップ）著、田中太郎訳	南洋風土及貿易 一名、マニラ通信	十字屋	1889	76	Alexander R. Webb, Trade & Resources of the Philippine Islands；国会図
和田 敏明	マニラ脱出記 フィリッピン現地報告	成徳書院	1942	257	国会図
和田 義隆	比島史	創造社	1943.04.10	311＋4＋4＋14	
和田 義隆	比律賓歴史年表	南洋経済研究所出版部	1944.01.20	36	南洋資料314
渡辺 薫	貿易通信員報告集（比律賓及豪洲ノ部 第一輯）	商工省商務局貿易課	1926.11	1-254	馬尼刺駐在貿易通信員報告
渡辺 薫著、商工省商務局編	比律賓の現状	工政会出版部	1927.03.28	293	
渡辺 薫	一九二八年比島対外並対日貿易	商工省商務局貿易課	1929.08	31	昭和四年貿35
渡辺 薫	一九二九年度比律賓外国貿易	商工省貿易局	1930.06	42	昭和五年通報1
渡辺 薫	比島市場の常識	比島研究会	1930.07		農林水産研究情報センター678―8/3Fデポ
渡辺 薫	比律賓の現状	台湾総督官房調査課	1931.03	383	商工省編の改訂版
渡辺 薫	比律賓の現状	南洋協会台湾支部	1931	383	台大研
渡辺 薫	「比律賓諸島」『海外諸市場ニ於ケル本邦繊維工業品㈣（比律賓、蘭領印度、暹羅）』	商工省貿易局	1933.10	1-41	昭和八年通報28
渡辺 薫	比律賓の現状を語る	南方経済調査会	1936	77	南方国策叢書9；国会図

著者名	書　名	出版社・発行元	発行年	頁　数	備　考
渡辺　薫	比律賓在留邦人商業発達史	南洋協会	1936.04.01 再版	360	1935.12.18初版
渡辺　薫	比律賓の早期独立と其反響	東京輸出協会	1937.11	18	資料叢書15；横国大
渡辺　薫	一九三八年度比島貿易状態	商工省貿易局	1939.07	75	昭和十四年貿易局21
渡辺　薫	比律賓の資源と其の将来	横浜貿易協会	1942.04.02	50	昭和十七年貿資1
渡辺　薫	熱帯医学とフイリッピンの全貌	拓南社	1942.04.10	339	
渡辺　薫	フイリッピン図説	冨山房	1942.07.20	170	
渡辺　薫	「明日のヒリッピン」	日本貿易振興株式会社企画部編『南方事情講演集』	1942.09.05	1-42	
渡辺　薫・松屋　太市共編	比律賓華僑信用録	渡辺薫	1932.10.05	80	
渡辺　東雄	外南洋邦人水産業	南洋水産協会	1941.05.15		比律賓pp. 3-30
渡辺　東雄	「フィリッピン」『南方水産業』	中興館	1942.09.17	143-169	

2．南洋協会発行雑誌フィリピン関係記事目録　1915-44年
（フィリピン周辺地域を含む）

『会報』（南洋協会）1号（1915年2月）〜11号（1915年12月）

1号：2　「南洋協会趣旨」
1号：3-4　「南洋協会規約」
1号：1-9　前田多門「南洋占領諸島事情」
1号：9-22　山崎直方「太平洋に於ける列強勢力の消長」
1号：23-32　「英領北ボルネオに於ける煙草及古々椰子の栽培並同地への移民」
1号：33-40　「会報」
2号：5-15（23-33）　三山喜三郎「比律賓群島貿易状況及本邦人の事業」
2号：23-31（13-21）　「比律賓独立法案の経過」
2号：31（21）　「比律賓群島砂糖商況」
2号：32（22）　「マニラ輸出品輸送計画」
2号：35-39（3-7）　「本会報告　南洋協会々員名簿」
3号：31-34（29-32）　「コプラの需要」
3号：34-38（32-36）　「比律賓外国貿易近況」
3号：38-40（36-38）　「日比貿易概況『千九百十四年度』」
3号：40-41（38-39）　「比島に於ける林檎輸入状況」
4号：43-46（45-48）　「セレベス島マカッサ港商況及有望商品」
4号：46-47（48-49）　「セレベス島に於ける外人の努［勢］力」
5号：41-45（51-55）　「比律賓群島の現勢並米国の対比島政策」
6号：16-28（142-54）　鈴木誠作「南洋（蘭、英、米領）近況」
6号：29-33（63-67）　「蘭領ボル子オに於ける邦人迫害事件顛末要領」
6号：34-38（68-72）　「南洋に於ける支那人の勢力」
7号：25-28（73-76）　松木良介「椰子栽培」
7号：28-32（76-80）　「非律賓に於けるアバカ（マニラ、ヘンプ）の栽培」
7号：32-36（80-84）　「蘭領印度外領地永借地規則」
7号：38-41（2-5）　「南洋協会々員名簿」
8号：19-25（189-95）　太田恭三郎「有望なる比律賓」
8号：27-32（85-90）　「新嘉坡を中心とせる南洋海上交通」
8号：33-35（1-3）　「本会報告」

Ⅱ. 目 録

9号：28-31（94-97）「蘭領東印度のテンカワン果実産出状況」
10号：5-22（217-34）「比律賓農業銀行」
10号：23-34（99-110）「非律賓に於ける古々椰子栽培収支予算」
11号：30-37（1-8）「会員名簿（大正四年十二月二十五日現在）」

『南洋協会々報』2巻1号（1916年1月）～4巻12号（1918年12月）
[第2巻]（1916年）1～10号（11月）
1号：37-43（1-7）「本会報告」
3号：1-48（35-82）三穂五郎「英領北ボルネオ事情一班」
5号：5-29（1-25）鶴見祐輔「比律賓並カンボチヤ事情」
5号：45-56（1-12）「英領北ボルネオ事情（一）」
5号：58-61（2-5）時報「南洋の土地所有法」
6号：5-20（41-56）松尾音次郎「南洋ボル子オに就て」
6号：21-37（13-29）「英領北ボルネオ事情（二）」
6号：42-43（14-15）時報　井上直太郎「最近の比律賓」
6号：48-50（20-22）時報「比島に於ける太田興業会社事業概況」
6号：51（23）時報「比律賓貿易賑盛」
6号：59-60（31-32）時報　杉村恒造「比島石灰需要状況」
7号：5-28（168-91）「英領北ボルネオ事情（三）」
7号：41-44（37-40）時報　近藤直澄「最近の比律賓」
7号：44-48（40-44）時報「比島対日本」
7号：48-55（44-51）時報「南洋に於ける日本品」
7号：56（52）時報「南洋開航奨励」
8号：5-59（192-246）後藤房治「ボルネオの産業（一）」
8号：60-61（42-43）芳賀鉄［鍬］五郎「一千九百十五年に於ける比島コプラ業」
8号：62-82（44-64）「英領北ボルネオ事情（其四）」
8号：87-88（54-55）時報「比島独立と日本」
8号：89-94（56-61）時報「邦人護謨業の将来」
8号：94（61）時報「商船新航計画」
9-10号：36-49（278-91）浮田郷次「最も有望なる南洋の発展地」
9-10号：50-62（292-304）「英領北ボルネオ事情（其五）」
9-10号：63-65（64-66）時報「海峡殖民地貿易近況」

9-10号：65-72（66-73）　時報「比島重要農産物概況　千九百十五年」

9-10号：72-77（73-78）　時報「比島開発策」

[第3巻]（1917年）

1号：59-64（7-12）　比律賓通信「貿易増加」「馬尼剌煙草輸出増加」「米作良し」

2号：46-59（90-103）　高木幸次郎「比律賓の麻栽培に就て」

2号：61-72（13-24）　比律賓特報「農民の豊年」「レコード豊作」「比島各港に於ける関税」「新所得税法」「馬尼剌に於ける出産及死亡数」

3号：27-47（33-53）　芳賀鍬五郎「五千ヘクタール（一万二千英町）の農場に於けるコプラ工場建設費説明書」

3号：51-71（3-23）　比律賓特報「タガル真田工業」「種米改良」「本年の砂糖作損害」「農業時報」「馬尼剌煙草大輸出」「関税大減収」「昨年十二月に於ける貿易莫大にして殆ど四、〇〇〇、〇〇〇ペソの増額を示す」「錫蘭、比島間貿易予想」「貿易増加二千四百万ペソ」「内国収入総額二六、〇〇〇、〇〇〇ペソ」

4号：67-75（1-9）　比律賓特報「比島貿易増加」「比律賓は十年を出でずして護謨生産者たらん」「比島に於ける鋪道煉瓦工業に於て」「本年三月の徴税増収」「善良麻糸の生産」「イロコス州の綿作多大ならん」

5号：1-16（179-94）　神保文治「蘭領東部ボルネオ事情」

5号：16-23（194-201）　「南洋に於ける本邦人の企業」

5号：61-62（87-88）　埴原正直「桑港対瓜［爪］哇、マニラ間開航計画」

5号：69-84（1-16）　比律賓特報「比島護謨栽植の発達」「スール地方の農業繁栄」「比島の護謨栽植に就て」「麻農園の成功」「食物生産扶助」「関税月報」「関税減退」「国税収入報告」「移民増加」「比律賓商船第六位に列す」

6号：29-68（95-134）　「『南洋渡航案内』稿案」

7号：39-43　雑録「サラワツク国王の訃」

7号：43-45　雑録「比島の輸入米過多」

7号：45-46　雑録「ヘンプの品等下落」

7号：46-47　雑録「比島に於ける護謨栽培」

7号：47-52　雑録「比島貿易と海運の大障碍」

7号：52-53　雑録「比島捕獲船の処分」

7号：53　雑録「比島鳳梨の病害」

7号：53-54　雑録「比島関税月報」

8号：口絵　比律賓…

9号：口絵　「ボルネオ島バンジヤルマシンの河畔」

9号：40-55　「ボルネオの鉱物資源」
9号：55-57　「ブルネイ英国理事官の年度報告」
9号：58-60　「比律賓の製糖業」
9号：60-64　「サンダカン近況」
10号：39-48　「比島外国貿易概要『一九一六年』」
10号：75-76　雑録「西貢米輸入杜絶説」
10号：77　本会報告「比律賓調査参考書」
11号：1-2　井上雅二「紹介の辞」
11号：2-13　林謙吉郎「英領北ボルネオ事情」
11号：47-54　「ボルネオの鉱物資源（其二）」
11号：54-60　「英領北ボルネオ会社事業報告」
11号：61　雑録「蘭領印度統治法改正」
12号：口絵　「ボルネオ・バンヂヤルマシンの市庁」

[第4巻]（1918年）

1号：65-78　「ボルネオの鉱物資源（其三）」
2号：1-14　神谷忠雄「比律賓視察談」
2号：15-31　吉野圭三「南洋電気事業視察談」
2号：33-38　藤田捨次郎「南洋と華僑」
2号：39-47　板倉恪郎「比律賓群島の人口」
2号：65-66　「ボルネオに於ける石油」
2号：67-70　雑録「蘭人の観た日人」
2号：70-71　雑録「比島輸入米減退」
3号：33-38　板倉恪郎「米国の馬尼剌麻価格協定と其影響」
3号：74-76　時事「華僑銀行設立の議」
4号：口絵　「モロ族の王」「モロ土人の風俗」
4号：36-40　藤田捨次郎編訳「古代の南洋華僑」
5号：21-39　玉置実「蘭領ニユウギニア及モロカス群島事情」
5号：41-61　帰去来子「産業の比律賓（一）」
6号：1-6　小森徳治「ボルネオ土人の宗教思想（其一）」
6号：7-18　高橋武美「蘭領東印度及比律賓視察談（其二）」
6号：19-24　板倉恪郎「比律賓群島に於ける日本人の製炭業」

6号：34-47　帰去来子「比律賓の産業［産業の比律賓］（二）」

7号：12-22　小森徳治「ボルネオ土人の宗教思想（其二）」

7号：23-38　高橋武美「蘭領東印度及比律賓視察談（其三）」

7号：39-47　本会調査部調査「馬尼刺麻に就て」

7号：48-59　帰去来子「産業の比律賓（三）」

7号：65-66　雑録　縄田宗三郎「南方発展の賊―表南洋在留日本人の態度―」

8号：1-16　梅谷光貞「南洋の覇者」

8号：40-53　帰去来子「産業の比律賓（四）」

8号：54-58　「馬尼刺麻禁輸問題の経過」

8号：65-67　雑録「南洋の諸鉄道」

9号：1-14　阿部滂「南洋に於ける日本人発展の現状」

9号：51-64　帰去来子「産業の比律賓（五）」

10号：17-26　伊藤兼吉「南洋各植民地に於ける司法制度に就て」

10号：32-44　帰去来子「産業の比律賓（六）」

10号：45-56　図南子「比島に於ける『カポック』工業に就て（一）」

10号：57-65　雑録「マニラ旅行の栞」

11号：口絵　「比律賓議院開院式の光景」「比律賓ミンダナオ島サムボアンガ埠頭」「米国政府が比律賓蕃族児童教育の為め設けたる小学校（サーマル島内）」

11号：16-27　鎌田正威「北ボルネオ会社」

11号：37-47　図南子「比島に於ける『カポック』工業に就て（二）」

11号：55-68　帰去来子「産業の比律賓（七）」

11号：87-88　雑録「比島輸出手続規定修正」

11号：88-89　雑録　板倉恪郎「比律賓群島に於ける椰子製油業の発達とコプラの輸出禁止」

12号：口絵　「馬尼刺初等学校」「在呂宋島北部ヌエウァイスカヤ州キンガンイゴロット蕃族小学校生徒」

12号：41-48　「比島椰子油製造業の勃興」

12号：49-57　図南子「比島に於ける『カポック』工業に就て（三）」

12号：58-60　「比島労働者問題と支那移民移入」

『南洋協会雑誌』5巻1号（1919年1月）〜23巻4号（1937年4月）月刊
[第5巻]（1919年）

1号：39-42　図南子「比島に於ける『カポツク』工業（四）」

II. 目 録

1号：54　板倉恪郎「比律賓群島に於ける主要農産物栽培面積」

1号：59-66　雑録　小森徳治「欧羅巴人の比律賓群島発見と征服 ［（一）］」

2号：24-27　板倉恪郎「最近比律賓事情」

2号：32-38　図南子「比島に於ける『カポツク』工業（五）」

2号：38-43　本会調査部「比律賓の森林（一）」

2号：62-66　雑録　小森徳治「比律賓の発見と征服（二）」

2号：66-67　雑録　天涯茫々生「比律賓の独立運動」

3号：3-4　時事小観「民族自決と比島独立」

3号：4　時事小観「比島独立容易ならず」

3号：4-5　時事小観「一九一八年の日比貿易」

3号：44-50　板倉恪郎「馬尼剌麻の研究（一）」

3号：51-55　本会調査部「比律賓の森林（二）」

3号：67-70　雑録　小森徳治「比律賓の発見と征服（三）」

3号：81-82　雑録　水郷生「セレベスの鉄及ニツケル」

3号：84　南洋時事「日本移民拒み難し」

4号：口絵　「ボルネオ島バンジヤマシンに於ける河岸の風景」「ボルネオ島バリクパパン石油タンク」

4号：5-6　時事小観「南洋貿易の中心地は」

4号：6-7　時事小観「醜業者の数漸く減ず」

4号：8-13　木村増太郎「戦後の南洋貿易」

4号：63-65　板倉恪郎「馬尼剌麻の等級別産額表」

4号：68　「馬尼剌の貿易」

4号：73-84　雑録「南太平洋諸島事情（一）」

5号：口絵　「マニラ魚菜市場」

5号：41-44　郭春秧「南洋貿易と華僑」

5号：63-65　雑録　エフ・エー・ガトキン「セレベス旅行記（一）」

5号：68-71　雑録「南太平洋諸島事情（二）」

6号：67-77　板倉恪郎「馬尼剌麻の研究（二）」

6号：84-89　雑録　エフ・エー・ガトキン「セレベス旅行記（二）」

6号：89-94　雑録　松岡正雄「ミンダナオの神話」

6号：94-98　雑録「外国貿易と金融」

6号：98-102　雑録「南太平洋諸島事情（三）」

7号：5-8　内田嘉吉「対南貿易業者に望む」
7号：33-40　板倉恪郎「馬尼刺麻の研究（三）」
8号：4-6　松崎半三郎「南洋貿易と資金問題」
8号：22-25　吉川正毅「比律賓と椰子油［（一）］」
8号：34-41　板倉恪郎「馬尼刺麻の研究（四）」
8号：45-49　板倉恪郎「比律賓の近況」
9号：7-18　江川俊治「香料群島に就て（一）」
9号：25-30　吉川正毅「比律賓と椰子油（二）」
9号：30-36　板倉恪郎「馬尼刺麻の研究（五）」
10号：4-8　政尾籐吉「南洋排貨運動の教訓」
10号：16-27　生源司寛吾「蘭領ボルネオ事情［（上）］」
10号：27-36　江川俊治「香料群島に就て（二）」
10号：44-51　板倉恪郎「馬尼刺麻の研究（五［六］）」
10号：70-76　雑録「南洋排貨事件の経過」
10号：78-80　「太平洋諸島―日本の侵徹―」
10号：80-85　「太平洋諸島事情（五）」
10号：88　南洋時事「比嶋貿易入超―本年上半期情勢―」
11号：17-26　生源司寛吾「蘭領ボルネオ事情（下）」
11号：45-54　板倉恪郎「馬尼刺麻の研究（七）」
11号：55-61　吉川正毅「比律賓の土地処分法と新土地法（一［上］）」
11号：92　南洋時事「比島の穀類強徴」
11号：95　南洋時事「比島米作豊況」
12号：25-33　板倉恪郎「馬尼刺麻の研究（八）」
12号：33-40　吉川正毅「比律賓の土地処分法と新土地法（下）」
12号：44-49　「極東に於ける競技用具の市場」

［第6号］（1920年）

1号：41-43　板倉格［恪］郎「比律賓の近況」
2号：2-3　時事小観「比島土地法案承認さる」「南洋醜業婦駆逐問題（一）」「南洋醜業婦駆逐問題（二）」
2号：56-59　板倉格［恪］郎「馬尼刺麻の研究（九）」
2号：64-66　雑録「蘭領西部ボルネオの護謨栽培」

II. 目 録

2号：90　南洋時事「比律賓の主要輸入国」

3号：4-9　善生永助「支那及び南洋貿易維持発展策」

3号：29-39　佐々木綱雄「南洋に於ける日本の地位〔(上)〕」

3号：74-76　近事一束「貿易上の根拠地としての馬尼剌」

3号：99-100　南洋時事「比律賓の主要生産」「比律賓群島の耕地配分表」「比島に於ける米の代用品」「馬尼剌市と自働電話」

4号：3　時事小観「馬尼剌は愈よ自由港か」

4号：4-8　論説　フアン、ワルセム「公娼廃止に就て」

4号：9-19　柱本瑞俊「セレベス島視察談〔(一)〕」

4号：20-35　佐々木綱雄「南洋に於ける日本の地位（下）」

4号：39-49　三吉朋十「南洋及印度に於ける波西人の勢力〔(一)〕」

4号：60-64　新嘉坡商品陳列館調査「昨年度比島経済事情」

4号：65-66　近事一束「セレベス島並に其島嶼」

4号：66-67　近事一束「在馬尼剌米人の減少」

4号：67-68　近事一束「比島新土地法」

4号：84-95　青木定遠原著、小原敏丸校訂「評註　南海紀聞」

4号：98　南洋時事「比律賓に於ける耕作機の実地証明」

5号：口絵　「ザムボアンガ城塞（比律賓）」「砂糖製造所（南部比律賓）」

5号：19-30　柱本瑞俊「セレベス島視察談（二）」

5号：35-45　三吉朋十「南洋及印度に於ける波西人の勢力（二）」

5号：74-81　江川俊治「ハルマヘラ嶋生活（一）」

5号：81-93　青木定遠原著、小原敏丸校訂「南海紀聞」

5号：95　南洋時事「比律賓東洋博覧会開催計画」

6号：25-42　三吉香馬「南洋及印度に於ける坡西人の勢力〔(三)〕」

6号：36-42　板倉恪郎「昨年度の比島貿易」

6号：42-44　三吉朋十「西部ボルネオ地方に於ける護謨栽培」

6号：50-58　近事一策〔束〕「マニラ市場報告（本年四月）」「比律賓のカポック」「千八百九十九年——一九一七年間、比島コプラ輸出表」「同上砂糖輸出表」「同上比島マニラ麻輸出表」「同上比島煙草輸出表」「対南洋貿易」「大戦以来異常の発展をなしたる比島貿易」

6号：75-82　江川俊治「ハルマヘラ島生活（二）」

6号：83-95　青木定遠原著、小原敏丸校訂「評註　南海紀聞」

7号：17-21　三吉香馬「南洋及印度に於ける坡西人の勢力（四）」

7号：46-48　「馬尼刺重要商品商況（五月下旬）」

7号：59-64　江川俊治「ハルマヘラ島新生活〔（三）〕」

7号：64-67　青木定遠原著、小原敏丸校訂「評註　南海紀聞」

7号：68　　南洋時事「比島総督巡遊」「馬尼刺港便覧の発行」

8号：2　　時事小観「米国新船舶法と比律賓」

8号：20-22　三吉香馬「南洋及印度に於ける坡西人の勢力（五）」

8号：40-41　近事一束「マニラ重要商品商況」

8号：49-55　江川俊治「ハルマヘラ島生活〔（四）〕」

8号：55-57　青木定遠原著、小原敏丸校訂「評註　南海紀聞」

9号：2　　時事小観「比律賓の通行税廃止」

9号：31-32　「比律賓群島主要農産物」

9号：35-38　吉田梧郎「蘭領西ボルネオより〔（一）〕」

9号：38-41　江川俊治「ハルマヘラ島生活（五）」

9号：41-44　青木定遠原著、小原敏丸校訂「評註　南海紀聞」

9号：45-46　南洋時事「比島会議所組織」「比島砂糖栽培面積二割増加」「マニラに於ける帽子莫大小及雑貨取扱商」「マニラ物産相場表」「マニラ麻最近相場表」

9号：巻末　「大正九年上半期　日比貿易表」

9号：巻末　山村楳次郎「比律賓群島誌梗概」

10号：口絵　ミンダナオ・バシラン島・アトンアトンのバシラン興業会社椰子園（比律賓群島）

10号：48-50　吉田梧郎「蘭領西ボルネオより（二）」

10号：55-58　江川俊治「ハルマヘラ島生活（六）」

10号：58-62　青木定遠原著、小原敏丸校訂「評註　南海紀聞」

10号：63　南洋時事「比島マニラ麻総額（一九二〇年八月中）」

11号：4-8　小森徳治「比律賓の米作に就て〔（一）〕」

11号：9-21　木村増太郎「日本対南洋の経済関係（上）」

11号：61　「ハルマヘラ島より（二）」

11号：66-71　江川俊治「ハルマヘラ島生活（七）」

12号：3　　時事小観「クエーゾン氏の演説」

12号：8-12　小森徳治「比律賓の米作に就て（二）」

12号：24-33　木村増太郎「日本対南洋の経済関係〔（下）〕」

12号：68-73　江川俊治「ハルマヘラ島生活（八）」

12号：80　南洋時事「比島、和蘭間新航路」「馬尼刺麻産額減少」

[第7巻]（1921年）

1号：口絵　「馬尼刺麻の仕分け」「同積出し」
1号：17-27　芳賀鍬五郎「南洋の風俗及人情（一）」
1号：51-54　田中秀雄「比律賓と古々椰子」
1号：60-64　江川俊治「ハルマヘラ島生活（九）」
1号：69-70　近事一束「比律賓独立運動」
1号：71　近事一束「比島財界」
1号：77　近事一束「比律賓豪州間貿易」
2号：3　時事小観「比律賓油田の調査成る」
2号：33-37　田中秀雄「比律賓の古々椰子（三）」
2号：53-59　江川俊治「ハルマヘラ島生活（一〇）」
2号：67　近事一束「比律賓議会可決議案」「比島八時間労働法」「比島公債発行」「馬尼刺移民輸送認可」「馬尼刺信号所の信号旗改正」
2号：67-68　近事一束「比島製帽子の種類並輸出額」「比島財界不況と繋船過剰」「比島の石油」
2号：75　近事一束「万国新聞大会馬尼刺に開催」
3号：口絵　「比律賓の第一回立法議会」「同壇上のオスメニア氏」
3号：37-40　田中源太郎「比律賓に於ける支那人（上）」
3号：49-55　江川俊治「ハルマヘイラ島生活（十一）」
3号：67-68　雑録「昨年度比律賓関税収入額」「昨年度比律賓の国庫収入額」
4号：口絵　「比律賓・イゴロット族の家屋」「同族少女の機織」
4号：43-48　田中源太郎「比律賓に於ける支那人（中）」
4号：64-71　江川俊治「ハルマヘイラ島生活」（十二）」
5号：4-7　鶴見左吉雄「対南貿易の前途」
5号：43-48　堀田［田中］源太郎「比律賓に於ける支那人（下）」
5号：63-69　江川俊治「ハルマヘイラ嶋生活（十三）」
6号：口絵　「比律賓バコボス族の服装と楽器」「比律賓イフガオ族の服装」
6号：1　「南洋と移民」
7号：口絵　「バダン島の婦人」
7号：53-56　藤村誠太郎「比律賓の製帽業（一）」
7号：60-63　水門了一「比律賓より」
7号：70-71　近事一束「麻尼拉港湾の改修」
7号：72　近事一束「比島の貿易」

7号：73-74　近事一束「比律賓の防備新案」

8号：37-42　藤村誠太郎「比律賓の製帽業（二）」

8号：56-57　近事一束「比島民の激昂」「比島総督候補」

8号：62　近事一束「南洋渡航者の激減」「南洋では女を歓迎」「南洋醜業婦問題」

9号：4-10　井上直太郎「馬尼刺麻下級品生産業［禁］止問題」

9号：41-48　藤村誠太郎「比律賓の製帽業（三）」

9号：48-52　後藤林蔵「芭蕉栽培に就て」

9号：53　水門了一「比律賓の貿易状態——一九二〇年度—」

10号：36-44　藤村誠太郎「比律賓の製帽業（四）」

10号：67-68　近事一束「比島独立問題」

10号：71-73　近事一束「邦人漁業の現況」「馬来半島にはマニラ麻」「比立賓の貿易」

11号：2-3　時事小観「我が燐寸工業の衰兆」「邦人南洋漁業の不振」

11号：28-42　藤村誠太郎「比律賓の製帽業（五）」

11号：46-48　水門了一「ダバオ邦人事業概況」

11号：70-71　近事一束「ミンダナオは真珠の山」

11号：72　近事一束「比律賓の農産状態」

12号：43-56　藤村誠太郎「比律賓の製帽業（六）」

12号：81　近事一束「比島独立と新総督」

12号：88　近事一束「比律賓邦人の悲境」

[第8巻]（1922年）

1号：口絵　「ボルネオカツパス河口の市場」「ボルネオカツパス河畔」「ボルネオの海浜」「ボルネオの森林」「ボルネオの漁業（一）」「同（二）」「南洋の蘭（一）」「同（二）」

1号：1　「第一ボルネオ号」

1号：2　時事小観「比律政府の財政的窮乏」

1号：4-6　西脇浩一郎「根本を究めよ」

1号：7-23　相馬孟胤「南洋蘭科植物に就て」

1号：24-37　安藤義喬「蘭領ボルネオの概念」

1号：38-45　金沢忠教「北ボルネオの大勢」

1号：45-50　有馬寿郎「ブルネー王国事情」

1号：50-57　石井健三郎「英領北ボル子オの諸港と其ヒンターランド」

1号：57-63　二宮徳「蘭領ボルネオの人情風俗」

Ⅱ. 目　録

1号：63-67　小野孝太郎「椰子に就きて」
1号：67-77　池田南国「英領北ボルネオの邦人漁業」
1号：78-94　久原農場訳「英領北ボル子オ労働法令――一九一六年発布―」
1号：95-100　「北ボル子オの土地制度」
1号：153-59　江川俊治「続ハルマヘラ島生活（一）」
2号：口絵　「比律賓ヘイツペレース山上」「比律賓の猿の様なアイタ人」「比律賓土人農家」「同ヘッチヤブリ地方水田」
2号：43-45　船津完一「比律賓島の石油」
2号：46-54　坂部一郎「華僑の研究［（一）］」
2号：58-60　三吉香馬「スクラップブックより」
2号：61-65　江川俊治「続ハルマヘラ島生活（二）」
3号：口絵　「バリトー河口の猿島（蘭領ボルネオ）」「椰子苗圃（ボルネオ・マルカ農場）」「武装せるダイヤ族」「ピーサンスリーブと土人」
3号：44-59　坂部一郎「華僑の研究（二）」
3号：94　近事一束「比島師団編制中」
4号：21-25　船津完一「比島貿易概観」
4号：50-62　坂部一郎「華僑の研究［（三）］」
4号：81-86　江川俊治「続ハルマヘラ島生活（三）」
5号：口絵　「早川副会頭邸に於ける比島両院議長の招宴」「マニラの奇習（一）」「同上（二）」
5号：76-83　坂部一郎「華僑の研究　四」
5号：99-106　江川俊治「続ハルマヘラ島生活（四）」
5号：106-08　船津完一「比律賓の世界的奇習」
5号：118　近事一束「南洋ミンダナオ島に於ける邦人失業者の惨状」
5号：121　本部だより「比律賓名士歓迎午餐会」
6号：26-28　船津完一「比嶋政府の無線電信施設」
6号：48-54　坂部一郎「華僑の研究（五）」
6号：63-68　江川俊治「続ハルマヘラ島生活（五)」
6号：75-76　近事一束「島原女の送金額」
7号：58-64　江川俊治「続ハルマヘラ島生活（六）―四月の日記―」
7号：67　近事一束「比島独立委員」
7号：68　近事一束「ヒリッピンと燐寸状況」
7号：69　近事一束「マニラ港港務局を設置」

8号：口絵　「筏上の家（バンジヤルマシン付近）」
8号：1　「耐湿燐寸」
8号：3　時事小観「比律賓独立遂に成らず」
8号：57-64　江川俊治「続ハルマヘイラ島生活（七）―コーパル山探検―」
8号：70　近事一束「比律賓の燐寸は本邦品の独占」
9号：2　時事小観「比律賓の政治季近づく」
9号：7-11　蜷川新「邦人の各地に排斥せらるゝ所以」
10号：15-18　飯泉良三「南洋に於ける特殊企業銀行の急設を提唱す」
10号：79-85　江川俊治「続ハルマヘラ島生活（八）」
10号：90-91　近事一束「比島の養蚕」
11号：59-63　江川俊治「続ハルマヘラ島生活（九）」
11号：67　近事一束「比律賓自由貿易」「比律賓群島煙草輸出増加」
12号：73-77　江川俊治「続ハルマヘイラ島生活（一〇）」
12号：80　近事一束「比島議会紛糾と独立問題」

[第9巻]（1923年）

1号：83-86　江川俊治「続ハルマヘイラ島生活（十一）」
1号：93　近事一束「比律賓麻生産現況」
2号：8-15　堤林数衛「南洋の金融梗塞と其解決」
2号：76-80　江川俊治「続ハルマヘイラ島生活（十一）」
2号：85　近事一束「比島独立案提出」「比島の米人兵士総数」
2号：89-90　近事一束「連合艦隊が南洋へ」
3号：口絵　「セレベス島メナド市街」「セレベス島ミナハサ州ラゴアン中流家庭の未婚婦人」「同前」「セレベス島ミナハサ州海抜六千メートルの健康地」「セレベス島ラムレアン高峰の山道」
3号：4-6　論説「南洋移民に就て」
3号：9-12　横山正修「熱帯国に於ける我移民の方針」
3号：89-96　江川俊治「続ハルマヘイラ島生活（十二）」
3号：97　近事一束「ヒ島独立規程提出か」
4号：2　時事小観「ス社副社長の比島観」
4号：4-7　論説「移植民政策の確立と水平社運動」
4号：88-91　松川俊治「南支南洋に於ける邦人の状況」

4号：107-13　江川俊治「続ハルマヘイラ島生活（一三）」
4号：116　近事一束「比律賓の輸出入貿易」
4号：117　近事一束「比律賓の蜜蜂養産」
4号：118　近事一束「モルツカス群島の古物調査」
5号：3　時事小観「比島西印交換問題起る」
5号：125-30　江川俊治「続ハルマヘラ島生活（一四）」
5号：131　近事一束「独り者に課税」
5号：133　近事一束「比律賓護謨栽培の可能性」
5号：135　近事一束「米国の東洋仲継港と馬尼剌」
6号：2　時事小観「南米南洋移民論の流行」
6号：3　時事小観「江川君の行を送る」
6号：8-33　蜷川新「日本民族は何処に移住すべき乎」
6号：89-99　江川俊治「続ハルマヘラ島生活（一五）十二月から一月まで」
6号：100-01　近事一束「精糖会社設立計画」
6号：102　近事一束「比島の鉱山業」
7号：2-3　時事小観「比律賓の支那人排斥」
7号：4-7　論説「日貨抵制の考察」
7号：65-73　江川俊治「続ハルマヘラ島生活（一六）」
7号：78　近事一束「比島の護謨園経営」
8・9号：2-3　「比島売却説の真相如何」「比島及比島民の侮辱す」
8・9号：4-6　論説「比律賓の将来」
8・9号：60-62　江川俊治「続ハルマヘラ島生活（一七）」
10号：56-64　江川俊治「続々ハルマヘラ島生活（一）」
10号：65-71　本会爪哇支部調査「爪哇銀行に就て」
11・12号：3　時事小観「不用意の海外発展論」
11・12号：4-6　論説「米国と護謨」
11・12号：36-38　池田覚次郎「芭蕉の研究（一）」
11・12号：65　近事一束「比島独立反対運動」
11・12号：68　近事一束「比律産カポツク」

[第10巻]（1924年）
1号：3　時事小観「南洋木材の輸入は」

1号：23-25　池田覚次郎「芭蕉の研究（二）」
1号：46-47　新嘉坡品商［商品］陳列館「地方小売雑貨邦商」
1号：56-62　松川俊治「震災復興と南洋木材」
1号：78-79　近事一束「比島の独立運動」
1号：79　　近事一束「比島の海運」
2号：口絵　「蘭領ボルネオ・カヤン河流域の部落」
2号：27-28　新嘉坡商品陳列館「英領北ボルネオの土地法改正」
2号：41-43　南洋協会爪哇支部「ボルネオの製鉄業」
2号：43-46　池田覚次郎「芭蕉の研究（三）」
2号：65　　近事一束「比島予算」
3号：8-13　本名文任「南支南洋の病院施設に就て（二）」
3号：59-62　石原広一郎「英蘭合併ボルネオ製鉄会社設立計画」
3号：76　　近事一束「独船マニラ定期寄港」
4号：1　　「漫然たる移民論」
4号：3　　時事小観「比律賓独立遂に絶望か」
4号：87-89　近事一束「ブルナイ王国の近状」「東ボルネオ会社の新造船」「北ボルネオの無線電話」「ボルネオの家畜業」
4号：90　　近事一束「メッカ参拝者の費用」
5号：口絵　「比律賓群島ザンボアンガの謝肉祭」「同上」
5号：101　近事一束「ダヴアオ商業会議所新設」
6号：口絵　「サラワクの石油抗」「南ボルネオの大はいも」
6号：4-7　論説「排日法案通過の後に」
8号：7-13　久宗董「対南発展と金融問題」
8号：13　　「比律賓の女護島」
8号：79-81　大森益徳「比律賓のマニラ麻」
9号：111-13　「本会報告　第一回新嘉坡商品陳列館　大阪優良商品バサー」
10号：口絵　「南洋協会専務理事井上雅二氏の日比両国人招待午餐会に於ける紀念撮影」
10号：124-27　三吉香馬「南洋奇聞（一九）ダイヤの首狩」
10号：128　山口武「東大図書館の復興と暹羅官立大学」
10号：136　「ボルネオ木材」
10号：138　近事一束「比島にも排日」
10号：140　近事一束「豪州炭のマニラ市場輸入激増」

II. 目　録

10号：140-41　近事一束「極東米国商業会議所新設」
11号：口絵　「比律賓上下両院議長主催の南洋協会専務理事井上雅二氏夫妻招待会記念撮影」「比律賓群島ミンダナオ島ダバオ州ミンタル耕地のミンタル小学校と麻栽培邦人の集団」
11号：4-8　論説「最近の比律賓」
11号：16-26　井上雅二「比律賓の現状〔(一)〕」
11号：103　「比律賓群島の未開地面積」
11号：149　近事一束「比島外国保険会社と利益金強制投資法案」
11号：152　近事一束「西ボルネオのカッチ製造」
11号：155　本会報告「比律賓上院議長一行の来朝」
12号：4-6　論説「マニラ支部設立の議あるを聞いて」
12号：7-19　井上雅二「比律賓の現状」(二)」
12号：143　近事一束「比島議会通過重要法案」
12号：144-45　近事一束「東洋汽船が馬尼剌へ寄港」

[第11巻]（1925年）

1巻：口絵　「比島パグサンハン峡谷の飛瀑」「比島パグサンハン峡谷の椰子実の筏」
1号：8-22　ルイス・ヂエー・レース「日本と比律賓木材」
1号：70-77　「サラワ国土地法」
1号：150-53　江川俊治「ハルマヘラの鰐狩り〔(一)〕」
1号：153　「比島木材関税」
1号：155　近事一束「比島独立運動費」「比島支那移民令」
1号：159　近事一束「ミンダナオ島在留邦人八千人窮状」
2号：86-100　小谷淡雲「南洋の栽培と企業（二）」
2号：127　「支那移民制限法案拒否」
2巻：128-31　江川俊治「ハルマヘラの鰐狩り（二）」
3号：口絵　「大阪優良品特売会の盛況（新嘉坡商品陳列館…）」「同上」
3号：7-13　中島清一郎「南洋の金融」
3号：69-81　「大阪優良品特賣會」
3号：110-13　本会報告「馬尼剌支部」
4号：43-44　「南洋市場と海鼠」
4号：105-06　近事一束「比律賓の簿記法」

5 号： 4 -10　論説「海外移民政策の確立と即行 ［（一）］」
5 号：41　「海峡植民地の商標登録」
5 号：78-80　井田守三「蘭領西ボルネオを巡りて」
5 号：103　近事一束「比律賓の煙草商標登録法」
6 号： 4 -12　論説「海外移民政策の確立と即行（二）」
6 号：107-13　江川俊治「サゴ椰子と其澱粉」
7 号： 4 -13　論説「海外移民政策の確立と即行（三）」
7 号：40-47　江川俊治「サゴ椰子と其澱粉（二）」
7 号：53-55　「本邦輸出品の包装」
7 号：72-76　榎本信一「マニラの漁業 ［（一）］」
8 号：10-14　榎本信一「比島植民私案」
8 号：30-33　榎本信一「マニラの漁業 ［（二）］」
8 号：37　「西ボルネオの華嬌」
8 号：67-70　「外人護謨栽培会社営業成績」
8 号：103-04　近事一束「比島の自転車需給」
8 号：104　近事一束「比島から二少年」
9 号：84　「比律賓の護謨栽培と立法部の態度」
9 号：99　近事一束「ダヴアオと上海非買同盟」
9 号：101　近事一束「比島の自動車と貨車」
9 号：102　近事一束「比島の護謨増産計画」
10号：口絵　「比律賓人の精米」「比律賓マニラの椰子油製造工場」
10号：21-28　榎本信一「マニラ煙草」
10号：45-55　「新嘉坡とサゴー集散状況」
10号：105-06　近事一束「移民便船毎に満員」
11号：口絵　「マニラ麻挽機械発明者表彰記念」「最新発明のマニラ麻挽機械」
11号： 1 　「我が海外移住民」
11号：28-59　「海峡植民地と綿布の需要」
11号：107-11　長風生「マニラ麻挽出機械の発明」
11号：111　「口絵の解」
11号：121-23　榎本信一「マニラの水族館」
11号：127　近事一束「比島港別輸出入」
12号：51-59　小谷淡雲「南東ボルネオの土人護謨 ［（一）］」

130 Ⅱ. 目　録

12号：97　近事一束「比律賓の護謨栽培」

[第12巻]（1926年）

1号：2-3　時事小観「年中行事化の比島独立」
1号：56-59　榎本信一「比律賓のお正月」
1号：79　近事一束「比律賓また独立請願」
1号：80-81　近事一束「ボルネオに鉄道敷設」
1号：101-02　本会報告「馬尼剌支部」
2号：109　「ボルネオ南東部州の経済的発展」
3号：口絵　「比律賓のカーニバル祭に於ける商工共進会」「比律賓のカーニバル祭に於ける女王戴冠式の光景」
3号：4-6　論説「麻栽培事業の将来」
3号：90-93　榎本信一「比律賓のカーニバル」
4号：58-61　小谷淡雲「南東ボルネオの土人護謨（二）」
4号：73-78　榎本信一「ボンガボンの牧場を観る［（一）］」
4号：110　近事一束「マニラにセメント工場経営」「比律賓の護謨」
5号：口絵　「故太田恭三郎君　記念碑全景」「故太田恭三郎君記念碑除幕式場」「故太田恭三郎君記念碑銘」
5号：2-4　論説「南洋領事会議開催に際して」
5号：55-64　小谷淡雲「南東ボルネオの土人護謨（三）」
5号：82-85　榎本信一「ボンガボンの牧場を観る（二）」
5号：86-89　黒潮舟人「比律賓ダバオ便り」
5号：110-11　近事一束「イワヒツク囚人植民地の護謨栽培」
6号：口絵　「マニラ、カーニバル祭商工展覧会に於ける日本館」「同上内部」
6号：2-4　論説「英領北ボルネオと本邦移民」
6号：41-46　小谷淡雲「南東ボルネオの土人護謨（四）」
6号：78-79　縫田栄四郎「マニラ、カーニバル祭商工展覧会と本邦」
7号：2-4　論説「移民地としての南洋」
7号：5-13　江川俊治「熱帯森林を拓くの路［（一）］」
7号：25　「南東ボルネオの森林」
7号：33　「比人馬来半島に護謨栽培を研究」
7号：52-55　「ダヴアオ経済事情」

7号：59　「比島産護謨最初の輸出」

8号：12-20　江川俊治「熱帯森林を拓くの路（二）」

8号：85　「マニラ商工共進会へ出品勧誘」

8号：96　近事一束「比島独立可否の一般投票案可決」

8号：98　近事一束「ダラー社のマニラに急行航路計画」

9号：17-18　榎本信一「比律賓群島と護謨事業」

9号：51-52　井上雅二「比島行」

9号：56-62　「比島に於ける税金一覧表」

9号：71　「比島独立問題を国際連盟へ」

10号：2-4　論説「第一回貿易会議を了へて」

10号：38-40　榎本信一「ブリに就て」

10号：63-67　井上雅二「比島行」

10号：70　「マニラに於けるセルロイド製品売行」

10号：81-114　「第一回貿易会議　九月自十三日至廿三日」

10号：116　近事一束「比島独立投票案」

10号：121　近事一束「「南隣の友邦比律賓」出ず」

10号：128　本会報告「比律賓に於けるカポック事業」

11号：14　「ダバオ日本人会々報活版刷り出づ」

11号：74-75　三吉香馬「南洋奇聞（四三）ボルネオ島と番族」

11号：94　近事一束「山村八重子嬢に群がる学者連」

11号：103　本会報告「馬尼剌支部」

12号：6-18　色部米作「南洋に於ける邦人の事業（二）」

12号：19-30　井上雅二「比律賓事情」

12号：40-42　榎本信一「比島は移住の余地あり」

12号：69-71　三吉香馬「南洋奇聞（四四）ボルネオ島と番族」

12号：93-94　近事一束「日米比の親善」

[第13巻]（1927年）

1号：28　「ボルネオの近海に新漁業場を発見」

1号：53-62　岡崎平治「ダバオ事情」

1号：77-79　三吉香馬「南洋奇聞（四五）ボルネオ島と番族」

1号：105-06　近事一束「比島の護謨栽培奨励其他」

2号：80-81　正木吉右衛門「瀬戸清次郎君を悼む」
3号：口絵　「ダバオの風景」
3号：132　本会報告、台湾支部「「比律賓の農業教育」出版」
4号：50-54　榎本信一「比律賓の木材」
5号：63-67　榎本信一「サンバレス紀行〔（一）〕」
5号：68-71　三吉香馬「南洋奇聞（四九）ボルネオ島と蕃族」
6号：口絵　「比律賓ザンボアンガ近傍」「マニラ・カーニバル祭会場夜景」「同上商工展覧会日本館全景」「マニラ・カーニバル祭商工展覧会日本館内部」
6号：13-22　鎌田栄吉「南遊所見」
6号：85-90　榎本信一「サンバレス紀行（二）」
6号：90-95　三吉香馬「南洋奇聞（五〇）ボルネオ蕃族の闘争」
6号：96-103　小谷淡雲「馬来半島からセレベスまで（六）」
6号：113　近事一束「比島に暴動突発」
6号：118　近事一束「マニラ麻生産と輸出」
6号：124-27　縫田栄四郎「マニラ・カーニバル祭商工展覧会と本邦参加」
7号：口絵　「比律賓に於ける寺院」「比律賓マニラ市場に陳列せる土人製作品」
7号：67-71　三吉香馬「南洋奇聞（五一）ボルネオ蕃族の美術及工芸」
7号：88　近事一束「比律賓総督辞職か」
7号：89　近事一束「比島独立運動の頭目ア氏横浜に立寄る」
7号：89　近事一束「北ボルネオの新土地条例発布」
8号：28-31　岩佐徳三郎「南洋地質鉱産の研究」
8号：59-62　吉田梧郎「蘭領西部ボルネオ踏査記〔（一）〕」
8号：「名簿」51-54　「南洋協会員名簿　昭和二年七月二十日現在　馬尼剌支部之部」
9号：2-4　論説「比島総督ウツド将軍の死を悼む」
9号：54-58　吉田梧郎「蘭領西部ボルネオ踏査記（二）」
9号：68　「短歌」（ダバオ日本人会報より）
9号：71、105　「ブルネイ事情」
9号：80-81　胡洋生「札幌南洋展覧会」
9号：82-85　三吉香馬「南洋奇聞（五三）ボルネオ蕃族の文身」
9号：99　近事一束「ウツド総督逝去」「比島総督後任はトンプソン氏か」
9号：102-03　近事一束「比律賓各地栽培企業可能性比較」
9号：124　本会報告「ウツド総督逝去に対し田本会頭より弔電発信」「比島副総督ギルモーア氏

の謝礼状」

10号：11-19　伊東米治郎「南洋の海運」

10号：25　「マニラ株式取引所創設」

10号：56-59　吉田梧郎「蘭領西部ボルネオ踏査記（三）」

10号：89-92　三吉香馬「南洋奇聞（五四）ボルネオ蕃族の動物崇拝」

10号：95-99　「南洋諸地方に於ける支那人の日貨排斥」

11号：31-37　吉田梧郎「蘭領西部ボルネオ踏査記（四）」

11号：48　「比律賓の真珠採取業」

11号：81-83　三吉香馬「南洋奇聞（五五）ボルネオ蕃族の動物崇拝」

11号：93　近事一束「比島独立賛成」

11号：93-94　近事一束「比律賓議員来朝」

11号：99　本会報告「比律賓上下両院議長来朝」

12号：口絵　「マニラ日本人小学校の大運動会「比律賓群島ミンダナヲ島ダバオ湾に於けるモロー族漁夫の水上家屋」

12号：19-25　吉田梧郎「蘭領西部ボルネオ踏査記（五）」

12号：48-52　三吉香馬「南洋奇聞（五六）ボルネオ蕃族の動物崇拝」

12号：57　「本邦製琺瑯鉄器排斥提議（比島）」

[第14巻]（1928年）

1号：3-4　論説「スマトラに於けるマニラ麻」

1号：40-48　吉田梧郎「蘭領西部ボルネオ踏査記（六）」

1号：83　「スマトラ麻とマニラ麻」

1号：100-01　黒潮舟人「日、比、米人共栄の地ダバオ」

1号：123　近事一束「マニラの大火」

2号：2-3　論説「比律賓総督の新任」

2号：5-13　高野実「比律賓材話［（一）］」

2号：32-39　吉田梧郎「蘭領西部ボルネオ踏査記（七）」

2号：77-79　三吉香馬「南洋奇聞（五八）ボルネオ蕃族の交感魔術」

2号：94-96　近事一束「比律賓輸入のケーブル線」「比島漁網需給状況」

3号：5-9　高野実「比律賓材話（二）」

3号：55-61　石井清彦「フイリッピン群島鉱業の過去及現在［（一）］」

3号：62-66　吉田梧郎「蘭領西部ボルネオ踏査記（八）」

II. 目 録

3号：79-82　三吉香馬「南洋奇聞（五九）ボルネオ蕃族の神話」
3号：82　「一九二七年度比島ダバオ港の貿易」
3号：83-89　小谷淡雪「馬来半島からセレベスまで（七）」
4号：口絵　「マニラ港トンド日本人漁業組合漁船」「同上組合漁場」
4号：5-11　高野実「比律賓材話（三）」
4号：20　「比島対外通信業の競争」
4号：33-40　石井清彦「フイリッピン群島鉱業の過去及現在（二）」
4号：84-86　青山龍吉「マニラ魚市場を左右する邦人漁業の発展状態」
4号：96-99　三吉香馬「南洋奇聞（六〇）ボルネオ蕃族の伝説」
5号：5-16　高野実「比律賓材話（四）」
5号：37-41　石井清彦「フイリッピン群島鉱業の過去及現在（三）」
5号：55-63　吉田梧郎「蘭領西部ボルネオ踏査記（九）」
5号：102　「佐伯博士の許へ比島大学教授サントス氏来る」
6号：口絵　「蘭領東印度の風景—ボルネオ・バンヂヤルマシン」
6号：口絵　「南洋協会マニラ支部斡旋により開催せる商工省旅商第一班マニラ商品見本展示会」
6号：2-3　論説「我が対南発展と排日運動」
6号：18　「比律賓向け本邦商品輸出業者に対する注意」
6号：22　「バンジヤルマシン便り」
6号：44　「一九二七年に於ける比律賓木材の輸出」
6号：70-83　吉田梧郎「蘭領西部ボルネオ踏査記（一〇）」
6号：114　「南洋各地に於ける日貨排斥」
6号：119-20　近事一束「ステイムソン新総督就任に対する新聞論調」
7号：口絵　「比律賓ダバオ日本人会経営ミンタル小学校運動会」
7号：86-91　「南洋各地に於ける日貨排斥」
7号：99-100　近事一束「南洋華僑排日貨漸く下火」
7号：110　近事一束「ダバオ日本人会」「マニラ日本人会」
8号：73-79　吉田梧郎「蘭領西部ボルネオ踏査記（十一）」
8号：111-14　「南洋各地に於ける日貨排斥」
8号：120　「南洋各地の日貨排斥」
8号：121　近事一束「比島の排日貨」
8号：125-26　近事一束「ルソン島のマヨン山噴火」
9号：2-3　論説「再び華僑の排日に就て」

9号：75-78　榎本寸雲「なめくじの紀行」

9号：81-87　「南洋各地に於ける日貨排斥」

9号：87　「ネーデルランデイシユ・ラバー・ユニオン閉鎖の真相」

10号：2-3　論説「商業青年を南洋各地に送れ」

10号：4-8　中島清一郎「邦人の海外企業より見たる南洋」

10号：52　「イロイロ市に於ける南洋見学団」

10号：55　「比島に於ける排日貨と日比貿易の近況」

10号：56-60　榎本寸雲「なめくじ紀行（二）」

10号：71-75　三吉香馬「南洋奇聞（六一）孤島ミアンガス」

10号：89　近事一束「商船のフイリツピン直通定期航路開始」

10号：91-92　近事一束「南洋に於ける鰹節製造業」

10号：92　近事一束「マカツサル市場に於ける日貨排斥現状」

11号：86-89　渡辺薫「邦人企業地としての英領北ボルネオ」

11号：89　「ダヴアオ港外国貿易概況（上半期）」

11号：117-18　「南洋関係事業功労者事績（一）故太田恭三郎氏　井上直太郎氏」

12号：口絵　「南洋産貝類御嘉納の光栄に浴せる山村八重子嬢」

12号：2　論説「南洋関係事業功労者表彰せらる」

12号：5-17　縫田栄四郎「比律賓の近情」

12号：17　「比律賓群島に台風」

12号：84　「比律賓ダバオに於ける麻耕地の暴風被害」

12号：89　近事一束「比律賓参議院の復活」

[第15巻]（1929年）

1号：22　「比律賓遠征の立教籠球団」

1号：87-88　「ボルネオ東南州護謨園年中行事」

1号：89-94　江川俊治「孤島の森に二児を挙ぐ」

1号：104　近事一束「蜂須賀侯の令嗣が比島アポー山を探検」

2号：口絵　「最近活動を始めた比律賓ルソン島のマヨン火山」

2号：109-10　近事一束「バンジヤルマシンの蛇皮輸出増進」

2号：110　近事一束「ボルネオ島のラヂウム捜査」

3号：54　「比島独立案上程」

3号：84-85　近事一束「比島移民排斥案」

II. 目録

3号：89　近事一束「比島大学籠球部五月中旬来朝」
4号：口絵　「比律賓ダバオに於ける保健衛生に関する施設」
4号：87-91　隈川八郎「比律賓群島ダバオ在住邦人の保健に就て」
4号：107　近事一束「比島アポ山には尾のある人間は居ない」
5号：59-67　隈川八郎「比律賓群島ダバオ州に於ける邦人の産業に就て」
5号：87-89　江川俊治「白鳳丸来る」
5号：98-99　近事一束「比律賓で沿岸航路法の適用に反対」
5号：99-100　近事一束「米国が護謨自給策に狂奔」
6号：111　近事一束「比島新総督決定」
6号：112　近事一束「華南銀行の比島進出」
7号：2-4　論説「デヴイス比律賓総督の新任」
7号：5-14　隈川八郎「南洋に於ける邦人の産業及保健上の欠陥に就て（二）」
7号：15-21　蜂須賀正氏「比律賓視察談［（一）］」
7号：35　「本年度マニラ麻生産高見込」
7号：36-39　田中陽二郎「東南ボルネオ州に於ける野生護謨［（一）］」
7号：84-88　江川俊治「南洋漁業経営論［（一）］」
7号：97-98　正木吉右衛門「比律賓ダバオ最近事情」
7号：98　「マニラ麻市況」
7号：104-05　近事一束「米国で比島移民の入国禁止」
7号：108　近事一束「比律賓連合日本人会の創立」「比島向輸出品には原産地名記入に注意を要す」
8号：5-9　蜂須賀正氏「比律賓視察談（二）」
8号：10-16　小林常八「ダバオ雑観［（一）］」
8号：39-45　田中陽二郎「東南ボルネオ州に於ける野生護謨（二）」
8号：60-63　江川俊治「南洋漁業経営論（二）」
8号：98　近事一束「マニラの輸入貨物厳重検査」
9号：5-8　蜂須賀正氏「比律賓視察談（三）」
9号：8-11　小林常八「ダバオ雑観（二）」
9号：91　近事一束「比律賓、桑港間貨物船直航開始」
9号：91-92　近事一束「日本郵船がマニラに進出」
10号：76-78　近事一束「印度でマニラヘンプ輸入税撤廃」
10号：78-79　近事一束「南ボルネオ油田　明年から採掘」

10号：79　近事一束「爪哇からボルネオへ移植民」

11号：口絵　「比律賓ダバオに於けるマニラ麻精製作業で」

11号：75　近事一束「比島独立案否決さる」

11号：79　近事一束「在外指定学校認可」

12号：29-38　増田斉「一九二九年度のマニラ麻概況」

12号：71　近事一束「比島独立案米下院に提出」

12号：82-83　本会報告「馬尼刺支部」

[第16巻]（1930年）

1号：65-68　江川俊治「南洋の嫁盗み」

1号：77　近事一束「比律賓群島行移民の学力試験標準変更」

1号：80　近事一束「マニラ行の定期航路開始」

1号：81　近事一束「日本郵船がダバオに寄港」

1号：95-96　本会報告「ダバオ支部」

2号：76-81　江川俊治「南洋の百姓生活と其食物［（一）］」

2号：92-93　近事一束「比島に於ける椰子樹栽培業者大会」

2号：97　近事一束「極東オリンピツク大会に比律賓から百四十名参加」

3号：口絵　「ボルネオ島ナガラの町」「バリトー河の上流で一週一回開かれる果物や日用品の市」「ボルネオ島バンジヤルマシンの町」「ボルネオ島のダイヤ族」

3号：67-72　江川俊治「南洋の百姓生活と其食物（二）」

3号：83　近事一束「比島のニグリトー族と同一人種を台湾蕃地で発見」

3号：88-89　近事一束「比島向輸出品には原産国名の明記を要す」

3号：102　本会報告「ダバオ支部」

4号：口絵　「東南ボルネオ・バンジヤルマシン付近のパサル日」「同バンジヤルマシン付近の猿島」

4号：19　新刊紹介「神秘境英領北ボルネオ」

4号：57-63　榎本信一「比律賓に於ける陶磁器」

4号：71-75　「比律賓に於ける生野菜の需要」

4号：76-78　岡本耿介「ダバオ港の貿易と其推移」

4号：90-97　江川俊治「南洋の百姓生活と其食物（三）」

4号：111　近事一束「モロー人も比島独立を希望」

4号：111-13　正木黒潮「南洋協会ダバオ支部総会の一日」

4号：116-17　近事一束「比律賓から百三十人極東大会に参加」
5号：93-99　江川俊治「南洋の百姓生活と其食物（四）」
5号：114　近事一束「米国で比島人排斥」
5号：115-18　近事一束「比律賓に於ける最近の各国投資」
5号：118　近事一束「比島で古々椰子の大被害」
5号：119　近事一束「大マニラ都市計画」
6号：36-40　榎本信一「比律賓の竹」
6号：86-89　「急速に発展するダバオ」
6号：90-96　江川俊治「南洋に於ける百姓生活と其食物（五）」
6号：108　近事一束「米国の比島人移民排斥案否決」
6号：111　「フイリツピンに缶詰会社創立」
7号：10-14　諸隈弥作「比律賓の現状［（一）］」
7号：24-30　谷口虎雄「南洋材に就て（三）」
7号：41-50　「比律賓に於ける缶詰の需要」
7号：65-69　江川俊治「南洋の百姓生活と其食物（六）」
7号：88-89　「最近の英領北ボルネオ」
7号：90　近事一束「比律賓副総督辞職か」
7号：90-91　近事一束「ヒリツピンでわが移民制限か」
7号：94　近事一束「スペインの比律賓航路廃止」
8号：5-13　諸隈弥作「比律賓の現状（二）」
8号：122　近事一束「衆議院議員南洋視察」
9号：口絵　「タワオの埠頭」「英領北ボルネオ政庁」
9号：19-32　木村増太郎「南洋に於ける華僑」
9号：91　近事一束「米国で比島移民を圧迫」
10号：59-62　竹村生「護謨中心地の還元と日本護謨靴の圧倒的進出」
10号：84　近事一束「ヒリツピンに新航路会社設立」「比島軍隊で日本卵採用」
10号：86　近事一束「マニラから我選手を招待」
11号：口絵　「比律賓群島ダバオに於けるマニラ麻の成熟」「同パルプ工場の一部」「同地太田興
　　　　　　業会社の麻倉庫」「同タロモ桟橋の荷揚」
11号：15-23　鵜飼恒一「比律賓群島事情」
11号：131　本会報告「マニラ支部」
12号：39-45　本会スラバヤ商品陳列所「蘭領印度のコパル輸出状況」

[第17巻]（1931年）

1号：2-4　論説「南洋に於ける邦人の活躍」

1号：65-71　「パパヤとパパイン」

1号：79-84　渡辺薫「我国の貿易上より見たる最近の比律賓市場［（一）］」

1号：114　近事一束「邦字新聞「マニラ商工新報」の発展」「ダバオ在留邦人間に信用組合生る」

1号：115　「比島ミンダナオ開発費計上は延期」

2号：49-56　渡辺薫「我国の貿易上より見たる最近の比律賓市場（二）」

2号：94　「一九二九年に於けるマカツサの貝殻取引状況」

2号：99　近事一束「比律賓の暴動」

2号：100　近事一束「比律賓に台風襲来」

3号：81-90、117　渡辺薫「我国の貿易上より見たる最近の比律賓市場（三）」

4号：18-27　原耕「南洋漁業の実際」

4号：81-87　正木吉右衛門「比律賓群島に於ける一九三〇年の日本人問題」

4号：106-10　緒方惟一「セレベスの黒檀」

4号：113-14　「一九三〇年度に於ける比島マニラ麻界の状況」

4号：115　近事一束「比律賓独立の実現近きか」

4号：128-29　本会報告「ダバオ支部」

5号：55-60　岡本耿介「一九三〇年度ダバオ港貿易の概況」

5号：99-100　近事一束「ザムボアンガのカッチ生産業」

5号：101　近事一束「比律賓で食料品缶詰の輸入検査厳重を極む」

6号：68-70　渡辺薫「ラグナ清遊」

6号：88-89　緒方惟一「マカツサの海草」

6号：94-95　近事一束「大阪商船が南洋航路充実」

6号：95　近事一束「日本、比律賓メリヤス輸出組合創立」

7号：5-18　ダヴィット・デヴイス「南洋各地を歴訪して」

7号：18　「比島に於ける失業問題」

7号：89-91　南洋協会「マニラ支部」「ダバオ支部」

7号：付録94　「会員現在数一覧表（昭和六年三月三十一日現在）」

8号：12-16　正木吉右衛門「マニラ麻とダバオの日本人」

8号：60-62　「比島向輸出商品のインボイス作製の注意」

8号：95　近事一束「比律賓で蘭領印度産珈琲の輸入検査を厳重にする」

8号：98　近事一束「比律賓に於ける自動車用電球の適用税率変更」

II. 目 録

8号：100　本会報告「マニラ支部」

9号：口絵　「ダバオの開墾」

10号：2-4　論説「対支関係の紛糾と南洋に於ける日貨排斥」

10号：98-99　近事一束「南洋各地に於ける日貨排斥と英国金輸禁の影響」

11号：102　近事一束「南洋各地に於ける日貨排斥」

12号：5-18　一番ケ瀬佳雄「南洋に於ける邦人と事業」

12号：92　近事一束「比律賓に於ける本邦産蜜柑の売行」

12号：97-98　本会報告「ダバオ支部」

12号：付録1-70　「南洋協会　会員名簿（昭和六年八月一日現在）」

[第18巻]（1932年）

1号：5-15　正木吉右衛門「比律賓の産業貿易」

1号：87　近事一束「一九三一年上半期に於ける比島への日支移民」

2号：口絵　「本会ダバオ支部臨時総会」「マニラ旧市街の一部」「比律賓大学」「ココ椰子の流送」「比律賓婦人」

2号：119-20　ダバオ支部臨時総会

3号：口絵　「モロ族の漁夫とカヌー」

3号：66-67　児島宇一「比律賓ミンダナオ島の蕃人」

3号：97-98　近事一束「支那移民比島入国絶禁か」「比律賓毛草及同製品関税改正」

4号：2-3　論説「排日運動と在南支那人の動向」

4号：4-15　正木吉右衛門「比律賓に於ける一九三一年の日本人問題」

4号：108-10　正木吉右衛門「噫々柳原隆人君」

4号：139　近事一束「ダバオ帝国総領事館分館昇格」

4号：142　本会報告「マニラ支部」「ダバオ支部」

5号：2-3　論説「南洋市場の確保に専念せよ」

5号：31-34　渡辺薫「比律賓に於ける蘭々油事業に就て」

5号：50-56　岡本耿介「ダバオに於ける日本人の近況と同港の貿易概況」

5号：113-14　近事一束「比律賓に於ける外国人上陸地の限定」

6号：71　「比島財政の救済策」

6号：94-95　近事一束「フイリッピン群島の小規模商工業勃興」

7号：37-39　渡辺薫「比律賓新産業　規那の栽培に就て」

7号：92-95　渡辺薫「北呂宋の旅（一）」

8号：82-86　渡辺薫「北呂宋の旅（二）」

8号：付録104-07　南洋協会第二十四回定時総会事業報告　昭和六年度「マニラ支部」「ダバオ支部」

9号：口絵　「ニッパ椰子（比律賓）」「比律賓土人の浮橋」「比律賓土人ボントック族の寝宿」「同カリンガ族の乙女」

9号：2-3　論説「南洋に於ける其後の日貨排斥」

9号：63-65　「マニラ麻市況並ダヴアオ麻耕地状況」

9号：69-79　渡辺薫「北呂宋の旅（三［三・四］）」

10号：12-23　渡辺薫「比律賓に於ける華僑排日貨の影響と邦商の現況に就て」

10号：73-75　渡辺薫「北呂宋の旅（五）」

11号：70-73　渡辺薫「北呂宋の旅（六）」

12号：2-3　論説「躍進する対南輸出貿易」

12号：12-17　正木吉右衛門「比律賓群島ミンダナオ島の土地調査委員とその動静」

[第19巻]（1933年）

3号：77-82　渡辺薫「比律賓の女性と日本の女性」

4号：98　近事一束「船賃より高い比島の入国税」

5号：66-67　渡辺薫「比律賓に於ける硝子製造」

6号：64-73　正木吉右衛門「比律賓議会に於ける日本品と日本人問題」

6号：85-89　江川俊治「先人努力の跡（一）」

6号：101　近事一束「比島への輸入品に米藁の包装は禁物」

7号：2-3　論説「比律賓総督の新任」

8号：76-78　渡辺薫「比島内ビール醸造業に就て」

8号：付録88-90　南洋協会第二十五回定時総会事業報告　昭和七年度「マニラ支部」「ダバオ支部」

9号：64-67　渡辺薫「日比貿易の起源と其経過」

9号：105-06　「マニラ麻輸出額の消長」「麻及椰子の生産制限に対する比島政府の対策」

10号：77-81　江川俊治「先人努力の跡（二）」

11号：71-72　「一九三二年度の比律賓対外貿易」

11号：81-86　「先人努力の跡（三）」

12号：85　「南洋各地在留邦人数（昭和七年十月現在）」

12号：93-97　江川俊治「先人努力の跡（四）」

Ⅱ. 目 録

[第20巻]（1934年）

1号：61-68　江川俊治「樹脂コーパル業の視察」

1号：86-89　渡辺薫「ゴム底靴消費市場としての比律賓」

2号：口絵　「本会マニラ支部総会」

3号：103-04　近事一束「マニラ日本人商業会議所設立」

4号：2-3　論説「昭和八年の各国輸出貿易と日本品抑圧」

4号：15-26　渡辺薫「海外に於ける商業的地盤の開拓と国家観念」

4号：73-75　渡辺薫「比島に於ける採金事業の現在及将来」

4号：95　「セレベスよりタルナテ島」（江川俊治「南洋一過（二）」）

5号：101-06　渡辺薫「比律賓、サント・トーマス山の征服」

5号：125-27　近事一束「比律賓で包装用に米藁使用禁止」「比律賓群島政府農務富源部植産局省令第一一号」

8号：14-24　渡辺薫「比律賓の独立と独立後の経済観」

8号：62-65　「比律賓の椰子油事業」

8号：79-83　江川俊治「ミナハサ遊記（一）」

8号：91-93　渡辺薫「マニラに於ける北海道巡回見本市と東京商品見本市」

8号：97-98　「キヤムバス沓用甲皮生地に対する比島関税規約適用変更」

8号：付録98-101　南洋協会第二十六回定時総会事業報告　昭和八年度「マニラ支部」「ダバオ支部」

9号：71-76　江川俊治「ミナハサ遊記（二）」

9号：付録52-55　南洋協会会員名簿（昭和九年八月二十五日現在）「馬尼剌支部」

9号：付録58-62　南洋協会会員名簿（昭和九年八月二十五日現在）「ダバオ支部」

10号：42-44　「比律賓に於ける日米綿布輸入高比較」

11号：口絵　「マカツサと南セレベス」

11号：102-03　「マカツサと南セレベス（口絵説明）」

12号：口絵　「比律賓　ダバオ」

12号：50-57　「一九三三年比律賓外国貿易状況」

12号：110　近事一束「比島関税引上法案撤回」

[第21巻]（1935年）

1号：66-69　渡辺薫「比島に於ける関税問題を繞つて」

1号：82-84　「比律賓一九三四年上半期貿易概況」

1号：107-09　南洋各地商況「マニラ麻―ダバオ―」
1号：110　近事一束「マニラ麻生産制限委員会組織」
1号：114-17　近事一束「比律賓シブ港に於ける船員同盟罷業」
2号：口絵　「ボルネオの林業」
2号：75-82　本会新嘉坡商品陳列所「現行サラワック国関税率」
2号：108　近事一束「比島産丸太及角材に一噸二ペソの桟橋税課徴案提議」
3号：110-11　近事一束「比島砂糖消費税課税範囲拡大問題」
4号：45-51　渡辺薫「比島市場に於ける本邦綿布の将来（一）」
5号： 2－4　松江春次「南洋視察より帰りて」
5号：17-34　渡辺薫「比島市場に於ける本邦綿布の将来（二）」
6号：口絵　「比律賓学生観光団歓迎茶会」
6号：100　本会報告「比島学生観光団歓迎茶会幹旋」
7号：口絵　「ダバオ観光団歓迎晩餐会」「ダバオ河の橋梁」「ダバオの女」「ダバオの麻畑」
7号：130-31　本会報告「ダバオ観光団歓迎晩餐会」
8号： 2-12　中島清一郎「南洋旅行談」
8号：35-39　「比律賓の工業化」
8号：84　近事一束「サラワクに日本人会生る」
8号：89　近事一束「比律賓議会彙報」
8号：付録97-98　本会報告「ダバオ支部」
8号：付録101-03　南洋協会第二十七回定時総会事業報告　昭和九年度「マニラ支部」「ダバオ支部」
9号：口絵　「ダバオ・ミンタル病院」「ダバオ・ミンタル河の鰻」
9号：30-34　本会ダバオ支部「比律賓ダバオ事情」
9号：35-38　「一九三四年ダバオ、ホロ及サムボアンガ各港貿易状況」
9号：39-41　「比律賓に於ける綿布国別輸入統計（一九三二―三四年)」
9号：117　「バンジヤルマシン―マルタプーラ間航空路近く開設」
10号：口絵　「比律賓バギウ市の野外市場の雑沓」「比律賓、イフガオ族の床の高い民屋」「比律賓、パラワン島のネグリート族、バタツク族の蕃婦」「タロビン村に於けるゴロテ土人の集合」
10号：12-22　三吉朋十「比律賓蛮族の実生活［（一)]」
10号：43-48　渡辺薫「比律賓に於ける綿花の栽培」
10号：107　近事一束「比律賓協会設立」
11号：口絵　「サント・トーマス山頂の三吉朋十氏」「カリンガ郡長　ニカシオ・バリナツグ氏」

144　Ⅱ. 目　録

　　　　　　　「パラワン県知事　ドクトル・メンドサ氏」「ボントック郡長アナクレト・ガロ氏」
11号：2-13　三吉朋十「比律賓蛮族の実生活（二）」
11号：79-85　「英領北ボルネオ農事概要」
11号：119　「英領北ボルネオ関税一部改正」
11号：付録52-55　南洋協会会員名簿（昭和十年十月二十五日現在）「馬尼剌支部」
11号：付録59-63　南洋協会会員名簿（昭和十年十月二十五日現在）「ダバオ支部」
12号：口絵　「パラワン島プリンセサ港桟橋」「パラワン島ソモロツド海岸＝椰子園と蕃舟」「マウンテーン州・ゴロテと骨堂」「サント・トーマス湲のゴロテの薫製骸骨」
12号：前1-2　児玉秀雄「南洋協会創立二十年に当りて」
12号：前2-3　松井慶四郎「南洋協会創立二十周年に際して」
12号：前4-7　山本悌二郎「南洋協会創立二十周年を記念して」
12号：前7-14　井上雅二「創業当時を顧みて」
12号：前15-17　井上敬次郎「南洋協会創立当時を回顧して」
12号：2-3　「創立二十周年を迎へて」
12号：4-15　三吉朋十「比律賓蛮族の実生活（三）」
12号：74-85　三吉香馬「南洋奇聞（一四四）第三章　会遊のマニラ　第四章　神代語とフキリッピン語」
12号：97　「爪哇比律賓航空路近く完成」

[第22巻]（1936年）
1号：31-33　渡辺薫「比律賓の独立と砂糖問題」
1号：64-68　「一九三四年比律賓対本邦貿易」
1号：69-73　「一九三四年比律賓の外国貿易」
1号：74-83　「比律賓に於ける果実蔬菜並同加工品輸入状況」
1号：93-99　三吉香馬「南洋奇聞（一四五）第三編第五章　南海第一の難所」
1号：109　近事一束「ボルネオにタイヤ工場設立」
1号：111　近事一束「ボルネオの航空路」
2号：6-15　木村惇「最近の比律賓に就て（一）」
2号：100-12　三吉香馬「南洋奇聞（一四六）第四編第六章　タワオに着く　第七章　タワオの一日」
2号：113-14　正木吉右衛門「ダバオ開拓の大恩人　大城孝蔵氏を悼む」
2号：129-30　本会報告「第百三十回講演会　金子豊治『日比関係の現状』」「マニラ麻受贈」
3号：4-11　木村惇「最近の比律賓に就て（二）」

3号：104-05　本会報告「ダバオ支部」

4号：7-16　金子豊治「日比関係の現状［(一)］」

4号：120-21　近事一束「蘭印―マニラ間航空路実現困難」

5号：口絵　「比律賓バギヲ風景」

5号：4-18　金子豊治「日比関係の現状（二）」

5号：128　近事一束「マニラ日本商業会議所陣容成る」

6号：2-3　論説「南方青年学徒等の朝宗と本会施設の拡充」

6号：30-38　吉村敏夫「比島の独立と当面の貿易産業問題」

7号：口絵　「ダバオ視察のケソン大統領」「ダバオ画報」

7号：59-65　渡辺薫「比律賓に於けるNEPA運動の真髄」

7号：115　近事一束「ボルネオ航空路タラカンへ延長」

7号：116　近事一束「比律賓の木材租借権の問題」

8号：44-49　ユーロギイ・ロドリゲス　佐藤惣三郎訳「比律賓に於ける米の現況」

8号：92-101　三吉香馬「南洋奇聞（一五二）マカッサー郊外（一）（二）」

8号：113　近事一束「マニラに邦人紡績工場設置か」

8号：付録100-02　南洋協会第二十八回定時総会事業報告　昭和十年度「マニラ支部」「ダバオ支部」

9号：口絵　「マニラ港」「バギヲ商業中心地」「シブ港岸壁」

9号：59-72　本会編輯部「比律賓独立略史考」

9号：84-92　三吉香馬「南洋奇聞（一五三）マカッサー郊外（二）　ある一人の日本の青年　パロポの村へ」

10号：口絵　渡辺薫氏撮影「比律賓ビコール地方画報」

10号：42-54　渡辺薫「比律賓ビコール地方の産業視察」

10号：82-91　三吉香馬「南洋奇聞（一五四）パロポの村へ　登山坊」

10号：92-102　渡辺薫「比律賓サムバレス紀行」

11号：82-91　三吉香馬「南洋奇聞（一五五）岩墳　ランテパオ途上　マカレ途上」

11号：99　「モルツカ群島沿海の領海警備強化」

11号：103-04　「比島非基督教地域に自治制布かれん」「比律賓に於いて軍教問題論議さる」

12号：48-55　本会編輯部「一九三六年上半期比律賓貿易」

12号：65-70　本会編輯部「比島コンモンウエルスの通商政策」

12号：105　近事一束「マニラの日本案内所で機関紙発行」

12号：112　「会員消息［山村楳次郎］」

146　II. 目　録

[第23巻]（1937年）

1号：17-22　本会編輯部「コンモンウエルス始政一ケ年の比律賓経済概況」
1号：23-30　本会編輯部「比律賓に於ける経済審議会の機能」
1号：67-70　渡辺薫「比島に於ける綿花栽培に就て」
1号：71-76　「ボルネオ、ブルネイ王国産業及貿易状況（一九三五年）」
2号：口絵　「比島セブに在るマゼランの記念堂」
2号：44-54　「一九三五年英領北ボルネオ・農林業概況」
2号：55-62　本会編輯部「比島コンモンウエルス当面の問題」
2号：101　新刊紹介「大谷純一氏篇『比律賓年鑑』」
3号：2-3　論説「拓務省拡充論」
3号：94-99　三吉香馬「南洋奇聞（一五九）　南洋及台湾のトンボ玉（其一）」
4号：口絵　「比島ザンボアンガ市始政記念式」「ザンボアンガ市長主催午餐会」
4号：25-34　本会編輯部「比律賓の米穀問題」
4号：90-95　三吉香馬「南洋奇聞（一六〇）　南洋及台湾のトンボ玉（其二）」
4号：109-11　近事一束「コタバト道路開通と山村楳次郎氏」「比島政府和蘭と航空条約を締結せん」「比島への日本綿布輸入減少」「一九三六年比島外国貿易」

『南洋』23巻5号（1937年5月）～30巻11号？（1944年11月）

5号：口絵　「サンボアンガ埠頭」「カルカル温泉場」「トレド埠頭」「セブ港」
5号：2-3　論説「本会機能の変革と機関雑誌の改題」
5号：28-32　本会編輯部「一九三六年比島経済概況」
5号：91-101　渡辺薫「サムボアンガからマニラ迄」
5号：102-08　三吉香馬「南洋奇聞（一六一）　南洋及台湾のトンボ玉（其三）」
5号：127　近事一束「近く爪哇、マニラ間航空路開設」
5号：130　本会報告「マニラ支部」
6号：29-32　杉森孝次郎「生長過程の南方諸族と新国策」
6号：91-96　三吉香馬「南洋奇聞（一六二）　南洋及台湾のトンボ玉（其四）」
6号：104　近事一束「ダバオに故平本氏他三氏の合祀記念碑建設計画」
6号：88-92　三吉香馬「南洋奇聞（一六三）　南洋及台湾のトンボ玉（其五）」
7号：108-09　近事一束「ボルネオ南東に物価、料金、家賃の最高額規定令適用」
7号：111-12　本会報告「ダバオ支部　定時総会」
8号：口絵　「マカツサルの郊外」「マカツサル地方特有の踊」「マカツサル地方特有の剣舞」

8号：32-34　渡辺薫「比島に於ける澱粉工場の新設と玉蜀黍の収穫」

8号：75-94　三吉香馬「南洋奇聞（一六四）奥呂宋の旅（一）」

8号：付録98-99　南洋協会第二十九回定時総会事業報告　昭和十一年度「マニラ支部」「ダバオ支部」

9号：52-58　原繁治「比島内邦人小売業者の発展を阻むもの」

9号：87-94　三吉香馬「南洋奇聞（一六五）台湾と廈門の寺詣（其一）」

9号：107-08　近事一束「米人資本の革材料会社セレベスへ事業拡張計画」

9号：111　近事一束「比島の石炭業復活」

10号：85-92　「南洋華僑と其の経済的地位」

10号：93-100　「一九三六年サラワク王国貿易統計」

10号：101-07　三吉香馬「南洋奇聞（一六六）台湾と廈門の寺詣（其二）」

10号：108-18　本会調査編纂部「日支事変と南洋」（「日支事変と馬尼剌支那人の動静」「日支事変と在比島支那人の動静」「日支事変と比島支那人の抗日委員会」「愛国ダヴアオ号を献納」など）

10号：121-22　近事一束「比律賓丸木材輸出禁止案」「比律賓輸入缶詰中無検査通関」「比律賓の砂糖新統制法」

10号：125　近事一束「ダバオ訪日観光団」

11号：2-19　金田近二「比律賓の独立と其の経済問題」

11号：40-47　「比島独立を繞る米比共同準備委員会の展望」

11号：50-62　「米比共同準備委員会へ提出の覚書―マニラ・日本商業会議所提出―」

11号：63-66　山村八重子「米国青年探検家を語る」

11号：84-93　三吉香馬「南洋奇聞（一六七）廈門見物（其三）」

11号：97-123　本会調査編纂部「日支事変と南洋（二）」（「日支事変と米国の対比政策」など）

11号：124-25　近事一束「比島向輸入品の原産地表記」

11号：129-31　近事一束「比島議会開催」「比島輸入品の原産地名表示方励行」「ダバオ州知事へネローソ氏急逝」

12号：59-68　「比島独立を繞る米比共同準備委員会」

12号：69-71　「比律賓幣制改革問題に関する一考察」

12号：90-98　三吉香馬「南洋奇聞（一六八）ボントック」

12号：99-115　本会調査編纂部「日支事変と南洋（三）」（「日支事変と比島紙」など）

12号：117　近事一束「神戸南洋雑貨輸出組合の事業拡張」

12号：119　近事一束「台銀マニラに支店新設」

12号：121-22　「比島台風被害」「マニラ麻の輸入制限緩和嘆願」「比島議会休会」「比島経済界の

落潮」「比島独立反対論」

［第24巻］（1938年）

1号：30-39　金田近二「最近の南洋経済事情［（一）］——特に重要商品を中心として——」

1号：105-14　三吉香馬「南洋奇聞（一六九）ボントック」

1号：115-31　本会調査編纂部「日支事変と南洋（四）」

1号：136-38　近事一束「比島参謀総長等搭乗機行方不明」「マニラに外国貿易区」「華南銀行ダバオに進出」「比島第二回通常議会閉会と通過案件」「ケソン大統領盲腸炎で手術」「比島ニ於ケル官営製缶並ニ缶詰工場建設計画」「マニラ駐在渡辺貿易通信員事務所移転」

2号：2-16　金田近二「最近の南洋経済事情（二）—特に重要商品を中心として—」

2号：32-40　原繁治「比律賓の国民性と移民の将来性」

2号：45-47　本会新嘉坡産業館「最近英領北ボルネオ事情」

2号：57-65　G・H・シーボールド「馬来種族の特異性」

2号：79-80　「在南洋邦人国別及職業別人口一覧表（昭和十一年十月一日現在）」

2号：81-88　三吉香馬「南洋奇聞（一七〇）ボントック見物（一）」

2号：89-110　本会調査編纂部「日支事変と南洋（五）」（「マニラ及ダバオ在留邦人第二回献金」など）

2号：114-16　近事一束「マニラ港を自由港に」「比島官営缶詰及織物製造工場計画」「比島国語統一発令」「N・D・Cの缶詰工場設立計画」「マニラ市に製紙工場設立」「比島工業躍進」

3号：口絵　「マニラ日本人小学校二十周年記念式」

3号：9-15　原繁治「比律賓第二次通常議会と外人関係法案の概説」

3号：15　「比島離婚法修正案の要点」

3号：46-52　渡辺薫「比島新工業肉類貯蔵作業に就て」

3号：64　「比律賓に於ける無検査通関缶詰類」

3号：74-77　XYZ「マニラ日本人小学校創立二十周年　祝賀式と大運動会」

3号：80-86　三吉香馬「南洋奇聞（一七一）ボントック見物（二）」

3号：96-100　近事一束「馬尼剌市に国家興業会社紡績工場設立着手」「比島独立後に於ける米比通商関係に関する米国大統領の談話」「米比通商関係に関する米国大統領の談話に対する比島側の態度」「比島政府石油及石炭の開発を計画す」「高雄見本市のフイリッピン進出」「リザール、セメント会社の拡張」「比島鉄鉱開発に日本の協力拒絶」「比島独立期繰上げ」「比島の華僑も邦品不買」「馬尼剌及ダバオ日本人会役員決定」「セブ日会新役員決定」「比律賓に於ける官営製缶並に缶詰製造工場計画」「一九三七年日比貿易」

3号：102　近事一束「サンダカン領事館開館」

3号：104-23　本会調査編纂部「日支事変と南洋（六）」（「比島絶対中立をケソン大統領宣言」など）

4号：口絵　「軍艦矢矧乗組員病没者慰霊祭」

4号：40-52　貴志敏雄「フイリツピン群島のスルー列島（Sulu Archipelago）（殊にそのタイタイ地方）及びその住民モロ族（Moro）に就て」

4号：71-77　原繁治「軍艦矢矧病没者第二十回慰霊祭」

4号：77　「マニラ―レガスピ間鉄道開通」

4号：88-94　三吉香馬「南洋奇聞（一七二）ボントック見物（三）」

4号：102-33　本会調査編纂部「日支事変と南洋（七）」

4号：141-43　近事一束「ダバオ土地買収論」「比島の大学教授が日本の法学博士に」「比島に於けるハム、ベーコン等肉類に関する伸縮関税法案」「比島独立の延期米政府真剣考慮」「サンボアンガ日本人会の新陣容」「マニラ日本倶楽部陣容整ふ」「イロイロ日会新役員」

5号：24　「比島国家興業会社の紡績工場経営」

5号：25-36　井手季和太「福建民族と南洋華僑」

5号：82-88　中村今朝雄「比島国民議会議員ミーゲル・クエンコ氏の日本観」

5号：88　「米比経済関係に関する比島大統領の談話」

5号：115-21　三吉香馬「南洋奇聞（一七三）ボントック見物（四）」

5号：122-43　本会調査編纂部「日支事変と南洋（八）」

5号：151-54　「山下汽船比島往航同盟に加盟」「故大城孝蔵氏胸像除幕式挙行」「麗人講師マニラの大学へ」

5号：166-71　「比島の売上税廃止法案議会提出」「比島国立会社紡績を経営」「マニラ日本商業会議所総会」「比律賓に於ける外国人小売業者禁止法案」「比島に於ける国立交易会社法案」「比島麻栽培業調査委員会設立に関する決議案」「比島の外国船舶不開港場寄港許可制修正案議会提出」「マニラ港北部に大築港計画」「比島の経済独立一九六〇年まで延期」「比島ダバオ邦人子弟の銀紙献納」「親日比島人が来朝」「日比学生会議今夏マニラで開催」「台銀マニラ支店開設比律賓政庁認可」「ダバオ麻本邦輸入制限緩和陳情」「米国極東政策の強化を讃ふ」「比島砂糖積取協定厳守要請」

6号：46-54　中村今朝雄「比律賓に於ける公立学校と社会的影響」

6号：103　「米比通商協定調印調査委員勧告書」

6号：139-46　三吉香馬「南洋奇聞（一七四）イフガオの秘境（二）」

6号：147-57　本会調査編纂部「日支事変と南洋（九）」

6号：174-75　近事一束「米比会商に於ける両国特恵関係廃止問題」「マニラ北港建設計画案」「比

150　Ⅱ．目　録

　　　　　　　　　　島現行会社法修正案議会提出」「比島鉄鉱輸入」「ダバオ麻輸入増加建議」
7号：口絵　　「在外指定ダバオ日本人小学校」
7号：2-6　　杉森孝次郎「南方文化国策」
7号：92-99　「一九三七年サラワツク貿易統計」
7号：106-14　三吉香馬「南洋奇聞（一七五）イフガオの秘境（三）」
7号：115-20　XYZ生「在外指定ダバオ日本人小学校評判記」
7号：121-28　本会調査編纂部「日支事変と南洋（十）」（「比島に於ける華僑の日貨排斥」など）
7号：142-44　近事一束「比島産品価格低落に関する年次比較表」「対比綿布輸出協定一年間延長される」「比島大統領近く訪日旅行」
7号：149-53　並河亮「ラヂオ海外放送」
7号：156　　本会報告「ダバオ支部」
7号：159　　編輯後記（ダバオ日本人小学校評判記）
8号：口絵　　「外務大臣主催比律賓大統領マニユエル・ケソン氏歓迎晩餐会」
8号：76-84　三吉香馬「南洋奇聞（一七六）イフガオの神秘境（四）」
8号：85-87　渡辺薫「比律賓ところどころ」
8号：90-91　「在ダヴアオ日本人健児団」
8号：94-102　本会調査編纂部「日支事変と南洋（十一）」
8号：115-17　「台銀のマニラ支店開設決る」「東京市役所産業局マニラ出張所移転」「我が綿布輸出数量に就き対比島日米取極」「日比学生会議八月開催決定」「日本野心なし―ケソン大統領の訪日観」「フイリツピン群島の満俺資源」
8号：123-26　並河亮「ラヂオ海外放送」
8号：127　　本会報告「ケソン比律賓大統領へ花籠贈呈」
9号：64-67　砧一朗「南洋放送と宣伝効果」
9号：68-75　三吉香馬「南洋奇聞（一七七）イフガオの神秘境（五）」
9号：76-80　XYZ生「比島バギオ日本人小学校評判記」
9号：80　　「ケソン大統領国立倉庫会社組織裁可」
9号：81-93　本会調査部「日支事変と南洋（十二）」（「在マニラ邦人の熱誠溢る」など）
9号：101-06　近事一束「比律賓」（「比島政府機能強化に関する大統領声明」「対比日米綿布協定延長」「対比島綿布輸出数量自制継続」「比島鉄鉱の輸出計画」「比島経済政策に関するケソン大統領演説」「国立興発会社関係新設諸会社」「台湾銀行マニラ支店開設」「日比合併木材会社」「爆薬製造会社事業計画」「比島特別議会に於ける通過及不通過法案」「第二回日比学生会議」）
9号：109-10　近事一束「其の他」（「東亜研究所九月開設」）
9号：110　　近事一束「其の他」（「漁業用マニラ麻輸入緩和要望」）

9号：112　　近事一束「その他」（「マニラ日本人小学校で課外読本「フイリツピン読本」を編纂」）

 9号：116-20　「ラヂオ海外放送」

 9号：付録37-39　南洋協会第三十回定時総会事業報告　昭和十二年度「マニラ支部」「ダバオ支部」

10号：口絵　「ダヤク族の住家」

10号：60-67　　南喜多男「―ボルネオの原住民族―ダヤク族の原始生活（一）」

10号：68-69　　水木伸一「メナード河畔」

10号：73-79　　三吉香馬「南洋奇聞（一七八）イフガオの神秘境（六）」

10号：80-85　　渡辺薫「南方国策の一顕現」

10号：93-95　　XYZ生「比島セブ日本人小学校評判記」

10号：96-112　本会調査部「日支事変と南洋（十三）」（「比律賓に於ける排日貨状況」など）

10号：112　　「比島砂糖生産高並対米輸出状況（一九三八年）」

10号：123-24　近事一束「北部セレベスにおける日本人の漁業問題」

10号：125-26　近事一束「爪哇マニラ間定期航空路　米、陸軍省は反対」

10号：127-28　近事一束「英領北ボルネオ在留邦人人口」

10号：128-29　近事一束「比律賓」（「比島経済使節派遣法案」「比島椰子栽培業救済法案」「比島麻栽培業救済法案」「セブ、セメント会社の能力倍加」）

10号：142-48　「ラヂオ海外放送」

10号：148　　「邦人栽培マニラ麻の輸入制限緩和決る」

11号：4 -30　内山清「最近の比律賓に就て」

11号：31-40　　山村一郎「比律賓のモロ族に就て」

11号：40　　「日本綿布の比島輸入減退（七月）」

11号：59-65　　南喜多男「―ボルネオの原住民族―ダヤク族の原始生活（二）」

11号：65　　「在比邦人の死活問題」

11号：91-97　　三吉香馬「南洋奇聞（一七九）イフガオの神秘境（七）」

11号：98-108　本会調査部「日支事変と南洋（十四）」

11号：116-20　近事一束「比律賓」（「比島独立問題再検討の成行」「交戦区域の飛行問題」「比島国有天然瓦斯及石油埋蔵地区開発方に関し入札開始」「比島木材業に関する諸問題及其の調整方法」「比島の鉄鋼は石炭と交換」「比島に於けるセメント市況」「比島貨幣市場流通高（八月）」

11号：130　　近事一束「国内」（「オスメニア副大統領日本に寄港」「比島より台大へ交換教授来る」「比島向洋灰輸出活況」）

11号：132　　近事一束「国内」（「商工省が裁定―麻真田、捲糸両工聯抗争」「原料麻の配給権真田工聯に帰属」）

11号：134-38　「ラヂオ海外放送」

11号：145　「急告！　南洋情報発行に就いて」

12号：84-90　三吉香馬「南洋奇聞（一八〇）ザンバレス横断（一）」

12号：90　「比島独立に関する米比共同委員会報告書発表さる」

12号：91-99　本会調査部「日支事変と南洋（十五）」

12号：107-14　近事一束「比律賓」（「ロハス大蔵大臣の演説」「比島経済審議会と経済確立対策」「ミ島に大規模の護謨植民地計画」「ミ島開発案経費概要」「共同委員会報告の線に沿ひ比島独立計画提出」「バコロドに市政実施」「米比共同委員会報告書発表遅延説」「本年度産金予想額六千二百万比」「比島に於ける日本品輸入額」「比島の経済は比島人の手に」「比島観光事業指導の為横田事務官最初の日本人顧問として来島す」「比律賓大学郊外に移転か」「バギオ地方一帯暴風雨に襲はる」）

12号：128-32　近事一束「国内」（「日比合併木材会社新に設立さる」「東京機械器具展マニラに於て開催」「オスメニア副大統領横浜に寄港」「日比学生の交換切望」「比島教育使節来朝」）

12号：133-37　「ラヂオ海外放送」

［第25巻］（1939年）

1号：口絵　マラカニアン宮殿（比島マニラ）と比島を背負ふ人々

1号：4-8　中村今朝雄「ケソン大統領の社会正義政策及び次期大統領問題」

1号：44-51　本会調査部「極東貿易に於ける華僑の役割」

1号：66-69　本会調査部「ダイア族との対話」

1号：70-75　三吉香馬「南洋奇聞（一八一）ザンバレス横断（二）」

1号：78-79　原繁治「マニラ便り」

1号：80　K・I生「サンクリラン便り」

1号：88-97　本会調査部「日支事変と南洋（十六）」

1号：103-06　各地時報「比律賓」（「ダバオにおける邦人の経済的潜勢力愈よ堅実」「邦人小学生の行列不参加問題」「比島パラワンの邦人漁夫射殺事件」「比島コロン島在住邦人卅八名逮捕」「比島邦人続々検挙」「邦人殺害事件第二回目報告」「比島台風禍」）

1号：116　各地事情「国内」（「南洋材標準運賃決定」）

1号：119　各地事情「国内」（「比島航路にも補助金」）

1号：127　本会報告「本部」（「猪谷、藤田両教授招待座談会」）

1号：129　本会報告「マニラ支部」

2号：8-13　中村今朝雄「比律賓の新国語―「タガログ」の重要性―」

2号：14-21　井出季和太「福建華僑の送金と金融機関（上）」

2号：59-62　江川俊治「日支事変と南洋の吾等」

2号：95-100　三吉香馬「南洋奇聞（一八二）ザンバレス横断（三）」

2号：125-43　本会調査部「日支事変と南洋（十七）」

2号：152-55　各地時報「比律賓」（「油田続々発見さる」「移民問題重大化」「マニラに交通銀行支店開設準備」「米比自由貿易存続を推奨せるハイコンミッショナーの教書と其の反響」「比島帰化法改正提議」「比島移民法を修正」「比島鉄鉱に関心」）

2号：163-64　各地事情「国内」（「第三回日比学生会議四月開催」「耐震建築の早大内藤教授渡比」）

2号：170　新刊案内『日比関係法規集　上巻』

3号：94-99　岡本冐「貧困な我が国の対回教徒政策」

3号：100-05　三吉香馬「南洋奇聞（一八三）ザンバレス横断（四）」

3号：106-18　本会調査部「日支事変と南洋（十八）」

3号：119　各地事情「英領馬来」（「新嘉坡の防備につき駐比律賓弁務官印象を語る」）

3号：122-23　各地時報「比律賓」（「南進する紙芝居　祖国の姿を比島邦人へ」「比島国立興発会社及其従属会社の事業拡張」「新比律賓銀行設立計画」「外国人法案先づ合衆国へ」）

3号：129-30　各地時報「英領北ボルネオ」（「北ボルネオ対日貿易額」「北ボルネオ及サラワクの護謨輸出高」「英国極東空軍数箇所の拠点新設」）

3号：135　近事一束「ボルネオ殖産会社創立さる」

4号：口絵　「比島ルソン地方素描」

4号：9-26　井出季和太「福建華僑の送金と金融機関（下）」

4号：34-47　渡辺薫「比島ルソン地方産業視察記」

4号：71-75　三吉香馬「南洋奇聞（完）ザンバレス横断（四）」

4号：90-101　中村今朝雄「比律賓名士の対日感情」

4号：101　「白人種は比島に於て黄褐色人使用禁止」

4号：122-30　本会調査部「支那事変と南洋（十九）」

4号：133-37　各地時報「比律賓」（「比島に於ける外国人雇用制限法案」「比島独立法修正案に関する新聞報道」「日本資本の比島進出」「比島独立延期案」「ミンダナオの人口激増」「ダバオ港閉鎖論に対し木原総領事代理抗議す」「タ・マ法修正案通過か」「比島国立興発会社の綿布自給自足計画」「比島税制改革案」）

4号：147-49　近事一束「大阪商船、日比間直行航路を開設」「西ボルネオ日会新役員決定」「イロイロ日会の新陣容」

5号：口絵　「本年度マニラ市カーニバル」

5号：28-32　伊藤武「比律賓に於ける失業問題」

II. 目　録

5号：47-50　　江野澤恒「次の比律賓大統領を語る」

5号：80-85　　根岸由太郎「余は比律賓思想界に就き斯く感じたり」

5号：96-97　　「トピツク解剖　新南群島」

5号：127-30　　本会調査部「支那事変と南洋（二〇）」

5号：135-40　　各地時報「比律賓」（「一月の比律賓貿易減少」「比律賓にも文芸賞」「マニラ市の警官増員」「国立興発会社の人絹工場設立案」「比島議会に提出せられたる本邦関係法案」「新に三港開港場となる」「比島へ輸入される日本製ピアノ」「一九三八年米比貿易状況に関し米国ハイコンミツシヨナーの米比自由貿易擁護論発表」「アギナルド将軍近く来朝」）

5号：143-45　　各地時報「英領北ボルネオ・サラワク」（「北ボルネオ商品別対日輸出」「サラワク王国に於ける砂糖、自転車等の輸入税率変更」「英領北ボルネオ及サラワクの護謨輸出高」）

5号：153-54　　近事一束「サンボアンガ日本人会役員改選」「比島土人団来朝」

5号：164-65　　本会報告「マニラ支部」（「マニラ、カーニヴアルに於ける日本館建設助成」）

6号：15-22　　村上直次郎「呂宋太守ドン・ロドリゴと日・比　日・墨関係」

6号：28-35　　蔣剣魂「南洋華僑の経済力」

6号：36-38　　原繁治「日本とフイリツピン」

6号：56-65　　「比島国営興業会社の活躍」

6号：123-31　　本会調査部「支那事変と南洋（二一）」

6号：143-46　　各地時報「比律賓」（「マニラへ出張所　国際観光局の飛躍」「ダバオ市の人口一躍十万に肉迫」「比律賓糖業者らが護謨栽培に転向」「反共連盟のヒメネス氏九月頃訪日か」「麻・椰子産業救済に国立繊維会社具体化」「登録商標其の他無断使用外国品輸入禁止法」「第三回日比学生会議」「比島外国商社に事業年報等提出義務法案議会へ提出」）

6号：153　　新刊案内『比律賓重要人物批評』『南洋叢書第五巻比律賓篇』

7号：16-24　　山本恒男「比島における邦品の退勢」

7号：43-48　　マヌエル・ロハス「ロハス経済政策の全貌」

7号：62-69　　本会マニラ支部「一九三八年の比島事業概観」

7号：79　　「比島外国貿易週間開催」

7号：86-90　　本会マニラ支部「一九三八年の比島貿易・意外の入超」

7号：118-26　　本会調査部「支那事変と南洋（二二）」

7号：137-39　　各地時報「比律賓」（「独立比島の危険　ソツト氏の反日反米論」「地震日本の誇り　内藤博士招聘さる」「特別議会招集か―糖業者保護の為め」）

8号：2-5　　寺田市正「南洋を巡りて」

8号：6-10　　桑折鉄次郎「英領北ボルネオの近状」

8号：11-15　野々村雅二「北部セレベス事情」

8号：70-78　本会調査部「支那事変と南洋（二三）」

8号：85　各地時報「英領ボルネオ」（「一九三九年第一四半期に於ける英領北ボルネオ外国貿易統計」）

8号：89-93　各地時報「比律賓」（「比律賓向綿布輸出数量　日米当業者話合の上決定」「日比貿易状況（五月中）」「比島高等弁務官来朝」「日本は比島を覦覬せず　アーサー将軍談」「比律賓国立興発会社綿布工場の生産施設」「三九年上半期の米比貿易」）

8号：104　新刊紹介「小説『ベンゲット移民』」

8号：109　本会報告「ダヴオ支部」

8号：付録39-41　財団法人南洋協会定時会員総会事業報告　昭和十三年度「マニラ支部」「ダバオ支部」

9号：2-4　飯泉良三「本会主催南洋経済懇談会の開催に就いて」

9号：34-39　宮武辰夫「北と南に見る　原始民族の怪奇と芸術（一）」

9号：58　「欧州の動乱と南洋情勢　一四・九・七　本会マニラ支部発特電」

9号：97-99　中目真隆「比律賓居住税令」

9号：110-21　本会調査部「支那事変と南洋（二四）」

9号：135-41　各地時報「比律賓」（「比島臨時議会召集」「国立麻会社に日本人も協力」「セーヤー国務次官　高等弁務官に任命さる」「比島国立興発会社の化学工業会社設立計画」「日比貿易状態（六月中）」「比島外国貿易週間に於ける決議文に関する新聞報」「ダバオを認識せよ　日本人の功績を称賛」）

10号：2-6　伊勢谷次郎「事変下の海運問題」

10号：7-12　古川義三「最近の比島情勢」

10号：13-14　飯泉良三「本会主催南洋経済懇談会に発表された在南諸氏の要望」

10号：38-44　宮武辰夫「北と南に見る　原始民族の怪奇と芸術（二）」

10号：114-23　本会調査部「支那事変と南洋（二五）」

10号：138-40　各地時報「比律賓」（「比律賓への投資好況」「所得税の納入鈍る」「大統領教書」「国立興発会社の化学工業会社設立計画」「本年上半期の移民入国数邦人が首位を占む」）

11号：33-44　渡辺薫「明日の比島鉱産業」

11号：44　「比島国防省新設」

11号：50-51　「トピック解剖　愈よ来月から比島に新国語」

11号：78-86　山本恒男「比島市場に於ける本邦綿布」

11号：125-33　本会調査部「支那事変と南洋（二六）」

11号：147-48　各地時報「南領東印度」（「日本人のメナド地方進出情況」）

156　Ⅱ. 目　録

11号：148-54　各地時報「比律賓」（「オスメニア副大統領来朝」「日比友好関係強調セーヤー弁務官来朝」「日和見主義者を攻撃　ロハス氏気を吐く」「ロメロの独立延期論　論難の的となる」「新設「ケソン市」近く誕生を見ん　面積はマニラの二倍半」「比島物価対策」）

11号：158　「サラワク王国」（「鉱油其他の輸出制限」）

12号：29-43　井手季和太「支那革命と南洋華僑」

12号：85-86　本会調査部「支那事変と南洋（二七）」

12号：102-04　各地時報「比律賓」（「ダバオ麻生産高　漸次後退を辿る」「日常生活必需品最高価格　近く大統領で公布」「日用品の最高価格　愈よ発令、実施さる」）

［第26巻］（1940年）

1号：93-100　本会調査部「支那事変と南洋（二八）」

1号：120-23　各地時報「比律賓」（「物価統制に関する大統領令発布実施」「国立麻繊維会社々長サビド氏就任宣誓」「国立麻繊維会社第一回重役会議」「比島産業の利益は比島人の分配」「外国人の小売業今後は禁止か」「大統領・絶対独立論放棄」「国防計画遂行と同時に中立条約も要求」）

2号：2-4　林久次郎「日支事変と在南邦人の覚悟」

2号：12-17　入江寅次「蘭印邦人の"欧州人待遇"獲得　前後の回顧」

2号：18-20　カザリン・ポーター「比律賓交通現勢」

2号：23-26　渡辺薫「グアム島の空から」

2号：59-64　原繁治「現地に邦人の活躍を視る」

2号：64　「比島の産金額　本年が最高記録」

2号：91-98　本会調査部「支那事変と南洋（二九）」

2号：116-19　各地時報「比律賓」（「大統領の演説中、小売業とはサリサリ店の意か」「比島人独占化完遂ヴアルガス書記官長言明」「小売業比島人化案　マニラ市会へ審議中止命令」「ロハス、営業者を集め組合結成を急ぐ」「日・米新条約締結要望　マニラ紙の評論」）

3号：口絵　「比律賓富士（Mt. Mayon）の遠望」

3号：18-32　S・R・メンディヌエト「比島物産の外国市場」

3号：74-76　カザリン・ポーター「比島麻栽培の助成事業」

3号：105-09　本会調査部「支那事変と南洋（三〇）」

3号：125-30　各地時報「比律賓」（「比島から東亜大会に参加」「比島の予算発表」「日比貿易状態（昭和十四年十月中）」「国立商事会社（National Trading Corporation）設立」「公設市場の外国人　営業排撃法案提出」「島内船運用独占案」「比島総人口一千六百万」「工業奨励策とセルロイド会社の創立」「戦時下二ケ月の経済情勢」）

4号：36-43　渡辺薫「比島における鉱産資源」

4号：44-45　本会調査部「蘭領印度の鉄鉱処理」

4号：97-111　本会調査部「支那事変と南洋（三一）」

4号：130-38　各地時報「比律賓」（「小学教育にタガログ語採用　大統領が言明」「鉱山の開発、民間団体には絶対不許可」「公設市場の外人締出案　マニラ市会を通過す」「比島の商業発展と民衆の生活改善」「日本化されるよりもソ連化の方が有利」「国営興発の純益二百八十余万比」「国立銀行の純利益金は三百卅九万余比と報告」「比島の対米輸出額一億弗突破必至」「昨年度の綿布輸入記録的増加を示す」「日比貿易状態（十一月中）」「東亜大会に比島から参加」「世界教育大会の招待をモンロー博士受諾す」）

5号：18-22　江野澤恒「比律賓の移民制限法と邦人移民事跡」

5号：23-28　カザリン・ポーター「独立後の日比関係予想」

5号：29-38　L・L・リンディオ「日貨排斥と比島の利害」

5号：38　「一律に五百名を許可、比島新移民法案可決」

5号：39-44　リサール・ガティカ「欧州大戦と比律賓貿易」

5号：45-49　本会調査部「比律賓華僑の商業投資」

5号：133　資料月報「比律賓」（「ダヴオ麻の生産と輸出」）

5号：134-52　本会調査部「支那事変と南洋（三二）」

5号：157　各地時報「比律賓」（「満洲国よりの輸入品を日本品取扱」「移民法案解説」）

6号：口絵　「爽涼の幽境—ベンゲット」

6号：2-12　W・J・ウオース「英領北ボルネオの鉱物資源」

6号：13-14　本会調査部「蘭領印度は動く」

6号：85　清野重郎「歌壇　マニラ葉巻」

6号：123-25　本会調査部「支那事変と南洋（三三）」

6号：135-37　各地時報「比律賓」（「一九三九年の比島の対外貿易」「一月中に於ける通貨流通高」）

7号：15-25　小里玲「南洋各地を視察して」

7号：25　「比島産金額は著増」

7号：34-41　カザリン・ポーター「比律賓の将来」

7号：42-49　本会調査部「南洋華僑回国慰労団の活動」

7号：101　資料月報「比律賓」（「日比綿布協定一ケ年延長決定」）

7号：108　「日本綿布の対比島輸出漸次増加の傾向」

7号：109-15　渡辺薫「比島ヴキサヤ及北ミンダナオ諸州近況（一）」

7号：116-21　本会調査部「支那事変と南洋（三四）」

II. 目 録

7号：141-42　各地時報「比律賓」（「有価証券類輸入禁止」「在比島邦人数発表　昨年一月一日現在で」）

8号：2-9　林久治郎「南遊所感」

8号：14-17　薜芬士「比島華僑の自覚」

8号：58-61　本会調査部「支那事変と南洋（三五）」

8号：72-73　各地時報「比律賓」（「豪州比島間の無線電話連絡開始」「比島貿易は戦争に影響なし」）

8号：巻末　編輯余録

8号：付録56-60　昭和十四年度財団法人南洋協会事業報告「マニラ支部」「ダバオ支部」

9号：113-16　本会調査部「支那事変と南洋（三六）」

9号：129-32　各地時報「比律賓」（「米国軍需品輸出許可制の対比律賓措置」「比律賓軍需品輸出許可制は比島には適用なし」「比島通過流通高（五月）」「比島国勢調査摘録」）

10号：1　「東亜共栄圏と本会の使命」

10号：2-18　金子豊治「比律賓の独立再検討論」

10号：119-22　本会調査部「支那事変と南洋（三七）」

10号：125-27　各地事情「英領ボルネオ」（「英領北ボルネオ外国貿易概況（一九四〇年第一四半期）」「英領北ボルネオの植物輸入禁止に関する規則発表」「英領北ボルネオの煙草及自動車輸入税改正」）

10号：130-31　各地時報「比律賓」（「米国軍需品輸出許可制の対比律賓措置」「米国軍需関係品輸出許可制を比律賓にも適用」「比島通貨流通高（六月）」）

11号：11-15　井上雅二「東亜共栄圏と南洋」

11号：31-34　山村楳次郎「比島コプラの将来性」

11号：34　「比律賓　コロナダル植民地　人口一万に到達」

11号：43　「比律賓　ゴム栽培の有望性　セ弁務官疑問視　世界は既に生産過剰と語る」

11号：103-06　本会調査部「支那事変と南洋（三八）」

11号：109　各地時報「メナドのコプラ市況（九月）」

11号：115-16　各地時報「英領北ボルネオ対外貿易概況（一九四〇年上半期）」

11号：116　各地時報「比律賓」（「米国政府、比律賓よりの対日禁輸企画」）

12号：23-33　欧州戦乱と南方情勢　吉田丹一郎「比島独立問題の動向」

12号：33　「政治的独立方針は不変」

12号：51-52　本会調査部「一九四〇年上半期の比島輸入貿易」

12号：70　本会調査部「外務・拓務両省の拡充」

12号：126-31　本会調査部「支那事変と南洋（三九）」

12号：153-55　各地時報「比律賓」(「比島通貨流通高（七月）」「比島通貨流通高（八月）」「輸出税賦課制度設定に米専門家エ氏の招聘」「アルハンブラ煙草会社の従業員千五百罷業断行」「綿織物輸出高減少」)

[第27巻]（1941年）

1号：15-21　吉田丹一郎「比律賓の華僑と経済」

1号：31-33　オーウエン・ドーソン「比島経済の再編成」

1号：54-57　キヤザリン・ポーター「比律賓の護謨生産計画」

1号：73-77　資料月報　本会マニラ支部「比律賓　皮革製品輸入統計」

1号：92-94　本会調査部「支那事変と南洋（四〇）」

1号：102-04　各地時報「比律賓」(「比島政府、石油の掘削に乗出す」「ダバオ文化協会創立総会開催」「政府の財政は破綻　タピア氏ラヂオ演説で悲観論」)

2号：15-21　原繁治「比律賓に於ける小売商権国民化運動」

2号：28-33　松原晩香「支那の南海諸島通交録（一）」

2号：34-39　井出諦一郎「海賊譚」

2号：47-50　Ｍ・Ｍ・カロー　山村楳次郎訳「危機に瀕する比律賓椰子産業」

2号：118-23　井上雅二「紀行　赤道は淀む（一）」

2号：124-27　本会調査部「支那事変と南洋（四一）」

2号：137-38　各地時報「比律賓」(「比島通貨流通高（九月）」「比島蘭印空路開始」「マニラで華僑圧迫」)

3号：27-34　松原晩香「支那の南海諸島通交録（二）」

3号：99-103　本会調査部「支那事変と南洋（四二）」

3号：116-18　各地時報「比律賓」(「外人の公設市場内営業排斥法制定」「南洋各地へ航空郵便計画」「営業鑑札税引上」「麻生産統制案」「十一州に石油保留地設定」)

4号：25-33　松原晩香「支那の南海諸島通交録（三）」

4号：34-39　原繁治「比島経済界と本年の予想」

4号：39　「比島汽船会社設立計画」

4号：50　「比島二月輸出税徴収高」

4号：85-90　資料月報　本会マニラ支部「比律賓　一九四〇年の比島貿易」

4号：110-14　本会調査部「支那事変と南洋（四三）」

4号：126-27　各地時報「英領ボルネオ」(「英領北ボルネオ海港閉鎖」)

4号：132-36　各地時報「比律賓」(「比島経済概況（一九四〇年九月）」「比島経済概況（一九四〇年十月）」「比島経済概況（一九四〇年十一月）」「比島通貨流通高（一九四〇年十二月）」「比島厚生省設置」)

5号：9-12　蘆原友信「東亜への航空路」
5号：13　本会調査部「南洋貿易会の誕生」
5号：39-46　松原晩香「支那の南海諸島通交録（四）」
5号：47-51　渡辺東雄「南方水産事情」
5号：58　「メナドのコプラ市況（一月）」
5号：89　「比島に外国人登録法」
5号：107-10　本会調査部「支那事変と南洋（四四）」
5号：119-20　各地時報「比律賓」（「一月中の比島対外貿易」「比島禁輸修正案討議」「比島関税定率法第六条改正案議会に提出さる」）
5号：130　本会報告「マニラ婦人見学団招待午餐会」
6号：24-27　永丘智太郎「南方大調査機関設置の緊急性」
6号：28　「比島　米国の輸出統制法　比島にも適用」
6号：39-42　本会調査部「比島の鉱産資源と米国への依存性」
6号：49　「汎米太平洋横断機　新嘉坡まで延長」
6号：50-57　松原晩香「支那の南海諸島通交録（五）」
6号：99-102　本会調査部「支那事変と南洋（四五）」
6号：111-14　各地時報「比律賓」（「米比間船賃四月一日より引上」「比島財政赤字　支出超過二千五百万比を突破」「日本綿製品の関税引上提議」「比政府否定」「二年間に七十七万増加　総人口一千六百七十七万」「全漁船に対し外人の乗船禁止か」「邦人漁業ライセンス　更新拒否問題再燃す」）
7号：11-18　法貴三郎「比島銅鉱業と輸出統制」
7号：19-23　原繁治「最近の比島市況概観」
7号：38-42　本会調査部「比律賓のゴム栽培」
7号：57-61　資料月報「比律賓」（「比島の貿易（一月）」「比律賓のクローム鉄鉱」）
7号：70-74　本会調査部「支那事変と南洋（四六）」
7号：78　各地時報「蘭比空路実現延期」
7号：89-95　各地時報「比律賓」（「比島の貿易（三月）」「輸出統制適用は比島にも大打撃」「米資金凍結令比島にも適用」「エリサルデ駐米委員の演説」「比島米の輸出禁止経過」「比島産七商品輸入に米、積出優先権勧告」「比島経済概況（一月）」「比島通貨流通高（二月）」「マニラ麻輸出高（一九四〇年）」「比島酪農品輸入額（一九四〇年）」）
8号：2-5　岩永啓「最近のダバオ事情（上）」
8号：23-26　松原晩香「支那の南海諸島通交録（六）」
8号：26　「労働力の比島人化法案　比島議会を通過」
8号：31-33　本会マニラ支部「比島の自転車及び部分品市況」

8号：44-45　資料月報「比島在留外国人資産概況」
8号：46-47　本会調査部「支那事変と南洋（四七）」
8号：53　各地時報「比律賓」（「比島四月の輸出総額　十ケ年間の最高記録」）
8号：68-71、73-74　昭和十五年度財団法人南洋協会事業報告「マニラ支部」「ダバオ支部」
9号：2-9　楢崎敏雄「交通政策より観たる南洋経済（上）」
9号：10-15　岩永啓「最近のダバオ事情（下）」
9号：38-43　本会調査部訳「比律賓の対外貿易と戦争の影響」
9号：70-77　松原晩香「支那の南海諸島通交録（完）」
9号：88-93　本会調査部「世界情勢と南洋華僑（四八）」
9号：99-101　各地時報「比律賓」（「マニラ湾口一帯水雷敷設」「輸出統制緩和につきケソン氏弁務官と会談」「日本船就航中止と比島貿易の打撃」「比島四月の輸出総額十ケ年間の最高記録」「比島人口、二年間に七十七万増加」）
10号：2-8　楢崎敏雄「交通政策より観たる南洋経済（下）」
10号：9-16　和田義隆「比律賓の工業化運動」
10号：55-58　本会調査部「世界情勢と南洋華僑（四九）」
10号：63-65　各地時報「比律賓」（「日本向送金制限緩和」「輸出統制実施で比島貿易変貌」「比島に戦時インフレの兆」「船腹不足の打撃比島糖業潰滅に瀕す」「比島の産金高逐年増加の一途」）
11号：2-13　中屋健一「戦時下の比島情勢」
11号：21-40　本会マニラ支部「比律賓華僑の経済的勢力」
11号：46　「ダバオ麻徴用問題」
11号：54　「比島関税収入激減」
11号：77-78　資料月報「比律賓」（「比島卑金属鉱輸出高」）
11号：82　「比島コタバトに新植民地　国営土地管理院で計画中」
11号：89　「比島八月中輸出　本年度第二位」
11号：90-95　本会調査部「世界情勢と南洋華僑（五〇）」
11号：98-100　各地時報「比律賓」（「比島輸出制限令適用と貿易への影響」「比島糖業者救済に四千万ペソの貸付」「ベンゲット金山総罷業」「ダバオ邦人漁船問題円満解決」「タヤバス州の灌漑工事着工　水田用に供せん」）
12号：21-28　本会マニラ支部「比律賓華僑の経済的勢力（その二）」
12号：38　「比島の精錬所設立計画」
12号：50　「比島糖業統制院設置」
12号：59　「日・比貿易にも資産凍結令適用」

162　Ⅱ. 目　録

12号：68-71　資料月報「比律賓」(「比島食料品の価格」「本年上半期の比島卑金属鉱輸出」)
12号：74-78　各地時報「比律賓」(「九月の比島貿易」「米、軍需資材の買上げ実施」「米、マニラ桟橋徴用」「米国政府買付比島物産に対する輸出税賦課」「米上院対比ドル差等金支払廃止案可決」「ミンダナオ、ビサヤ地方にラミー栽培計画」「比島自動車及同部分品の対支再輸出」)

[第28巻]（1942年）

1号：口絵「比律賓バギオ市」
1号：46-54　本会マニラ支部「比律賓華僑の済経［経済］的勢力（其の三）」
1号：54　各地時報「マニラ麻全部の買上げのため米政府、購買機関設置」「ケソン、オスメニヤ両氏　再度正副大統領に当選」
1号：83-102　佐々木勝三郎「比律賓の横顔」
1号：130-34　各地時報「比律賓」(「比島六周年記念祭盛大に挙行」「比島失業者の状態」「フイリッピン輸入綿布及人絹布到着数量（七月中）」「比島産ラミーの規格制定案」)
2号：21　「大東亜戦争　比島ダバオ同胞殉難者氏名（五十六名）」
2号：22-30　渡辺薫「邦品市場としての比島の将来」
2号：31-44　児島宇一「フイリッピン群島の農業事情」
2号：94-95　本会マニラ支部「比律賓華僑の経済的勢力（其の四）」
2号：142-48　資料月報「比律賓」(本会マニラ支部「比律賓の通貨及発行制度」本会マニラ支部「比島産業再編成の急務」本会調査部「比律賓ブスアンガ島の満俺鉱」)
3号：67-74　本会調査部「フイリッピンの糖業」
3号：74　南方建設資料「世界各地の比島人蹶起」
3号：108-14　葛青丸「南洋華僑経済の危機（一）」
3号：114　「引揚民再起に南方開発金庫が融資」
3号：135-37　資料月報　本会調査部「比律賓の糖業関係機関」
4号：24-32　渡辺薫「比律賓の自給策検討」
4号：103-13　葛青丸「南洋華僑経済の危機（二）」
4号：120　資料月報「独逸とフイリッピン、タイ及び印度支那との貿易」
5号：14-41　「南方占領地経営を訊く　座談会」
5号：94-140　「南方開発金庫関係資料」
5号：141-51　ホセ・B・フリアノ「比島に於ける米作研究の進歩」
5号：151　「南方に発券機関整備　為替、貿易管理も逐次実施方針」
6号：39　南方建設資料「比島の国営会社活動開始」

6号：74-77　渡辺薫「比島の華僑事情」

7号：2-16　藤岡啓「南洋・支那物資交流問題の将来」

7号：35　「綿花開発戦士比島へ」

7号：36-47　渡辺薫「比律賓農業の組織変更検討」

8号：43-47　井上雅二「ホセ・リサールと『東亜のヒリッピン』」

8号：25　昭和十六年度財団法人南洋協会事業報告　台湾支部「マニラ商品陳列所」

9号：108-10　「貿易統制会南洋局の機構」

10号：2-21　藤山愛一郎「南方建設を現地に視る」

10号：40-46　宮尾績「比律賓衛生事情」

10号：46　南方建設資料「比島問題研究所（仮称）設置」

10号：67-70　渡辺薫「ダバオ麻の将来」

10号：70　南方建設資料「比島軍政政財［財政］自給体制へ」

11号：70-78　宮尾績「比律賓衛生事情」

12号：49　南方建設資料「比島の煙草増産計画」

12号：130　南方建設資料「ネグロス島の棉作と林業」

[第29巻]（1943年）

1号：12-24　木村惇「比律賓の民族と社会」

1号：25-37　江野沢恒「新しき比律賓より帰りて」

1号：78-88　渡辺薫「比律賓文化の跡」

2号：30-37　扇谷正造「比島文化工作論―従軍手帳から―」

2号：90-110　本会調査編纂部編「南方建設一周年誌―其の一―　南方一般」

2号：118-35　本会調査編纂部編「南方建設一周年誌―其の一―　フィリッピン」

4号：118-22　南方建設資料　本会調査編纂部「南方一般」

4号：133-39　南方建設資料　本会調査編纂部「比島」

5号：2-11　植村泰二「南方映画工作の旅」

5号：100-03　南方建設資料　本会調査編纂部「南方一般」

5号：111-17　南方建設資料　本会調査編纂部「比島」

6号：27-30　渡辺薫「比島　島内原料による洗濯石鹸製造」

6号：117-25　南方建設資料　本会調査編纂部「南方一般」

6号：136-43　南方建設資料　本会調査編纂部「比島」

7号：50-56　木村惇「南方随想　更生比島点描」

164　Ⅱ. 目　録

　　7号：57-70　　大谷喜光「新比島建設の諸課題」
　　7号：114-21　　南方建設資料　本会調査編纂部「南方一般」
　　7号：134-45　　南方建設資料　本会調査編纂部「比島」
　　8号：1　　佐々木駒之助「比島の独立に就いて」
　　8号：43-54　　南方建設資料　本会調査編纂部「南方一般」
　　8号：66-80　　南方建設資料　本会調査編纂部「比島」
　　9号：60-66　　清野謙六郎「フイリツピン自動車事情」
　　9号：120-37　　南方建設資料　本会調査編纂部「南方一般」
　　9号：156-63　　南方建設資料　本会調査編纂部「比島」
　　10号：80-85　　中村今朝雄「新生国家誕生に活躍した比島要人の横顔」
　　10号：86-95　　南方建設資料　本会調査編纂部「南方一般」
　　10号：111-16　　南方建設資料　本会調査編纂部「比島」
　　11号：67-73　　南方建設資料　本会調査編纂部「南方一般」
　　11号：86-91　　南方建設資料　本会調査編纂部「比島」
　　12号：74-77　　南方建設資料　本会調査編纂部「南方一般」
　　12号：85-97　　南方建設資料　本会調査編纂部「比島」

　［第30巻］（1944年）
　　1号：58-64　　南方建設資料　本会調査編纂部「南方一般」
　　1号：70-75　　南方建設資料　本会調査編纂部「比島」
　　2号：60-61　　南方建設資料　本会調査編纂部「南方一般」
　　2号：70-75　　南方建設資料　本会調査編纂部「比島」
　　3号：50-52　　南方建設資料　本会調査編纂部「南方一般」
　　3号：62-66　　南方建設資料　本会調査編纂部「比島」
　　4号：40-41　　南方建設資料　本会調査編纂部「南方一般」
　　4号：55-62　　南方建設資料　本会調査編纂部「比島」
　　5号：40-44　　南方建設資料　本会調査編纂部「南方一般」
　　5号：60-64　　南方建設資料　本会調査編纂部「比島」
　　6号：52-54　　南方建設資料　本会調査編纂部「南方一般」
　　6号：61-64　　南方建設資料　本会調査編纂部「比島」
　　7号：22-23　　南方建設資料　本会調査編纂部「南方一般」
　　7号：31-33　　南方建設資料　本会調査編纂部「南方一般」

8号：48-50　ブラスコ・イバニエス述、本多信寿訳「南海周航記（一）」
 8号：50　　　南方建設資料　本会調査編纂部「南方一般」
 8号：55-57　南方建設資料　本会調査編纂部「比島」
 9号： 6-11　木村澄「フイリツピン土地制度概説（上）」
 9号：12-18　本会調査編纂部「比島衛生施策の歴史的回顧（一）」
 9号：32-33　南方建設資料　本会調査編纂部「比島」
10号： 2- 7　木村澄「フイリツピン土地制度概説（中）」
10号：17-22　本会調査編纂部「比島衛生施策の歴史的回顧（二）」
10号：32　　 南方建設資料　本会調査編纂部「南方一般」
10号：41-43　南方建設資料　本会調査編纂部「比島」
11号：10-18　木村澄「フイリピン土地制度概説（下）」
11号：19-23　長谷川文人「南方諸民族結集の一方策―（玩具による教育に就いて）―」
11号：35-38　南方建設資料「比島」

3．フィリピン関係文献目録（「戦記もの」）

著者名	書名	出版社・発行元	発行年月日
相野田　啓（あいのだ　はじめ）	死の陰の谷を行くときも：戦争と戦犯・平和と償い―異郷に散華した友への鎮魂歌と祈り	松本：相野田啓	1994. 01. 10
青木　滋一著、喜多照子編（次女）	比島からの碧き飛行雲	文芸社	2001. 05. 15
青地　菊夫（村崎凡人）	キヤンガン附近　比島敗戦記：参謀部員の手記	西郊書房	1949. 09. 00
青帽子劇団	青帽子歌集：比島パ［バ］タンガス収容所青帽子劇団歌集	東京：青帽子劇団	1958. 12. 00
赤井　秀子	従軍看護婦：南方第十二陸軍病院	大東市：比島観音奉賛会	n. d.
暁第一六七一一部隊会事務局編	比島突入記(抄)：林田軍曹記：機動輸送第八中隊暁第一六七三二部隊	？：暁第一六七一一部隊会事務局	1978. 06. 00
赤野　三郎	ルソンに消えた九〇戦砲隊独立野砲第十三大隊（七三七部隊第二大隊）の戦闘	鹿児島：赤野三郎	1978. 11. 00
赤松　信乗	赤松海軍予備学生日記：クラークフィールドの墓碑銘	講談社	1973. 08. 04
赤松　信乗	特攻基地の墓碑銘：赤松海軍予備学生日記	双葉社	1993. 11. 00
赤松　光夫	太平洋戦争　兄達の戦訓　ルソンに朽ちた若き航空兵達の悲劇	光人社	1984. 06. 12
赤松　光夫	若き航空兵の戦記：ルソンに朽ちた兵士達の戦訓	光風社出版	1995. 12. 10

フィリピン関係文献目録（「戦記もの」）　167

頁数	著者生年	分類	内　容　等	備　考
234	1917	体験軍医	43.9慶応大学医学部卒、43.12陸軍軍医中尉、44.2.11宇品出港、レイテ島へ、第15揚陸隊（威第16705部隊）付軍医、1945.5米軍カガヤン上陸後敗走、47年2月まで彷徨、戦犯死刑、特赦釈放、53.7.22横浜入港、帰国	国会GB554-E1643
345	1910-95	体験技術将校	1935.3京大理学部卒、44秋捷号作戦（レイテ上陸）気象技術将校として参加、陸軍技術少佐。1950.7自序	国会GB554-G1535
		体験参謀		徳島県立図
49		歌　集		北大など
23		体験看護	1943.1.8マニラ上陸、45.1移動、45.12.19帰宅	奈394-1621
12		体験日誌	1944.11.3-45.12.29行動日誌。1944.11.30マニラ入港、45.12.29浦賀復員	奈391.2-1517
81	1918？	部　隊	旭、23D、独立野砲13大隊。一部　ルソンの戦跡を訪ねて　二部　戦闘経過の概要。（資料）宇田豊作（大隊長）、（分析）赤野三郎（部隊連絡係）	昭和916/A31/
294	1921	体験日記	1944.12.5-45.9.20日記。クラーク防Ⅰ海17戦区。1942京都帝国大学法学部入学、43.12学徒動員佐世保第2回兵団入団、44.2海軍予備学生、44.8戦闘第701飛行隊配属、44.12海軍少尉、比島マルコット基地、45.9.16武装解除、11.15加治木復員	奈916-1617
309	1921	体験日記	1973年版の文庫本	奈916-1617；双葉文庫
235	1931	戦記作家	京大卒。作家。クラーク防衛海部隊	
292	1931	戦記作家		国会GB554-G381；改題文庫化、初版1984

著者名	書名	出版社・発行元	発行年月日
秋田　圭造	ルバン島救出記：消えない敗戦の傷痕	久米町：秋田圭造	1988. 08. 00
秋永　芳郎著、服部卓四郎閲	比島攻防戦	鱒書房	1956. 06. 30
アゴンシリョ、テオドロ　A.著、二村健訳	運命の歳月　第一巻：フィリピンにおける日本の冒険1941-1945	井村文化事業社	1991. 12. 20
朝井　博一	ルソン追想：自走砲と初年兵	美原町（大阪）：朝井博一	19--
朝井　博一	ルソン追想：自走砲と初年兵	美原町（大阪）：朝井博一	1998. 05. 18 改訂版
朝井　博一・河本美知夫	黙すだけですむか　見聞きしても	美原町（大阪）：朝井博一	2003. 05. 03
「アジア・太平洋地域の戦争犠牲者に思いを馳せ、心に刻む集会」実行委員会編	アジアの声　第四集　日本軍はフィリピンで何をしたか	東方出版（大阪）	1990. 05. 21
足立　秀夫	弱兵北馬南船記（自分史戦中編（一））	福知山：足立秀夫	1993. 11. 10
安積　樟三	ルソン回想	安積樟三	1977. 00. 00
穴原　政男	一福会（一二九兵站病院本隊）文集	千葉：一福会	1981. 08. 15
安延　多計夫	南冥の果てに：神風特別攻撃隊かく戦えり	自由アジア社	1960. 04. 25

フィリピン関係文献目録（「戦記もの」） 169

頁数	著者生年	分類	内　容　等	備　考
20	1920	残留兵士	満洲を経て比島決戦に従軍。翼兵団司令部気象隊長	津山市立図書館
210	1904；n.a.	戦記作家	毎日新聞社を経て作家、第3飛行集団付報道班員としてマレー作戦に従事	奈210.75-1517；物語太平洋戦争3
354	1912-85	研 究 書	1965刊の翻訳、フィリピン大学教授	
100 (ガリ版)	1923	体　験	1944.1.25入隊、44.9.8北サンフェルナンド港到着、9.13マニラ上陸、撃12103部隊、シブルスプリングス駐留、45.2サラクサク・バレテ戦闘、45.5赤痢で入院、45.7キヤンガンへの山道で倒れ、米軍病院に収容、45.8カランバPW収容所、45.9-12コレヒドールで強制労働、12.22松山沖到着、12.24帰郷	奈916.1617
182	1923	体　験	戦車第2師団・機動砲兵第2連隊。1944.2満洲、9.8北サン到着、9.13マニラ上陸、撃12103部隊に改称、45.7上旬米軍病院に収容、45.12.22大竹港帰国。1986から5回慰霊巡拝	奈396.6-1617
190	1923；1916	体　験	第一章各国で過ごした俘虜の実態「ルソン島慰霊碑の現状」など。第二章東京裁判、第三章二十一世紀のテーマ	奈329.6-0046
149		証 言 集	1989.8.15集会の記録集、証言集およびシンポジウム	
218	1911	体　験	1943.9召集満洲、44.8ルソン島へ、46.10復員	奈916-1610
57		体　験		兵庫県立図郷土391.2/72
168		体　験	回顧	奈394-1621
359	1902-85	体験参謀	1937.7海軍大学校卒、支那事変参加、参謀	国会図915.9-Y624n

II. 目録

著者名	書名	出版社・発行元	発行年月日
安延 多計夫	あゝ神風特攻隊：むくわれざる青春への鎮魂	光人社	1977. 12. 06
阿部 艶子	比島日記	東邦社	1944. 02. 20
安部 伝市	戦火を越えて：野砲兵第17連隊 満州比島従軍記	大分：安部伝市	1976. 10. 00
阿部 尚道	ルソン島飢餓戦線：一軍医の太平洋戦記	新潟日報事業社出版部	1985. 07. 05
天野 洋一	ダバオ国の末裔たち フィリピン日系棄民	風媒社	1990. 12. 15
鮎川 哲也	ルソン島に散った本格派・大阪圭吉	豊橋市中央図書館	1975. 09. 00
新井 昭英	ルソンに南瓜実らず：開拓勤務兵の手記	開発社	1978. 08. 15
新井 恵美子	ダバオの君が代：比島に新天地を求めた人々	近代文芸社	1993. 11. 30
新井 恵美子	モンテンルパの夜明け	潮出版社	1996. 11. 05
荒木 勳(いさお)	ミンダナオ島戦記：マキリンの雲は燃えて	光人社	2003. 10. 16
荒巻 義雄	レイテ海戦篇	中公文庫	1995. 04. 00
阿利 莫二	ルソン戦：死の谷	岩波書店	1987. 06. 22
有馬 馨	帝国海軍の伝統と教育 付・比島作戦の思い出	五曜書房（星雲社発売）	2001. 12. 10
案浦 照彦	兵旅の賦：北部九州郷土部隊70年の足跡 第二巻 昭和編	福岡：北部九州郷土部隊史料保存会	1978. 07. 23
安藤 実	第十四方面軍仮編自走砲独立鷲見文男隊 戦闘記憶	足助町（愛知）：安藤実	1995. 08. 15
井伊 正光	最期のフィリピン戦記：フィリピン死の行軍	コスモトゥーワン（文園社）	1991. 12. 08

フィリピン関係文献目録(「戦記もの」) 171

頁数	著者生年	分類	内　容　等	備　考
291	1902-85	体験参謀	1937海軍兵学校卒、参謀、クラーク防衛海部隊、「翼」4FD	奈916-1225；1986新装版；1995NF文庫
280	1912-94	体験日記	1943.1.17～3ヶ月間、軍報道部嘱託	2002復刻
201		体　　験	旭、23D、野砲兵17R吉富	国会GB554-621
428	1920	体験軍医日記	日記1944.7.16～46.1.12、軍医	国会GB554-2040
267	1942	NF作家	ノンフィクション。フリーライター。在留邦人	
18				豊橋市中央図書館、1999復刻
303		体　　験	開拓勤務兵の手記、1931旧制専門学校卒、32衛生兵として入営、44.8撃沈、救助、ルソン上陸、バギオ市、衛生兵長、47復員	国会GB554-678；昭和915/A62
191	1939	NF作家	ノンフィクション。フリーライター。在留邦人	
213	1939	NF作家	ノンフィクション	
252	1924	体　　験	別名：真木葉太郎、真木葉。NF文庫、1975初版	国会GB554-H221；靖国392.9Uア
304	1933			立命館など
177	1922	体験学徒	第1回学徒出陣。1944.11.11マニラ上陸、45.11.10第1回の病院船で内地送還	新書
397	1893-1956	体験参謀	戦艦武蔵初代艦長　南西方面艦隊参謀長有馬馨の遺稿。1914海軍兵学校卒、42.8軍艦武蔵艦長、少将、45.10中将	靖国43840/397.2ア；京女大など
552		部　　隊	駿、103D、独歩、179、180大。「比島攻略戦」などを含む。	奈396.21-1210
28		中隊戦記	終戦50周年記念。1944.12.8編成、45.1.1リンガエン湾上陸、47.1復員	奈916-1501
218	1917	体　　験	1944.6.15マニラ入港、45.12.7浦賀復員	

II. 目 録

著者名	書名	出版社・発行元	発行年月日
飯島 勇三	ミンダナオ島出陣記	上田：飯島勇三	1990. 03. 00（昭和補遺再版）
飯島 勇三	ダバオ戦の回顧：将軍と参謀と兵　日本は再び侵略国となり得るか	飯島勇三	1992. 06. 01
飯島 勇三	ダバオ戦の回顧：フィリッピン　ミンダナオ島　将軍と参謀と兵　日本は再び侵略国となり得るか	ほおずき書籍	2006. 02. 08
飯野 アサ	フィリピン戦線従軍記　合歓だって夜は眠るのに	白川：飯野アサ	1994. 12. 00
生田 影男	俘虜記	名古屋：暦象短歌会	1981. 08. 15
生田 影男	討たるるべく：漁撈隊始末	大分：比島文庫	1987. 10. 04
生田 影男	小説　二十歳の詩集：虐殺への道	文藝書房	1998. 07. 25
井口 三木男	私の太平洋戦争	井口三木男（ワープロ）	1986. 12. 00
井口 光雄	激闘　ルソン戦記	光人社	2008. 03. 17
池 平八	ネグロス島戦記：マンダラガン山に果てし戦友よ	光人社	2007. 08. 12
池上 喜代士	「実録」ルソン島敗残の記	？：池上喜代士	1988. 06. 15
池上 澄雄	南十字星は忘れない：私の太平洋戦争	彩流社	1986. 08. 15

フィリピン関係文献目録(「戦記もの」) 173

頁数	著者生年	分類	内　容　等	備　考
112		体験軍医	「謹んでこの実録をミンダナオ島で逝かれた護国の英霊に捧げます」1943.12陸軍医学校入校、44.8マニラ入港、8.30カガヤン、45.10.6ダリアオン収容所、45.12大竹復員。100D司令部、軍医。初版1973、再版改訂1983.8、補遺1985.8、昭和補遺1989.12、加除再版2005.09	奈916-1621；2005版 靖国99950/392.9U
16			1993.1二版、1994.10三版	靖国95103/392.9Uイ
			付：『信州姨捨山考』を出版して	県立長野図郷土N960/347/；靖国200396/392.9Uイ
222	1926	体　　験	1944.6比島南方第12陸軍病院、46.1復員	奈394-1612
288	1919	体験日記	暦象短歌会。1944.9.4-46.10.4日記。海上挺身第2基地隊本部	奈916-1946
450	1919	体　　験	1944.9.26北サンフェルナンド入港、46.10復員。	
359	1919	体験小説	虐殺事件	奈913.6-1617
118		体　　験	1943.4.7-43.7セブ	滋賀県立図
367	1923	体験学徒	1943.9日大卒、44.11ルソン上陸、45.11ロスバニョス捕虜収容所、47.1復員、陸軍少尉	
405	1917-90	体　　験	光人社NF文庫、「マンダラガンの果てに」（1990年刊）の改題	奈210.75-0000；立命館210.75/I31
91	1919	体　　験	1940羅新重砲連隊第1中隊入営、44.11.27臨時召集、西部100部隊、マニラの第4航空軍司令部電報班暗号兵、46.10.28四日市復員	奈916-1617
261	1922	体　　験	第2航測連隊、威16612、1942.12入隊、満洲、44.5マニラ上陸、8.1ネグロス島上陸、レイテ戦、9.15集団投降、46.4.2浦賀復員	奈916-1917

著者名	書名	出版社・発行元	発行年月日
池田　兼一	フィリピンに眠る　父の足跡をたどる：鎮魂　元第一〇航空情報連隊　故陸軍軍曹　池田儀次郎	ポパル	1999. 04. 25
池田　源治	続　東亜戦雲録：フィリッピン進攻の巻　連合軍司令部の内幕	共同出版社	1952. 11. 01
池田　佑責任編集	大東亜戦史３　フィリピン編	富士書苑	1969. 12. 15
池田　保富編	激戦と鎮魂の軌跡	岐阜：池田保富	1988. 10. 20
池田　諒	モロ族との戦争　スルー戦記（一）～（一二）	？：池田諒	1994. 08. 15 － 1995. 09. 15
池田　諒	『スルー戦記』の読者に	？：池田諒	1997. 00. 00
池の　平八郎	マンダラガンの果てに：第二次世界大戦フィリピン・ネグロス島日本軍の記録	大阪：産経新聞生活情報センター	1990. 08. 00
池端　雪浦編	日本占領下のフィリピン	岩波書店	1996. 07. 26
石井　不二郎著、石井ムツヨ編（母）	ルソン戦記：〇レ特攻隊員の日記	福岡：葦書房	1978. 02. 20
石川　いさむ	補充兵手記	青梅：松琴草舎	1980. 06. 01
石川　欣一	比島投降記	大地書房	1946. 11. 01
石川　欣一	比島投降記：ある新聞記者の見た敗戦	中公文庫	1995. 02. 18

フィリピン関係文献目録（「戦記もの」）　175

頁数	著者生年	分類	内　容　等	備　考
138	1934	慰霊巡拝	1995.11.25-12.1息子慰霊巡拝。1907.10.10生の父1944.2隠岐を離れる。37歳で2度目の召集。6月フィリピンに行く前に帰島。45.4.25ルソン島北カマリネス州パラカレ付近で戦死。	隠岐の島町図書館
312		従軍記者	元朝日新聞軍事記者	奈210.7-1517
407		戦　史		大阪市大B3法210.75/D
246		中　隊　誌	野戦重砲兵第12連隊第1中隊誌。満洲、釜山経由1944.9.8北サン上陸、45.9.13武装解除、45.12復員	奈916-1617
596		体　験		
28				
335	1917-90	体　験	独立混成第31旅団、1944.5ネグロス島上陸、第102師団となる、工兵隊衛生伍長	国会GB554-E1102
387	1939	研究論文集		
117		体験日記	昭和19年8月27日—20年5月25日。レ17戦隊（暁19756）10D	立命館210.75/I75
381		体　験	「この一篇を亡き母の霊に捧げる」1931.3大正大学高等師範科卒、小学校教員、41.8応召、陸軍衛生2等兵、満洲、43.2.21マニラ上陸、第63兵站病院、45.9.14武装解除、46.10.28名古屋復員	奈289-1921
179	1895-1959	従軍記者	従軍新聞記者、45.9.6新聞報道関係者23人の先頭で投降、45.12.21浦賀復員	国会GB554-1631
199	1895-1959	従軍記者		奈916-2746

著者名	書名	出版社・発行元	発行年月日
石川　幸雄、旧姓　坂本)	私の軍歴	横浜：石川幸雄（ワープロ）	1997. 08. 00
石河　高治郎	敗兵：地獄の前線　ミンダナオ戦記	鵬和出版	1982. 12. 10
石河　高治郎	逃亡兵：ミンダナオ敗走記	鵬和出版	1985. 10. 10
石河　高治郎	戦場の夜叉	潮文社	1990. 08. 15
石坂　洋次郎	マヨンの煙	集英社	1977. 10. 15
石田　甚太郎	ワラン・ヒヤ：日本軍によるフィリピン住民虐殺の記録	現代書館	1990. 11. 10
石田　甚太郎	殺した　殺された：元日本兵とフィリピン人200人の証言	径書房	1992. 05. 30
石田　甚太郎	長編小説　マンゴーの花咲く戦場	新読書社	1995. 06. 25
石田　甚太郎	モンテンルパへの道	新読書社	1997. 01. 10
石田　甚太郎	バタンガスの空の下で	新読書社	1998. 07. 25
石田　甚太郎	ロラたちの青春	新読書社	2002. 10. 25
石田　忠四郎	或る憲兵下士官の雑記帳	雄文社	1990. 07. 00
石田　忠四郎	夢幻の栄光草原に没す	雄文社	1991. 10. 05
石田　忠四郎	うたかたの憲兵記	雄文社	1993. 06. 00

フィリピン関係文献目録(「戦記もの」)　177

頁数	著者生年	分類	内　容　等	備　考
17		体　験	1941.11.16台湾製糖主計部社員召集、第14方面軍司令部参謀部付当番兵、雑役係2等兵、12.23リンガエン湾上陸、主計伍長、経理部転属、45.8.27投降、46.12.23名古屋復員	奈916-1617
254	1922	体　験	1944.7.15マニラ上陸、歩兵353大隊3中隊、9.ミンダナオ島上陸、100D、山田部隊、軍曹、45.11復員、1974以来毎年遺骨収集	
264	1922	体　験	1944.7.15マニラ上陸、拠10646、歩兵353大隊3中隊、9.ミンダナオ島上陸、山田部隊、軍曹、45.11復員、1974以来毎年遺骨収集	
237	1922	体　験		
214	1900-86	報道作家	1942.2.17-3.9日記、軍報道班員、作家、南部ルソン宣撫行	奈915.6-1517
414	1922	NF作家	海軍から復員後、中学教師。虐殺事件の記録	
257	1922	証言集	日比双方の証言集	
393	1922	小　説	小説、主人公らフィリピン人、フィリピン人の目で見た戦争の実態と歴史的責任を問う	
349	1922	小　説	小説、主人公らフィリピン人、フィリピン人の目で見た戦争の実態と歴史的責任を問う	国会KH196-G92
354	1922	小　説	小説、主人公らフィリピン人、フィリピン人の目で見た戦争の実態と歴史的責任を問う	
413	1922	小　説	慰安婦	立命館913.6/I72
245	1911	自分史	1938.9憲兵上等兵、40.12軍曹、42.8比島派遣軍司令部付、42.12曹長、44.6ルソン隊本部特高内勤班長、45.6准尉、46.9佐世保復員、内勤で特に戦闘なし	国会GB554-E1002
256	1911	体験憲兵		国会GB554-E1427
225	1911	体験憲兵	ルソン憲兵隊本部特高内勤班長	国会GB554-E1484

著者名	書名	出版社・発行元	発行年月日
石田　徳	ルソンの霧　見習士官敗残記	朝日新聞社	1971.08.15
石塚　一夫編	ネグロス島戦記：レイテ決戦時の航空基地	千葉：石塚一夫	1980.08.01
石長　真華	ルソンの山河：人間のゆくえ	境港：(宇宙院)石長正男	1974.11.01
石長　真華	人肉と日本兵：一兵士の見たフィリピン敗走の真実の記録	東京：自由国民社	1975.00.00
石長　真華	フィリピン敗走記：一兵士の見たルソン戦の真実	光人社	2003.02.00
石橋　信雄	祖国に帰る日（生還した元軍人の記）	？：石橋信雄	1999.01.31
石原　喜与次	黒いアバカ：フィリピン　ダバオ　元日本人小学校一教師の手記	立山町(富山)：石原喜与次	1983.11.01
石引　ミチ	従軍看護婦：日赤救護班比島敗走記（戦争と人間の記録）	現代史出版会	1979.07.10
泉　桂吉	比島への道	東京：新風舎	2003.09.06
泉会編	いづみ：比島の戦いの記録	泉会	1957.03.00
泉五三一五会編	レイテ：独立歩兵第十二連隊の戦史	？：泉五三一五会	1958.03.23
泉第五三一四部隊	フィリピン北部ルソン戦跡慰霊巡拝の記録：平成九年一月二十四日～三十一日（八日）	？：泉第五三一四部隊（ワープロ）	1997.00.00
泉レイテ島慰霊巡拝団編（後藤正男編）	レイテの山河に祈る：慰霊・収骨二十回の記録	東郷町（愛知）：第二十六師団戦没者レイテ島慰霊巡拝団	1986.08.15
泉レイテ島慰霊巡拝団編	レイテの山河に祈る：写真集	泉レイテ島慰霊巡拝団事務局	1991.08.15
磯崎　隆子	生ある限りルソンへ	講談社	1984.07.20

頁数	著者生年	分類	内　容　等	備　考
254	1923	体　験	戦記、見習士官。旭、23D	増補改訂版 1979.08.10
155	1917	体　験	1938旅順で予備士官教育、44.7第102師団（抜兵団）独立歩兵第354大隊（堀大隊）陸軍中尉、46.3復員。第102師団（抜）・第2飛行師団（鷲）・第4飛行師団（翼）空隆苦闘の記録	『日本陸軍のネグロス戦記（占領より敗戦まで）』増補改訂版；奈916-1617
161	1918	体　験		昭和913/I79/；立命館
286	1918	体　験	1939入営、満洲、台湾、44.12ルソン島、45.9米軍収容所、46.11復員	立命館913.6/I79
307	1918-99	体　験		国　会KH215-H12；NF文庫
136		体験慰霊巡拝	ダバオ、第13航空地区部隊第8飛行場大隊陸軍少尉、1972第1回遺骨収集団参加、83年、95年慰霊巡拝	奈911-1617
172		体験教師		
197	1919	体験看護	1943.5？マニラ到着、比島派遣兵站病院日赤看護婦、大竹帰国。74兵病、旧姓秋本	戦争と人間の記録
126		体　験	1941.9召集令状、12.26リンガエン湾上陸、バタアン、コレヒドール戦	国会GB554-H171
40		部　隊	泉独歩11（鉄配属）	九大六；ルソン編檜垣文庫/77/I 3
100		連　隊	「勇敢なる戦士達の英霊に捧げる」	奈391.2-1617
1冊		部隊慰霊巡拝		奈916-1648
678		師団慰霊巡拝		愛知県図地域資料960イ7
238		慰霊巡拝		奈210.75-2748
258	1919	体　験	1944.9.21輸送船沈没、ルソン島上陸、軍属、45.10.20宇品復員。1969-83戦跡慰霊巡拝	復刻版2004.09自費出版

著者名	書名	出版社・発行元	発行年月日
威第一九七〇部隊藤田隊・ネグロス島戦友同志会第十回戦友会	南のあしおと（続編）：藤田隊マニラ及ネグロス島奮戦記	？：威第一九七〇部隊藤田隊・ネグロス島戦友同志会（ワープロ）	1992. 05. 21
威第一九七〇部隊藤田隊・ネグロス島戦友同志会第十一回戦友会	南のあしおと（抄録）：藤田隊マニラ及ネグロス島奮戦記	？：威第一九七〇部隊藤田隊・ネグロス島戦友同志会（ワープロ）	1994. 05. 21
市川　嘉宏	バギオの灯：北部ルソン戦記　改訂版	五城目町（秋田）：市川嘉宏	1979. 11. 30; 4版1985. 04. 01
市川　嘉宏編著	北部ルソン戦記　盟兵団：独立混成第五十八旅団激闘の戦史	能代：盟兵団戦友会事務局	1989. 10. 30
一木　千秋著、吉田勉編	アシン：回想の比島戦	早稲田速記	1999. 08. 01
［一七四会（いちしちし）］事務局	一七四会思い出の記	奈良：［一七四会］事務局	2006. 04. 00
一戸　平次郎	フィリピン戦記	鶴田町（青森）：一戸平次郎	1969. 07. 30
伊藤　五朗	モロ族の中で：「ミンダナオ戦記」	？：伊藤五朗	1957. 12. 30
伊藤　猛	呂宋虜囚日記	京都：いづみ出版	2004. 11. 01
伊藤　忠雄	北比海軍航空隊：北部ルソン・ツゲガラオ基地と共に	横浜：横浜富士印刷	1992. 11. 00

頁数	著者生年	分類	内　容　等	備　考
46		部隊慰霊祭パンフ	1962以来慰霊祭、92第10回	奈916-1617
22		部隊慰霊祭パンフ	1962以来慰霊祭、94第11回	奈916-1617
218	1921	体　　験	福永山砲隊「旅団長手記」などを含む。1942入隊、豊橋陸軍予備士官学校卒、陸軍少尉、44.7.15マニラ上陸、46.1.23復員、1975、77、79慰霊巡拝	GB554-897、奈916-1617
422	1921	体　　験	1944.7.15独立混成58旅団マニラ上陸、46.1復員	国会GB554-E46；奈396.21-1601
341	1919；1933	体験参謀	1940陸軍士官学校第53期生工兵科、第6師団工兵連隊小隊長、中隊長、41.12中国から復員、44.6比島派遣軍第14軍参謀部、レイテ作戦、北部ルソン作戦従事、45.11復員、76.1第4回比島遺骨収集団長	奈916-1617
92		体験病院	米軍第174兵站病院元勤務者の会	奈394-3621
124	1921	体　　験	1944.7.16独立混成第58旅団（盟兵団）砲兵隊(山砲)本部付衛生上等兵マニラ上陸、45.11.12加治木復員	国会GB544-42
212	1913	体　　験		奈292.48-1617；再版1966
478	1921	体　　験	ひかり文庫（第2輯）。1942.9.19名古屋高等工業学校卒、42.10.1応召、中部4部隊入隊、陸軍兵器学校入校、44卒業と同時に比島派遣、46.8.6復員	国会GB554-H480
309	1917	体験軍医	1941.12慶応大医学部卒、42.1海軍軍医中尉、42.9ガタルカナル、42.12ラバウル、43.11大尉、44.12.21マニラ、ニコラス飛行場着、45.6ツゲガラオ防衛部軍医長、45.9.13武装解除、46.12.20名古屋復員、日記あり	国会GB554-E1377

II. 目録

著者名	書名	出版社・発行元	発行年月日
伊藤　信義編	比島観音三十五年の歩み	蒲郡：比島観音奉賛会	2006. 02. 26
伊藤　榮雄著、伊藤清平編	伊藤榮雄志のぶくさ、[正篇]、続篇、続々篇	鎮西町（佐賀）：父・伊藤清平	1962. 04. 01、1963. 09. 01、1977. 03. 10
伊藤　由己（ゆうき）	ミンダナオの果てに：船舶工兵兵士の記録	東京：伊藤由己	1993. 09. 00
伊藤　由己	検証・レイテ輸送作戦	近代文芸社	1995. 05. 30
稲垣　勇	吾が戦記	桑名：稲垣勇	1986. 03. 00
乾　実	さゝやかな戦記	大和郡山：乾実	1977. 10. 31
井上　一郎	隼はレイテの彼方へ：ネグロス島物語	勝山町（福岡）：隼書房	1983. 05. 01
井上　一郎	慰霊の旅路：比島今昔物語	勝山町（福岡）：隼書房	1989. 03. 31
井上　武男	運命の岐路：玉砕のホロ島は獰猛なモロ族の棲む南海の孤島であった	近代文芸社	1993. 05. 15
井上　忠男収集	戦犯裁判関係　井上忠男収集資料・フィリピン関係戦犯資料		
井上　忠男収集	長沙作戦他法務関係協力者名簿・比島関係戦争受刑者名簿		
井上　忠	小山内隊の戦線回顧　独混二十六部隊比島の苦斗	加古川：井上忠	1979. 07. 00
井上　忠	続　独混第二十六連隊比島の苦斗	米沢：井上忠	1983. 05. 01

頁数	著者生年	分類	内　容　等	備　考
124	n.a.	慰霊		国会GB531-H235
238、260、220＋39	1918-45	追悼集		奈289-1948
218	1920	体験	1938安田工業学校電気科卒、43.8応召、44.1.19マニラ着、44.3船舶工兵19連隊、セブ島タリサイで編成、44.5ミンダナオ島に移動、11.19捕虜収容所	国会GB554-G1009
255	1920	輸送		国会GB541-E129
241	1919	体験	1940.1入隊、41.12.12レガスピ上陸、ラモン湾の激戦、マニラ入市、バタンガス警備、ミンドロ島、43.8.15マニラ出航、帰国、9.1召集解除	奈916-1617、2刷1980.10
44	1917	体験	1941.4.4入隊、南京、漢口、42.2.28リンガエン湾上陸、7.11マニラ港出発、マラリヤで入院3ヶ月	奈916-1612
340		体験	1944.10.21マニラ着、46.12.22名古屋復員、少飛9期、飛行第204戦隊	奈396.8-1917
438	1923	慰霊	飛行第204戦隊	奈916-1948
115		体験	1938関大卒、39陸軍経理学校卒、主計中尉、中国戦線、44少佐、10.4ホロ島上陸、45.9半ば投降、46.3浦賀復員、第25混成旅団司令部付陸軍主計将校	国会GB554-E1402
1冊		資料集	米・マニラ裁判事件第1号山下事件ライプチヒ裁判と米マニラ裁判米陸軍の行った裁判・戦争裁判資料	靖国61282/393.4イ
1冊		資料集		靖国61003/392.9Hイ
72		体験	著者本籍山形県。1944北満より比島戦線への第2補充隊	山形県立図郷土YK396.2イノ
88		大隊	大隊毎の戦記	奈396.3-1617；山形県立図郷土YK396.2イノ

II. 目　録

著者名	書名	出版社・発行元	発行年月日
井上　悠紀男	海没部隊：駆け出し軍医のネグロス戦記	大阪：井上悠紀男（紀伊國屋書店梅田店）	1987.09.04
猪股　義博	飛行第二〇〇戦隊整備隊フィリピン「ネグロス島残置隊」戦記　改訂版	札幌：猪股義博	2001.07.15
指宿　正春	戦車第二師団戦車第六連隊比島戦記	鹿児島：指宿正春	1997.10.00
今井　忠雄	フイリッピン「地獄の戦線」	？：今井忠雄	1986.07.30
今里　能（あとう）	敗走一万粁：一気象将校の手記	旺史社	1989.08.30
今田　龍實・中村常次郎編	比島戦記：軍通有線中隊かく戦えり	→比島電二、第三中隊戦友会	
今中　博	零の功績：神風特攻に想う、台湾、比島編	新風書房	2001.06.01
入江　茂	歌集「哀しきルソン」	中間：入江茂	1998.05.01
岩井　勉	空母零戦隊　海軍戦闘機操縦十年の記録	今日の話題社	1979.07.15
岩井　勉	空母零戦隊　海軍戦闘機操縦10年の記録	今日の話題社	1984.12.25
岩川　隆	人間の旗：甦った、血と涙の連隊旗	光文社	1983.05.20
岩川　隆	決定的瞬間	中央公論社	1984.03.30
岩川　俊男	プエド橋	文芸社	2002.01.15
岩佐　二郎	レイテ沖　海戦記：わが大和の友よ	？：岩佐二郎	1995.12.01

頁数	著者生年	分類	内　容　等	備　考
173	1916	体験軍医	1938大阪高等医専卒、44.4応召、44.11ネグロス島に進駐、46.3復員	国会GE554-E151
20	1927	体　験	1944.10飛行第200戦隊整備隊員比へ、45.12復員	国会GB554-G1606
97	1920	体　験	1938.11.20陸軍予科士官学校卒、40.9.4士官学校卒、40少尉、41中尉、広東、タイ、41.12.20-42.4.16マレー作戦、42.4-43.4中国、44.9.30北サン上陸、45.9.15投降、45.11.11加治木復員	国会GB611-G59、奈396.21-1501
102		体　験	陸軍船舶特別幹部候補生として17歳で入隊、1944.10海上挺進第14戦隊第2中隊本部付、11.11マニラ上陸、46.12.21名古屋復員。レ14戦隊（威19753）	奈916-1617
374		体験技術	東大理学部卒、1941.12陸軍航空技術少佐（気象部門）、44.6.3マニラ着	国会GB554-E474
185		体　験	1943.4.1-45.8.16。43.4.1海軍飛行予科練習生1期生、44.8ダバオで201空の戦闘機隊再編成	奈916-1527
197		体験歌集	比島派遣独立歩兵第176大隊第3中隊陸軍伍長；1941.12.22リンガエン湾到着、バタアン・コレヒドール戦参加、45.11.9加治木復員	奈911.1-0017
258		体験NF	太平洋戦争ノンフィクション。海軍中尉。比島沖海戦を含む	昭和916/I93；奈916-1210
241	1919	体験NF	1935.6飛行予科練入隊、44.8空母瑞穂にて比島方面作戦に参加、45.9海軍中尉	奈916-1210；朝日ソノラマ文庫 1994.12.10
281		NF	長編ノンフィクション、1D57i、光文社文庫1985（298p.）	奈916-1517
402		NF	ノンフィクション	1986.08中公文庫
250	1926		日比混血移民家族の20世紀	
351	1921	体　験	海軍中尉；1944.8-45.2戦艦大和乗組員	奈391.2-1517

著者名	書名	出版社・発行元	発行年月日
岩佐 二郎	戦艦「大和」レイテ沖の七日間：「大和」艦載機偵察員の戦場報告	光人社	1998. 05. 21
岩崎 敏夫	ルソンの戦い：中部戦線：夕日のかなたに	東京：岩崎敏夫	2000. 04. 20
岩崎 敏夫	ルソン海軍設営隊戦記	光人社	2002. 06. 23
岩崎 佳民著、利根沼田平和を語る集い実行委員会編	戦争体験記 屍は叫ぶ	？：利根沼田平和を語る集い実行委員会	1985. 01. 25
岩田大尉	比島爪哇作戦資料・戦車第四連隊		
岩村 高志	小説 幻しの比島派遣特別工作隊	？：岩村高志	n.d.
ウィロビー、チャールス著、大井篤訳	マッカーサー戦記	時事通信社	1959. 09. 01
上田 茂編	オルガンの贈呈を記念して：フィリピンゆかりの地にオルガンの音響く	西宮：日比音楽教育基金	1983. 07. 00
上田 敏明	聞き書き フィリピン占領	勁草書房	1990. 03. 30
上田 八造	フィリッピン ビサヤ地区 ネグロス島戦記	八田村（山梨）：上田八造	2000. 12. 29
上野 四郎	愛の鎖：比島収骨を終りて	宇土：上野四郎	1970. 04. 29
上野 正美	荊（いばら）の青春：モンテンルパから生還した一学徒兵の手記	産学社	1992. 09. 30
ウェンライト、ジョナサン著、冨永謙吾・堀江芳孝訳	捕虜日記：敗北・降伏・捕虜 屈辱の四年間	原書房	1967. 05. 15

頁数	著者生年	分類	内　容　等	備　考
238	1921	体　験	関西学院大学卒、1943.8第13期飛行専修予備学生、44.8戦艦大和乗員、海軍中尉	奈916-1502
213	1921	体験技術	1941.4東京帝国大学土木工学科入学、42.6海軍技術委託学生、44.3海軍技術中尉、10.219設営隊副長として比島進出、45.9投降、46.1復員	奈916-1617
217	1921	体　験	1944.11第219設営隊副長マニラ、46.1.6浦賀復員	国会GB554-H177
58	1922	体験学徒	日本大学予科2年在学中、召集、1944.7.15マニラ上陸、45.12.11浦賀復員	奈916-1617
1冊		資料集		靖45820/396.5TKイ
24＋		体　験	1946.12.31最後の復員船名古屋	奈913.6-1517
3冊			Ⅰ：決死のコレヒドール脱出　Ⅱ：蛙跳び作戦　Ⅲ：フィリピン奪回	昭和210.75/W74/3
65				奈002-0048
261	1964	NF	学生の聞き書き	
348	1920	体　験	1942.3.1入営、12.29マニラ入港、43.1.2セブ入港、1.7バコロド入港、45.8伍長、46.11名古屋上陸、帰還	国会GB554-G1610；しょうけい396.21-O32
100		体験軍医遺骨収集	1942.9熊本軍医大卒、42.12陸軍軍医中尉、ニューギニヤ、44.4マニラ陸軍病院、バレテ、45.12復員、67遺骨収集	奈916-3648
204	1923	体験戦犯	1943.10海軍第3期兵科予備学生、44.5海軍少尉、44.6.22マニラ上陸、第31警備隊（マニラ）、44.10第31特別根拠地隊、45.3中尉、45.9戦犯容疑者、49.2絞首刑判決、53.7無期懲役、53.12釈放	奈916-1617
318	1873		冨永：海軍兵学校卒、海軍中佐、堀江：陸大卒、陸軍少佐	昭和936/W15

188　Ⅱ. 目　録

著　者　名	書　　名	出版社・発行元	発行年月日
宇垣　纏著、小川貫爾・横井俊幸編	戦藻録：宇垣纏日記（前篇・後篇）	日本出版協同	1952. 11. 25 -53. 03. 15
宇佐美　一美	忘れじの比島：歩兵第三十三連隊歩兵砲中隊比島戦の足跡	驢馬出版	1983. 04. 15
宇佐美　一美	忘れ得ぬ戦場　PART　2	驢馬出版	1984. 09. 10
潮書房	丸別冊　日米戦の天王山（フィリピン決戦記）	潮書房	1986. 11. 15
潮書房	丸別冊　大いなる戦場：比島陸海決戦記	東京：潮書房	1989. 03. 15
内山　ハツ編	慟哭の比島従軍記：日赤第302救護班長崎県支部寄稿文集	佐世保：内山ハツ	1994. 03. 00
宇都宮　直賢	回想の山下裁判	白金書房	1975. 05. 10
宇都宮　直賢	南十字星を望みつつ：ブラジル・フィリピン勤務の思い出	自費出版	1981. 08. 00
ウノ・カズマロ著、柴田賢次郎・望月元雄訳	コレヒドール最後の日	成徳書院	1944. 01. 10
梅崎　光生	ルソン日記：さらばアパリよ	沖積舎	1987. 03. 27
ウールファート、イラ著、福田実訳	レイテ	妙義出版社	1951. 10. 30
江崎　誠致	ルソンの谷間	筑摩書房	1957. 03. 15
江崎　誠致	ルバング島	光文社	1959. 00. 00
江崎　誠致	ルソンの谷間：戦争と青春文学選第一巻	光人社	1977. 11. 18
江崎　誠致	ルソンの挽歌	光人社	1985. 02. 19
江崎　誠致	ルソンの谷間：最悪の戦場　一兵士の報告	光人社	1993. 06. 15

フィリピン関係文献目録（「戦記もの」）　189

頁数	著者生年	分類	内　容　等	備　考
2冊	1890	体験日記	海軍中将、第5航空艦隊司令長官・日記。小川：海軍少将、横井：海軍少将	昭和391.2/U54
302	1919	体　験	1941.12.12アルバイ湾、輸送船、バタアン攻略戦参加、43.8.15マニラ出航、帰国	奈916-1517
302	1919	体　験		奈916-1517
506		証言集	太平洋戦争証言シリーズ4	
506		証言集	太平洋戦争証言シリーズ11	奈県図情　戦争文庫210.75-0000；靖国31690/390.5ウ
151		体験病院		長崎県立図；県広大三原　916‖U96
334	1898-1997	体験参謀	1942.9以降終戦まで在比島軍司令部勤務、第14方面軍参謀副長、少将。	奈210.75-1727
258	1898-1997	体験参謀	陸士32期生、陸大42期生、参謀本部部員、南方村軍参謀、第14方面軍参謀副長、少将、1942.9空路マニラ到着、46.12復員	
181			アメリカ生まれ2世、報道班員として米将兵の話を聞く	昭和936/U77
210		体験日記	1945.5.12-8.27日記。1943.12再召集、比島派遣軍、46.6.4佐世保復員。駿独歩180、有園大隊	
322		従軍記者	従軍記者。コレヒドール陥落後レイテ島に留まったリチャードソン中尉の物語	昭和936/W84
235		体験作家	直木賞受賞作	
198				大阪外大
275	1922	体験作家	1943ルソン島に出征、46復員	
229	1922	体験作家	戦記、作家	1996光人社
322	1922	体験作家		光人社NF文庫

著者名	書名	出版社・発行元	発行年月日
江崎　誠致	ルソンの谷間：最悪の戦場　一兵士の報告	光人社	2003. 03. 06
江戸　雄介	最後の大海戦：夕日のレイテ沖：提督ブル・ハルゼーと栗田健男	光人社	1993. 07. 30
NHK取材班編	踏みにじられた南の島：レイテ・フィリピン	角川書店	1994. 02. 15
NHK取材班編	太平洋戦争　日本の敗因5　レイテに沈んだ大東亜共栄圏	角川書店	1995. 08. 10
遠藤　正久	北ボルネオ戦没者慰霊訪問記：附、ミンダナオ島ザンボアンガ及バラバック島の戦斗を回顧する：昭和63年4月13日より4月18日までの旅を終りて	富士宮：遠藤正久	1988. 08. 15
近江　緑朗	運隊	新風堂	2006. 03. 15
大分県比島会編	比島戦線体験記　第10集：特集・三十三回忌慰霊	大分県比島会	1977. 09. 01
大内　誠	私と敗戦：（附）ルソン島慰霊旅行	札幌：はまなす文庫	2005. 12. 00
大岡　昇平	俘虜記［正］続	創元社	1948. 12. 00 －1949. 12
大岡　昇平	サンホセの聖母	作品社	1950. 06. 00
大岡　昇平	妻	池田書店	1951. 06. 30
大岡　昇平	野火	創元社	1952. 02. 05
大岡　昇平	ミンドロ島ふたたび	中央公論社	1969. 12. 25
大岡　昇平	戦争	大光社	1970. 12. 15
大岡　昇平	レイテ戦記	中央公論社	1971. 09. 30

フィリピン関係文献目録（「戦記もの」） 191

頁数	著者生年	分類	内　容　等	備　考
259	1922-2001	体験作家		光人社名作戦記
242	1926	戦　　記	国際経済ジャーナリストの太平洋海戦記	
240		ド キ ュ		奈210.75-0017、ドキュメント太平洋戦争5
236		ド キ ュ		角川文庫
16		慰　　霊		奈916-3648
63	1921	体　　験	1944. 4 -12飛行第19戦隊大阪→比島、45.1-9独立歩兵丸尾大隊比島山岳州、45.9-46.6 POW. 比島カランバン、6.11佐世保復員	滋賀県立図
40		体 験 集		奈916-3648
143		体験慰霊巡拝		北海道立図北方資料289/O
2冊	1909-88	体験作家		奈913-0046
300		体験作家	独歩359大、西矢隊、ミンドロ	国会YD5-H-a913-1374（マイクロフィッシュ）；1953角川文庫大阪市大913.6/O9/1
276	1909-88	体験作家	独歩359大、西矢隊、ミンドロ	国会913.6-O763t；1954角川文庫
188	1909-88	体験作家		奈書庫913.6-1376
248	1909-88	体験作家	改訂西矢隊始末記	
270	1909-88	体験作家	語りおろしシリーズ	奈914.6-3917
695（別冊38)	1909-88	体験作家		奈913.6-1517

著者名	書名	出版社・発行元	発行年月日
大岡　昇平	レイテ戦記、1、2、3	中央公論社	1972. 08. 15
大岡　昇平	ある補充兵の戦い	現代史出版会	1977. 12. 30
大岡　昇平	わが復員わが戦後	現代史出版会	1978. 04. 00
大岡　昇平	ある補充兵の戦い	徳間文庫	1984. 08. 15
大河原　京太	比島の白日夢	邑久町（岡山）：大河原京太	1981. 07. 15；再版82. 7. 26；3版89. 10. 2
大河内　不朽ほか	「鬼兵団」ルソンに散る	光人社	1991. 09. 29
大久保　健二編	からやん島の想出	大久保健二	1981. 07. 11
大澤　明彦	南太平洋をゆく：ある電信兵の従軍記	中日出版	1986. 07. 24
大沢　清	フィリピンの一日本人から	新潮社	1978. 05. 20
大澤　清	フィリピン邦人社会の戦前・戦中・戦後：考え及ばぬことばかり	びすく社	1994. 03. 15
大島　久二	生と死の彷徨：ルソン戦記	ルソン戦記刊行会	1978. 06. 01
大島　久二	慟哭のルソン：比島最前線	叢文社	1981. 01. 10
大島　六郎	俘虜記	弘文堂	1964. 10. 25
大島　六郎	処置と脱出：比島戦線死闘のかげに	牧野出版	1977. 02. 01

フィリピン関係文献目録（「戦記もの」） 193

頁数	著者生年	分類	内　容　等	備　考
3冊	1909-88	体験作家		奈913.6-1517
314	1909-88	体験作家	1944. 7 .15マニラ上陸、45. 1. 25米軍に収容、12.10博多復員	奈913.6-1517
222		体験作家		奈913.6-1747；1985 徳間文庫
318	1909-88	体験作家		奈913.6-1517
213	1921	体験学徒	1943. 9中央大学法学科卒、学徒動員、44. 2入隊、満洲、釜山、台北、44.12.23ルソン島上陸、歩兵第10連隊第10中隊、陸軍兵長、鉄5448、バレテ戦線と岡山部隊、負傷、45.11.20帰国、80慰霊巡拝	奈916-1917
341		体験集	大河内不朽：野戦重砲兵連隊、高橋洋一郎「ルソンに燃えた"裸の戦士たち"の闘魂」、村上数雄「孤独なる勇者に祈りと花束を」、安部尚道「されど重砲軍団は死せず」、須藤久男「極限の戦場ルソンに生きる」	国　会GB554-E56；証言・昭和の戦争、リバイバル戦記コレクション
				奈723.1-0000
265	1921	体　　験	1942. 9横須賀海兵団入団、4等水兵、ソロモン、ラバウルなど、43.11負傷、12内地送還、入院、44. 2復帰、トラック、ダバオ、カガヤン、45. 9 toukou12.28浦賀、復員、南菲第2通信員、501海軍航空隊、26戦隊	国　会GB554-2170；奈397.21-1610
220	1906	邦人体験		
399	1906	邦人体験	在留邦人、1942. 1 -45. 1比島液体燃料統制組合常務理事兼総支配人	
366	1908	体験現地召集	収容所メモ、復員後の原稿、1942.11比島軍政監部教育要員、1945. 1現地召集、46. 12復員	国会GB554-734
383	1908	体　　験		奈913.6-1617
198	1906	体　　験	1943応召、マニラ上陸、45復員	昭和913/O77；神戸市図；大分高専
198	1906	体　　験	140兵病。同胞が同胞を殺した実録、衛生部隊曹長	国会GB541-88；昭和916/O77；靖国392. 9U

著者名	書名	出版社・発行元	発行年月日
大杉　藤五郎	北と南の星と共に	高石：大杉藤五郎	1992.02.26
太田　兼四郎	比国独立の志士：リカルテ将軍小伝	東京：フィリピン友の会	1953.06.20
太田　兼四郎	鬼哭	フィリピン協会	1972.01.01
太田　重夫	フィリピン・ルソン島再訪記	岡崎：太田重夫	19--
太田　恒也（つねなり）	赤道従軍：ボルネオからフィリッピンへ	東京：富士書店	1943.07.20
太田　悠照（本名：太田 朗（ほがら））	工兵見習士官の戦句集：比島戦線に六道を見た	大阪：タイコー	1991.08.10
太田　悠照	戦句集「比島戦線に六道を見た」の反響　山は呼ぶ	田原本町(奈良)：太田悠照	1999.00.00
大谷　清彦	魔道の宴：比島最前線	叢文社	1981.02.25
大谷　博司	戦車第二師団輜重隊戦記：比島派遣撃兵団輜重隊北部ルソン戦の記録　自昭和十九年八月至昭和二十年九月	山形：大谷博司	1988.08.26
大谷　稔	山征かば　草蒸す屍：飛行第十四戦隊、翼なき比島残置隊　幽界の彷徨とその最期	奈良：大谷稔（ワープロ）	1994.07.00
大塚　逸雄	比島渡航日誌：昭和17年9月7日〜11月9日	熊本：大塚逸雄	1990.09.20
大塚　逸翁	比島渡航日誌　昭和17年9月7日〜11月9日	大塚逸翁	1985.00.00
大塚　広一	嗚呼！　フィリッピン	高崎：大塚広一	1985.03.00
大野　芳	1984年の特攻機	朝日新聞社	1984.12.15
大野　重太郎	友よ、野ねずみの如くして	東京：大野重太郎	1979.12.25

フィリピン関係文献目録（「戦記もの」）　195

頁数	著者生年	分類	内　容　等	備　考
327	1920	体　験	1938.1.10志願入隊、満洲、42.3.15リンガエン湾上陸、バタアン・コレヒドール攻略戦、6.1ダバオ、8.7ラバウル、准尉、45.12.25横須賀に復員	奈916-1910
41		伝　記		
291		伝　記		
		再訪記	東海新聞連載、昭和42年8月15日より。元比島派遣軍司令部付（山下兵団）	奈書庫1　369.37-1748
319		従軍記者	同盟特派員	昭和916/O81/
157	1923	体験戦句集	1943.12入隊、44.7南方総軍、46.6佐世保復員	奈911.3-4617
158	1923	体験戦句集	1943工兵見習士官として比島戦線に従軍、46復員	奈911.3-1617
296	1919	小　説	陸軍航空技術中尉待遇の軍属；小説：在留邦人マニラ放送局女性アナウンサー主人公	国会KH488-172；奈913.6-1517
75	1921	隊　史	1944.9.30北サン上陸、45.9.16投降	国会GB544-E68、奈396.7-1501
70		体　験	1944.10クラークフィールド飛行場、レイテ戦、モロタイ島、残置	奈916-1617
189	1903	体験日記	バタアン半島戦跡視察	奈292.48-2537
146		体験日記		熊本県立図
158				群馬県立図K960/O88
226	1941	NF	捷1号作戦特攻	奈916-1215；昭和916/O67
254	1912	体　験	1951-53脱稿、第100師団拠第10683部隊、カガヤン上陸、ミンダナオ島縦走、ラプイ到着、45.11復員	奈913.6-1917

II. 目　録

著　者　名	書　　　名	出版社・発行元	発行年月日
大野　文吉	鴎と白兵戦：バシー海峡からルソン島へ	国際情報社（光書房）	1981. 10. 20
大野　文吉	白夜彷徨	菁柿堂（星雲社）	2000. 06. 26
大野　六弥	県人将兵かく戦う　郷土部隊　比島戦線で玉砕	鶴岡：荘内日報社	2000. 09. 02
大林　勛	わたしのミナトヨコスカ	かなしん出版	1992. 05. 30
大南　勝	嗚呼わが峯松大隊：ルソン戦線	大阪：大南勝（手書き青焼き）	n. d.
大森　建道（たてみち）	比島従軍日記：あれから四十年	善本社	1985. 08. 10
大森　幸子	デス・バレー：死の谷よりの生還	中津：日高鱸子（ふさこ）・大森幸子	1996. 10. 25
岡崎　洋	比島灼熱の追想：密命諜報員	春陽堂書店	1992. 08. 00
岡沢　裕（ゆたか）	第一期海軍兵科予備学生の記：比島全滅記	東京：一期会	1976. 12. 08
岡沢　裕	318海軍設営隊戦記：比島クラーク戦線	東京：岡沢裕	1982. 05. 20 初版；82. 09. 16二版
岡田　梅子	増補改訂版　春菊よ　谷のせせらぎよ　ありがとう：戦争を知らない人のために	藤嶋シヅ	1995. 11. 03

フィリピン関係文献目録（「戦記もの」） 197

頁数	著者生年	分類	内　容　等	備　考
233	1918	体　験	1944暮れ比島従軍、46復員	奈913.6-1517
246	1918	体　験	1945.5-10逃避行中の日記、収容所で焼却。1939渡満、ソ満国境警備、42.10除隊、43東洋大学専門部倫理国漢科入学、44.12レイテ要員として北サン上陸、旭兵団参謀付、46.8.3佐世保復員、87慰霊巡拝	奈913.6-1917
1冊		部　隊	「荘内日報」平成12年9月2日-12日、7回連載記事の複写物	山形県立図郷土369.2
131	1922	体験学徒詩集	1944.12.8-13戦場日記を含む。1943.12.1広島宇品の暁2953部隊に学徒兵として入隊、12.13マニラ入港。早大卒	奈914.6-1517
n.p.	1920	体　験	1944.7南方派遣緊急補充要員として大阪中部22部隊入隊、10.3マニラ上陸、第14方面軍第88兵站地区隊峯松部隊機関銃中隊分隊長、46.12.29浦賀復員。	奈916-1517
188	1917	従軍記者日記	1944.9.22-45.2.25日記、第4航空軍司令部「真」15300、報道班員、同盟通信社特派員。京大文学部卒	靖国74916／392.9ウオ
113		邦人体験慰霊巡拝	慰霊巡拝	奈916-2637
			春陽文庫	埼玉県立図913.6
607-17	1917	体　験	1941.12.31東大工学部土木工学科卒、42.1.1海軍施設本部土木業務嘱託、43.1.20海軍予備少尉、44.8.15第318設営隊付比島クラークフィールド、12.1大尉、45.11.11帰還	昭和916／O48／
148		体　験	1941.12.31東京大学工学部卒業、42第1期海軍予備学生（兵科）、43.1.20海軍予備少尉、44.1.20海軍中尉、8.15第318海軍設営隊付比島クラークフィールド第1航空艦隊第26航空戦隊所属、12.1海軍大尉、45.11.11復員、呉鎮守府第2復員官、78、80慰霊巡拝	奈916-1917
123		邦人疎開手記		増補改訂版。靖国13169／392.9オ

Ⅱ. 目 録

著者名	書名	出版社・発行元	発行年月日
岡田　梅子・新美彰	ルソンに消えた星：終末を見た女二人の敗走記	毎日新聞社	1980. 07. 30
岡田　梅子・新美彰	1945年夏：フィリッピンの山の中で	日本図書センター	1992. 05. 25
岡田　録	PWの手帳	ニュース社	1947. 08. 30
岡田　録右衛門	PWの手帳：比島虜囚日記	国書刊行会	1982. 02. 28
岡部　辨吉	南十字星の下で：従軍一兵卒の記録	半田町（徳島）：岡部辨吉	1986. 04. 10
岡本　虎雄編、石川欣一監修	残された人々・比島戦犯死刑囚の手記	東京：須磨書房	1952. 06. 25
岡本　望	一兵卒の戦記：故岡本牧夫軍曹戦没五十回忌追悼誌	宇治：岡本望（弟）	1991. 11. 01
岡山　登	回想　わが青春のひとこま（戦争体験の巻）	大竹：岡山登（ワープロ）	1986. 06. 00
小川　小二郎	第五飛行団比島戦斗史	小川小二郎	1959. 03. 00
小川　四郎	声なき伝言：比島単独敗走記	白塔書院	1949. 11. 30
小川　哲郎	この涙の谷より（北部ルソンの記）	田辺：小川哲郎	1971. 00. 00
小川　哲郎	北部ルソン持久戦：この語られざりし死斗	田辺：小川哲郎	1972. 01. 15
小川　哲郎	振武集団戦記：マニラ東方及び南部の戦斗	田辺：小川哲郎	1973. 10. 01
小川　哲郎	小説　カバルアン丘：この知られざる玉砕	田辺：小川哲郎	1973. 11. 01

フィリピン関係文献目録（「戦記もの」） 199

頁数	著者生年	分類	内　容　等	備　考
230	1918？；1917	邦人疎開手記	新美帰国後の1946、岡田53-54執筆。1944.12.20過ぎマニラ邦人北部ルソンに疎開	
289		邦　人	岡田梅子「春菊よ谷のせせらぎよ有難う」新美彰「わたしのフィリピンものがたり」	
183	1911-68	従軍記者	1936早大法卒、朝日新聞社会部記者、44比島特派員、46.8復員	昭和916/O38；国会915.9-O38ウ
192	1911-68	従軍記者	1936早大卒、朝日新聞記者、1944.9マニラ赴任	奈916-1746；南方捕虜叢書1、ニュース社1947年刊再刊
89		体　験	1943.12.1比島派遣独立歩兵第183大隊（勤6454部隊）編成、44.4マニラ上陸、45.9.16ラグナ湖北岸パエテで投降、46.1.15浦賀復員、83、85慰霊巡拝	奈916-1617
264				奈書庫916-391
64		体　験 NF	1941.12.22ルソン島上陸、42.1.16バタアン戦で負傷、26死亡	奈289-1617
98	1922？	体　験	元呉1補主124軍2等主計兵曹。1943.7.15召集、パラオ、11.8ダバオ、45.9.26武装解除、投降、11.19浦賀入港、11.23復員、帰郷	奈916-1611
96		体　験	1921.6陸軍航空学校操縦学生入校、22.2同卒、44.9第5飛行団長、45.6少将	靖国81986/398A.5FBオ
200	1915	体　験	1944.6召集、8.9マニラ上陸、44.9バタアン、大隊ほぼ全滅	国会GB554-564
159		体　験		昭和916/O24/；立命館
183	1912	体　験	京都大学文学部卒、1943陸軍文官（教員要員）渡比、46復員、教職復帰、1973、74厚生省派遣比島遺骨収集団員	奈391.2-1617；改訂版1976.08、158頁
159	1912	体　験	京大卒、1943陸軍文官（教育要員）として渡比、46復員	奈391.2-1517
118	1912	体験小説	1935京大英文学卒	国会GB554-282

著者名	書名	出版社・発行元	発行年月日
小川　哲郎	玉砕を禁ず：比島カバルアン丘の死闘	白金書房	1976. 01. 10
小川　哲郎	北部ルソン持久戦：この語られざりし死斗〈改定版〉	田辺(和歌山)：小川哲郎	1976. 08. 01
小川　哲郎	北部ルソン戦（戦争と人間の記録）	現代史出版会	1978. 05. 10
小川　博則	歩兵第三十九連隊第三大隊戦記　大東亜戦争に於ける	境港：小川博則	1983. 04. 20
沖　修二	山下奉文	山下奉文記念会	1958. 11. 10
沖　修二	悲劇の将軍：人間山下奉文	日本週報社	1959. 04. 20
沖　修二	至誠通天：山下奉文	秋田書店	1968. 02. 15
沖縄タイムス	新沖縄文学84号　特集：もうひとつの戦争体験―台湾・フィリピン・南洋群島	沖縄タイムス	1990. 06. 30
荻野　忠八編	独立歩兵第十一聯隊（泉第五三一四部隊）第二中隊史：黄塵蒙彊そして苦闘ルソンの記録	独歩十一第二中隊史刊行会	1990. 08. 15
荻野　忠八編（比島観音奉賛会）	比島観音建立二十年史	御津町(愛知県)：比島観音奉賛会	1993. 04. 04
荻原　長一	髑髏の証言：ミンダナオ島敗走録	富民協会	1987. 01. 21
奥谷　進	太平洋戦争：青春の記録	伊丹：奥谷進	1988. 04. 21
奥村　達造	ホロ島戦記：独立混成第五十五旅団砲兵隊第二中隊員の手記	恵那：奥村達造	1980. 07. 15
奥村　芳太郎	外地に残る日本の戦歴（中国満州・フィリピン編）	毎日新聞社	1970. 09. 30

フィリピン関係文献目録(「戦記もの」)　201

頁数	著者生年	分類	内　容　等	備　考
222	1912	体験	「解説」宇都宮直賢。第14方面軍軍政監部政務班、日本語教育、司政官。旭、23D、歩71大盛、工23落	奈391.2-1617
158	1912	体験		昭和916/O24/；奈391.2-1617
2冊	1912	体験	陸軍文官(教育要員)	
52		大隊	元歩兵第39連隊第3大隊長。1944.12.13マニラ上陸、バタアン半島で戦闘、45.12.12鹿児島上陸	奈396.5-1501
568	1897			国会289.1-O556y
356	1897			国会289.1-Y452On；靖国22516/390.281ヤ
346	1897			奈913.6-0027
216		研究	体験記録もあり	
243		中隊	1935満洲熱河省警備、支那事変進攻作戦、44.9.1マニラ港着、レイテ戦、バレテ、45.9.25投降	奈396.5-1201；国会GB521-E184
96		慰霊碑集		初版1991.04.07
298	1918	体験	収容所で脱稿の原稿。1944.7.15マニラ上陸、独立混成第54旅団砲兵大隊第1中隊陸軍軍曹、サンボアンガ半島守備、47.1.1復員	
492	1917	体験戦後	1941.12レガスピ上陸、歩兵第33連隊、バタアン戦、大竹復員	奈916-1917
271		体験	「亡き戦友の霊に捧ぐ」1944.7独立混成第五十五旅団編成、10.4ホロ島守備、45.4.9米軍上陸、9.16降伏、45.12復員、1年後手記	奈916-1617
208		写真集		奈210.75-1500

著者名	書名	出版社・発行元	発行年月日
奥山　清治郎	死へのさすらい　マニラ東方山岳戦の記録	大阪：香匠庵	1985. 01. 08
小栗　勉	父の幻影	青磁社	1991. 03. 01
小栗　勉	ルソン島　駆けある記：サヨナラ・ルソン島戦没者巡拝の旅に随伴して	青磁社	1992. 09. 15
尾崎　士郎	戦影日記	小学館	1943. 05. 25
尾崎　士郎	戦記　バタアン半島	圭文館	1962. 12. 30
長部　日出雄	見知らぬ戦場	文藝春秋	1986. 08. 15
長部　日出雄	戦場で死んだ兄をたずねて：フィリピンと日本	岩波書店	1988. 05. 20
小沢　小善治	追悼の画集：レイテ・セブ	山梨日日新聞社	1966. 11. 26
落合　三郎・清水喜重郎編	第2回フィリピン・台湾・沖縄海域洋上慰霊祭　昭和58年11月26日（土）～12月8日（木）	落合三郎	1983. 12. 01
小田　三一	比島戦跡巡拝の記	安岐町（大分県）：小田三一	1981. 02. 11
小野　清志	歩兵第十連隊の最後：北満から台湾を経て比島へ　比島バレテ峠における連隊の奮戦とその最後	船穂町（岡山）：小野清志	1992. 08. 20
小野　哲著、織田真一編集	呂宋戦犯収容所日記　野戦高射砲第53大隊長　陸軍大尉小野哲遺稿集	野戦高射砲第53大隊戦友会	1984. 01. 00
小野　豊明	比島宣撫と宗教班	中央出版社	1945. 00. 00
小野　豊明・寺田勇文編集・解題	比島宗教班関係史料集	龍溪書舎	1999. 12. 00
小野田　久一	マニラ湾燃ゆ：地獄の比島陸戦記	豊橋：小野田久一	1985. 08. 15
小野田　種次郎	ルバングの譜	潮出版社	1974. 08. 25

頁数	著者生年	分類	内　容　等	備　考
225	1917	体　験	1944.10.29北サン上陸、45.11加治木復員	奈916-1617
237		息　子	フリーライター。父サンバレスで戦死	奈913.6-3648
173		息子慰霊巡拝	フリーライター。父サンバレスで戦死	奈292.48-3648
357	1898-1964	日記作家	1941.12.8-42.10.1日記；比島派遣軍第1次宣伝班員	奈915.6-1517；915.6-O96ウ
252	1898-1964	日記作家	1941.12.8-42.10.1日記；宣伝部隊員	国会915.9-O979s
251	1934	弟　小説	戦死した兄の戦場をフィリピン人側の視点で。第135野戦飛行場設営隊	
207	1934	弟　ルポ	戦死した兄の戦場を訪ねて	岩波ジュニア新書
87	1931	体験画集	21年目のレイテ・セブ戦場	靖国8180/392.9U；大阪外大
68		慰　霊	謹んで英霊に捧ぐ	山形県立図郷土YK390.28オチ
44	1918？	兄　慰霊巡拝	1944.11.6マニラで弟小田四五戦死。39松山高商卒	昭和916/O17/
171	1918	体　験	1939入隊、40.6仙台陸軍予備士官学校卒、44.12.22アパリ沖到着、45.8大尉、45.9.17武装解除、46.6復員	国会GB554-E1301
84	1922	遺稿集戦犯	ニューギニアで米飛行搭乗員処刑でB級戦犯、1946.7.16マニラで処刑	奈289-1650、書庫1289-1650
210	1912	体験宗教部隊	宗教部隊の日記あり	国会393.4-O67ウ、閲覧不可
2巻	1912；1950	史料集		
118	1910	体　験	1944.6呉海軍入団、44.9.1南方派遣笛木部隊太田隊マニラ入港、46.10.16名古屋港復員	国会GB554-2032；奈916-1617
252		残留遺族父		奈289-1951

II. 目録

著者名	書名	出版社・発行元	発行年月日
小野田　寛郎	わがルバン島の30年戦争	講談社	1974. 09. 08
小野田　寛郎	わが回想のルバング島：情報将校の遅すぎた帰還	朝日新聞社	1988. 08. 15
小野田　凡二（種次郎）	回想のルバング：寛郎を待った三十年	浪蔓	1974. 06. 10
於保　忠彦	嗚呼草枕：比島戦線の死闘	芸文堂	1995. 07. 15
於保　忠彦	逃亡放浪	佐世保：於保忠彦	2001. 06. 11
小見　寿編	原平三追悼文集：フィリピンミンダナオ島ダバオで戦死した父	自費出版	1992. 03. 31
小見　昌夫編	追憶の南十字星：フィリピン・ザンボアンガ　田中大隊戦没者慰霊碑現地建立報告誌　付田中大隊の記録	？：萩三六一比島会	1979. 05. 05
尾本　信平	尾本紀行：マンカヤン銅山	船橋：尾本信平	1982. 10. 20
小山田　稔作	私の大東亜戦争戦記	？：小山田稔作（ワープロ）	1988. 10. 20
御田　重宝	人間の記録　レイテ・ミンダナオ戦（前後編）	現代史出版会	1977. 07. 10
御田　重宝	戦争と人間の記録：バターン戦	現代史出版会	1978. 06. 10
開発　理介	ルソン山中彷徨記		1988. 00. 00
加賀尾　秀忍	モンテンルパに祈る：比島戦犯死刑囚と共に	富士書苑	1953. 08. 20
加賀尾　秀忍著、浮田恵依子編集	十三階段と平和：モンテンルパの涙の真相：元比島戦争裁判教誨師加賀尾秀忍師講演録	？：西本清久	1964. 10. 00
加賀尾　秀忍	モンテンルパに祈る	国書刊行会	1982. 02. 28
垣部隊写真班作製	比島作戦の思ひ出	？：垣部隊	1942. 00. 00

頁数	著者生年	分類	内　容　等	備　考
248	1922	残　留	駿17616、103D、独歩、357大	奈916-1951
255	1922	残　留		奈916-1600；1995朝日文庫
238		残留遺族父		奈289-2949
287	1924	戦犯慰霊巡拝	比島派遣特攻隊海上挺身隊第9戦隊付、陸軍中尉、復員後B級戦犯、地下に潜る。1984、88慰霊巡拝	奈916-1617
44	1924	体験随筆		奈916-1617
197	1935	追悼文集	原平三：1908—45.4.19；文部省維新史料編纂官、1944.7フィリピン派遣軍東部第3部隊として出征	国会GK48-E42
443		大　隊	萩三六一比島会。	奈369.37-1617
358	1908-99	体験銅山開発	「尾本文集」2：虎兵団と三井金属共闘；1942.1-47.1三井鉱山マンカヤン銅山、45.9.22投降、73遺骨収集	国会GA92-288
146		体　験	海軍航空隊	奈916-1517
244+241	1929	ド　キ　ュ	中国新聞連載；ドキュメント	1992.08徳間文庫
294 189	1929	ド　キ　ュ	アンケートなどの記録、中国新聞編集委員	1993.08徳間文庫 山梨県立図916カイ
258	1901-77	戦犯教誨		奈916-1750
53	1901-77	戦犯教誨講演録		奈916-2750
224	1901-77	戦犯教誨	比島国際戦争裁判教誨師、処刑に立ち会う	奈書庫1　915.9-295、916-1750
		部隊写真集	自昭和十六年十二月至昭和十七年九月	奈書庫1　210.75-1517；昭和210.75/Ka25/

著者名	書名	出版社・発行元	発行年月日
加来　磯満	一下士官の戦地での思い出	文芸社	2002.10.15
学習研究社	「歴史群像」太平洋戦史シリーズ　第9巻　レイテ沖海戦	学習研究社	1995.08.20
影山　三郎編	レイテ島捕虜新聞　絶望から文化創造へ	立風書房	1975.08.20
影山　三郎編	レイテ曙光新聞物語	彩光社	1980.11.15
影山　三郎編	レイテ曙光新聞：手作り新聞にみる捕虜生活	彩光社	1980.11.15
加治木港引揚死没者慰霊祭実行委員会（川嵜兼孝編）	引揚死没者慰霊祭の挙行・「引揚船入港の地加治木」の碑建立に関する委員会活動記録及び関係資料	加治木港引揚死没者慰霊祭実行委員会	1999.04.15
梶原　武次編	砲声比島の空に消ゆ・野砲兵第八聯隊第十中隊戦記	横浜：梶原武次	1990.04.29；2008.08
片岡　董	レイテ戦従軍記	東京：松本実	1987.11.01
片桐部隊慰霊碑建立世話人	南十字星：片桐部隊第百師団独立歩兵第百六十八大隊	？：片桐部隊慰霊碑建立世話人	1972.08.00
勝田　泰一	彷徨二七〇日：比島参戦記	東京：勝田泰一	1980.12.30
加藤　香ほか編	第三十一飛行場大隊かく戦えり	福岡：第三十一飛行場大隊戦友会	1989.08.00
加藤　勝美	戦争体験記：フィリピン・ルソン島南部の私記	豊川：加藤勝美	2006.01.25

フィリピン関係文献目録(「戦記もの」) 207

頁数	著者生年	分類	内　容　等	備　考
221	1918	体　験	1939.5.1熊本で入隊、満洲、43.5.1南方戦線へ、ニューギニア、44.12.3マニラへ転院、46.1.14マニラ出港、2.21佐世保上陸、翌日復員	愛知県図地域資料A960/カク
186		戦　記		昭和391.2/R25/9
339	1911	新　聞	朝日新聞レイテ島特派員、1946.1.6創刊号から11.16終刊号までを1947時点で記録	奈916-1646
438	1911	新　聞	東京大学文学部卒、1975の増補版。手作り新聞編集室、収容所生活	
98	1911	新　聞		縮刷版。奈070-3646
86		慰　霊		
152；168		中　隊		靖国8223/396.5FA08カ
166	1894-1963	体　験	1954の挨拶文あり。1915陸軍士官学校卒、第一師団長、中将。1944.10マニラ、レイテ戦、セブ	奈916-1517
		画　集	1943.12.7臨時召集(名古屋)、1944.1.6マニラ上陸、1.26カガヤン上陸、ダバオに転進	奈396.5-3501
160	1909	体　験	1944.9陸軍軍医予備員応召、46.1復員、戦友の日記利用。129兵病、盟	国会GB554-1148
327		大　隊	1943.5.5マニラ着、45.9.15集結、投降	奈916-1501
29	1923	体　験	豊川生まれ、1944.1.5呉海兵団入団、44.7第33特別根拠地付35警備本部へ転勤、8末マニラ上陸、10レガスピ本部に着任、45.4.29-12.23POW、46.12.21名古屋上陸、復員	豊川市中央図書館

著者名	書名	出版社・発行元	発行年月日
加藤　清	雨と運命　比島戦の思い出	？：加藤清	1992. 03. 30
加藤　清敬	フィリピン戦跡　巡拝慰霊の記	高森町(長野)：加藤清敬	1971. 06. 00
加藤　静枝	ルソン哭泣：従軍看護婦の手記	自費出版	1996. 03. 10
『加藤隊かく戦えり』編集委員会編	加藤隊かく戦えり：鉄5446部隊：一歩兵第39連隊第3機関銃中隊の記録	高森町（長野）：『加藤隊かく戦えり』編集委員会	1990. 01. 00
加藤　忠治	戦記：大東亜戦争参戦記録	東京：加藤忠治	1985. 12. 20
加藤　春信	比島山中　彷徨記	東京：加藤春信	1976. 10. 20
加藤　春信	比島山中彷徨記	開発社	1977. 03. 01
加藤　春信	ルソン島挽歌：続・比島山中彷徨記	開発社	1979. 03. 20
加藤　春信	生還者の証言	開発社	1980. 12. 15
加藤　英男	私の戦闘ルソン：軍隊は運隊だった	？：加藤英男	1988. 10. 00
門松　正一	絞首刑	ジープ社	1950. 04. 15
門松　正一	絞首刑	国書刊行会	1982. 02. 28
香取　俊介	マッカーサーが探した男　隠された昭和史	双葉社	1998. 00. 00

頁数	著者生年	分類	内　容　等	備　考
117	1917	体　験	宇都宮大学林学科卒。北支派遣第35師団転進、1944年4月釜山港集結、28日マニラ、5月6日セレベス沖魚雷命中、負傷、マニラ野戦病院入院、10月退院、野戦補充隊、報道部転属、バギオ転進、45年12月末帰国	
21		慰霊巡拝	仙台陸軍幼年学校、陸軍士官学校卒、43.5陸軍少尉、満洲、台湾、比島、陸軍大尉	奈916-1748
139	1924	体験看護	1942.1.16召集令状、第343救護班要員、台南陸軍病院派遣、43.5比島派遣命令、バギオ第74兵站病院、46.10末帰国許可、佐世保復員。33、37回忌慰霊団参加	奈916-1621
430		中隊戦記	「本誌をバターンの戦場で参加し護国の英霊となった亡き戦友に捧げる」	奈916-1517
163	1905	体　験	40.12勝泳丸、41.10軍艦夕張、44.3第3南遣艦隊司令部主任、3.7クラーク飛行場着、9.12投降、46.1.21大竹復員	国会GB554-2079
187	1915	体　験	38.3二本松学舎専門学校卒、42.11東京第2陸軍病院衛生兵として召集、満洲、43.2マニラに転進、45.9終戦、12復員	国会GB554-477
296	1915	体　験	戦記、陸軍病院衛生兵、63兵站病院	
165	1915	体　験	1943.2第63兵站病院衛生兵（威7862部隊）マニラに移動、45.12復員	
157	1915	体　験	1942.11東京第2陸軍病院衛生兵として召集、満洲、43.2マニラ、45.9終戦、12復員	国会GB554-1036
227	1920	体　験	京都高等蚕糸学校卒。1944.12.26北サン上陸、船舶工兵第32連隊（暁19774部隊）、46.8.2帰国	奈396.7-1617
339		戦　犯		奈329.67-0050
298	1904	戦　犯	戦犯叢書、山下武責任編集。1925少尉、45在タイ歩兵第61連隊長。46.5.5復員。マニラ軍事法廷死刑囚、独居生活、	奈書庫915.9-295
308	1942	NF	浜本正勝	立命館289.1/H24

著者名	書名	出版社・発行元	発行年月日
金井　英一郎	さらばマニラよ：33回忌戦友追悼	御宿町(千葉)：金井英一郎	1977. 12. 10
金井　英一郎編	『さらばマニラよ』を読んで	？：金井英一郎	1978. 03. 30
金井　英一郎	Gパン主計ルソン戦記	文藝春秋	1986. 08. 15
金井　英一郎	白骨山河	文芸社	2002. 11. 15
金丸(かなまる)　利孝	惨烈の比島戦：一従軍者の戦場体験と心の記録	海鳥社	1992. 10. 12
金丸　利孝	南十字星の煌く下に：鎮魂歌―惨烈のフィリピン戦	海鳥社	2000. 08. 07
金谷　義男	比島戦線　偶感日記：一分隊長の陣中日記より	奈良：金谷義男	1981. 02. 00
可児隊回想録編集委員会編	可児隊回想録（戦史）　第四航空特種通信隊　第八航空特種通信隊	東京：屏東会	1986. 08. 15
金ヶ江　清太郎	歩いて来た道：ヒリッピン物語	国政社	1968. 04. 10
金子　貫次	異国の山河に	平塚：金子貫次	1982. 11. 00
金子　栄之	太平洋戦争に従軍してネグロス島に散った戦友のことなど	？：金子栄之（手書き）	1987. 04. 00
金子　政美	アパ［バ］カの林：比島従軍記	豊川堂書房	1972. 03. 15
鹿江(かのえ)　武平編	戦車第十連隊史	横須賀：戦十史刊行委員会	1988. 10. 00

頁数	著者生年	分類	内　容　等	備　考
101	1922	体　験	1943.2野砲兵第1連隊（北満）入営2等兵、44.6東京陸軍経理学校卒、44.10ルソン島ラポッグ上陸、負傷、兵站病院入院、45.2陸軍主計少尉、第4航空軍、46.6復員、復員直後2ヶ月手記執筆、1964以来慰霊巡拝	奈916-1617
21	1922		読後感など	奈916-1617
326	1922	体　験	1946.6復員直後に1000枚の原稿執筆。44.10.24北部ルソン西海岸投錨	2002.10光人社文庫
295	1922	体　験		奈916-1617
302	1919	体　験	1942豊橋予備士官学校卒、第14方面軍司令部参謀部情報中尉、44.8.1北サン上陸、45.12.21復員	国会GB554-E1293
309	1919	体　験	増補改訂	国会GB554-G1378
42		体験日記	1942.6マニラで書いた「南洋便り」と陣中日記。1941.12.21北サン上陸、バタアン・コレヒドール戦参加、45.12.25浦賀復員	奈916-1617
379		隊　史	1944.7.15マニラ上陸、第4航空軍隷下、終戦40周年記念刊行	国会GB554-E153
715	1894	邦人自伝	在留邦人、1909渡比、22日本バザー、35ナショナル・ゴム工業株式会社創立、45.11引き揚げ	
236	1917	体　験	1941.7.20応召、12.22リンガエン湾上陸、バタアン・コレヒドール攻略戦、満洲、シベリヤ抑留、48.9.1舞鶴上陸、復員	奈396.21-1610
38		体　験	1943.3満洲、44.6マニラ上陸、マニラ航空廠、ミンダナオ島デルモンテ第三飛行場、セブ、ネグロス、45.9.2武装解除、45.12.8浦賀復員	奈916-1617
232	1911	体　験	國學院大卒、笠岡高等女学校教員、44.1.6マニラ上陸、45.1.24ミンダナオ島カガヤン、9.24投降、11.18浦賀復員	国会KH248-53
598		連　隊	1939ハルピンで連隊創設、44.10ルソン島中部集結、69連隊会結成	奈396.7-1501

著者名	書名	出版社・発行元	発行年月日
鏑木　義弘編集	吾が戦記：13会記録集	？：昭和13年徴集電信兵及び電信第13聯隊友の会	1990. 05. 01
鎌田　大吉	わが胸の夕日はしずまず：嗚呼　慟哭のルソン戦　鎌田初年兵物語	東大阪：鎌田信号機	1997. 08. 05（二版）、初版1995. 8. 5
神子　清	われレイテに死せず　新版	出版協同社	1988. 12. 20
神山　渓春著、神山芳男編	第二次大戦従軍回顧録：民族独立運動と宗教	神山渓春	2002. 02. 28
神山　参二	あゝ兵庫兵団	神戸：のじぎく文庫	1969. 05. 25
神山　参二	続・あゝ兵庫兵団	神戸：のじぎく文庫	1970. 07. 20
蒲生　貞利・峰尾覚三著、蒲生貞利編	ルソン島回行録：南方軍第30野戦防疫給水部隊威第12368部隊	戦友会	1982. 00. 00
掃部（かもん）　均	さらば比島	水沢：掃部均	1977. 11. 00
萱嶋　浩一	秘録マニラ戦闘概報	豊中：萱嶋浩一	1968. 10. 30
萱原　宏一	戦中比島嘱託日誌	青蛙房	1983. 08. 15
唐住　巌	一軍医の手記：ルソン戦線より	池田町（徳島）：唐住巌	1981. 07. 01
河合　重雄	戦車第2師団の記録	川崎：河合重雄	1996. 06. 00

フィリピン関係文献目録(「戦記もの」) 213

頁数	著者生年	分類	内　容　等	備　考
80		体験記録集		奈916-1617
165	1917	体　験	1943召集、サイゴン55日間の後、44．3．29マニラ入港、45．9．14降伏、浦賀復員。81、94慰霊巡拝	奈916-1617
512	1920	体　験	早大卒。1944.11玉兵団（第1師団）分隊長としてレイテ戦に参加、45.12復員。66遺骨収集	初版1965.11.30；再版1966.01；新版1977.12；1988.01ハヤカワ文庫2冊（早川書房）。奈916-1617
71	1922		海兵団入団、航空母艦「雲鷹」など	奈916-1510
209	1922	兵　団	元兵庫新聞編集局長、アメリカ生まれ、本名：岩佐純	国会GB544-17
192	1922	兵　団	本名：岩佐純、元兵庫新聞編集局長、郷土史研究家	国会GB544-17
		部　隊		埼玉県立久喜図915.9/G18；東京都立図多摩
59				岩手県立図郷土K913
108		体験参謀	1945.3-終戦まで書き写す。1944.10.30マニラ着、第31特根参謀、45.2.26までの日誌	奈391.2-1517
280	1905	体験日記	1942.9.2-43.3.11日記、軍報道部嘱託；早大卒、42.12.22マニラ上陸、43.3.10板付帰国	国会GB554-1469
106	1913	体験軍医	1937京城帝大医学部卒、虎歩73軍医、44.12.28リンガエン湾上陸、45.8.23投降命令、12.15大竹復員	国会GB554-1236
174	1905	体験参謀	1926陸軍士官学校卒、44.9比島に移動、主任参謀、陸軍中佐、45.11内地帰還、73比島方面戦没者遺骨収集団、戦友団団長	奈396.21-1601

著者名	書名	出版社・発行元	発行年月日
河合　寿恵吉 （山口末吉）	我が生涯：戦前・戦後を振返って	貝塚：河井寿恵吉	1987. 05. 00
河合　寿恵吉	フィリッピン戦跡慰霊巡拝	貝塚：河井寿恵吉	1994. 00. 00 （ワープロ）
河合　武郎	ルソン戦記：若き野戦重砲指揮官の回想	光人社	1987. 12. 21
河合　武郎	ルソンの砲弾：第八師団玉砕戦記	光人社	1990. 01. 31
川井　輝臣	SS七号比島作戦記：陸軍機動輸送艇	茨城新聞社出版部	1975. 11. 25
河井　徳雄	青春の軌跡：一青年軍医の敗戦	札幌：河井徳雄	1996. 08. 00
川上　喜久子	フィリピン回想	鎌倉：川上喜久子	1984. 11. 07
川北　昌子	フィリピン巡拝記：亡き人々の跡を慕ひて	府中：川北昌子	1975. 08. 17
川口　実信	戦記　密林の挽歌	大宮町（京都）：川口実信	1995. 02. 01
河崎　茂・田中重一	軍医と記者の戦争手記	政経通信社	1979. 11. 15
川崎　可保	翻弄される学徒兵：太平洋戦争でのある学徒兵の手記	五戸町（青森）：川崎可保	1998. 03. 00
川崎　卓吉	神々達の思い出　世情雑感　フィリピンルソン島巡拝記	大東：川崎卓吉	1994. 10. 01
川瀬　潔	鉄五四五四部隊自動車部隊　比島の戦闘と戦績	倉敷：川瀬潔	1977. 09. 30
川野　茂春著、伴了三編	陸軍大尉川野茂春陣中日記	大分：伴了三	1974. 10. 00
川村　悦郎	神軍の虐殺：占領下フィリピンで何が起きたのか	徳間書店	1991. 11. 30

頁数	著者生年	分類	内　容　等	備　考
128		体　験	1944.1.19マニラ、セブ、ミンダナオ、46.12名古屋復員	奈289-1917
13		慰霊巡拝	1994.2.8-17慰霊巡拝	奈916-1748
253	1922	体　験	1944.9ルソン島上陸、陸軍大尉、46.8.2佐世保復員	1998.07光人社文庫
285	1922	体　験	1944.9ルソン島上陸、陸軍大尉、46.8.2佐世保復員	1999.06光人社文庫
113	1919	体　験	1994.3.28-45.3.23宇品出港から帰還までの全記録	奈396.7-1517
252	1920	体験軍医	1943.9.25北大医学専門部卒、43.10.15山梨63部隊入隊、44.10.14ルソン島；オーラック飛行場、11.下旬ネグロス島サルビヤ飛行場勤務、45.4.1軍医中尉、8.27終戦を知る、9.2投降、46.12.27名古屋復員	奈394-1620；靖国75817/392.9U
238	1904-85	体験日記	1942.11.24-43.3.29、軍報道部嘱託、42.12.17飛行機でマニラ到着、43.3.29飛行機で帰国	KH258-590；京大東南ア研
88		慰霊巡拝	慰霊碑。バニキヤン、トリニダッド（野口兵団）、73、74、75慰霊巡拝	奈369.37-3948；国会GB554-904
275		体　験	1944.12.24ルソン島アンチモナン上陸、バタアン戦負傷、43.3.28帰国	奈916-1617
260		体験軍医記者	河崎茂『戦いの死角（ビルマ戦線従軍々医）』、田中重一『孤島の挽歌』の2編	奈916-1610
365	1923	体験学徒	学徒兵、東京農業大学、1942.9繰り上げ卒業、44.8マニラ上陸、46.6復員	奈289-1623
121		息子慰霊巡拝	父河崎正義1912生まれ、1944.12サンフェルナンド着、陸軍兵長、戦死。1994比島50回忌現地供養戦績巡拝団参加	
31		部隊慰霊記念	鉄兵団合同比島慰霊団自動車部隊記念誌。1944.12マニラ入港、45.9.13武装解除	奈396.7-1601
118	1909	陣中日記	1944.10.1—45.5.17日記；アメリカ人所有1963遺族に返還；1944.12.8ルソン島着、45.6.27戦死。旭野砲兵17吉富部隊	国会GB554-E805；奈396.21-1517
334	1949	NF	ノンフィクション；虐殺事件調査	

Ⅱ. 目 録

著者名	書名	出版社・発行元	発行年月日
河原井 清	或る戦争要員の一代記	私製	1998.04.00（コピー）
歓喜峰の会編	レイテ・セブ慰霊巡拝録：歓喜峰への呼びかけ	東京：歓喜峰の会	1993.05.05
歓喜峰の会編	歓喜峰への呼びかけ・第二集：レイテ戦五十回忌追悼慰霊巡拝録	東京：歓喜峰の会	1995.07.07
歓喜峰の会編	歓喜峰への呼びかけ（第三集）：レイテ戦五十二年目慰霊巡拝三ヶ根山・戦没者慰霊碑建立	東京：歓喜峰の会	1997.08.16
関西174会編	血涙を以て綴った174会員の記録	吹田：関西174会（謄写版）	1966.03.00
神崎 陽	ルソンに消ゆ：戦没学徒従軍日記	鵬和出版	1983.12.10
神田 勇	わが比島戦記	松山：神田勇	1979.09.17
岸 三郎編	比島決戦威第一〇六八〇部隊第十四方面軍野戦兵器廠ああダバオ支廠	横浜：岸三郎	1988.10.00
岸見 勇美	地獄の海：レイテ多号作戦の悲劇	光人社	2004.03.12
北 和子	ルソンの土：若き海軍気象隊技工士の死	国立：北和子（妹）	1996.08.15
北 清一編	召集令状と私	？：福寿会	1983.03.10
木戸 則正	生と死　フイリッピン作戦戦場手記	木戸則正	1965.00.00
木戸 則正	戦友（とも）の遺言：フィリッピンの戦闘	比島みたま会	1975.00.00
儀同 保	ルソンの碑（いしぶみ）：陸軍水上特攻隊の最期	光人社	1981.11.22
儀同 保	陸軍水上特攻隊ルソン戦記：知られざる千百四十名の最期	光人社	2003.07.17

フィリピン関係文献目録（「戦記もの」）　217

頁数	著者生年	分類	内　容　等	備　考
156-236		体　　験	野砲兵第22連隊（京都）。自分が書いた部分のみコピーしたもの	奈916-1617
210		慰霊巡拝	平成4年6月歩兵第1連隊戦跡巡拝団	奈369.37-3748
194		慰霊巡拝	平成7年7月歩兵第1連隊歓喜峰の会	奈369.37-3748
418		慰霊巡拝	レイテ島歓喜峰の会	奈369.37-3748
84		体　　験	従軍看護婦、軍医らの手記	奈394-1617
358	1919	体験学徒日記	1944.7.10比島派遣、第148飛大、威18492部隊所属、陸軍主計伍長、45.3.2戦死	
118	1919	体験慰霊巡拝	1940.2入隊、満洲、44.12.10マニラ着、北部ルソン防衛、45.9武装解除、主計大尉、46.2大竹復員、74、77慰霊巡拝、鉄5447	奈916-1617
36	n.a.	部　　隊	1944.4.20第14方面軍野戦兵器廠ダバオ支廠長中尉、45.9.7軍司令部命令下達投降	国会GB554-E758
262	1933	戦　　記	ジャーナリスト	奈391.2074-1517
194		妹　慰霊	1993慰霊巡拝	奈369.37-3910
103		体　　験	1937.9.15第9師団鯖江第36連隊入隊、中国、41.12.22リンガエン湾上陸、バタアン戦、タガイタイ、イサベラ、セブ討伐、43.8.28マニラ出航、帰国	奈916-1917
45				熊本県立図
252			旭、23D、野砲兵17R吉富	熊本県立図
209	1926	体　　験	1944海上挺身第2戦隊員、沖縄戦参加、46.1復員	
292		体　　験		『ルソンの碑』1981改題、光人社NF文庫、国会GB554-H150

著者名	書名	出版社・発行元	発行年月日
木俣　滋郎	第二水雷戦隊突入す＝礼号作戦・最後の艦砲射撃	経済往来社	1972. 07. 10
木俣　滋郎	なぐり込み艦隊	朝日ソノラマ	1986. 02. 15
木村　敏夫	バターン死の行進：比島戦記	京都：木村敏夫	1973. 00. 00
京都新聞社編著、久津間保治執筆	防人の詩：悲運の京都兵団証言録　第一集：比島編	京都新聞社	1976. 10. 31
京都新聞社編著、久津間保治執筆	防人の詩：悲運の京都兵団証言録　第四集：レイテ編	京都新聞社	1981. 04. 13
京都新聞社編著、久津間保治執筆	防人の詩：悲運の京都兵団証言録：ルソン編	京都新聞社	1982. 12. 15
空閑　浩	第138兵站病院戦史	久留米：空閑浩	1998. 06. 15
久木田　健治	遺稿集・比島日記（タクボ）	鹿児島：久木田泰子（妻）	1985. 11. 22
日下　一	戦場の人々（北ルソンに散った工兵中隊の記録）	仙台：日下一	1994. 11. 00
草戸　寥太郎	散華の海：海上挺進第18戦隊（第3中隊）　同20戦隊の海難記	名瀬：倉井則雄	1982. 11. 01
草戸　寥太郎	軍刀と花：わたしの軍隊青春記	名瀬：倉井則雄	1988. 11. 15
草戸　寥太郎	征途の果て：海上挺進第18戦隊の行跡　私の軍隊体験と人生	名瀬：倉井則雄	1992. 08. 15

フィリピン関係文献目録(「戦記もの」) 219

頁数	著者生年	分類	内　容　等	備　考
275	1930			光人社NF文庫 2003；奈916-1902
266	1930		改題。1954一橋大学経済学部卒。	国会GB547-165
322		戦　記		国会GB554-305、奈916-1617
431	1932	証言集		奈210.75-1217
464	1932	証言集		奈210.75-1517
563	1932	証言集	100D、独歩167大鉄砲隊	京都府立総合資料館 KO/916/KY6/5
238	1915	体験病院	1937.3九州医学専門学校卒、外科医、38.9支那派遣軍嘱託、43.10応召、第138兵站病院付、比島派遣威第9766部隊、少尉、45.9.16武装解除、46.1.9浦賀上陸、11復員	福岡県立図
275	1910-79	体験軍医日記	1944.8.14-45.12.24日記。1936長崎医大卒、軍医、駿17616、44.8.17衛生部見習士官召集、9.30サンフェルナンド入港、10.12バギオ、ボントックへ、45.8.17ビラで終戦を知る、12.21復員	国会GB544-2157
149	1923	体　験	1942工兵第2連隊（東部第29部隊）入営、陸軍工兵学校卒、44.5.28マニラ上陸、第103師団工兵隊第6中隊、中尉	奈396.7-1617
295	1923	体験学徒	レ18戦隊（暁19757）17戦隊、レ20戦隊（暁19759）。1943.12二松学舎専門学校在学中学徒動員、46.3復員	奈396.7-1510
396	1923	体験学徒	別書名：軍刀と花：学徒出陣特攻隊比島派遣ボカチン台湾派遣敗戦─暗雲下の軍隊青春記、注記：背・表紙の著者表記：草戸寥太郎。草戸寥太郎の本名は倉井則雄	奈916-1620
489	1923	体験学徒	本名：倉井則雄。比島戦列に出港した戦隊はどうなったか	奈916-1610

著者名	書名	出版社・発行元	発行年月日
葛野　枯骨編	鉄部隊：死の転進！！比島逆上陸姫路師団全滅史	京都：丁子屋書店	1949. 12. 01
国見　寿彦	「比島沖海戦従軍記：駆逐艦秋月乗組の軍医として」	国見寿彦	
国見　寿彦	海軍軍医の太平洋戦争：防空駆逐艦秋月	近代文藝社	1992. 10. 05
櫟（くぬぎ）　賢哲（けんてつ）	私の戦争	浅井町：櫟賢哲	1993. 07. 30
久保田　幸平	ミンダナオ島敗残記：逃げだした師団長と訓示の書き置き	三一書房	1969. 04. 15
熊井　敏美	フィリピンの血と泥：太平洋戦争最悪のゲリラ戦	時事通信社	1977. 10. 10
熊本県フィリピン遺骨収集会編	椰子林に祈る：フィリピン遺骨収集報告	熊本県フィリピン遺骨収集会	1968. 08. 15
熊本兵団戦史編さん委員会編	熊本兵団戦史：太平洋戦争編	熊本日日新聞	1965. 06. 00
倉井　則雄	→草戸寥太郎		
クラークスン，P.W.著、小川哲郎訳、小沢馨編	ルソンの苦闘：米陸軍第三三歩兵師団戦史	大多喜町（千葉県）：小沢馨	1982. 05. 08
栗田　弘著、肴倉弥八編	歩兵第五連隊史	歩兵第五連隊史跡保存会	1973. 05. 31
栗原　悦蔵	戦争一本：比島戦局と必勝への構へ	朝日新聞社	1945. 01. 05
栗原　賀久	運命の山下兵団：ヒリッピン作戦の実相	鹿鳴社	1950. 12. 20
栗原　賀久	運命の山下兵団：フィリピン作戦の実相	講談社	1974. 08. 10

フィリピン関係文献目録（「戦記もの」）　221

頁数	著者生年	分類	内　容　等	備　考
193		部　　隊	鉄5460部隊敗戦記	昭和396.21/Ku99/
1-16		体験軍医	『九大産婦人科学教室同窓会誌』第20号別刷	昭和397.3/Ku45/
389	1921	体験軍医	1942.9.23九大医学専門部卒、9.30海軍軍医見習尉官、43.10秋月乗組、44.10.25秋月フィリピン沖海戦、沈没、漂流、救助	岡大など
303		体　　験	1942.2.1敦賀入営、43.6比島派遣第16師団司令部転出命令、43.7マニラ着、11マニラ―セブ―タクロバン、45.1.15オルモック転進、2.21捕虜、3ニューギニア、4豪マーチソン収容所、46.2横須賀復員	滋賀県立図
189	1912	体　　験	威2171、第1航空通信連隊。1945.12.29復員	国会GB554-4；靖国8994/392.9U
241	1917	体　　験	1942.3比島派遣歩兵142連隊に転属、バタアン戦に参加、46.7戦犯、47.1.15内地送還、54.2.10巣鴨プリズン出所。独歩170大、抜10632	
123		遺骨収集		奈916-1748
405		兵　　団	「謹んでこの書を熊本兵団戦没将兵の霊に捧げる」駿、103D、102.23	国会396.21-Ku553；昭和396.21/Ku34
268		師　　団	旭、23D、歩64、71、72、林、日比	校閲：宇都宮直賢；奈391.2-1510；国会GB544-147
279		連　　隊	1878連隊組織、44.9.27フィリピン上陸、11.25第35軍隷下部隊としてレイテ上陸、45.5.26下山、生存者約30、7人帰還	国会GB611-E5
70			海軍大佐、大本営海軍報道部長	昭和210.75/Ku61/
338		体験参謀	元参謀・陸軍中佐	奈916-1617
315	1910	体験参謀	第14方面軍参謀・陸軍中佐	奈916-1617

著者名	書名	出版社・発行元	発行年月日
黒木　四良	永遠不滅の記憶：比島に散華した戦友47万6千の冥福を祈る　比島参戦記第一編	都城：黒木四良（謄写版）	1970. 02. 23
黒田　久雄	ある工兵隊長の手記	大阪：黒田久雄	1975. 06. 18
畔柳　良一（くろやなぎ）	比島戦闘『誰が為にあの時に』：元少年飛行兵の手記	高知：古谷恭一（息子）	2007. 06. 00
桑野　忠男編	幻の〇ト部隊：ルソン島戦の追悼録：臨歩第二中隊（波多野隊）戦友と遺族	三潴町（福岡）：桑野忠男	1989. 11. 15
桑野　忠男	終戦の無い日々	三潴町（福岡）：桑野忠男	1994. 02. 10
郡司　忠勝	思い出はマニラの海に	三月書房	1993. 08. 15
ケソン会編	この語られざりしヒリッピンの戦い：マニラケソン陸軍病院衛生部員の手記	鳥栖：ケソン会	1973. 09. 01
小池　良雄	軍票を焼却せよ：比島ルソン戦線・主計兵の記録	遠野：小池良雄	1988. 06. 19
小板橋　孝策	下士官たちの戦艦大和：戦艦大和下士官たちのレイテ海戦	光人社	1985. 04. 27
神頭　敬之介（こうず）	私のルソン戦記	姫路：神頭敬之介	2002. 04. 00
厚生省援護局	ソロモン・ニューギニア・比島・台湾方面部隊略歴（司令部）	厚生省援護局	1961. 00. 00
厚生省援護局	比島方面部隊略歴	厚生省援護局	1961. 12. 01
厚生省引揚援護局	比島方面の海軍戦斗の概要	東京：厚生省引揚援護局	1956. 00. 00
高知新聞社編集局編	時を超えて：ある画家の生涯	高知新聞社	1994. 10. 31
工二十三会	工兵第二十三連隊記録〈比島篇〉	自費出版	1969. 00. 00

頁数	著者生年	分類	内　容　等	備　考
83+		体験参謀	1932入隊満洲事変など経験、44.9アパリ上陸、比島派遣軍威第10699部隊金子中隊人事功績係、46.12名古屋復員、陸軍准尉	奈916-1517
160	1905	体　　験	工兵隊長（イリサン—60K、30K、アキ山）	奈916-1515、2刷1977.09、159p.
48	1926-2001	体　　験	朝鮮生まれ、1941.4東京陸軍航空学校入学、43.8同卒、上等兵、43.9北支、44.3比島派遣軍飛行30戦隊付、45.3仏印、45.5泰、45.9復員	国会GB554-H1108
136	1914	体　　験	1938南支応召、44.8.9応召、福岡第46部隊○ト部隊編成、フィリピンへ、46.12.5復員。臨歩2中、アンチポロ	奈916-3648
173	1914	慰霊追悼	1938応召、南支、44.8再々応召、フィリピン、45.9投降、46.12内地帰還	奈916-3648
315	1916	邦人体験	1935.4.17南洋協会比島派遣第1回商業実習生としてマニラ到着、比島派遣第14軍野戦貨物廠嘱託、45.11.24宇品に強制送還	
292		体験病院	1942.3.7リンガエン湾上陸、バタアン・コレヒドール攻略戦	奈916-1621
225	1909	体　　験	1944.5.29マニラ到着、45.12.19復員。臨歩。第50飛行場中隊	奈396.21-1517
222	1919	体　　験	1940徴兵により横須賀海兵団入団、操舵員	国　会GB547-150；1999光人社NF文庫
56				立命館
1冊		部　　隊		靖国86857/396.1コ
315		部　　隊		国会AZ-663-60；靖国86858/396.1コ
66		海　　軍		昭和210.75/Ko83/
342		ドキュ	日記、画家、衛生軍曹	
190		連 隊 史	満洲第197部隊（昭和19年9月まで）旭第1167部隊（昭和19年10月から）。44.12.12マニラ入港、リンガエン湾防衛、45.8.26プログ山停戦命令受領	奈396.59-1926

著者名	書名	出版社・発行元	発行年月日
［工兵第十六大（聯）隊］部隊史編集委員会編	工兵第十六大（聯）隊史　全員玉砕によって幕を閉じた	伏見工兵会	1989.09.10
「工兵第二十三聯隊記録」編集室編集	工兵第二十三聯隊記録・総括編（編成・ノモンハン篇、ハイラル・比島追録篇）、斎藤（勇）部隊、武田部隊、満州第197部隊、旭第1167部隊	工二十三会	1979.05.10
工兵二十三連隊	工兵第二十三連隊（ルソン島関係）名簿	工兵二十三連隊	1946.00.00
小坂　一郎	敗戦と捕虜	入善町(富山)：小坂一郎	1988.12.10
小島　清文	栗田艦隊：レイテ沖反転は退却だった	図書出版社	1979.03.25
小島　清文	投降　比島血戦とハワイ収容所	図書出版社	1979.09.25
小島　清文	守るべき国家とは何か：戦場に地獄を見た男	私家版	1992.05.25
児島　襄	マニラ海軍陸戦隊	新潮社	1969.02.20
児島　襄	史説　山下奉文	文藝春秋社	1969.05.25
小島　正実著、三浦覚編集	元海上挺進第八戦隊第二中隊比島戦記録	新居浜：三浦覚	1995.03.24
小塚金七追悼委員会編	声はとどいていたのに：追悼　ルバング島の小塚金七君	八王子：故小塚金七追悼誌編集委員会	1973.06.11
小寺　章編	比島体験記：敗戦前後のバギオ邦人	？：小寺章（ワープロ）	n.d.
小寺　章	史料集：戦争・バギオ邦人・日系人（青少年版）	岡山：小寺章（ワープロ）	1998.04.00

フィリピン関係文献目録(「戦記もの」) 225

頁数	著者生年	分類	内　容　等	備　考
180		連隊史	「戦場に散華された多くの英霊のご功績を称えると共に謹んで深く哀悼の意を表します。」シベリヤ出兵、支那事変、ルソン島攻略作戦、レイテ決戦	京都府立総合資料館 K17/396.7/F96
355		連隊史		昭和396.7/Ko27；靖国3.965E+25
		連隊	「昭19.10.1～昭20.9.1」在籍者資料。戦時中作成携行書類（連隊本部）	昭和396.7/Ko27/
111	1915	体験	独立歩兵第11連隊将校、バレテ。1932.12東京近衛歩兵連隊入隊、46.10復員	奈916-1646
262	1919-2002	体験学徒	大和暗号士；「レイテ沖海戦に散華した海軍第三期兵科予備学生五十二名の霊に、生き残った仲間たちが捧げる鎮魂の書」	
277	1919-2002	体験学徒	1943.9慶應義塾大学経済学部卒、海軍第3期兵科予備学生隊入隊、戦艦「大和」乗組暗号士、海軍第26航空戦隊13戦区第2小隊長、米軍に投降、海軍中尉、海軍26航空戦隊	奈916-1617；光人社NF文庫2008.8 348p.
137	1919	体験学徒	不戦文庫1。1942.9慶応大卒、海軍兵科予備学生隊入隊、43.10レイテ沖海戦従軍、44.4米軍に投降、ハワイ収容所、45.10復員	奈916-0000
213	1927	戦記		奈916-1517
343	1927	伝記		奈289-1927；1979.12文春文庫
10		体験	1944.11上旬マリベレス入港、インファンタ、マニラ斬り込み、45.9.13武装解除、46.1.31大竹復員	奈916-1617
80		追悼	小塚1921-72	昭和289/Ko99/
48		邦人教師		奈916-3637
34		邦人教師		

II. 目録

著者名	書名	出版社・発行元	発行年月日
小寺　章	ベンゲット移民の後裔たち（史料集追加　1）	岡山：小寺章（ワープロ）	1999. 06. 00
小寺　章	ルソン生活回顧	岡山：小寺章	1999. 10. 00
小寺　章	戦争に巻き込まれた北部呂宋の在留邦人たち	岡山：小寺章（ワープロ）	2000. 01. 01
小寺　章	バギオ在留邦人等一覧	岡山：小寺章（ワープロ）	2001. 04. 29
小寺　章	バギオ在留邦人等に関する一考察	岡山：小寺章（ワープロ）	2001. 08. 15
小寺　章	バギオ・ボントク周辺の在留邦人の歩み	岡山：小寺章（ワープロ）	2002. 02. 11
小寺　章	改定バギオ在留邦人の歩み	岡山：小寺章（ワープロ）	2002. 10. 01
小寺　章	バギオ邦人の足跡	岡山：小寺章（ワープロ）	2003. 08. 15
小寺　章	呂宋北部山岳地帯在住邦人の記録	岡山：小寺章（ワープロ）	2005. 01. 15
小寺　章編	呂宋北部山岳地帯在住邦人の記録	岡山：小寺章（ワープロ）	2005. 03. 15
小寺　章編	ルソン山地での5年間：Bontoc & Baguioの回顧	岡山：小寺章（ワープロ）	2005. 05. 01
小寺　章編	確定呂宋山岳地域在留邦人の記録	岡山：小寺章（ワープロ）	2005. 08. 15
小寺　章	呂宋山岳地域在留邦人の思い出集	岡山：小寺章（ワープロ）	2006. 05. 10
小寺　章	戦前の呂宋山岳邦人の話（含　日本占領中）	岡山：小寺章（ワープロ）	2008. 03. 01
小寺　章編	終戦までの呂宋山岳邦人の話1903～1945	岡山：小寺章（ワープロ）	2008. 03. 31
小寺　章	北部山岳在住邦人資料集	岡山：小寺章（ワープロ）	2008. 08. 15
小寺　章	出身府県別北部呂宋山岳地域在留邦人個人記録	岡山：小寺章（ワープロ）	2008. 12. 15
後藤　利雄	ルソンの山々を這って：えせ姿三四郎	山形：ルソンの山々を這って刊行会	1975. 05. 00

フィリピン関係文献目録(「戦記もの」) 227

頁数	著者生年	分類	内　容　等	備　考
31		邦人教師		
23		邦人教師		岡山県立図
101		邦人教師		
13		邦人教師		国会GB531-G334
43		邦人教師		
26		邦人教師		国会DC812-G203
60		邦人教師		
91		邦人教師		国会DC812-H45
83		邦人教師		国会DC812-H125
91	1922	邦人教師	奥付のタイトル：北部呂宋山岳地帯在住邦人記録	国会DC812-H129
20	1922	邦人教師	1939.4-44.1	国会Y93-H2387
111	1922	邦人教師		国会DC812-H149
125		邦人教師		国会DC812-H184
31		邦人教師		
33		邦人教師		国会Y93-J496
75		邦人教師	比律賓北部呂宋邦人記録シリーズNo.22	国会DC812-J76
24		邦人教師	北部呂宋山岳地域在留邦人の記録集　第23号	
190	1922	体　　験	旭、23D、工23R	奈916-1517；昭和916/G72/

228　Ⅱ. 目　録

著者名	書名	出版社・発行元	発行年月日
後藤　利雄	お前が証人だ：バターン死の行進の報復	一粒社	2000. 05. 20
後藤　正男編	ああレイテの墓標：泉慰霊巡拝団の記録とある遺族の思い出	知立：後藤正男	1984. 04. 20
後藤　正男編	香煙の祈り：レイテ決戦の諸英霊を追慕して	長門市(山口)：西円寺　綿野得定	1995. 02. 11
小橋　博・和田達二編	棄てられた兵士たちの苦闘：四航軍司令部ルソン残置兵の思い出	河合町(奈良)：4FAサンチアゴ会	1988. 11. 13
小橋　博史	レイテ涙雨	中日新聞本社	1982. 04. 22
小林　幸一	比島戦線：飢と生への闘い（一兵士の記録）	東京：小林幸一	1984. 10. 00
固武(こたけ)　辰丙(たつへい)編	奉賛名簿：昭和47年4月：比島観音奉賛会	吉良町：比島観音建立会	1972. 10. 01
固武(こぶ)　辰丙(たつへい)編	サラクサク峠：ルソン島北部山岳地帯の激戦地　恩讐を越えて不戦の誓い	横浜：サラクサク会	1979. 12. 01
小松　真一	虜人日記	筑摩書房	1975. 06. 30
駒宮　真七郎	闘う輸送船団の記録：船舶砲兵第二連隊の記録	大宮：駒宮真七郎	1972. 04. 30
駒宮　真七郎	船舶砲兵：血で綴られた戦時輸送船史	出版協同社	1977. 11. 01
駒宮　真七郎	戦時輸送船団史	出版協同社	1977. 10. 08
駒宮　真七郎	戦時船舶史	大宮：駒宮真七郎	1991. 11. 01
駒宮　真七郎	戦時輸送船団史Ⅱ	大宮：駒宮真七郎	1995. 03. 00
駒宮　真七郎	太平洋戦争被雷艦船史	？：駒宮真七郎	1997. 07. 00
駒宮　真七郎	太平洋戦争輸送艦船史	？：駒宮真七郎	1998. 10. 01
駒宮　真七郎	太平洋戦争特設艦艇史	？：駒宮真七郎	2000. 12. 00
小南　正五郎	小説　ルソンに消えた男たち：四航軍司令部ルソン島残置兵始末記	梓書院	1985. 12. 05

フィリピン関係文献目録（「戦記もの」）　229

頁数	著者生年	分類	内　容　等	備　考
216+36	1922	体験	1943.12.1-46.11.29兵役、ルソン島で終戦、48東大卒	奈210.75-1746
209	1923	慰霊巡拝	「この書を太平洋戦争フィリピン・レイテ島にて戦没された皆様のご霊前に捧げます。」1970年以来毎年慰霊巡拝、第26師団（泉兵団）戦没者レイテ島慰霊巡拝団	奈369.37-1648
100		慰霊	第35軍司令部及び関係諸部隊50回忌合同慰霊祭等の記録	愛知県図地域資料960ゴト
282		大隊	「亡き戦友の霊に捧げる」。臨時歩兵22大隊（横田大隊）戦友会戦記	奈396.21-4617
226		証言集	中日新聞連載「レイテ涙雨：戦後三十七年目の証言」	奈916-1617
175	1920	体験	1941.1満洲入隊、44フィリピン、46.1復員	奈916-1917
292		奉賛名簿		奈書庫1　210.75-0000；靖国58035/392.9Uヒ
255		慰霊巡拝	回想と慰霊碑建立誌、工兵隊長	奈916-3617；昭和396.7/Ko91/
303	1911-73	体験捕虜	レイテ、ルソン収容所。1932大蔵省、34農林省44.1陸軍専任嘱託、比島派遣軍ブタノール研究所設立要員、46.12復員	奈916-3646；靖国30021/392.19
292	1917	連隊	暁2944。「墓標なき海山に眠る戦友船員の各位にこの書を捧げる」	靖国38439/396.5E暁
409	1917	輸送船	輸送船団の記録。1938東京高等蚕糸学校卒、39-46従軍、陸軍大尉、46ルソン島より復員	奈210.75-1501、210.75-1901
408	1917	輸送船	船団、護衛団の全編成	奈210.75-1501
271	1917	船舶		奈210.75-0000
196	1917	輸送船		奈210.75-1501
137	1917	船史		奈210.75-0000
165	1917	船史		奈556.9-1502
102	1917	船史		奈556.9-0000
398	1921	体験小説	1940再召集、マニラ在4航軍司令部「真」、46復員	奈913.6-0017

Ⅱ. 目　録

著　者　名	書　　　名	出版社・発行元	発行年月日
小柳　次一	比島・従軍写真記録集	東亜文化書房	1944. 11. 30
小柳　次一写真；石川保昌文・構成	従軍カメラマンの戦争	新潮社	1993. 08. 05
小柳　冨次	レイテ沖海戦	弘文堂	1950. 02. 15
小柳　冨次	栗田艦隊：レイテ沖海戦秘録	潮書房	1956. 06. 25
小柳　冨次	「レイテ沖海戦秘録」	集英社	1965. 04. 30
小柳　冨次	日本海軍の回想とアメリカ海戦史の批判	東京：小柳冨次	1967. 06. 00
小谷野　政則	フィリピン　ネグロス島戦記	飯能：小谷野政則	1984. 04. 21
衣川　舜子（衣川嘉雄）	マニラ湾の夕映え	逗子：衣川舜子（妹）	1988. 10. 25
今　日出海	比島従軍	創元社	1944. 11. 25
今　日出海	山中放浪：私は比島戦線の浮浪人だった	日比谷出版社	1949. 11. 00
今　日出海	悲劇の将軍：山下奉文・本間雅晴	文藝春秋新社	1952. 06. 05
近藤　鎌弘	「フィリピン戦」戦慄の回顧	羽島：ロビン企画	1996. 12. 23
近藤　末	涙の看護五十年・日赤教え子たちの比島敗走秘話	有朋堂	1973. 11. 03
今日の話題社	太平洋戦争ドキュメンタリー第16巻　還ってきた特攻隊　比島軽爆隊特攻秘史	今日の話題社	1969. 10. 31
斎木　正吉・岡山登	回想：激闘の青春：（戦争体験の巻）	旭町（島根）：斎木正吉	1996. 00. 00（文字訂正再発行）；初版 1985

頁数	著者生年	分類	内　容　等	備　考
	1907	従軍写真		靖国65844／392.9Ｕコ；奈391.2-2537
269	1907	従軍写真	陸軍報道部嘱託	奈210.74-1901
62	1893	体験艦長	アテネ文庫	靖国202904／392.9-N
215	1893-1978	体験艦長	1926海軍大卒、金剛艦長、レイテ沖海戦で重傷	立命館391.27／KO97；1995.09光人社NF文庫
		体験艦長	『昭和戦争文学全集6 南海の死闘』収録	奈918.9-0000
177	1893	体験艦長		立命館397.21／KO97
123		体　　験	1944.7.15マニラ到着、第123飛行場大隊ファブリカ飛行場補給中隊隊付衛生兵長、45.12.25浦賀復員	奈916-1217
269	1913	教師書簡集	中学校英語教師、1943.7マニラ到着、通訳、45.6.5戦死	奈916-1517
250	1903-84	従　　軍		奈書庫390.4／／15
290	1903-84	報道班体験記	1944.12末報道班員として渡比	1978.12.10中公文庫：奈210.75-1517
235	1903-84	伝　　記		昭和280／Ko71；1988中公文庫
160		体　　験	1944.3.18教育召集、6.2マニラ上陸、12.30バギオへ移動、ボンドック、ギヤンガン、45.9.15投降	国会GB554-G724；昭和916／Ko73／
263		体験看護	1929-32日赤戦時召集	靖国5478／396.5Medコ
358		特　　攻		靖国392.9
200		体　　験	1943.11.9ダバオ上陸、第32特別根拠地、45.9.24武装解除、11.20浦賀復員	奈397.6-1617；初版1985

著者名	書名	出版社・発行元	発行年月日
齋藤　桂助	最後の報道班員	黎明出版社	1946. 07. 25
斉藤　桂助著、山田清一郎編	最後の報道班員	？：？	1975. 08. 15
斉藤　桂助著、山田清一郎編	友近美晴著　軍参謀長の手記—比島敗戦の真相	？：？	1975. 09. 10
斎藤　三郎ほか著	零戦虎徹：生と死をわかつ一瞬の先制攻撃	今日の話題社	1968. 02. 25
斉藤　三郎ほか著	艦隊航空隊Ⅱ　激闘編	今日の話題社	1987. 03. 25
斎藤　三郎	艦隊航空隊　ソロモン・マリアナ・比島の巻　再版	東京：今日の話題社	1980. 05. 31；初版1977. 8. 15
斉藤　トシエ・真鍋雛子編	フィリピン従軍日記　第302救護班福岡	福岡：第302救護班福岡	1980. 04. 30
斎藤　芳二著、無江昭子編	比島戦記（遺稿）	秋田：斎藤栄（妻）	1995. 11. 20
三枝　光雄	椰子林に消ゆ：第一三六野戦飛行場設定隊従軍記	多摩：一三六会	1980. 06. 25
坂　邦康編著	比島戦とその戦争裁判：惨劇の記録	東潮社	1967. 05. 25
酒井　三郎	傀儡部隊：セブ島義勇隊　隊長の手記	けん出版	1978. 08. 15
坂田　澤司	苦患（くげん）のルソン戦記：一衛生部見習士官の戦争体験	枚方：坂田澤司	1980. 10. 01（2刷）；初刷1980. 05. 05

フィリピン関係文献目録(「戦記もの」) 233

頁数	著者生年	分類	内　容　等	備　考
104		報道班	早大政経卒、同盟通信入社、報道班員、ダバオ収容所、45末帰国	国会915.9-Sa253ウ；昭和916/Sa25
101		報道班	同盟通信、レイテ作戦従軍、ミンダナオで終戦、49事故死	非売品；初版1946
79	1899?	報道班	回想録、陸軍少将、参謀長	非売品
358		体験	斎藤三郎「零戦虎徹」山田忠彦「戦友よ涙はもう出ない」ほか6篇。戦闘315飛行隊海軍少尉	奈916-1910、太平洋戦争ドキュメンタリー第4巻
352		体験	比島航空戦	昭和916/Sa25　2；国会GB554-2273
352		体験		昭和916/Ka59/1
205		病院日記	日記1944.8.2-46.12.31。1943.9.21マニラ上陸、バギオ第74兵站病院、マニラ第12陸軍病院。44.8.2日本赤十字社第302救護班編入編成、8.27マニラ上陸、12.30バギオ着、45.12.16大竹着	奈394-1612
63		体験	収容所で手記。独立速射砲第23大隊副官陸軍中尉、1944.8.11臨時召集、10.1アパリ寄港、10.7マニラ上陸、カンルーバン、リパ、45.1.2イポ陣地占領、9.24降伏、46.6.5佐世保復員	奈916-1617
271	1919	体験	警察大学校卒、1939-42衛生兵として陸軍病院、44.5入隊、第136野戦飛行場設定隊付衛生兵、マリキナ飛行場建設、45.9.12投降、46.12名古屋復員	国会GB554-952
217		研究	現代史料室編	奈210.7-0017；靖国392.9U；東潮ライブラリィ107
257	1904	邦人体験	セブ島邦人義勇隊。拓南大学南洋語科卒、収容所で執筆、日本鉱業セブ出張所	国会GB554-763
310	1921	体験医卒	1943大阪帝大医学部卒。44.7バシー海峡遭難、ルソン島上陸、衛生部見習士官、46.6佐世保復員。1969、74、77、79慰霊のため訪比	奈394-1617

著者名	書名	出版社・発行元	発行年月日
坂田　澤司	追憶の詩：苦患のルソン戦線第二部	枚方：坂田澤司	1983. 08. 15
坂田　卓也	PW-93202のあしあと	赤間関書房	1974. 02. 10
坂端　藤一	漂流五千粁	五日市町(広島)：広島電話印刷	1970. 03. 20
阪本　定夫編	陸軍少尉阪本武彦遺稿：比島従軍覚書	阪本定夫（兄）	1966. 05. 03
佐久間　薫 （号・薫風）	我が青春、ルソン島戦記	大網白里町(千葉)：佐久間薫	1998. 12. 25
佐倉市総務部行政管理課佐倉市史編さん担当編	佐倉連隊聞き書き集1　歩兵第五十七連隊の記憶	佐倉市	2003. 03. 00
佐倉市総務部行政管理課佐倉市史編さん担当編	佐倉連隊聞き書き集2　歩兵第五十七連隊の記憶：レイテ・グアムの記憶	佐倉市	2004. 03. 00
佐倉市総務部行政管理課市史編さん担当編	佐倉連隊聞き書き集3　歩兵第五十七連隊の記憶：鎮魂・平和	佐倉市	2005. 03. 00
櫻本　一三	海の墓場バシー海峡：カラヤン島通信戦記	京都：櫻本一三	199-
櫻本　富雄	文化人たちの大東亜戦争：PK部隊が行く	青木書店	1993. 07. 25
櫻本　富雄	大東亜戦争と日本映画：立見の戦中映画論	青木書店	1993. 12. 25
佐々木　修	レナチン川の流れ・比島マニラ東方山岳高地野砲兵川北大隊巡拝記録	越前町(福井)：佐々木修	2000. 04. 00

フィリピン関係文献目録（「戦記もの」）　235

頁数	著者生年	分類	内　容　等	備　考
106	1921	体験医卒	133兵病	奈916-1617
96	1913	体　験	収容所で手記。1937朝鮮で巡査、41.12アパリ上陸、45.12.24名古屋復員	国会GB554-270；奈916-1617
185	1917	体　験	レ7戦隊（威16783）41軍。38広島通信講習所高等科卒、39.3関東軍入営、42.5満期除隊、44.6応召、フィリピン派遣、46.6復員	国会GB554-140
90		体験遺稿	1941神宮皇學館繰り上げ卒。1944.10-45.5従軍と闘病の記録。1920.6.14生まれ、44.10.28サンフェルナンド到着、11.8マニラ、12.10胸膜のため入院、12.25帰還、47.11.18死亡	靖国4921/390.281サーサ
22		体験学徒	1943.12.15召集令状、専修大学法学部2年学徒出陣、44.11.25浜松飛行場離陸、クラークフィールド到着、第4航空軍参謀部作戦課配属、45.8.20武装解除、46.11舞鶴復員	奈916-1623
66		連隊聞き書き		国会GB521-H19；昭和319/Sa48/1
60		連隊聞き書き		国会GB521-H59；昭和319/Sa48/2
156		連隊聞き書き		国会GB521-H97；昭和319/Sa48/3
26		体　験	第61旅団通信隊無線第1分隊	奈391.2-1517
173	1933	宣伝部文化人	詩人、軍宣伝部に徴用された文化人の記録	
205	1933	戦中映画	詩人、戦時下の映画界の記録	
20		体験学徒巡拝	1999.11巡拝旅行。1941.12.26金沢高等工業学校化学機械科卒、42.2.1学徒動員入営、44.9.21バシー海峡で瑞穂丸沈没、46.8.1佐世保上陸。	靖国95214/392.9Uサ

著者名	書名	出版社・発行元	発行年月日
佐々木　謙編	バレテ・サラクサク峠：追悼：鉄5447部隊〔歩兵63連隊〕	？：？	1985. 00. 00
佐々木　浩一編	大東亜戦争比島戦線で機動砲兵第二連隊はかく戦えり	東京：佐々木浩一	1988. 00. 00
佐々木　太郎	続・生きるものの限界：他短編（ノンフィクション）	新居浜：佐々木太郎	1984. 09. 01
佐々木　太郎	最後の作戦	新居浜：佐々木太郎	1987. 03. 01
佐々木　正逸	太平洋戦争と比島・ルソン島戦記	佐々木正逸	1999. 01. 12
佐々木　康勝	私の戦記：一下士官のフィリピン従軍記録	久慈：太洋企画	1982. 11. 20
佐竹　久	髣髴たるルソン戦線　若き憲兵の従軍記録	三崎書房	1973. 07. 10
佐竹　久	憲兵の虎兵団配属	未刊行	1985. 03. 00
佐竹　久	わが人生の歩み	佐竹久	1985. 07. 15
佐竹　久	比島攻略とマニラの想出	未刊行	1991. 02. 00
佐竹　久編	比島憲兵隊史	比島憲友会	1992. 10. 00
雑誌「丸」編集部編	写真／太平洋戦争　第7巻　マリアナ沖海戦　比島沖海戦Ⅰ	光人社	1995. 06. 16
雑誌「丸」編集部編	写真／太平洋戦争　第8巻　比島沖海戦Ⅱ　"大和"水上特攻／硫黄島沖縄戦	光人社	1995. 07. 15
佐藤　和秀	一死、乱れず	潮出版社	1991. 10. 10
佐藤　和正	レイテ沖の日米決戦：日本人的発想vs欧米人的発想	光人社	1988. 02. 05

フィリピン関係文献目録(「戦記もの」) 237

頁数	著者生年	分類	内　容　等	備　考
63		追　悼		奈396.59-1900不明
62		体験連隊	「国難に殉じ比島戦線に散華された……戦友の御霊前に捧ぐ」。1944.8撃兵団は南方派遣軍第14方面軍に編入、ルソン島に出陣、通信兵、10寧安へ	奈916-1517
28		体　験	「捧ぐ「亡き戦友の霊の安らけき永遠の眠りに」」、古希記念	奈916-1917
140	1914	cemi fiction	同志社大学商学部卒。日支事変応召、再応召、比島戦線ルソン、ビサヤ、日本語学校設立、ARC通訳、復員	奈916-1617
340		体　験	1938.11満洲国高等文官試験行政科合格、39.3立命館大卒、44.6マニラ第14方面軍司令部、45.8軍使、46.9佐世保上陸	靖国15496/392.9Uサ
221	1922	体　験	1944.6マニラ上陸、独立歩兵第356大隊、46.10復員。駿356滝上大隊。大滝工隊	国会GB554-1479；奈916-1617
219	1913	体験憲兵		
50枚	1913	憲　兵　隊		
133+67	1913	体験憲兵	「第一部：髣髴たるルソン戦線従軍記」「第二部：第二の人生と妻の死」。第14軍憲兵隊准尉1941.12.22リンガエン湾上陸、46.12末名古屋復員	非売品
23枚	1913	体験憲兵		
162	1913	憲　兵　隊		
249		戦　記	光人社NF文庫	昭和210.75/Ma54/7
235		戦　記	光人社NF文庫	昭和210.75/Ma54/8；奈210.75-1517
200	1927	体験NF	高校校長、県立図書館長；戦犯憲兵ノンフィクション	潮賞ノンフィクション部門優秀作
668	1932	NF	ノンフィクション	奈391.2-000

Ⅱ. 目 録

著者名	書名	出版社・発行元	発行年月日
佐藤　清	北部ルソン持久戦：バレテを偲んで	八日市：佐藤清	1978.09.16
佐藤　康平	南部呂宋戦記：南十字星下の比島戦線歩兵第17聯隊及び配属部隊の苦闘	大曲：佐藤康平	1979.08.15
佐藤　操(そう)	恩讐を越えて：比島B級戦犯の手記	日本工業新聞社	1981.11.26
佐藤　操	虚しき裁き：戦争と復讐（『恩讐を越えて』改題）	ヒューマンドキュメント社	1989.03.29
佐藤　太郎	戦艦武蔵	再建社	1952.06.30
佐藤　太郎	戦艦武蔵の死闘　世界最大不沈艦の最後	鱒書房	1955.12.20
佐藤　太郎	戦艦武蔵の最後	芳賀書店	1960.00.00
佐藤　成夫	私の大東亜戦争	高崎：佐藤成夫	1985.08.15
佐藤　文蔵	比島ニ於ケル盟兵団ノ戦闘	？：？	n.d.
佐藤　喜徳	傷痕・ルソンの軍靴	戦誌刊行会（星雲社）	1982.08.15
佐藤　喜徳	傷痕・ルソンの軍靴、新装改訂版	戦誌刊行会（星雲社）	1984.08.15
佐藤　喜徳編	集録「ルソン」	大分：佐藤喜徳	1987.03.10-1995.08.10
里見　高義	犠牲（いけにえ）	須崎：里見高義（自筆コピー）	19—
里見　憲貞	痛恨：太平洋比島戦線バレテ峠への道：編成から軍旗奉焼まで	神戸市：鉄兵団五四四八部隊里見隊（第十師団歩兵第十聯隊聯隊砲中隊）	1976.12.00

フィリピン関係文献目録（「戦記もの」） 239

頁数	著者生年	分類	内　容　等	備　考
101	1909	体　験	尚武12434（中迫撃7大隊）、1938南支、44再応召、12.26サンフェルナンド着、45.9.6終戦、46.6.5復員	国会GB554-E40
262	1921	体　験	陸軍中尉。1944.9.6アパリ入港、45.9.25投降、捕虜収容所へ、46.1.11浦賀復員	昭和396.5/Sa85/
404	1906	体験戦犯	駿103D、ゴンザガ警備隊長。1930陸軍士官学校卒、満洲、ビルマ、比島。戦犯でモンテンルパで服役、53釈放、防衛庁勤務	奈329.67-3650；靖国393.4
404	1906	体験戦犯	戦犯終身刑、1953までモンテンルパで服役	国会GE554-E399
254	1915	体　験	河出書房1967；河出書房新社1975	国会915.9-Sa892s
206	1915	体　験	戦記シリーズ。1935横須賀海兵団入団、駆逐艦朝雲機銃長、比島、ボルネオ、ジャワ攻略作戦に従事、42.3武蔵	国会915.9-Sa892s2；昭和916/Sa85
257	1915	体　験		国会915.9-Sa892s3；昭和916/Sa85；軽装版1963
257	1922	体　験	1943.6ニューブリテン島、44.2ケソン病院入院、バギオ、46.2復員	奈916-1617
n.p.		部　隊	盟兵団長、少将、独立混成第58旅団長、陸軍中将	奈396.21-1601
378	1918	体験日記	1944.12.19-45.9.24日記。虎歩73の北サン―タクボ峠戦闘、報復行進	奈391.2-1617
378	1918	体　験	教員、1944応召、尚武（山下）集団「虎」（19師）兵団下士官、46末最後の復員船で帰国	
7集	1918	史料集	70号	
27		体　験	1944.5.18マニラ入港、マクタン、ネグロス、45.11.28浦賀復員	奈916-1517
139		体験日記	1944.7.24-45.9.17日記。鉄歩10連隊砲中。「戦友遺族に衷心より捧ぐ」。1944.7編成、12ルソン島上陸、45.9.17投降	奈396.5-1501

240　Ⅱ. 目　録

著者名	書名	出版社・発行元	発行年月日
佐能　正	悪夢	岡山：佐能正	1960. 03. 13
サランガニ戦友会編	サランガニ戦記：雲流るる果て	サランガニ戦友会	1978. 03. 18
沢田　猛	ルソン島戦場の記録：たたかいと飢えの中を生きて	岩波書店	2003. 08. 07
359会事務局編（さんごくかい）	359部隊『南方派遣50周年記念』：比島派遣軍独立歩兵第359部隊	草加：三五九会事務局	1994. 06. 28
サントス、アルフォンソ・P著、瓜谷みよ子訳	フィリピン戦線の日本兵：草の根の証言集	パンリサーチインスティテュート	1988. 01. 21
塩田　一郎	敗残：ある予備役将校の体験記録	高知：塩田一郎	1988. 12. 01
塩見　末雄	比島戦闘日記：駿兵団（103師団）戦記	川西：塩見澄子	1987. 08. 02
市柿　謙吉	回想レイテ作戦：海軍参謀のフィリピン戦記	光人社	1996. 02. 29
重松　正一	レイテ島　カンギポットに散華せし父を偲ぶ：独立歩兵第13連隊（泉5316部隊）第3大隊の戦記	堺：重松正一（遺児）	2000. 01. 20
茂見　義勝	椰子の実	柏林書房	1956. 05. 30
宍倉　公郎（第74兵站病院会本部編）	比島派遣　第七十四兵站病院：比島に散華した戦友の霊に捧ぐ	羽生：第七十四兵站病院会本部	1970. 07. 15
宍倉　公郎	イフガオの墓標	東京：育英印刷興業	1975. 06. 05
宍倉　公郎	イフガオの墓標：比島に散華した戦友の霊に捧ぐ	東京：育英印刷興業	1975. 12. 08（増補版）
宍倉　公郎	続イフガオの墓標：比島に散華した戦友の霊に捧ぐ	東京：宍倉公郎	1980. 01. 01

フィリピン関係文献目録(「戦記もの」) 241

頁数	著者生年	分類	内　容　等	備　考
199		体験軍医	1939秋から旅順陸軍病院助勤、44軍医予備員の教育終了、漂流、上陸、南方第12陸軍病院分院ケソン陸軍病院、45.11.15復員	奈916-1617
56		戦記集		奈397.21-1617
62	1948	NF	毎日新聞社編集委員、巡拝団同行から１人の戦中日記を基に戦記	岩波ブックレット
32		部隊史	事務局：田村金作	国会GB554-E2013（電子・複写）
308	1911；1950	証言集	戦争中の日本兵との友好の証言集。原典1978	
493	1920	体　験	1942.3.1第２航空教育隊入隊、43.4満洲、釜山経由44.7.15マニラ上陸、9.17or18投降、46.8.2長崎県早岐復員	奈916-1617
255	1917-81	体験日記	1945.5.5-12.30日記、「序」1959.1.29。1944独立混成33旅団、第103師団副官、46.6.5佐世保復員	
377	1901	体験参謀	戦記、先任参謀兼副長・海軍大佐	光人社NF文庫2005.07
82	1934	慰霊巡拝	1998慰霊巡拝。父1944.12.22レイテで戦死	奈916-3648
248	1904	体験検事	1941満洲、44.6召集、8フィリピン方面軍司令部、法務中尉、9.22武装解除	国会049.1-Si291y
308		体験病院	バギオの第14方面軍兵站監部隷属（渡第4801部隊）	国会GB554-96；靖国5595/396.5Medタ
326	1919	体験薬剤	限定500部。1941.3東京薬学専門学校卒、42.4東部第12部隊入隊、43.1陸軍軍医学校卒、見習士官(薬剤官)46.6.6佐世保復員	国会GB554-2294
349	1919	体験薬剤		靖国392.9Uシ
490	1919	体験薬剤	1943.3第74兵站病院編成要員、46.6.6長崎復員、陸軍薬剤中尉	

242　II. 目 録

著者名	書名	出版社・発行元	発行年月日
宍戸　善作	私とルソン：戦前・戦中の追想	善本社	1990. 07. 30
品川　文男	或る戦死：ルソン・クラーク戦線	京都：品川文男	1997. 04. 15
篠木　精治作成	生ある限りルソンへ：付録	？：篠木精治	2004. 01. 00（ワープロ）
笹田　栄男（しのだ　えいお）	我が青春に悔いなし：一少年飛行兵の半生	金沢：笹田栄男	1997. 06. 00
篠原　滋	比島決戦場	東京：日本報道社	1945. 03. 20
柴田　賢一	ダバオ戦記：南洋開拓の栄光と悲惨の歴史	大陸書房	1979. 06. 07
柴田　賢次郎	ナチブ山：比島戦記	東京：成徳書院	1943. 12. 10
柴田　義男著、伴とし子ほか編	死線を越えて：フィリピン・バタアン戦記	網野町（京都）：柴田義孝・柴田美津子	1994. 06. 19
島居　利次	白い歯：比島戦線従軍回顧録	構造社出版	1979. 00. 00
島田　亘編著	熱帯の樹海：フイリッピン・ミンダナオ島戦跡訪問記	八千代：島田亘	1968. 12. 25
嶋村　欣一	キャンガンの青空：嶋村大輔の遺骨収拾の記録	？：嶋村欣一	1967. 02. 00
清水　三朗	総括レイテ・セブ戦線：白骨消亡兵団の謎	戦誌刊行会（星雲社）	1985. 05. 15
清水　徳郎（文責）、旧河井隊生存者並に遺族の有志編	老兵の詩：開拓勤務中隊河井隊戦記	？：旧河井隊生存者並に遺族の有志	1982. 08. 15

頁数	著者生年	分類	内　容　等	備　考
166	1909	邦人体験	1931渡比、42.1比島派遣軍野戦貨物廠嘱託、46.9強制送還	
186	1922	兄追悼	戦死した長兄の鎮魂譜。長兄は1939.1徴兵で呉海兵団入団、43.7前線へ、クラーク空軍基地で戦死	奈916-1948
56		付　録	磯崎隆子『生ある限りルソンへ』の後ろにつけたもの	奈916-2637
446	1924	体　験	1942.3.25東京陸軍航空学校卒、44.3.25マニラ上陸、独立飛行第52中隊、陸軍軍曹、45.9.17武装解除、46.1.10浦賀復員	奈289-3917
189		戦　記	陸軍新輯：3	昭和210.75/Sh67/；奈書庫1　393-133
270		戦　記		国会GB554-767；別名：志摩達夫；奈916-1917
248		報道班	報道班員従軍記	昭和916/Sh18/；京大
188	1920-93	体　験	1941.12.24アチモナン上陸、福知山20連隊全滅、負傷、43.1.12内地送還	国会GB554-E1948；奈916-3917
301		体　験		和歌山県立図
145		息子戦跡訪問	「本書を比島ミンダナオ島にて戦没せる父ならびに同島派遣第一開拓勤務隊第四中隊将兵の霊に捧げる」父島田利器軍医中尉：1898生まれ、1923東京慈恵会医学専門学校卒、44.8マニラ上陸、45.8ミンダナオ島にて行方不明、8.5戦死認定	千葉県立図中央郷土/C96/SH36/1；靖国3346/392.9U
95		息子遺骨収集	1966.11.26-12.5第4回フィリピン戦跡訪問団参加、父の遺骨収集、父1944.5三菱鉱山マニラ支店長として赴任、45.6.20キャンガンで自決	奈916-3948
274	1918	戦　記	中国、ベトナム、ラオスを経て1946.4復員	奈210.75-1517
348		部　隊		奈916-1617

II. 目 録

著者名	書名	出版社・発行元	発行年月日
清水 博	青い空白い雲とオイルの匂い：比島最後の「疾風」戦闘機隊生き残り隊員運命のシナリオ	仙台：創栄出版	2002. 01. 30
志村 恵美	父の回想録：大東亜戦争 フィリピン・ビルマの記憶	東京：碧天社	2004. 10. 20
志村 登	所懐・於比島収容所	志村登	1967. 00. 00
下川 正則	四難生還	八代：下川正則	1980. 02. 00
下津 勇	泥濘と黄塵：わが戦争体験記	経済政潮社出版局	1978. 11. 26
霜月霊庭の集編	痛恨のレイテ戦と巡拝 第二集 昭和60年11月の巡拝録	？：霜月霊庭の集	1986. 10. 00
下平 翅雄	ルソン捕虜記	鵬和出版	1983. 06. 10
終戦50周年記念出版［悲命］編集委員会編	悲命	知立：「悲命」編集委員会	1995. 07. 01
曙光新聞編集委員会	復刊 曙光新聞（1975年11月〜1993年11月）：フィリピン戦線の記録と戦後の日比交流の歩み	彩流社	1993. 12. 31
曙光新聞編集委員会	続・復刻 曙光新聞 1994年2月〜1997年8月	？：？	1997. 08. 18
白石 孝繁	海軍主計大佐のルソン戦記：終戦前後の呂宋島	白石允子・久保田詩子	1999. 09. 29
白川 武夫	嗚呼壮烈：軍神池端正一兵曹	大阪：白川武夫	1990. 02. 11
白塚 三千雄	六十年目の戦想：吾かく戦ひ傷つけり、限定版	鈴鹿：白塚三千雄	1999. 03. 00
白鳥 和吉(わきち)	ルソン決戦：敗れて生きて	日野：白鳥和吉	1984. 06. 08

フィリピン関係文献目録（「戦記もの」） 245

頁数	著者生年	分類	内　容　等	備　考
247	1922	体　験	日大芸術科卒、陸軍特別操縦見習士官、第21飛行団第73戦隊、マバラカット飛行場	国会GB554-H87
111	1944	父回想録	父の回想録、戦友会	国会GB554-H452；昭和916/Sh56/
		捕　虜		靖国3273/393.4シ不明
25		体　験	1944. 4.28マニラ上陸、46.12. 4名古屋復員	奈916-1617
322	1916	体　験	1937入営、中支、42. 2応召、比島へ出征、43. 8内地帰還、44. 7応召、種子島守備隊	奈916-1212
144		巡　拝		奈916-1748
262	1909	体　験	教員；1944. 6. 1マニラ上陸、45.12.24大竹港復員	
139	1918；1919	体験軍医	著者：松井駿平、1918生、日本医科大卒、42.10. 1中部 2 部隊重機関銃中隊入隊陸軍 2 等兵、12.26軍医中尉、45. 5. 1門司出港、ミンダナオ、46. 3復員。野村泰三、1919生、40. 3岐阜68連隊入隊、42.10陸軍衛生伍長、中国、46. 3復員	国会GB544-G114
843		新　聞		奈391.4-3746
n. p.		新　聞		奈210.75-3746
358	1899-1980	体　験	日記；海軍主計大尉、1944. 6 フィリピン出征、比島方面海軍経理部長、46.12復員	国会GB554-G1714
138		伝　記	1938呉海兵団入団、海軍上等整備兵曹	奈397.21-1527
101		体　験	1938入営、中国、41.10. 1再応召、11.29パラオ着、12.12レガスピ湾、バタアン・コレヒドール攻略戦	奈916-1210
133	1914	体　験	北サン―ナギリアン道―アキ山―盟軍医部―129兵站	国会GB554-1770

著者名	書名	出版社・発行元	発行年月日
白鳥　和吉	ボコド：ルソン決戦悲話	日野：白鳥和吉	1986. 08. 00
白鳥　和吉	出征	日野：白鳥和吉	1988. 01. 03
白鳥　和吉編	詩集　身を捨ててこそ！	日野：白鳥和吉	1988. 08. 15
白鳥　和吉	Ｓの赤紙	日野：白鳥和吉	1993. 06. 08
白浜　芳次郎	零戦空戦記	河出書房	1968. 04. 12
城田　吉六	ダバオ移民の栄光と挫折：在留邦人の手記より	長崎出版文化協会	1980. 07. 01
新谷　美喜編	ウマヤン河に捧ぐ：竹島央俊郎遺稿集及びカガヤン貨物廠先遣隊の運命	富田林：新谷美喜（姉）	1977. 03. 16
陣中新聞南十字星編輯部編	南十字星文芸集：比島派遣軍　陣中新聞	比島派遣軍宣伝班	1942. 06. 15
新藤　常右衛門	陸の荒鷲奮戦す：比島第十六飛行団激戦記	鱒書房	1956. 04. 15
神野　勝之助	南方放浪記	長久手町(愛知)：神野勝之助	1989. 09. 30
神野　寛	比島戦線百話	新居浜：神野寛	1985. 11. 00
人類の蹉跌編纂委員	人類の蹉跌　比島戦犯記　第壱巻（其ノ一）	モンテンルパ：人類の蹉跌編纂委員	1949. 04. 03
菅谷　政夫著、ネグロス電工株式会社編	ネグロスのこころ：創業者菅谷政夫	東京：ネグロス電工株式会社	1987. 10. 10
杉井　万福	闘う兵隊：ルソン島戦記	那賀町(和歌山)：杉井万幅	1988. 10. 25
杉崎　英信編	高砂義勇隊	台北：杉崎英信	1943. 07. 04

フィリピン関係文献目録（「戦記もの」）　247

頁数	著者生年	分類	内　容　等	備　考
114	1914	体験	第180飛行場大隊、1944.11.13マニラ湾戦闘、45.4ナギリアン道、9.11武装解除、12.11大竹復員	国会W225-13
138	1914	体験	手書き、コピー、和綴じ。ルソン決戦敗れて生きて補遺二	国会W225-16
145	1914	体験詩集	『ルソン決戦敗れて生きて』補遺三。私家版、手書き、コピー、和綴じ	国会W125-246
261	1914	体験		国会GB554-E1474；靖国9496/392.9
254	1921	体験	653航空隊撃滅戦。ミンダナオ攻略戦に従軍	奈391.2-1510；靖国7048/392.9
272		邦人体験	在留邦人、ダバオ日本人小学校長	
200	1922	遺稿集	オマヤム。1942.9私立東京薬学専門学校卒、42.10.1入隊、43春陸軍軍医学校入学、43夏比島派遣マニラ着、ダバオ支廠（高岡部隊）、ウマヤム転進中消息不明、47.7.16戦死告知書、陸軍中尉	靖国4504/390.281タ
307		陣中新聞		奈916-1615；大阪市大915/R1
211	1905-76	戦記	戦記シリーズ。1924陸軍歩兵少尉、44第16飛行団長、45.3陸軍大佐、第20戦闘飛行集団参謀	国会915.9-Si465r；靖国79295/398A.5FBシ
252		体験	ニューギニアから1943.12末病院船でマニラへ	奈289-1610；396.7-1610
157				愛媛県立図
210		戦犯		昭和329/J52/1-1
216	1923-86	体験社内巻頭	1944.3陸軍応召、ネグロス島で戦闘、45.12復員、戦争に関する記述少ない	国会図DH1-E278
262	n.a.	体験	1942.2.27リンガエン上陸、工兵第4連隊バタアン・コレヒドール戦、マラリアで入院、7.2マニラ出航	国会GB554-E395；奈391.2-1517
320		体験	高砂族比島従軍、バタアン・コレヒドール戦参加	国会図915.9-Su743t

II. 目録

著者名	書名	出版社・発行元	発行年月日
杉谷　盛雄	ルソン戦記：浄土の叫び　戦車第二師団（撃兵団）速射砲隊の全滅記録	新宮：杉谷盛雄	1993. 01. 16
鈴木　賢士	フィリピン残留日系人	草の根出版会	1997. 07. 28
鈴木　静夫・横山　真佳編	神聖国家日本とアジア：占領下の反日の原像	勁草書房	1984. 08. 15
鈴木　四郎	南溟の空：ルソン・タイ・ビルマ従軍記	未来社	1989. 01. 31
鈴木　昌夫	米軍日本本土上陸を阻止せよ：歩兵第七十二聯隊（旭一一二八部隊）ルソン島　戦闘記録	藤沢：鈴木昌夫	1982. 00. 00
鈴木　政子編	レイテひと握りの砂：林孝雄追憶集	いわき：林すぎ子（妹編）	1974. 07. 02
鈴木　眞武	私の戦記：南国に眠る戦友　故郷の土	豊田：鈴木眞武	2000. 12. 27
鈴本　隆	レイテから帰った英霊	豊田：鈴木隆	1983. 06. 00
スタインバーグ、ラファエル著、タイムライブブックス編集部編、水谷曉訳	フィリピンの激戦（ライフ第二次世界大戦史）	東京：タイムライフブックス	1978. 00. 00
須藤　英夫	或る少年兵達の死　比島戦秘話	東京：須藤英夫	1975. 08. 15
須藤　英夫	比島戦秘話　或る少年兵達の死	東京：須藤英夫	1984. 04. 04（加筆再発行）；初版1975. 08. 15
砂川　恒雄ほか	わが戦車隊　ルソンに消えるとも	？：砂川恒雄	1987. 12. 00

フィリピン関係文献目録（「戦記もの」） 249

頁数	著者生年	分類	内　容　等	備　考
299	1922	体　験	1943満洲、44.10.12マニラ上陸、45.9.17武装解除、45.11復員	国会GB544-E1439；奈916-1617
143	1932	日　系		
372		研　究		
345	1911	従軍日記	同盟通信。1942.1.7マニラ到着、コレヒドール戦従軍、42.1.7タイへ	
132	1921	体　験	旭、23D、歩72R	立命館396.5/SU96
201		追悼集	林孝雄（1920-45）、1940陸軍本科士官学校卒、満洲、44.10.27マニラ着、31レイテへ、比島派遣玉5923部隊、第4中隊長、陸軍大尉、45.1.20以降にレイテ島カンギボット山で戦死	国会GK49-17
39＋28	1912	体　験	1933呉海兵団、上海、41.12.8パラオ、12.20ダバオ敵前上陸、45.8.24バシラン島で投降、46.11.6名古屋港、翌々日帰宅	愛知県図地域資料960/スス
132	1921	体　験	少尉。暁（船舶司令官）収容所、管船部、暁2940。1944.8.9マニラ入港、44.12.7マニラ再入港、レイテ戦従軍、46.3.18横須賀入港	奈916-1610
208	1927	戦　記	日本語版監修：加登川幸太郎	国会GA82-53；昭和209/St3/
99	1929	NF	レ7の兄追跡調査外8.9.10。兄須藤一男1945.4.4マニラ北方マリキナ方面にて戦死	昭和916/Su14/
237		NF	兄の追跡調査、8度比島現地調査	奈916-1617
67		体　験	戦車第7連隊陸軍軍曹；1944.9マニラ上陸	奈396.7-1517

著者名	書名	出版社・発行元	発行年月日
砂川　恒雄ほか	わが戦車隊ルソンに消えるとも	光人社	1991.06.30
スミス、ロバート・ロス著、宮崎一信訳	フィリピンにおける勝利：太平洋戦争：第二次世界大戦におけるアメリカ合衆国陸軍	不明	1979.10.31
角田　唯久	カガヤン渓谷転進記		1987.07.00
角田　唯久	兵　山ゆかば：比島、ルソン島バレテ峠の敗戦	伯太町（島根）：角田唯久	1999.01.00
皇　睦夫	ルソン戦とフィリピン人：ルソンで日本軍は何を見たか	楽游書房	1981.10.25
皇　睦夫	もうひとつのフィリピン戦	大和：皇睦夫	1985.05.01
皇　睦夫	書き残しておきたい　フィリピン戦秘史	大和：皇睦夫	1988.08.15
皇　睦夫	回想のフィリピン戦：私の寄稿文集	神奈川中央新聞社［リベルタ］	1995.12.08
駿河　将義	比島戦記	岡山：駿河将義	1985.05.05
諏訪　茂	ある特攻整備員の手記	岩槻：諏訪茂	1987.11.00
諏訪　茂	［続］ある特攻隊整備員の手記	岩槻：諏訪茂	1991.08.15
政府派遣南西諸島・フィリピン海域等慰霊巡拝団	南西諸島・フィリピン海域等洋上慰霊のしおり	？：？	1988.00.00？
関川　力蔵	慟哭の記録：関川力蔵遺稿	青森：ワープロ出版	1985.09.10

頁数	著者生年	分類	内　容　等	備　考
331		体験	証言・昭和の戦争：リバイバル戦記コレクション；1944.7戦車第2師団比島へ移動命令	国会GB554-E55；奈916-0017、916-1517
97		戦記	アメリカ合衆国戦史室陸軍部門（ワシントンDC）発行の一部を訳したもの	奈391.2-1517
53-62		体験	1部分をコピーしたもの	奈916-1910
125	1920	体験	1939入営、44.7満洲、44末陸軍曹長、台湾を経てルソン島上陸、47復員	島根県立図；昭和916/Su65/
354		体験技師	京大卒、大東亜省、1943.4.24マニラ着、比島派遣軍技師、46.1.15浦賀復員。復員後6ヶ月間にメモ	
201		体験	1939京都大学農学部卒、大東亜省、43.4.24マニラ着、比島派遣軍政要員、44.1.7レガスピ、12.24マニラ、45.9.11下山、46.1.15浦賀復員	奈391.4-3617
203		体験		
287		体験	京大卒、大東亜省、1943.4.28マニラ着、陸軍技師、軍政監部産業部農務課農政班、46.1.15浦賀復員	奈391.4-1517
151	1919	体験	1944.5比島派遣野戦高射砲第77大隊付（威12、415部隊）陸軍中尉、45.12.23大竹港復員	国会GB554-1961
120	1929	体験	鉾田特攻整備員（鉄心外）	奈916-1625
121	1929	体験		奈916-1625
40		慰霊	昭和62年12月5日（土）—12月20日（日）〈16日間〉　企画：厚生省援護局　後援：商船三井客船株式会社　三井航空サービス株式会社	昭和292/N48/
127	1920-45	遺稿	東洋大学入学、学徒出陣、海軍第14期飛行専修予備学生出身、1944.11渡比、1944.10.11-45.1.18陣中日記、45.4.24？戦死	国会GB554-2208

著者名	書名	出版社・発行元	発行年月日
関根　丈治	幾たびか死線を越えて	福島：関根丈治	1995. 05. 25
セグーラ、マヌエル　F. 著、大野芳訳	タブナン：もう一つの太平洋戦争：米比ゲリラ軍VS日本軍の死闘	光人社	1988. 10. 19
セブ島・レイテ島・マニラ・第26回フィリピン戦跡訪問団セブ・レイテ班編	比島慰霊紀行（セブ島、レイテ島、マニラ）	東京：佐分利重哉	1971. 01. 30
戦艦武蔵比島方面慰霊団編	比島方面慰霊記念アルバム　戦艦武蔵戦没三十五周年1979. 10. 24～10. 30	軍艦武蔵会	1979. 11. 01
戦車第七連隊史刊行会編	戦車第七連隊史	福岡など：戦車第七連隊史刊行会・九州なせ会・近畿なせ会・関東なせ会	1992. 07. 15
戦車第二師団整備隊	陣中日誌：捷号ルソン作戦	戦車第二師団整備隊	1976. 00. 00 ?
戦車第二師団通信隊編	比島戦線：思い出の記	戦車第二師団通信隊	1987. 04. 29
戦車第2師団通信隊　六八を語る会	会報　第1号　特輯：比島戦線「続、思い出の記」	山形：戦車第2師団通信隊　六八を語る会	1988. 05. 00
戦争は無謀をもって始り後悔をもって終る編集員会編	戦争は無謀をもって始り後悔をもって終る　垣六五六一部隊従軍記	戦争は無謀をもって始り後悔をもって終る編集員会	2003. 00. 00
千田　夏光	禁じられた戦記：ニューギニア・ガ島・ルソン・飢餓地帯	汐文社	1975. 06. 20
千田　夏光	甕の中の兵隊	新日本出版社	1992. 01. 25
捜30ミンダナオ島編集員会編	第4輯　ミンダナオ島　設立20周年記念誌	？：捜30ミンダナオ会	1984. 04. 10

フィリピン関係文献目録（「戦記もの」） 253

頁数	著者生年	分類	内　容　等	備　考
190	1921	体験	レイテの第16師団からバギオ貨物廠。1944.8マニラ上陸、44.10バギオへ、45.9中旬投降、45.11浦賀上陸	国会GB554-G94
274	1940；1941	戦記	ユサッフェ、セブ地方軍副官、少佐	原典1975
147		慰霊巡拝	1970.5.22-29戦跡訪問団	国会GE514-7
		慰霊		靖国3770/392.9Uセ
587		連隊史		奈396.7-1201
418		部隊史		奈396.7-1517
213		部隊史	1942.9.7戦車第2師団通信教習所編成、44.9満洲から釜山経由マニラ上陸、サラクサク峠などで戦闘	奈916-1617
72		部隊史		山形県立図郷土K916セン
112		部隊		京都府立総合資料館KO/916/Se3
250	1923	戦記作家		国会GB541-69；靖国28542/392.9
195	1923	戦記作家	「東京第一陸軍病院外科病棟」と題して『文化評論』に連載	奈913.6-1617
109		部隊史		奈916-1617

著者名	書名	出版社・発行元	発行年月日
曹洞宗三重県第一宗務所主催	フィリピン群島戦没者供養塔建立記念誌	鈴鹿：曹洞宗三重県第一宗務所	1978. 10. 30
ソリヴェン、ペラジア・V著、後藤優訳	スータンを縫いながら：日本占領期を生きたフィリピン女性の回想	段々社	2007. 02. 01
第一三九会会員著、重藤武夫編	比島おもい出集：比島派遣第百三十九兵站病院	東京：重藤武夫（第一三九会）	1974. 09. 03
第一師団レイテ会	第一師団レイテ戦記	東京：第一師団レイテ会	1965. 08. 01
第一師団レイテ会編	鎮魂：玉兵団遺骨収集と慰霊巡拝の記録	東京：第一師団レイテ会	1981. 11. 01
第一復員局	レイテ作戦に於ける第十四方面軍の統帥	第一復員局	1946. 10. 00
第一復員局	航空作戦記録（第二期比島作戦ノ部）	第一復員局	1946. 10. 00
第一復員局	クラーク地区建武集団の作戦	第一復員局	1946. 11. 00
第一復員省	航空作戦記録（第一期比島作戦ノ部）	第一復員省	1946. 06. 00
第三十一教育飛行隊戦友会編集	第三十一教育飛行隊の記録	横浜：内藤益一郎	1996. 04. 25
第三十二特別根拠地隊陸戦隊	ダバオ戦戦没者慰霊六十回忌に念じて：ミンダナオ島ダバオを偲んで	第三十二特別根拠地隊陸戦隊	2001. 04. 00
第三南遣艦隊第三十三特別根拠地隊第九十八防空隊	比島戦線回顧（其の二）	？：第三南遣艦隊第三十三特別根拠地隊第九十八防空隊	1979. 09. 23
代田　毅	敗走三百里：第二次大戦の私の体験	柏：戸谷英子	1969. 01. 02
第二六師団独立歩兵第一一連隊（泉第五三一四部隊）	北部ルソン　レイテ・コレヒドール戦跡慰霊巡拝団の記録：平成十年三月二日から三月十日（九日間）	？：第二六師団独立歩兵第一一連隊（泉第五三一四部隊）	1998. 00. 00（ワープロ）
第一〇三工作部慰霊碑保存会	フィリピン第一〇三海軍工作部の記録：生存者の手記　遺族の便り	呉：第一〇三工作部慰霊碑保存会	1987. 05. 28

フィリピン関係文献目録(「戦記もの」) 255

頁数	著者生年	分類	内　容　等	備　考
38		供　養		昭和916/F27/
252	1910-91	体　験		
293 +26		兵站病院	1943.10.26第139兵站病院編成、12.4マニラ港到着、12.12カバナツアン、ムニオス出発、45.1.7カバナツアン撤収、45.9.23武装解除。部隊長の私的な陣中日記あり	奈916-1621
362		師　団	1944.10.27マニラ入港、45.9.28降伏	奈369.21-1501
124		兵団慰霊巡拝		奈916-1748
38		レイテ作戦	比島作戦記録第三期第二巻	靖国59978/392.18タ
161 +		比島作戦		靖国59982/392.18タ
54		比島作戦	比島作戦記録第三期第三巻付録	靖国59975/392.18タ
105		比島作戦		靖国392.18
264		飛行隊	1944.3.31ルソン島デルカルメンで編成、45.1.31部隊解散	奈396.8-1601
132		部　隊		復刻版2004.05
n.p.		防空隊	セブ。ガリ版	奈397.21-1617
117		体　験	1944.8セブ駐屯のリロアン部隊、45.9.1の投降まで	奈916-1517
38		慰霊巡拝		奈916-2748
157		工作部		昭和916/D18/

Ⅱ. 目録

著者名	書名	出版社・発行元	発行年月日
大本営陸軍報道部監修	大東亜戦争絵巻　フィリッピンの戦ひ	岡本ノート出版部	1944. 04. 15
平　坊一	死を乗りこえて：われ戦争の語り部たらむ	名瀬：平坊一	1987. 07. 00
第六航空通信連隊	戦闘概史（続）　第六航空通信艦隊（九九四二部隊）	？：？	1979. 06. 07
高岡　定吉著、光寺猛編	比島棉作史	芦屋：比島棉作史編集委員会	1988. 04. 06
高木　俊朗	陸軍特別攻撃隊、上巻、下巻	文藝春秋	1974. 11. 25-75. 01. 15；新装版1983. 08. 01；文春文庫3冊 1986. 08. 25
高木　俊朗	ルソン戦記：ベンゲット道	文藝春秋	1985. 01. 15
鷹沢　のり子	バターン「死の行進」を歩く	筑摩書房	1995. 07. 05
高瀬　博編	ネグロス島の回想：ある秘められていた戦詩	小坂町（秋田）：高瀬博	1973. 07. 01（再版）：初版 1972. 06. 01
高貫　布士	烈日の海戦：聯合艦隊比島大戦記：書下ろし太平洋戦争シミュレーション	有楽出版社	2004. 02. 25
高貫　布士	烈日の海戦：聯合艦隊比島大戦記：書下ろし太平洋戦争シミュレーション2	有楽出版社	2004. 04. 25
高貫　布士	烈日の海戦：聯合艦隊比島大戦記：書下ろし太平洋戦争シミュレーション3	有楽出版社	2004. 08. 25
高橋　功編	ある野戦病院の記録	金剛出版	1972. 11. 25

フィリピン関係文献目録（「戦記もの」）　257

頁数	著者生年	分類	内　容　等	備　考
n.p.		戦　記		昭和726/O42
220	1923	体　験	1940.12.12台湾、歩兵第1連隊、陸軍2等兵、上等兵、41.12.22リンガエン湾上陸、42.3.1ジャワ島、スンバ島、チモール島、バリ島、ジャワ島、陸軍軍曹、47.1.29宇品復員	奈916-1917
36		連　隊	9942部隊、41.7.30大連、満洲、44.6フィリピンへ、46.4浦賀復員	奈916-1917
564		企業棉作	「謹んで本書を呉羽紡績㈱比島拓務部の棉花栽培事業に関係し物故された方々の御霊前に捧げる」	奈333.3-2637
2冊	1908	特攻作家	菊池寛賞	奈391.2-1525
723	1908	NF作家	ノンフィクション；陸軍報道班員として中国、ジャワ、ビルマ戦線従軍。旭、23D、歩71	文春文庫 1989.08.10上下2巻
197	1949	ルポ		
181		体験詩集	秋田師範卒、満洲、1944.8ネグロス島で戦闘、46.3復員	奈916-1617
219	1956	戦　記		国会KH582-H317
211	1956	戦　記		国会KH582-H364
228	1956	戦　記		国会KH582-H467
254	1907	体　験	第2師団第2野戦病院（勇1314部隊）ジャワ上陸作戦、フィリピン、マレー、ビルマ歴戦、チエンマイで終戦、42.6.10ダバオ上陸、43.5.10マニラ上陸	国会GB554-195

著者名	書名	出版社・発行元	発行年月日
高橋 喜平	ああ、生きて帰りたい：比島戦記	創樹社	1980.06.05
高橋 敬三	秋田歩兵第十七連隊　南部呂宋戦の回想　昭和十九年～二十一年	？：高橋敬三	1997.10.31
高橋 敬三	秋田歩兵第十七連隊　南部呂宋戦の回想　昭和十九年～二十一年	太田町(秋田)：高橋敬三	1998.02.01
高橋 三郎	「戦記もの」を読む：戦争体験と戦後日本社会	アカデミア出版会	1988.02.10
高橋 繁雄	思い出すままに比島戦記	東京：高橋繁雄	1995.12.00
高橋 しげ子	地獄谷	只見ペンクラブ	1971.05.00
高橋 重広編	征きて還らず。ルソンの戦友　比島戦記「続高橋中隊の激闘」	上越：高橋重広	1985.07.01
高橋 重広編	戦跡慰霊巡拝記録「征きて還らず。ルソンの戦友」	上越：高橋重広	1987.08.01
高橋 定道	禅僧の戦記：高橋隊の歩み	美濃：永昌院内高橋隊会	1988.09.20
高橋 虎夫編著	フィリッピンの流星：山下奉文大将追悼歌句集　本間雅晴中将の遺書	東京：東海大学出版会	1983.08.15
高橋 信幸	比島戦の青春	北条：高橋信幸	1986.08.15
高橋 則夫	比島の友	高橋則夫	1977.00.00
高橋 正仁	一つの小石	五泉：高橋正仁	1983.04.26
高橋 幸春	悔恨の島：ミンダナオ	講談社	1994.12.15
高橋 洋一郎	サザンクロスの涙	中田町(宮城)：高橋洋一郎	1996.09.20

フィリピン関係文献目録（「戦記もの」） 259

頁数	著者生年	分類	内　容　等	備　考
220	1910	体験日記	日記1942.1.3-10.5；1941.12.22リンガエン上陸、病気病院船でマニラ出航	国会GB554-921
72	1921	体　験	1942.1入営、満洲、44.9北サン上陸、南部ルソンへ、46.12復員、83慰霊巡拝	奈396.5-1717
81	1921	体　験		奈396.5-1717
211	1937	研　究		
268	1902-88	体　験	収容所で記す；1944.12.11マニラ到着、工兵隊中尉、46.8.2佐世保復員	国会GB554-G380
183		体　験		
148		中　隊	歩75、5中隊3小隊の記録、日向丸乗船。歩兵第75聯隊（虎8505部隊）第5中隊（高橋隊）	昭和396.5/Ta33/
106		慰霊巡拝		靖国43494/396.5 i075タ
288	1911	中　隊	独立歩兵第33大隊第3中隊長、1942.4パナイ島上陸、44.1カガヤン、45.9.20タモガンで投降、46.3.19浦賀復員；「英霊に捧ぐ比島派遣渡（幸）5742、拠10623部隊第三中隊長三学禅啓」	国会GB554-E372
121		追悼歌句集		昭和911/Ta33/
222		体　験	1940陸軍士官学校卒、42.2.27リンガエン湾上陸、バタアン戦参加、44.3陸軍大尉、44.12.31マニラより転進、イポ防衛、大隊長、45.9.14武装解除、46.8.5佐世保復員	奈916-1617
135				福島県立図L911.1/T29
273	1920	体　験	1944.9マニラ上陸、威15401部隊長、クラークフィールド飛行場警備、ネグロス島、45.9.1降伏、46.3浦賀復員	奈916-1617
209	1950	NF	フリーライター；虐殺と人肉食事件を追うノンフィクション	
235	1921	NF	日体卒、1942.2.1入営、43.12.1陸軍少尉、46.7.8復員	奈913.6-1617

II. 目録

著者名	書名	出版社・発行元	発行年月日
高宮　亭二	ルソンに消ゆ	東京：白馬出版	1975.08.20
高山　県十	馬と兵隊：私のルソン島敗戦記	長浜：イメーディアシバタ	1992.08.15
高山　博文	比島の砂・父を偲ぶ	静岡：高山博文	1997.09.30
滝田　要吉	比島絵だより	東京：国民図書刊行会設立事務所	1944.06.20
竹内　喜代二	比島参戦記　嗚呼サラクサク峠　下級兵士の従軍記録	刈谷：竹内喜代二	1983.04.00
竹内　保	歌文集　私の従軍記	神辺町(広島)：竹内保	1981.12.00
竹腰　守太郎（詩・写真・文）、平林碩水（本名：充郎）（書）	比島戦野に捧ぐ	各務原(岐阜)：竹腰守太郎	1992.05.29
武田　清吉	比島従軍回想記	岩手：武田タケ(妻)	2008.04.00
武田　利明	珊瑚の湾は、麗し哀し：比島最後の特攻隊	東京：清水弘文堂	1990.11.25
武田　保清	シェラマドレを越えて	近代文芸社	1985.11.30
竹本　欽弥ほか編	生還者の手記　戦時想記　擯一〇六二一部隊	一六三会	1973.10.00
田嶋　勝喜	第252飛行隊の地上整備兵　比島ピナツボ陣地戦で壊滅（私の太平洋戦争従軍追憶）	野津原町(大分)：田嶋勝喜	1994.06.15
田嶋　勝喜著、福井正編	死線を越えること五十余度：自分史傘寿より（私の太平洋戦争従軍追憶）	野津原町(大分)：田嶋勝喜	1996.11.01

フィリピン関係文献目録(「戦記もの」) 261

頁数	著者生年	分類	内　容　等	備　考
197	1916	体験	京大卒、拓務省、1943.2.11マニラ到着、46復員。駿、103D、独歩、177	奈916-0017
82	1922	体験	ブラジル・サンパウロ州生まれ、野砲兵第22連隊第8中隊	国会GB554-E1277;奈916-1617
313		息子	陸軍大尉高山文策1945.7.9ダバオで戦死	靖国23142／392.9Uタ
223	1912	戦場画		
138	1922	体験	収容所で記録。1937名古屋陸軍増兵廠勤務、43.1補充兵として応召、満洲、釜山、高雄経由、44.11.11マニラ上陸、46.12.31佐世保復員。慰霊碑。戦車隊整備隊、撃兵団。1978、82慰霊巡拝	奈916-1617；愛知県図地域資料
219	1913	体験歌文集	1940.2応召、北支、41.12.22リンガエン湾上陸、バタアン戦、45.1.6―日誌あり、46.12.5熱田上陸	奈916-1917
80	1919			国会GB554-E1263；靖国17842／392.9Uタ
64	1920	体験	1941.2.10入営、中国、44.9.30リンガエン湾上陸、45.12.31マニラ出港、46.1.13浦賀上陸	国会GB554-J135
266		特攻		奈913.6-1625；昭和913／Ta59／
323		体験	1944.6.15マニラ上陸、軍曹、囚人病棟勤務、46.10.25北サンフェルナンドを後にした	奈049.1-1617
292		部隊	独立歩兵第163大隊。1942.2.19編成、4.3リンガエン湾上陸、ミンダナオ島	愛知県図地域資料960／イ
80		体験	捕虜収容所で手記。第252飛行隊整備分隊、比島建武集団第14戦区第1大隊第1中隊指揮小隊長、46.6復員	奈916-1617；397.21-1617
179		体験	第252飛行隊整備分隊、比島建武集団第14戦区第1大隊第1中隊指揮小隊長、46.6復員	奈397.21-1617

II. 目 録

著者名	書名	出版社・発行元	発行年月日
舘 寛治	特攻素描・比島沖海戦及び沖縄戦における帝国海軍の特攻	四日市：舘寛治	n.d.
舘 寛治	バターン死の行進：その真相とその教訓	四日市：舘寛治	1996.02.00
橘部隊ダバオ会	第百師団と橘部隊：ダバオ戦記	浜松：橘部隊ダバオ会	1979.12.08
田中 賢一	高千穂降下部隊：レイテ作戦挽歌	原書房	1975.08.11
田中 賢一	レイテ作戦の記録	原書房	1980.02.29
田中 二郎	生と死を越えて：戦争を知らぬ子らのため	理想社	1978.10.00
田中 敏春編	ルソン戦：生と死の狭間で 生還兵士たちの体験記	相生：田中敏春	1991.08.15
田中 衛	マニラ落ち（遺稿）	東京：「マニラ落ち」刊行会	1958.11.15
田中 義章・石橋直輝・鹿毛照男編	この語られざりしヒリッピンの戦い：マニラ ケソン陸軍病院衛生部員の手記	鳥栖：ケソン会	1973.09.01
田中 義夫	異国のふるさと ダバオ	大和：田中義夫	2000.00.00
谷口 実	従軍回想録	岬町（大阪）：谷口実	1971.00.00
谷口 実	遺骨収集忘備録	岬町（大阪）：谷口実	1974.01.18
谷尻 永伯編	フィリピンの英霊に祈る	鹿児島：比島戦没者慰霊碑奉賛会	1969.04.20
谷村 延蜂編	比島山河に祈る	大阪：谷村延蜂	1987.12.00（手書き）
谷村 延蜂編	比島山河に祈る	大阪：谷村延蜂	2000.04.24
ダバオ会編	ダバオ開拓移民実録史 戦禍に消えたダバオ開拓移民とマニラ麻	横浜：ダバオ会	1993.12.08
ダバオ会編集部	ダバオ：懐かしの写真集	横浜：ダバオ会編集部	1988.05.15
田淵 温	私の大東亜戦争	気高町（鳥取）：田淵温	1989.06.20

頁数	著者生年	分類	内　容　等	備　考
35		特　攻	手書き。レイテ戦	靖国87880/392.9特タ
16				奈210.75-0000；靖国74905/392.9U/タ
257		部　隊	橘部隊ダバオ会1965.5.9結成。100D（拠）通信隊	国会GB544-177
262	1918	部　隊	陸軍少佐、フィリピンでの戦闘経験なし	奈916-1717
229	1918	戦　記	陸軍少佐、フィリピンでの戦闘経験なし	
103	1918		16D20i	花園大
287		体　験	元比島派遣軍大村隊戦友会	奈369.21-1617
82	1894	遺稿日記	1944.7.20-45.8.10日記、45.8.10比島にて没、三菱商事マニラ支店長、解説：辻喜代治	
292		体験病院	「この一文を第二次世界大戦 比島戦線で散華したマニラ、ケソン陸軍病院衛生部員の戦友に捧げます。」	奈916-1621
312	1928	邦　人	在留邦人、ダバオ生まれ、1942海軍軍需部入隊、45引き揚げ	
95		体　験	戦車第2師団輜重隊第1中隊。1944.1.30満洲、44.8釜山、9.30北サン入港、46.11.13名古屋復員	奈396.7-1617
25		慰霊巡拝		奈916-3748
70		慰霊碑建立		奈916-1648
226		体験慰霊		奈916-1748
202		体験慰霊	中迫撃第7大隊、バレテ戦	奈916-1617
848		邦　人	在留邦人の記録	
420		邦人体験	在留邦人の記録	
138		体　験	1944マニラ船舶廠、45.12.14博多復員。87慰霊巡拝	奈396.7-1617

Ⅱ. 目 録

著者名	書名	出版社・発行元	発行年月日
玉村　一雄編	アシンの谷間に：南方第十二陸軍病院の記録	宇治：マニラ会	1978. 08. 15
田丸　金郎	自伝・ちぎれ雲の青春	吉田町(広島)：田丸金郎	1989. 09. 13
田村　金作	戦暦体験記	草加：田村金作（ワープロ）	1993. 08. 15
田村　金作	「改訂版」戦暦体験記	草加：田村金作（ワープロ）	1995. 08. 15
田村　栄	栄光への道：歩兵第九連隊（垣六五五四部隊）第三大隊第十一中隊戦史	田辺：田村栄	1970. 02. 20
田村　栄	英霊	大津：田村栄	1976. 08. 15；再版1984. 04. 15
田村　栄編	土も草木も：フィリピン戦没者三十七回忌慰霊団記録	比島桃陵遺族会	1980. 10. 12
田村　栄	垣：還暦記念詩集	大津：田村芳江	1981. 11. 04
田村　榮	栄光への道：歩兵第九連隊（垣六五五四部隊）第三大隊第十一中隊戦史	弘隆社	2001. 04. 10
田村　宏著、田村佑子編	南海の島に：敗戦のフィリピン	東京：田村佑子(妻)	1988. 12. 00
田村　吉雄編	秘録・大東亜戦史・比島篇	富士書苑	1953. 08. 15
田村区隊長レイテ島慰霊参拝記念誌刊行会	遥かなりレイテの山々：田村区隊長を偲んで	入間：田村区隊長レイテ島慰霊参拝記念誌刊行会	1990. 08. 23

フィリピン関係文献目録（「戦記もの」）　265

頁数	著者生年	分類	内　容　等	備　考
205	1910	体　験	1934慶應義塾大学医学部卒、陸軍軍医学校入学、1944.4在マニラ南方第12陸軍病院診療科長、陸軍軍医中佐、46.9復員	奈916-1621
274	1919	邦人体験	1937.1.23マニラ移住、マニラ新聞社、軍管理燃料組合、45.11.9帰国	奈916-2937
16＋20＋43		体　験	1944.3.18近衛4連隊（東部7部隊）入隊、6.8マニラ上陸、45.9.4捕虜、46.12.25帰国。比島派遣軍独立歩兵第359大隊第2中隊第1小隊3分隊陸軍歩兵上等兵	奈396.5-1617
88		体　験		奈916-1617
149	1921	中　隊	教員、地方史研究家。1969レイテ巡礼、紀伊民報連載、キリスト教徒、クルザダ教会の協力	奈396.5-1617
34				滋賀県立図
81	1921	慰　霊	「フィリピンに散華せし英霊にこの三十七回忌記念誌を捧げる」慰霊碑。レイテ島37回忌。垣、カンキポット、ドラグほか	京都府立総合資料館
121	1921	連隊詩集	垣6554（第16師団歩兵第9連隊）	奈911.5-0017
199	1921-92	中　隊	1942.1.10垣第6554部隊入営、5.3リンガエン湾上陸、12.30セブ島にて負傷	国会GB554-G1657；靖国91815/396.5 i009タ
79	1920	体験日記	日記1944.10.6-46.7.30、1946.2-4収容所で執筆（？）。1943.9早稲田大学法学部卒、第3期海軍予備学生、44.9海軍予備少尉、1944.11.1マニラ上陸、45.9.6投降、46.7.30佐世保復員	奈916-1617
354		戦　記	改訂版多数	靖国6973/392.18タ；大阪市大915.9/T
348		慰霊巡拝	第1師団歩兵第49連隊第2大隊田村芳夫少佐の遺族ら回想、1944.12.26レイテ戦で負傷、自決、89.8慰霊巡拝	国会GB554-E765

著者名	書名	出版社・発行元	発行年月日
田村区隊長レイテ島慰霊参拝記念誌刊行会	續　遥かなりレイテの山々	入間：田村区隊長レイテ島慰霊参拝記念誌刊行会	1997.09.23
垂井　進	私の体験した軍隊と戦場	近代文芸社	1995.07.20
樽家　圓一	手記　死闘の軍属	藍住町（徳島）：樽家圓一	1986.01.25
樽家　圓一	続　死闘の軍属	藍住町（徳島）：樽家圓一	1987.03.18
樽家　圓一	友の便りは海越えて	藍住町（徳島）：樽家圓一	1995.08.15
樽家　圓一	死闘の軍属書簡集　慟哭尽きず	藍住町（徳島）：樽家圓一	1995.08.15
檀　良彦	黎明の艦隊〈2〉星条旗、まず破れたり！	学習研究社	1996.02.23
丹波　五郎	父のフィリピン戦記	東京：杉並けやき出版	2004.08.10
千葉日報社編	レイテの雨：佐倉連隊の最後	千葉日報社	1973.10.20
茶園　義男編・解説	BC級戦犯米軍マニラ裁判資料	不二出版	1986.08.15
茶園　義男編・解説	BC級戦犯フィリピン裁判資料	不二出版	1987.12.08
チャロンゲン、ディオニシア著、樽家圓一訳	日比混血児の数奇なる生涯：父と私	藍住町（徳島）：樽家圓一	1995.08.15
塚越　敏生	激戦と放浪：軍隊の姿とその終末　決戦地フィリッピンの苦闘	高崎：塚越敏生	1973.03.01
塚田　義明	戦艦武蔵の最後：海軍特別年少兵の見た太平洋海戦	光人社	1994.07.14

フィリピン関係文献目録（「戦記もの」）　267

頁数	著者生年	分類	内　容　等	備　考
94、74、91		慰霊巡拝	1996.8.23～8.27田村レイテ会　レイテ島慰霊参拝（第2回）	国会GB554-E765；靖国14784/390.281
156		体　験	1941獣医、岡山県庁、42.1.10入営、44.12.23アパリ上陸、第10師団病馬廠（鉄第5461部隊）獣医務軍曹、45.10.17投降、46.10.16名古屋復員	国会GB554-E2096
184	1924	体　験	1944.8バシー海峡で遭難、同10マニラ南方通信隊司令部着任、46.12復員。1978.2戦後33回忌徳島県遺族会青年部第2次慰霊団参加。第12航空通信連隊	
276	1924	体験捕虜	1946.12.4名古屋復員	
147	1924	書簡集	慰霊巡拝時に知りあったフィリピン人などとの往復書簡集	
357	1924	書簡集		
291	1932	戦　記	歴史群像新書；2002.5.25学研M文庫	国会KH88-G9；KH88-G367
177	1954	体　験	復員後3年で記す；1944.7.19マニラ到着、勤兵団工兵隊、46.1.2浦賀復員	国会GB554-H405
150		ドキュ		国会GB611-113；昭和916/C42
245	1925	資料集		
264	1925	資料集		
113	1929		父日本人、母イゴロット。1978慰霊団訪問時に出会う	
191		体　験	福永山砲隊藤本中隊、イリサン戦	昭和916/Ts53/
246	1927	体　験		国会GB554-E1726；奈916-1510；光人社NF文庫2001

著者名	書名	出版社・発行元	発行年月日
月原　俊二編	比島巡拝・記録　20-25, 11. 1968	北九州：真鍋部隊遺族会比島戦跡巡拝団・真鍋部隊戦友会	1969. 03. 30
辻　長一	幽閉モンテンルパ	東京：戦誌刊行会	1984. 12. 10
辻　哲夫	南方決戦記：ミンダナオ島に於ける一海軍々医の記録（日記）	東京：辻哲夫	1996. 02. 29
辻　豊編	モンテンルパ：比島幽囚の記録	朝日新聞社	1952. 10. 01
土持　俊丸	ネグロスの山野	高千穂町（宮崎）：土持俊丸	1990. 12. 08
土持　俊丸	バコロド今ふたたび	高千穂町（宮崎）：土持俊丸	1991. 12. 00
土持　俊丸	平和と戦争の狭間　続	？：土持俊丸	1993. 03. 00
土持　俊丸	学友そして戦友から	熊本：土持俊丸	1993. 10. 00
土持　俊丸編	戦争と平和の狭間：旧制法政大学予科修了50周年記念誌	？：旧制法政大学予科同級会	1992. 12. 00
土屋　五郎治	比島戦線の歌　短歌集	上山（山形）：土屋五郎治	1967. 04. 01
土谷　直敏編	山ゆかば草むす屍：比島に散華した同胞47万6千の遺族に捧ぐ	吹田：土谷直敏	1965. 08. 15（初版）
土谷　直敏編	山ゆかば草むす屍：比島に散華した同胞47万6千の遺族に捧ぐ	東京：日本遺族会	1968. 08. 01 改訂・第4版
筒井　忠勝	レイテ生き残り記：旧日本兵と元フィリピンゲリラ	同時代社	1995. 07. 15
堤　邦臣	灼きつく五年の歳月：フィリピン従軍回想録	西合志町（熊本）：堤邦臣	1986. 04. 03

頁数	著者生年	分類	内　容　等	備　考
55		慰霊巡拝	1963真鍋部隊戦友会結成	奈916-3748
212	1912	体験戦犯	1943秋応召、11.25入隊、44.3マニラからレイテ島に移動、44.4カガヤン、47.2.11投降、48.12.1モンテンルパ、53.7帰国	国会GB554-1781
142	1918	体験軍医日記	日記1944.7.2-45.9.4；1944.6補第501空医務科分隊長、海軍軍医少尉、46.4浦賀復員	国会GB554-G625
251		戦　犯	朝日新聞社記者のモンテンルパ訪問記	国会915.9-Tu865m；昭和916/Ts41/
283	1920	体　験	1944法政大学法学部卒、陸軍経理部幹部候補生、として44.10.9マニラ上陸、マニラ第4航空軍配属、ネグロス島威9927部隊第153飛行場大隊転属、45.9.4武装解除、12.8浦賀復員	国会GB554-E839
181	1920			法大
20	1920			法大
20	1920			法大
90	1920			法大
50		短歌集	1941.9.28台中州員林郡役所郡守公室で召集令状交付。台湾総督府巡査。42.1.14バタアン半島、45.8.23終戦詔書伝達、12.22浦賀上陸、12.26召集解除	山形県立図一般閉架Y911.168ツチ
152			1968.8.1改訂第4版、71.4.1第5版、日本遺族会、240＋頁	奈210.75-3648
240＋付図			1971.4.1第5版	奈210.75-3648
228	1932	証言集	日本軍レイテ島守備隊とフィリピン人ゲリラの証言集	
169	1921	体　験	1942.3リンガエン湾上陸、マニラ、バコロド、ダンサラン、バギオ逃避行、46.10.16名古屋復員、渡5103電政隊、軍属、ダンサラン	奈916-1617

著者名	書名	出版社・発行元	発行年月日
常岡　昇	玉砕：恒廣大隊の戦跡実録記	ヒューマン・ドキュメント社	1990. 07. 07
常見　隆哉	ルソンに賭けた母	舞鶴：常見隆哉	1998. 04. 29
津野　海太郎	物語・日本人の占領	朝日新聞社	1985. 01. 20
角皆（つのかい）弘一、内川次郎、高橋元夫	患者収容隊（撃第一二一〇八部隊）／第二十六師団野戦病院（患者収容隊配属）／五月初旬の患者収容隊と千葉少佐の最後		
坪内　一枝	英霊の叫び：戦没者50年祭を迎えて：比島・南洋・中国戦跡巡拝の記録	春江町(福井)：坪内一枝(ワープロ私製)	1994. 08. 15
坪倉　潤次	比島攻略戦記：予備坪倉上等兵陣中日誌	弥栄町(京都)：坪倉成幸	1983. 02. 03
デアシス、レオカディオ著、高橋彰編訳	南方特別留学生トウキョウ日記：一フィリッピン人のみた戦時下の日本	秀英書房	1982. 12. 11
ディソン、ダニエル・H. 著	フィリピン少年が見たカミカゼ：幼い心に刻まれた優しい日本人たち	桜の花出版（発売：星雲社）	2007. 10. 06
テイラー、ローレンス著、武内孝夫・月守晋訳	将軍の裁判：マッカーサーの復讐	立風書房	1982. 04. 10
手島　丈夫	比島最后の偵察機(独立飛行第52中隊)	神戸：手島丈夫	1976. 12. 08
手島　貞次	サマール島に消えた　五中隊の記録	京都：手島四郎	1981. 04. 09
鉄兵団比島戦没者慰霊団	フィリピン戦跡巡拝のしおり	？：鉄兵団比島戦没者慰霊団	1977. 08. 00
寺嶋　芳彦	あ、我が海軍：第103軍需部最後の奮戦記	川口：寺嶋芳彦	1983. 00. 00 ？（ワープロ私製）

フィリピン関係文献目録（「戦記もの」） 271

頁数	著者生年	分類	内　容　等	備　考
59	1913	大　隊	1927東京陸軍幼年学校入校、34陸軍士官学校卒、満洲事変従軍、支那事変参戦、42.2.27-43.10.30フィリッピン陸軍士官学校教官、48.2.10-53.12.30戦犯容疑でフィリッピン抑留、陸上自衛隊	奈916-1601
106	1934		兄フィリピンで戦死	奈916-3948
235	1938	NF	ノンフィクション；評論家・編集者	
18-34		体験病院	1部分をコピーしたもの	奈916-1501
154		慰霊巡拝		奈916-2748
142	1960	体　験	メモ1941.9.27—43.1.2；1941.12ラモン湾上陸、福知山20連隊、負傷送還	国会GB554-1897
287	1919；1932	留学生日記		
353	1930		シリーズ日本人の誇り7	
229	1942			奈329.67-0050
95	1920	体験学徒	大学航空部、1943.10学徒動員、44.3クラークフィールド、45.6撤退、山中、9月捕虜、46.1.3浦賀上陸	奈396.8-1901
193		息子中隊	1周忌に息子が出版。1941.1.10中部37部隊吉田隊入隊。10.15第14軍司令官の隷下、12.22リンガエン湾上陸、バタアン戦参加、44.4.16サマール島に転戦、45.9.13武装解除、46.1.23佐世保復員	奈396.5-1617
47		慰霊巡拝	旅行の日程、注意事項など	奈292.48-1748
128+14		体験軍需部	前述・北部ルソン戦線　後述・マニラ東方戦線　山中における逃避行　収容所での生活状況	奈397.2-1502

著者名	書名	出版社・発行元	発行年月日
寺嶋　芳彦編	昭和57年度・58年度　フィリピン、ルソン島北部及びクラーク地域　政府派遣遺骨収集団報告書	川口：慰霊事業協力団体連合会（ワープロ）	1983. 10. 00
寺嶋　芳彦編	フィリピン沖で沈没した軍艦蒼鷹の最后(経歴書)：九死に一生を得た乗組員の手記	川口：寺嶋芳彦	1984. 06. 17
寺下　辰夫	サンパギタ咲く戦線で：実録・比島報道部隊	ドリーム出版	1967. 03. 15
寺下　宗孝（達夫）	比島作戦従軍手記　星条旗落ちたり	揚子江社	1943. 06. 30
照木　廣三郎編	南十字星30号	横浜：電気通信比島会	1991. 07. 00
照木　廣三郎編	南十字星31号	横浜：電気通信比島会	1992. 10. 00
土井　勤	わが大空の決戦：ある軽爆戦隊長の手記	光人社	1968. 10. 24
土井　勤ほか	還ってきた特攻隊　比島軽爆隊特攻秘話	今日の話題社	1969. 10. 31
土肥　政男編	政府派遣フィリピン戦没者遺骨収集団の記録　写真集　自　昭和49年11月20日　至　昭和49年12月20日　フィリピン・ビサヤ地区・ルソン島の一部	遺骨収集協力団	1974. 00. 00
東口　環（とうぐち　たまき）	比島作戦と河島兵団	函館：東口環	1968. 02. 11
東城　まき	わすれな草　フィリピン戦線従軍記	高崎：あさを社	1978. 10. 10
銅山　美代	レイテをたずねて	津山：銅山美代(姉)	1972. 12. 31
桃陵会	吾等かく戦えり：比島に於ける垣兵団戦記	京都：桃陵会	1971. 04. 00
桃陵会（元垣兵団戦友会）	比島収骨慰霊行・草むす戦友をたずねて	桃陵会（元垣兵団戦友会）	1973. 10. 14
簏谷泰三著（とおしや）、中嶋建之助編	独立工兵第六十五大隊（威六〇八九部隊）の戦い	京都：簏谷千代	1990. 01. 00

頁数	著者生年	分類	内　容　等	備　考
30		遺骨収集	戦友会会長	奈916-3748
84		手　記		奈916-1202
330	1904	体　験	外務省大東亜省次官室勤務。開戦から42.10まで陸軍報道班員として比島に従軍。	奈916-1617
294	1904	報道班	報道班員従軍記。1941.12.24リンガエン湾上陸	国会915.9-Te63ウ マイクロフィッシュ
218		戦友会誌	30号記念総特集号	国会GB554-E965
173		戦友会誌	比島派遣50周年慰霊特集号	国会GB554-E965
245		体　験	元飛行第75戦隊長	奈916-1510；2001 NF文庫
358		体験特攻	飛行第75戦隊長陸軍中佐、レイテ戦。ほか5篇	奈916-1910
47		遺骨収集		昭和916/I37/
185	1901	体　験	振武集団参謀部員、イポ攻防、歩兵第17連隊基幹の戦闘記録。1924小樽高商卒、志願兵として入隊、27少尉、44応召、7.15マニラ上陸、45.9.2投降、11.30博多復員	国会915.9-To386h
160	1916	体験病院	1938日赤中央病院卒、43.9.21マニラ上陸、南方第12陸軍病院着	しょうけい916-To27；群馬大
86		慰霊巡拝	弟銅山悦治1945.5.25レイテ島で戦死、44.4.28応召	奈916-2748
424		兵　団	桃陵会1947発足	国会GB554-32
63		収骨慰霊	レイテ島に散華した英霊に捧ぐ	靖国204886/392.9Uト
182	n.a.；1922	大　隊		奈396.7-1501

著者名	書名	出版社・発行元	発行年月日
独自六三会	続比島進撃の思い出：独立自動車第六十三大隊	岡山：独自六三会	1974. 10. 20
德津　準一	私の戦記：歩兵第三七聯隊	東大阪：德津キミ子（妻）	1991. 08. 00
独立工兵隊第二十三聯隊史刊行委員会編	独立工兵第二十三聯隊史	東京：独立工兵隊第二十三聯隊史刊行委員会	1989. 12. 08
独歩一六五大隊史編集委員会	比島派遣守備隊戦記：瀬能・多賀部隊	岐阜：南十字会	1978. 03. 20
独立歩兵第三五六大隊史編纂刊行委員会	独立歩兵第三五六大隊史：比島北部ルソン戦で撃、駿、鉄三兵団に配属され、悪戦苦闘した瀧上大隊の記録	立花町（福岡）：独立歩兵第三五六大隊史編纂刊行委員会	1993. 03. 01
独立歩兵第三六三大隊	九死一生	東京：元独立歩兵第三六三大隊（ホロ島）	2002. 01. 00
独立野戦重砲兵第八聯隊第一大隊編	比島戦記	独立野戦重砲兵第八聯隊第一大隊	n. d.
戸田　敏夫	洛北集に想う戦記	新見：戸田敏夫	1992. 07. 17
戸高　忠義	幾度か死線を越えて	佐伯：戸高忠義	1987. 12. 00
栩木淑子	歌集　ルソンの小石	浜松：栩木淑子	1975. 03. 25
飛岡　勉	フィリピン・ルソン島（バレテ峠）戦記：一兵士の体験	神戸：飛岡勉	1995. 10. 00
斗桝　良江	比島に散華・住田邦夫遺稿	斗桝良江（姉）	1984. 09. 20

頁数	著者生年	分類	内　容　等	備　考
257		大　隊		奈916-1517
183	1920-95	連　隊	追善供養として妻出版	奈916-1210
315		連　隊		昭和396.7/D83；国会GB554-E726
624		大　隊	幸5742部隊、拠10623部隊	国会GB554-704
299		大　隊	1944.5.10宇都宮で編成、6.15マニラ上陸、45.8.21戦闘停止通知、9.15下山	奈396.59-1601
221		大　隊	1944.7.15マニラ上陸、セブ、ホロ、45.9.16降伏	奈916-1717
n.p.		大　隊		靖国396.5FA重08
174		体　験	1942.1.5海兵団入団、サランガニ自動車隊、浦賀復員、45.11.25退役	国会GB554-E1229
217	1917	体　験	1944.1.3マニラ上陸、1.23セブ島上陸、45.9.1投降、12.24浦賀帰還、12.28召集解除	奈289-1910
151	1917	巡拝歌集	夫1944.8陸軍兵站病院軍医、満洲からビルマ方面へ転進途中、バシー海峡で撃沈され、ルソン島上陸、45.8.10頃ルソン島で戦病死。68.10比島巡拝団に参加	豊川市中央図書館；国会KH627-42
107		体　験	帰国数ヶ月後に手記。野砲兵第10連隊、1941.2入営、満洲、44.12.23北サン上陸、45.9.21武装解除、46.11.18名古屋復員、81慰霊巡拝	国会GB554-G271；奈916-1617
131		遺　稿	手書き。飛行第67戦隊。1920広島生まれ、40飛行整備兵、45.6.23ルソン島ファームスクールにて戦死。日記：1942.8.29-43.10.25	靖国200985/390.281スト

著者名	書名	出版社・発行元	発行年月日
富崎　勝次	龍兵団　第十一中隊斯く戦えり：比島・蘭印諸島・ビルマ・雲南戦線	長崎：富崎勝次	1982.07.26
富田　清之助	レイテ決戦の真相　第一師団	朝雲新聞社	1977.11.01
友清　高志	ルソン死闘記：語られざる戦場体験	講談社	1973.08.02
友清　高志	狂気：ルソン住民虐殺の真相	現代史出版会（徳間書店）	1983.05.31
友近　美晴	軍参謀長の手記　比島敗戦の真相	黎明出版社	1946.05.20
外山　福三	我が戦陣記	堺：外山福三	1983.02.11
外山　福三編	威第一五三九〇部隊戦記：高野部隊ミンダナオ島戦陣記	堺：高野部隊戦友会	1989.10.00
豊田　穣	戦艦武蔵レイテに死す	講談社	1983.08.15
長井　精子（きょこ）	カサ・ブランカ	保谷：長井精子	1977.02.26
長井　清	痛恨のルソン	東京：不戦兵士の会	1988.08.20
長井　清	悔恨のルソン	築地書館	1989.07.25
中尾　文雄著、中尾真弓編	ダバオ便り：ある海軍嘱託の私信	横浜：中尾真弓（娘）	1994.09.12
永尾　俊彦	棄てられた日本兵の人肉食事件	三一書房	1996.12.31
中岡　潤一郎	太平洋の覇者〈2〉比島攻防戦	東京：KKベストセラーズ	1998.05.15
中岡　潤一郎	レイテ沖の烈風―蒼穹の烈風空戦録	学習研究社	2006.11.11
中川　八郎	アイゴン・ルソン	横浜：中川八郎	1981.08.15

フィリピン関係文献目録（「戦記もの」） 277

頁数	著者生年	分類	内　容　等	備　考
223	1934	体験中隊	1937応召入隊、41.10第56師団大村歩兵第146連隊第11中隊応召入隊、41.12.20ダバオ上陸、24ホロ島上陸、42.1.13ホロ港出港	国会GB544-115
302		師　団	1939上海東亜同文書院卒、同年興亜院勤務、41関東軍主計幹部候補者教育部卒、第1師団、50毎日新聞、レイテ会員にアンケート	奈391.2-1617
250	1920	体　験	1946.12.17名古屋復員	奈916-1517
214	1920	体　験	1944.7マニラ着、藤兵団、戦後雑誌記者、1975.7政府派遣遺骨収集団に参加	徳間文庫1985
109		手記参謀	比島派遣軍参謀長・陸軍少将。35A司令部、少将、作戦の真相	奈916-1617
180	1914	体　験	1937京大農学部卒、農林省、38大阪歩兵第37連隊入隊、バタアン戦参加、ミンダナオで終戦、46.3復員	国会GB554-1482
513	1914	部　隊	1944.5.30ミンダナオ島ラサン上陸、飛行場設定、9.2終戦、9.22武装解除	国会GB554-E738
413	1920-94	戦　記	講談社文庫1988	
56		邦人体験	太平鉱業マニラ支店長長井徳治郎、臨時歩兵第2大隊、45.2.26マニラ市街戦闘中戦死	奈916-3948
80	1919	体　験	1943.10慶応大卒、44.7在マニラ南西方面艦隊司令部付暗号士、海軍中尉、46.1復員	奈916-1517
109	1919	体　験	戦記、南西方面艦隊司令部付暗号士、海軍中尉	
201	1898-1953；n.a.	書簡集	フィリピンから家族への書簡集。1942.3海軍省奏任嘱託としてフィリピンへ、ダバオタイムス社編輯長、45.11.6横須賀復員	奈916-3637
221	1957	ル　ポ	ルポルタージュ	
220	1968	戦　記	書下ろし長編架空戦記	国会KH418-G136
231	1968	戦　記	歴史群像新書	国会KH418-H221
198		体　験	1944.1.8入隊、満洲、44.12北サンフェルナンド上陸、マニラ着、45.3.29バレテ戦、10武装解除、46.4.28浦賀上陸	奈289-3600

著者名	書名	出版社・発行元	発行年月日
中川　八郎	ルソンの戦い	静岡：中川八郎	1995. 08. 15
中川　美代司	境界なき生と死：嗚呼、堀田大隊	近代文芸社	1995. 07. 20
中川　義春	特設第六十三機関砲隊記録	富山：中川義春	1986. 01. 00
長久保　由次郎	今だから明かす比島戦秘話：ある情報将校の戦争と平和	リーベル出版	1993. 07. 25
中澤　一広	かくして帰りぬ	上田：中澤一広	1989. 12. 04
中沢　五郎	ある青春：南の海の陣中日誌	松本：中沢五郎	1984. 10. 05
永沢　道雄	「不戦兵士」小島清文	朝日ソノラマ	1995. 02. 28
永沢　道雄	戦艦「大和」暗号士の終戦：一海軍予備学生のフィリピン戦記	光人社	2003. 06. 18
中島　彬文	南溟の果て	新城(愛知)：中島彬文	1994. 07. 01
中島　惟誠	ミンダナオの黒豹：輜重兵第三十連隊"死の転進"	熊本：中島惟誠	1987. 04. 15
中嶋　建之助	レイテの挽歌	高槻：ビサヤ会	1988. 03. 00
中嶋　建之助・増田宣一編	あゝ悲運の垣兵団　幾山河	「幾山河」刊行会	1976. 04. 01
中嶋　静恵編	ルソンの山々：生き残ったフィリピン在留邦人の手記	札幌：創映出版	1978. 10. 12
中島　誠	決戦レイテ湾：比島沖海戦従軍秘録	東京：鱒書房	1956. 08. 15

頁数	著者生年	分類	内　容　等	備　考
24		体　験	1942.1入隊、満洲、44.10北サン上陸、45.10下旬捕虜、46.4.28浦賀復員、	奈916-1617
229		体　験	第30師団歩兵第74連隊（豹第12024部隊）第3大隊第3機関銃中隊分隊長。1940.4篠山歩兵70連隊入隊、43.5除隊、44.4召集、朝鮮、44.5.25スリガオ上陸、45.9投降、47.1復員	国会GB554-E2079；靖国99256/392.9U
30	1907	体　験	1928入隊、日支事変、44.9応召、レイテ戦、陸軍准尉、46.12復員	奈396.6-1501
130	1917	体　験	1941.12比島派遣軍第14軍参謀付情報将校、陸軍大尉	国会GB554-E1433
310	1916-88	体　験	第3南遣艦隊司令部付経理下士官、バレテ、1945.9武装解除、46.12.20名古屋復員	国会GB554-E750
264	1923	体験日誌	1944.3.22海軍兵学校卒、タウイタウイなど、海軍中尉	奈916-1510
360	1930	伝　記	1953朝日新聞入社	昭和289/Ko39/；愛知県図289.1/コジ
337	1930	伝　記		国会GB547-H7；光文社NF文庫；「「不戦兵士」小島清文」（朝日ソノラマ1995年刊）の改題
265	1922	体　験	戦記、参謀部別班、ガナップ党員教育、陸軍少尉	
184	1919	体　験	中央大学卒。1944.4ミンダナオ島派遣、45.12大竹復員。豹輜重30i（豹12032）	奈916-1517
444	1922	体　験	1943.1入営、4比島派遣、44.1レイテ島、45.12レイテ島より復員、捕虜、慰霊巡拝	奈916-1946
145		兵　団	「栄光と悲運の垣兵団を偲ぶ」	滋賀県立図
91		邦人体験		奈334.5-2937
180		報道班	戦記シリーズ。海軍報道班員、毎日新聞記者。1934関大専法科卒、レイテ海戦では機動艦隊本部に参加。	国会915.9-N577k；昭和916/N34/

著者名	書名	出版社・発行元	発行年月日
中島 正十	私が歩んだ戦場での記憶	？：？（ワープロ）	199-
永田 武二	脱走：わが心の遺書	熊本：永田武二	1967. 03. 30
永田 呂邨（ろそん）	句文集 かたりべ（続） 修羅の島	小郡：永田呂邨	1999. 03. 01
中西 保	北部ルソン 絶望の山中で見た 南十字星	京都：中西保（ワープロ）	1997. 05. 10
中野 重平、佐藤竜一（聞き書き）	灼熱の迷宮から。：ミンドロ島から奇跡の生還、元日本兵が語る平和への夢	盛岡：熊谷印刷出版部	2005. 06. 01
中野 忠二郎編、第二〇一海軍航空隊元隊員共著	二〇一空戦記	東京：海軍201空会	1974. 05. 01
中野 忠二郎	中野忠二郎遺稿集	東京：中野りき子（妻）	1985. 12. 15
永渕 國雄	戦車第七聯隊戦記：戦車第二師団隷下（戦車第七聯隊史第四部要録）	福岡：永渕国雄	1988. 08. 26
長嶺 秀雄	日本軍人の死生観	原書房	1982. 06. 11
長嶺 秀雄	戦場：学んだこと、伝えたいこと	並木書房	1997. 06. 01（新装版 2003. 05）
仲村 敬二	比島兵站を支えた影の力	松戸：仲村敬二	1980. 08. 15
中村 興雄	レイテ戦に参加：中村興雄遺稿	真正町(岐阜)：中村暢子（姉）	198-
中村 八朗	雄魂！ フィリピン・レイテ	学習研究社	1972. 09. 15

フィリピン関係文献目録(「戦記もの」) 281

頁数	著者生年	分類	内　容　等	備　考
17		体　験	福井商業卒、1944.12.3北サンフェルナンド上陸、46.6.3復員、少尉	奈916-1517
99		体　験	旭兵団(第6師団)兵器勤務隊員、1944.12末ハイラルからルソン島、12.23北サン上陸、8.21終戦、9下旬投降、収容所から脱走、46.1.2浦賀復員	国会915.9-N227d
148	1915	句文集	本名：勝美。レイテ戦で負傷。95レイテ巡礼	奈914.6-1617
65	1922	体　験	1942.3京都師範学校卒、44.11船舶工兵25連隊(暁16743)、44.12.28北サン上陸、45.9下旬投降、46.1.15復員	奈916-1617
214	1922；1958	体験特攻	1943.9入隊、満洲、フィリピン派遣、44末特攻隊員、ミンドロ島上陸、11年間潜行生活、56.11日本に生還	奈916-1617
257	1902	戦　記	戦歴、ソロモンよりフィリッピンまで	国会GB551-38
331	1902	遺　稿	海軍大佐。第201海軍航空隊司令、セブ転進	靖国45322/390.281ナ
57		連　隊	自昭和十九年七月　至昭和二十年九月。通称号：満洲第429部隊　比島派遣？第12095部隊	奈396.7-1501
211	1917			昭和390.4/N15
215	1917	体　験	1932陸軍幼年学校入校、35陸軍予科入校、満洲、ノモンハン事件、44.10フィリピン出征(少佐)、レイテ戦、45.1セブ島、46.3帰国、陸上自衛隊	奈396.21-1920；立命館大
111		体　験	「第二開拓勤務隊行動概要と地点別戦没者名簿」；1931徴集、44.3.24応召、44.7バシー海峡で撃沈、46.12末復員	国会GB554-998
33	1922-54	体　験	1944.8見習士官、10マニラ上陸、レイテ戦へ、46.8.6帰還	国会GB554-E175
202	1914	戦　記	日本人による日本人の秘録：太平洋戦争ハイライトシリーズ	奈391.2-1617

II. 目録

著者名	書名	出版社・発行元	発行年月日
中山　富久	放列　バタアン砲兵戦記	育英書院	1943. 04. 25（再版1945目黒書店）
那須　春夫	海軍予備学生青春の記録：首実験	？：那須春夫	1972. 03. 26
夏友会	夏部隊の足跡：バターン・ラバウル	福山：夏友会事務局	1981. 08. 00
［七六会］	七六会フィリピン戦跡巡拝特集ならびにマンカヤン地区遺骨収集報告	？：？	1978. 00. 00？
生江　有二	山下財宝　フィリピン黄金伝説を行く	文藝春秋	1995. 10. 20
生江　有二	黄金伝説：旧日本軍がフィリピンに隠匿した財宝の真実	幻冬舎	2000. 12. 00
成田　武夫	蒼い濤：成田武夫詩集	能勢町(大阪)：詩画工房	1991. 08. 08
南条　岳彦	一九四五年マニラ新聞：ある毎日新聞記者の終章	草思社	1995. 02. 20
南方鉄道調査委員会	南洋方面鉄道関係建築物写真　マレー・比島・蘭印・泰	南方鉄道調査委員会	n. d.
新美　彰	わたしのフィリッピンものがたり	熊本：新美彰	1976. 08. 11
新美　彰・吉見義明	証言　昭和史の断面　フィリピン戦逃避行	岩波ブックレット	1993. 08. 20
新美　虚炎画・文	順ちゃんの戦場	東京図書出版会	2002. 11. 06
西井　弘之編著	ルソン島の野戦病院全滅記：鉄兵団―血戦バレテ峠―敗走70日―大密林の中、死の彷徨―全滅	笠岡(岡山)：西井弘之	1977. 08. 01
西尾　忍	ノウモア・フィリピン：西尾忍歌集	東京：七月堂	1992. 03. 31

フィリピン関係文献目録（「戦記もの」）　283

頁数	著者生年	分類	内　容　等	備　考
223	1913	戦　記	野戦重砲兵第8連隊砲車小隊長のバタアン、コレヒドール攻略戦記。検閲削除pp.95-96など	国会915.9-N45-2ウ マイクロフィッシュ；再版1945目黒書店
220	1922	体　験	1943.10日本大学卒、海軍予備学生として舘山砲術学校入校、44.5同卒、海軍少尉、第127防空隊配属、44.6セブ飛行場、45.3.1中尉、46.3.19浦賀復員	奈916-1617
688		部　隊	1941.8福山、広島で編成、42.1.1リンガエン湾上陸、バタアン戦、12.3ラバウル上陸、46.5.16名古屋復員。74遺骨収集、慰霊碑建立	奈916-1717
93		巡拝遺骨収集	1977.11.23-28戦跡巡拝旅行。1944.12.26北サンフェルナンド入港	昭和292/Sh24/
334	1947	山下財宝		
414	1947	山下財宝		金沢大
180	1918	詩　集	「いくさに果てた友に　レイテで死んだ弟へ」	国会KH431-E341
269	1932	NF	毎日新聞記者の父親の足跡と戦争報道の実態	
n.p.		写真集		靖国78097/393.8ナ
149	1917	邦人体験		奈916-2637；国会GB554-780
62	1917；1946	証　言	聞き手：研究者	
44	1917	邦人体験	本名：新美彰	国会GB554-H19；昭和開架児童書726/N72
364	1911	体　験	1934岡山医科大卒、38北支応召、44.8再応召、台湾を経てルソン、バレテ血戦、鉄4野病軍医大尉、歩10Ⅰ付	奈916-1921、394-1921
164		体験歌集	1943初年兵、渡比、サマール島で敗戦	国会KH437-E489；奈911.1-0017

Ⅱ. 目 録

著 者 名	書 名	出版社・発行元	発行年月日
西尾　忍	わが心のフィリピン：戦友への愛しみ	東京：日本図書刊行会（近代文芸社発売）	1998. 10. 10
西川　佳雄	比島従軍記	興亜書院	1943. 11. 20
西川　好雄	戦争ってなんだ：今…伝えたい	上田：西川好雄	2004. 07. 19
西島　照男	生きて還った軍神：レイテ戦の道産子伍長	北海道新聞社	1993. 07. 30
西田　市一	弾雨に生きる：バタアン・コレヒドール攻略戦記	宋栄堂	1943. 03. 30
西田　三千男	わが比島戦記：若き海軍技術士官苦闘の記録	福岡：櫂歌書房	1984. 08. 15
西村　美枝子	ルソンの風：京都野砲兵川北大隊五十回忌現地慰霊に参加して	京都：西村きいち事務所	1993. 05. 00
西村　義光	大東亜戦争　比島作戦従軍記	？：西村義光	1984. 06. 10
西本　末次郎	奇跡の生還：ルソン死の敗走1000キロ	生涯学習研究社	1992. 04. 29
西本　正巳	追想のフィリピン：比島戦の歴史	東京：フィリピンインフォーメーションセンター戦跡訪問団事務局	1975. 08. 15
西本　正巳	比島戦跡アシン川よりトツカン谷へ還らざる兵士の道を行く	東京：PIC戦跡訪問団事務局	1977. 12. 00
西本　正巳	フィリピン慕情：ルソン百景	東京：フィリピンインフォーメーションセンター	1986. 05. 31
西本　正巳構成・執筆、佐久田繁編	Philippine Fightingフィリピンの戦い	月刊沖縄社	1980. 01. 15

フィリピン関係文献目録（「戦記もの」） 285

頁数	著者生年	分類	内　容　等	備　考
146		体　験		国会GB554-G922；昭和914/N86/
354		従軍記者	朝日新聞特派員、バタアン・コレヒドール総攻撃従軍記、1942.10帰還、大東亜省勤務	国会GB554-E945
330	1925	体　験	1941.4.10東京陸軍航空学校入校、43.11所沢陸軍航空整備学校卒、朝鮮、44.5ミンダナオ島、マクタン島、レイテ戦、45.3セブ、8.30投降、46.12.30名古屋復員	奈916-1917
238		NF	ノンフィクション	奈391.3-1617
289		従軍記者	朝日新聞社特派員、朝日新聞連載、写真は朝日新聞特派員岡本健三撮影	奈916-1517
205	1922	体　験	1944.7.31マニラのニコラス飛行場着陸、45.9降伏、46.11.6名古屋復員、103海軍施設部、第6輸送大隊	奈916-1617
21		娘慰霊	3歳のとき父リサール州で戦死	奈916-2748；靖国82622/392.9U
85	1919	体　験	1933村役場勤務、39.12.15姫路入隊、満洲、台湾、乾瑞丸海没、44.12.23ルソン島上陸、46.11.1名古屋復員	立命館210.75/N84
147	1923	体　験	ハルマヘラへの途中、輸送船撃沈、マニラ上陸、第5野戦船舶司令部へ転属	国会GB554-E1269；立命館210.75/N84
332	1917	追　想	1944.11マニラ到着、46.12末名古屋復員	奈210.75-1517
40	1917	戦跡訪問		奈292.2-1752
110	1917			奈292.48-0052
653	1917；1929	写真集	1944.11マニラ上陸、南アンチポロで終戦、46.12末名古屋復員	奈210.75-1617

286　Ⅱ. 目　録

著　者　名	書　　　名	出版社・発行元	発行年月日
西本　正巳著、新日本教育図書株式会社編集	還らざる兵士の道：フィリピン戦跡放浪記	東京：フィリピンインフォーメーションセンター	1982. 03. 01
西本　正巳・高橋　陸人・桃沢　明・奥仁志・岩淵圭編	比島戦跡を偲ぶ（フィリピン戦跡写真集）	東京：フィリピン戦跡写真集実行委員会	1970. 05. 15
日比慰霊会編	比島戦記	東京：日比慰霊会	1958. 03. 12
日本アート・センター編	名画　太平洋戦争3　比島・蘭印・ビルマ作戦	集英社	1970. 01. 25
日本遺族会青年部	比島戦跡巡拝団報告書　昭和52年1月26日～2月1日	日本遺族会	1977. 03. 31
日本のフィリピン占領期に関する史料調査フォーラム編	インタビュー記録　日本のフィリピン占領	龍渓書舎	1994. 08. 25
仁部　正五	ルソンの空の下に：二等兵の記録（上）	私製	n. d.
丹羽　欽治	南溟七日招魂の旅：フィリッピン戦跡巡拝随想録	小牧：丹羽欽治	1969. 10. 15（二版）；初版1969. 5. 25
沼間　邦行	比島戦記：カバナツアン脱出の一日	西宮：沼間邦行	1998. 07. 00
根岸　萬之(かずゆき)編	戦車第二師団工兵隊戦記：付生還者の回想	韮崎：根岸萬之	1990. 07. 01
ネグロス島戦友同志会事務局編	鎮魂：追憶・野戦高射砲第76大隊	？：ネグロス島戦友同志会事務局	1986. 08. 00
根本　勝	比島従軍記	横須賀：戦誌刊行会（星雲社）	1993. 07. 15
根本　勝	第五集　わが活字の軌跡	横須賀：根本勝	1997. 04. 00
根本　勝	第六集　わが活字の軌跡	横須賀：根本勝	1999. 02. 00

フィリピン関係文献目録（「戦記もの」） 287

頁数	著者生年	分類	内　容　等	備　考
247	1917	慰霊巡拝	慰霊巡拝案内	奈916-1752；昭和292/N84/
288	1917	写真集		奈369.37-1752
256		戦　記	1956結成、日比慰霊会会長：東久邇稔彦、理事長：和知鷹二	
39		戦場画	ステレオ　レコード版	靖国4087/392.038ニ
119		巡　拝		靖国3338/392.9Uニ
706		証言集		
23		体　験	1944.11マニラ上陸、独立無線第123中隊。1977戦跡巡拝団一因	奈916-1517
51		巡　拝		昭和292/N89/
27		体　験	比島派遣第105師団（勤）落合工兵隊第5中隊	奈916-1617
111		体　験	自昭和十九年八月至同二十年九月	奈396.7-1501
57		大　隊	野戦高射砲第76大隊　比島派遣威第1970部隊	奈916-1748
330	1913	体　験	1944.2比島第14軍憲兵隊付、無線探査班長、警務課長等歴任、終戦特使として残置日本軍の捜索投降に任じ、46.7佐世保復員	
47	1913	戦後活動記録	1933入営、34憲兵上等兵、44憲兵学校卒業、少尉、	奈916-1917
34		戦後活動記録		奈916-0000、916-1917

著者名	書名	出版社・発行元	発行年月日
野際 初恵	こんどは戦争のない世に生まれてネ：ある傷痍軍人の妻の愛の記録	東京：叢文社	1983. 06. 25
野口 義夫	レイテ激戦記：第一師団奮戦す	日本文華社	1967. 03. 10
野島 宝夫(とみお)	素志儚なく：海軍「芋掘」士官の記録	鎌倉：野島宝夫	1980. 11. 25
野田 澄江編	モンテンルパの灯：戦犯死刑囚の書簡	岐阜：母と子ども社	1972. 04. 01
野村 泰治	落日の残像：最後の母艦航空隊	光人社	1989. 06. 22
野村 泰治	落日は還らず：海軍予備学生の生と死	光人社	1990. 01. 31
野村 良平	虚空蔵：天の巻 つまりの里の物語 地の巻 夢のマンゴー	文芸社	2004. 02. 15
野村 良平	虚空蔵：フィリピン決戦余譚	日本図書刊行会（近代文芸社発売）	2007. 07. 01
橋詰 忠	二十一歳のルソン戦	？：橋詰忠（ワープロ）	1988. 03. 17
橋本 静雄	バタアン戦記：歩兵第39連隊第7中隊の記録	？：？	1979. 03. 00
橋本 静雄編	三度ルソンの戦跡をたずねて	？：鉄慰霊会	1981. 04. 01
橋本 純	比島争奪大作戦：帝国艦隊猛烈戦記3	有楽出版社	2000. 09. 10
橋本 年中(としなか)著、加藤はぎ子編	比島敗走記	大門町(富山)：橋本よし子（妻）	1995. 03. 09
橋本 義満編、市古粛亮画	嗚呼サクラサク峠：小さな陣地	日進町(愛知)：橋本義満	1993. 11. 00
長谷川 次男著、朝日新聞社西部事業開発室編集出版センター編集・企画	濁流：ルソン島敗走記	延岡：長谷川次男	1993. 08. 00

フィリピン関係文献目録（「戦記もの」）　289

頁数	著者生年	分類	内　容　等	備　考
200	1925	体験病院	旧姓：船木。1944大阪日赤卒、卒業と同時に召集、比島派遣第138兵站病院は遺族、46復員	奈916-1621
243		体　　験	歩兵第57連隊機関銃小隊長、陸軍曹長	国会915.9-N914r；靖国44640/392.9U
276	1919	体　　験	「捧　故海軍主計少佐　川田収也兄」1943.10.1経理学校入校、44.3卒業、103軍需部（マニラ）付、4.1タクロバン出張所長、9.1ダバオ支部庶務主任、45.9.16降伏、46.3.17復員	奈289-1917
63	1932	戦犯書簡		奈915.6-1750
303	1922-2002	体験学徒	学徒出陣。1944.10レイテ海戦参加、漂流後救助、海軍中尉。戦後NHKアナウンサー	
274	1922-2002	体験学徒	43.12中大法在学中に学徒出陣、海軍	昭和913/N95
500	1923	体　　験	新潟県生まれ	国会KH447-H140
282		体　　験		国会KH447-H528
122		体　　験		奈916-1517
67	1917	体験中隊	1944.12.11マニラ上陸、45.9.8下山。76鉄部隊戦跡慰霊の旅参加	奈916-1517
150	1917	慰霊巡拝	1976、77、80慰霊巡拝	奈916-0048
221	1962	戦　　記	ミリタリーライター	書き下ろし戦争シミュレーション
200	1915	体　　験	1951執筆。1937満洲、44.7.14マニラ上陸、セブ、オサミス、サンボアンガ、45.10.4降伏、46.6帰国	奈916-1617
数枚		大　　隊	第26師団（泉兵団）独立歩兵第11連隊（泉第5314部隊）集成第2大隊（藤黒大隊）遺族	奈396.59-1517
173	1921	体　　験	1942.3陸軍経理学校本科卒、野砲兵第8連隊補充隊付、44.12比島アンヘレスへ移動、レイテ挺進作戦参加、45.9武装解除、12.31浦賀復員	奈916-1617

II. 目 録

著者名	書名	出版社・発行元	発行年月日
長谷川　博一	太平洋戦争	三浦：長谷川保	1997. 05. 00; 追加1999. 10 （ワープロ）
畑　偕夫（ともお）・朝井　博一	ルソン戦記：戦車第二師団の記録生還兵士の証言	加古川：信太山同年兵の会	1999. 11. 11
蜂巣　貞夫	機動歩兵第二連隊比島捷号作戦参加補記（高山支隊主力）：比島戦没戦友の御霊前に捧ぐ	大田原：蜂巣貞夫	1991. 06. 00
服部　良郎	わがネグロス島戦記	？：？	1992. 02. 12
花木　一編	独重4　北から南へ：独立重砲兵第4大隊回想記	神戸：綏南戦友会	1991. 09. 20
花野（はなの）　鉄男	白木の箱への道：ある船舶工兵の比島戦場記	同時代社	1989. 02. 24
馬場　秋星	大正11年生まれが語る　東南アジアの思い出：比島ビルマ敗戦行記	長浜：馬場秋星	1987. 01. 30
馬場　秋星	ルソン従軍記：付録・京都垣兵団のレイテ玉砕	長浜：イメーディアリンク	2002. 05. 15
馬場　秋星	京都垣兵団物語（京都・滋賀・福井・三重編成）　二万の将兵レイテに玉砕	長浜：ふるさと文芸社	2005. 11. 01
濱﨑　政行	比島にて	文芸社	2003. 12. 15
濱田　佶（ただし）	遥かなりルソン	当別町(北海道)：濱田佶	1997. 10. 01
浜野　健三郎	最後の谷	東京：東西五月社	1959. 08. 30
浜野　健三郎	戦場　ルソン敗戦日記	青濤社（績文堂）	1979. 07. 30

頁数	著者生年	分類	内　容　等	備　考
485	1916-91	体験	1937入隊、満洲、41.12.24ラモン湾、翌日上陸、バタアン・コレヒドール攻略戦、5月ダバオ、7月パラオ、ガタルカナル……44.10除隊、内地帰還	奈916-1510
264		証言集	1944年1月入営、満洲で初年兵教育、10月マニラ上陸など、戦車第2師団（撃兵団）	国会GB554-G1285；奈396.21-1617
41-49		体験	陸軍大尉。1942連隊着任、44.8比島転進、大隊長	奈396.5-1501
24-34		体験	老人大学葛飾学園研究体験発表大会	奈916-1517
439		大隊	比島派遣独立重砲兵第4大隊	奈916-1901
166	1918	体験	1939.5.1広島第11聯隊入営、中国、42.12満期除隊、44.12.23サンフェルナンド沖でボカ沈、46.2.23浦賀上陸	国会GB554-E511
120	1922	体験	彦根高商卒、1943.3垣兵団野砲隊初年兵ルソン島へ、12月東京陸軍経理学校入校のため帰国45.1ラングーン、8.1バンコクへ転進	奈916-1618
40+21	1922	体験	本名：馬場杉右衛門。彦根高商卒。1943.4.3野砲22連隊（比島派遣垣6558部隊）初年兵マニラ港到着、12下旬出港、甲種経理部幹部候補生17名東京陸軍経理学校入校のため帰国	奈916-1517
58	1922	兵団		京都府立総合資料館 KO/916/B12
219	1907-44	体験	1933広島文理科大卒、44.6出征、11.11レイテにて戦死、陸軍少尉	国会KH118-H81；靖国200037/911ハ
161	1923	体験		奈916-1617
271	1911	体験		奈書庫913.5-2850
330	1911	体験日記	1936早稲田大学英文科卒。日記1944.3.22-45.12.4、軍報道部嘱託、1944.8.13マニラ到着。45.12.5宇品復員	

II. 目録

著者名	書名	出版社・発行元	発行年月日
浜野　健三郎	死の谷ルソン：地獄の戦線従軍記	光人社	1989. 07. 20
林　義秀	日本武士道の成れの果て：比島大蔵大臣ホセ・アバト・サントス及重慶揚支那領事以下八名の不法殺害事件の真相	東京：金ケ江清太郎	1976. 01. 23
林田　佐久良（さくら）	英霊は哀しい	文芸社	2006. 01. 15
林田　幸夫	比島突入記　機動輸送第八中隊　暁第一六七三二部隊	林田軍曹	1966. 03. 16
早瀬　晋三編	『復刻版　比律賓情報』解説・総目録・索引（人名・地名国名・事項）	龍溪書舎	2003. 05. 00
はら　みちを　作・絵	南の島ルソンから：戦地の兄との交信	岩崎書店	1995. 06. 22
原　康史	マレー、比島、蘭印の激戦	東京スポーツ新聞社	1990. 08. 00
原田　潔	第三十戦闘飛行集団　比島作戦史	？：原田潔	1966. 00. 00
バレテ会	歩兵第63連隊（鉄第5447部隊）比島戦没者慰霊碑除幕式、慰霊祭、遺骨収集状況報告会のしおり	鳥取：バレテ会	1974. 06. 23
バレテ峠追悼碑改修委員会	バレテ峠追悼碑建立記念誌：鎮魂の祈りを捧げ平和を誓ふ	鳥取：バレテ会	1985. 06. 00
バレテの弾痕編集委員会（芳賀邦彦編）	バレテの弾痕：比島観音建立現地報告鉄兵団合同慰霊巡拝の記録	？：バレテの弾痕編集委員会	1978. 05. 03
半藤　一利	レイテ沖海戦	PHP研究所	1999. 11. 04
阪東　康夫編	巡拝と留魂：マニラ東方高地・阪東部隊	奈良：阪東康夫	1985. 08. 15
阪東　康夫編	巡拝と留魂　第二集：マニラ東方高地・阪東部隊	奈良：阪東康夫	1989. 08. 15
東　善信	比島（ミンダナヲ島）在中陣中日誌	加賀：東善信	1994. 10. 00

フィリピン関係文献目録(「戦記もの」) 293

頁数	著者生年	分類	内　容　等	備　考
269	1911	報道部従軍記	早大卒。比島派遣軍報道部嘱託、従軍、1945.6.18-7.21曾宮連私記。1972夏、戦績慰霊団に参加	
281			「本書は親友金ヶ江清太郎氏の御好意により上梓するものである。」	滋賀県立図；靖国207998/390.15
239	1923			国会KH129-H417；奈913.6-1520
47		体験	手書き。陸軍軍曹。昭和十九年十一月三日～昭和二十年十二月三十一日 "激戦地"比島出撃戦斗参加記録(レイテ島、セブ島)	靖国81239/396.5E暁ハ
295	1955	復刻版		
167	1928			鶴岡市立図閉架 K91.3ハ
292		戦記	激録・日本大戦争　第32巻	東京都立図多摩/2110/15/32
223			手書き	靖国97534/398A.FRハ
24		慰霊碑建立		奈916-0048
192		追悼碑建立	1968バレテ会結成、73、76遺骨収集、84戦跡碑建立	奈916-3648
269		慰霊巡拝	輜重兵第10連隊、鉄兵団合同慰霊巡拝団、1977比島観音建立、78　33回忌比島戦跡巡拝団。1944.12.10マニラ上陸、45.9.13武装解除	奈369.37-3648
414	1930	戦記		奈391.2-1517
117		慰霊巡拝	小林兵団阪東部隊(臨時歩兵第7大隊　同配属部隊)、1984慰霊巡拝	奈369.36-3648
97		慰霊巡拝		奈369.36-3648
85		陣中日誌		石川県立図

II. 目 録

著者名	書名	出版社・発行元	発行年月日
日岐　三郎	悲風千里従軍記：挽歌	？：水茎社	2000. 05. 01
引揚援護庁第二復員局	比島方面作戦　其の1～其の4	［引揚援護庁］第二復員局	1946. 05. 15 － 1948. 12. 00
樋口　誠五郎	比島戦記、出征記録	？：？（ワープロ）	2001. 12. 08
樋口　杲（たかし）	明暗南十字星：軍属従軍譜	東京：樋口杲	1970. 12. 20
樋口　晴彦	レイテ決戦	光人社	2001. 01. 28
日暮　寥	日暮　寥詩集：骨かげろう	潮流出版社	1991. 08. 15
飛行第二〇〇戦隊	第二次豪北並びに比島作戦部隊功績概見表（昭和二十年五月十五日）	飛行第二百戦隊	1945. 05. 15
久田　栄正	戦争と私：ルソン島における生と死	札幌：久田栄正	1981. 11. 00
久田　栄正・水島朝穂	戦争とたたかう：一憲法学者のルソン島戦場体験	日本評論社	1987. 02. 11
久光　宗一	比島戦記	レター出版印刷	1996. 02. 01
ビサヤ会	南十字星：フィリピン方面収骨慰霊報告書	大阪：南十字星発行委員会	1978. 11. 30
ビサヤ会編	山ゆかば	大阪：ビサヤ会事務局	1981. 12. 15
ビサヤ地区戦没者遺骨調査団編	草むす屍：フィリピンレイテ・サマール・ネグロス島収骨調査行	大津：ビサヤ地区戦没者遺骨調査団	1974. 10. 20

フィリピン関係文献目録（「戦記もの」）　295

頁数	著者生年	分類	内　容　等	備　考
248	1923	体　験	民間パイロット、応召でレイテ戦などに従軍	奈916-1517
		比島作戦	「比島攻略作戦ニ於ケル日本海軍作戦情況」（昭和二十一年五月十五日史実調査部調査）14頁、「比島方面作戦　其の一」60頁、「比島方面作戦　其の二　第三　レイテの戦」（第二復員局　昭和二十二年十月）109頁、「比島方面作戦其の三　第四ミンドロの戦」18頁、「比島方面作戦其の四　第五ルソンの戦」67頁、「菲島方面に於ける潜水艦作戦」44頁	昭和210.75/H57/1/4
116	1920	戦争体験	陸海軍司法警察官憲兵軍曹。1941．1．10入営、41.12.22リンガエン湾上陸、憲兵志願、ダバオ	奈916-1617
181	1903	体　験	ワシントン大学建築科卒、ハーバード大学大学院建築科卒。1943.10.30マニラ入港、ミンダナオ島で第3特設野戦飛行場設定隊班長、45.12.30浦賀入港	奈396.21-1617
197	1961	戦　記		国会GB541-G106；昭和391.27/H56
144	1924	詩　集	1944.11ルソン島へ出発、いふ部隊、45復員	本名：山鹿菊夫；奈911.5-0017
		部　隊	折りたたみ1枚	靖国59984/392.18ヒ
234	1915	体　験		琉大
457	1915；1953	体　験	収容所でメモ。1944.10サンフェルナンド上陸、陸軍主計少尉、46.1浦賀復員	
107	1922	体　験	1944.11.25第4航空軍第11航空地区司令部陸軍軍曹、45.11.26浦賀復員	国会GB554-G722
95		収骨慰霊		昭和292/B47/
272		慰霊碑建立	慰霊碑。垣、サマール島、レイテ、セブ	奈916-0048
54		収　骨		立命館210.75/B47

II. 目 録

著者名	書名	出版社・発行元	発行年月日
日高 親男編集、第153海軍航空隊元隊員共著	南海をゆく：第一五三海軍航空隊思い出の記	日向：153空会事務局	1982.03.10
日高 親男著編	南海をゆく：第一五三海軍航空隊戦没兵士の霊に捧ぐる鎮魂の記録	東京：協楽社	1984.06.30
比島威第一〇六一二部隊派遣第三〇二救護班大阪班（福井 孝子ほか編）	遥かなりプログ山　比島威第一〇六一二部隊派遣第三〇二救護班大阪班	？：比島威第一〇六一二部隊派遣第三〇二救護班大阪班	1981.01.00
比島慰霊の足跡編集委員編	比島慰霊の足跡	岡山バレテ会	1990.12.00
比島観音建立会編	奉賛名簿　昭和47年4月	比島観音奉賛会	1972.10.01
比島観音建立報告招魂巡拝団	弔魂　比島巡拝紀行　自昭和48年4月25日　至昭和48年5月2日	？：比島観音建立報告招魂巡拝団	1973.08.00
比島観音奉賛会	比島観音建立二十年史	御津町（愛知）：比島観音奉賛会	1991.04.07
比島観音奉賛会	比島観音三十五年の歩み	蒲郡：比島観音奉賛会	2006.02.26
	比島軍政関係写真集1～6　昭和17年		1942.00.00
比島攻略戦史編集委員会	比島攻略戦史：附野砲兵第四連隊略史とその思い出	比島攻略戦史編集委員会	1973.03.25
比島戦没者遺骨収集並びに慰霊碑建立期成会編	比島戦没者を弔う　報告書	比島戦没者遺骨収集並びに慰霊碑建立期成会	1968.05.00
比島戦没者慰霊碑奉賛会	→　谷尻永伯編		
比島調査委員会編	復刻版　比島調査報告	龍溪書舎	1993.04.00
比島電二、第三中隊戦友会（今田 龍実、中村常次郎編集）	比島戦記：軍通有線中隊かく戦えり	？：比島電二、第三中隊戦友会	1996.10.10
比島桃陵遺族会編	鎮魂祈願・比島慰霊行回顧10周年	比島桃陵遺族会	1985.03.10

頁数	著者生年	分類	内　　容　　等	備　　考
274	1921	航空隊	玉川大卒、1942.1.10佐世保海兵団入団、ダバオ、マニラ、中部ルソン、46.11名古屋上陸復員。海軍1等主計兵曹	国会GB551-74；昭和397.8/H54
279	1921	航空隊	153海軍航空隊、セブ→ダバオ。1982のとは別物	昭和397.8/H54
156		部　隊	「この手記を悲運の十二の御霊に捧ぐ」	奈394-1521
339		慰霊巡拝		奈916-3748
292		観音建立	比島観音開眼大供養（昭和47年4月2日）	靖国58035/392.9Uヒ
36		慰霊巡拝		奈916-3748
96		観　音		昭和916/H77/
124		観　音		愛知県図地域資料A183/ヒト
6冊		写真集	宣撫班の写真など	靖国68586/392.9Uヒ
271		連　隊	井上辰三連隊長執筆の連隊史＋回想など。バタアン・コレヒドール戦参加	
		遺骨収集慰霊	1967.11.22-12.30鹿児島港から敬天丸で	靖国3768/392.9Uヒ
2巻		調査報告		
248	n.a.；1922	部　隊	1972戦友会初開催、電信兵慰霊碑広島市比治山陸軍墓地、イポーダム慰霊碑。「この書を比島電二第三中隊の戦没英霊一九〇の御魂に捧ぐ」	国会GB554-G629；奈916-1617
81		慰霊巡拝		靖国 3358 / 396.5 D016ヒ

著者名	書名	出版社・発行元	発行年月日
比島桃陵遺族会編	炎熱の戦跡　鎮魂の祈り：比島方面戦没者50回忌特別慰霊行事志業　No.1	比島桃陵遺族会	1990.00.00
比島桃陵遺族会編	炎熱の戦跡　鎮魂の祈り：比島方面戦没者50回忌特別慰霊行事志業　No.2	比島桃陵遺族会	1990.00.00
比島派遣軍報道部編	比島戦記	文藝春秋社	1943.03.30
比島派遣軍報道部編	比島派遣軍	マニラ新聞社	1943.06.01
比島派遣武田隊 "遺族と生還者の会" 武田会編纂	ルソン戦線　回想録	蒲郡：比島派遣武田隊遺族と生還者の会　武田会	1979.03.25；2版79.05.01；3版79.08.10
比島派遣独立歩兵第一六七大隊ミンダナオ島友の会	比島戦線体験記	京都：ミンダナオ島友の会	1987.09.23
比島派遣野戦自動車廠戦友会編	比島に散った野戦自動車廠の記録	開発社	1989.08.15
比島復員友の会「追憶」編集委員会編	追憶	磐田：比島復員友の会	1987.09.01
比島復員友の会「追憶」編集委員会編	マリキナの写真集　「追憶」（別冊）	磐田：比島復員友の会	1988.02.28
「陽と土と」編集委員会編	「陽と土と」	碧南：「陽と土と」編集委員会	1974.08.15
火野　葦平	戦争犯罪人：ほか五編	光人社	1979.11.16
檜山　良昭	大逆転！レイテ海戦：栗田艦隊、レイテ湾に突入す！.	光文社	1988.04.30
豹12032部隊戦記編集委員会編	死の転進：豹兵団輜重兵第30聯隊の記録	名古屋：豹12032部隊戦友会（牡丹会）	1986.09.07
豹兵団戦跡概要編集委員会	第30師団（豹兵団）の記録：レイテ・ミンダナオ戦跡概要　改訂版	東大阪：豹兵団戦跡概要編集委員会	1982.09.05（初版81.09.06）

フィリピン関係文献目録（「戦記もの」）　299

頁数	著者生年	分類	内　容　等	備　考
		写真アルバム	写真アルバム。平成2年6月24日(日)-7月2日(月)、フィリピン、ルソン島、レイテ島」	京都府立総合資料館 KO/369.37.H77/1
		写真アルバム	写真アルバム	京都府立総合資料館 KO/369.37.H77/2
323		報道部従軍記	尾崎士郎など従軍作家文集	奈916-1517
		報　道　部	渡集団報道部編輯	
233		部　　隊	「謹んでこの小録を、散華された戦友のみ霊に捧げます。」編集委員長：船戸光雄	国会GB554-1017；奈916-1601
338		大　　隊		しょうけい916-H77
296		部　　隊	1941.12.22リンガエン湾入港	
146		体　　験		国会GB554-E390；奈369.37-1646
151		写　真　集		国会GB554-E390；奈916-1646
330		巡　　拝	比島観音建立報告招魂巡拝団　北部ルソン・Aコース第2班	奈916-1748；靖国392.9U
242	1907-60	作　　家	火野葦平兵隊小説文庫5	奈913.6-0050
229		戦　　記		奈913.6-0000
234		連　　隊		国会GB544-E42；昭和396.7/H99
185		師　　団	連隊など毎の戦跡概要、30D全部隊史、歩兵41、74、77連隊など、1944.5.13マニラ到着、25スリガオ着、45.9.7降伏	国会GB544-131；奈396.21-1617

著者名	書名	出版社・発行元	発行年月日
平井　義次著、平井康博編著	"懐しき便りに父を偲ぶ"椰子の並木に陽は落ちぬ「酷暑の比島」：故・陸軍衛生伍長　平井義夫（五十回忌法要を迎えて）	？：平井康博	1994. 03. 19
平岡　久	戦争と餓えと兵士	洲本：Books成錦堂	1988. 03. 27
平岡　久	飢餓の比島：ミンダナオ戦記	津名町(兵庫)：平岡久（洲本：れいめい社）	2003. 05. 00
平岡　善治	パラナンの海は青かった	近代文芸社	1994. 09. 10
平田　栄	太平洋戦争　フィリピン・ルソン島の戦い	日南町（鳥取）	1994. 11. 02
平間　光一	比律賓参戦記：ルソンの木霊　付　俺の軍隊生活	伊達町（福島）	1990. 10. 15
平間　光一	比律賓参戦記　ルソンの木霊	文芸社	1999. 12. 15
比律賓協会	復刻版　比律賓情報	龍溪書舎	2003. 05. 00
廣瀬　耕作	フィリピン　ネグロス島敗残記	京都：京大出版センター	2004. 02. 25
広瀬　繁治	嗚呼・ミンダナオ戦：生死をわかつ我が青春	旺史社	1992. 12. 08
広田　忠義	斬込隊散華抄：友の最後を今告げん　比島戦線・歩兵第十聯隊聯隊砲中隊戦記　2版	岡山：広田忠義	1986. 11. 01
フィリッピン遺族生還者バギオ会編	比島戦回想録　創立15周年記念誌	フィリッピン遺族生還者バギオ会	1986. 08. 15

頁数	著者生年	分類	内　容　等	備　考
68		50回忌記念		奈289-1648
178	1919	体験	ミンダナオ島。1983戦績巡拝	奈394-1617
198	1919	体験	手帳1944.4.26-45.12.29。44.5.19マニラ到着、45.12.22浦賀復員	国会GB554-H303；『戦争と飢えと兵士』（1982年刊）の増訂
154	1915	体験病院	第129兵站病院（宮第3889部隊）、伍長、1944.12ツゲガラオ野戦病院開設、敗走。45.10.2投降、46.11復員	国会GB554-E1776
94		体験	1944.2満洲、8.19釜山、9.18台湾、12.23北サン漂着、バレテ戦、45.11.28宇品復員、鉄5447部隊歩兵第63連隊10中隊。68年バレテ会結成、74年鳥取県護国神社比島戦没者慰霊碑建立、84年バレテ峠に慰霊碑建立、慰霊巡拝参加、94年参加	奈396.5-1617
254+55	1923	体験		奈916-1617
294+63	1923	体験	1944.12.9サンフェルナンド上陸、46.7.31佐世保復員	
20巻+付巻		復刻版		
207	1923	体験	1944.7.23入隊、通信隊、10.29クラークフィールド到着、45.9.4降伏、12.4浦賀復員	奈916-1917
255	1921	体験	国鉄、1943.7マニラ湾到着、比島独立守備隊第35大隊、45.11浦賀復員	
43	1922	部隊	1944.12.23アパリ付近上陸、鉄5448部隊里見隊、46.1復員	国会GB554-E1201；初版1975.5.1
60		戦友会記念誌	独混58旅臨時歩兵6大隊宮下隊	靖国8029/392.9Uフ

II. 目録

著者名	書名	出版社・発行元	発行年月日
フィリッピン方面戦没者遺骨収集及現地追悼に関する政府派遣団	比島遺骨収集報告書	フィリッピン方面戦没者遺骨収集及現地追悼に関する政府派遣団	1958.03.11
フィリピン「従軍慰安婦」補償請求裁判弁護団編	フィリピンの日本軍「慰安婦」：性的暴力の被害者たち	明石書店	1995.12.20
フィリピン「従軍慰安婦」補償請求裁判弁護団・フィリピン人元「従軍慰安婦」を支援する会	フィリピン「従軍慰安婦」補償請求裁判訴状（第1版） 1993年4月2日提訴	フィリピン「従軍慰安婦」補償請求裁判弁護団・フィリピン人元「従軍慰安婦」を支援する会	1993.04.20
フィリピン戦没者慰霊碑奉賛会	フィリピン戦没者五十回忌記念 鎮魂・慰霊半世紀：二千三百キロ彼方の山野をしのんで	フィリピン戦没者慰霊碑奉賛会	1995.04.16
フィリピン戦友会編	フィリピン あゝ慟哭の山河：遺骨収集40周年記念 写真集	川口：フィリピン戦友会刊行事務局	1985.08.15
フィールド、ジェームス・A著、中野 五郎訳	レイテ湾の日本艦隊：太平洋戦争の大海戦史	日本弘報社	1949.06.10
フィールド、ジェームス・A.著、中野 五郎訳	レイテ沖の日米大決戦："捷"号作戦の真相記録：太平洋戦争の大海戦史	妙義出版社	1956.03.31
フェリアス、レメディアス著	もうひとつのレイテ戦：日本軍に捕られた少女の絵日記	ブカンブコン（木犀社）	1999.05.25
深津 誠一	比島作戦の思い出：写真集、復刻版	豊田：第十六師団捜索第十六連隊昭和十六年次兵会事務局	1990.12.08
福井 源左衛門	私の比島敗残記：第七野戦航空補給廠の歩み	八日市：福井源左衛門	1982.08.15

頁数	著者生年	分類	内　容　等	備　考
		遺骨収集	「比島方面における戦闘の概要」引揚援護局、32.11.20、「比島方面作戦経過の概要」32.5	靖国93395/392.9Uフ
225		慰安婦補償問題	証言、基礎知識、支援者の活動記録など	
152		慰安婦補償問題		立命館210.75/F27
475		慰霊巡拝		
1冊		遺骨収集写真集	写真集	奈210.75-1648
319		戦　記	海軍少佐	奈391.2-1517
233		戦　記		国会397.3-cF451-N；立命館210.75/F25
67	1928	慰安婦	竹見智恵子監修、澤田公伸日本語訳、ジーン・ファロン英語訳。慰安婦	国会GB554-G1017；昭和210.75/F18
14+138		部隊写真集	1941.12-42.9垣部隊の写真集	奈210.75-1517、限定版と普及版
348	1911	体　験	1935飛行第9連隊材料廠入廠、36朝鮮、41満洲、44.6.27比島転進のため出発、9.24北サンフェルナンド、45.1.6バギオ転進、5.10山中彷徨、9.15投降、46.1.23復員	滋賀県立図S-3942-82

フィリピン関係文献目録（「戦記もの」）　303

著者名	書名	出版社・発行元	発行年月日
福井　正七郎	回想記	？：福井正七郎	1976. 06. 29
福井　勉（旧姓：今後）	アシン河：比島敗走記	平塚：福井宣昭	1993. 10. 24
福井　綏雄	我が青春の烈禍：ルソン戦死闘記	五日市町(広島)：福井綏雄	1982. 09. 10
福島　一三	忘れ得ぬ航跡	佐賀町(高知)：福島一三	1995. 02. 28
福島　慎太郎編	村田省蔵遺稿　比島日記	原書房	1969. 11. 15
福島民友新聞社編	ふくしま戦争と人間5　特攻編	福島民友新聞社	1982. 10. 30
福田　幸弘	連合艦隊　サイパン・レイテ海戦記	時事通信社	1981. 07. 10
福田　幸弘	戦中派の懐想	時事通信社	1985. 12. 01
福田　幸弘	最後の連合艦隊　レイテ海戦記　上下	角川文庫	1989. 05. 10
福知山聯隊史編集委員会編	福知山聯隊史	福知山連隊史刊行会	1975. 04. 01
福永　太輔（太郎）編	アルソンの英霊よ　三十有余年振りに呼びかけた	宝塚：福永太輔	1976. 04. 24
福林　政雄	福知山ふるさとの話題10　ふるさとシリーズ91　痛恨……比島に散った郷土兵団	福知山：福林政雄	1976. 05. 00
フクミツ　ミノル	将軍山下奉文：モンテンルパの戦犯釈放と幻の財宝	朝雲新聞社	1982. 03. 30
福山　琢磨	陸軍潜水艦○ゆ比島に出撃す　雑誌丸所載	福山琢磨	1985. 10. 00

フィリピン関係文献目録（「戦記もの」）　305

頁数	著者生年	分類	内　容　等	備　考
71	1918	体験	1940獣医専門学校卒、農林省入省、獣医部将校要員候補教育兵、43.1陸軍獣医少尉、第二大隊本部付、44.10北サン上陸、46.01浦賀復員旭、23D、野重12R	奈916-1617
208	1911-69	邦人体験	「憾多きアシン河よ　この書を幾多、陣没女子の英魂に捧ぐ」1945.11.14-46.11.8執筆。43マニラ日本国民学校訓導、45.11.8鹿児島上陸	奈916-2637
378	1922	体験	1944.9下旬北サンフェルナンド到達、戦車第2師団機動工兵小隊長	奈916-1617
207	1923	体験	1940.6佐世保海兵団入団、42.3横須賀海軍航空隊入隊、43.1ラバウル、44.6ダバオに向かう途中沈没、44.10セブ、45.12.28浦賀復員、78慰霊巡拝	奈916-1617
723	1878-1957	体験遺稿日記	日記1944.1.1-45.9.14。1942.1比島派遣軍最高顧問、2.11マニラ着、43.10.5駐比特命全権大使、45.3.31空路離比	
478		ドキュ	ドキュメント	奈210.75-1517
432	1924-88	戦記	1941.12海軍経理学校入校、44.3同卒、47.2復員	国会GB547-99；立命館391.27/F74
368	1924	体験		奈304-1500
2巻	1924	体験	海軍主計少尉としてこの海戦を体験	奈391.2-1517；初版1981
656		連隊	バタアン攻略戦からレイテ戦	昭和396.5/F74
93	1918		1939入営、満洲、44.8台湾、比島バタアン、ナチブ	昭和396.7/F79/
10			最初の1頁半のみ	京都府立総合資料館BK35-1/291.62/F74/10
354	1913	戦犯		国会GB531-127
226-236			雑誌『丸』1985.10発行「日米戦の天王山フィリッピン決戦記」掲載。〇ゆ教育隊中隊長・陸軍大尉	靖国81249/396.5E暁フ

著者名	書名	出版社・発行元	発行年月日
藤岡　明義	敗残の記：玉砕地ホロ島の記録	創林社	1979.06.17
藤岡　明義	敗残の記：玉砕地ホロ島の記録	中公文庫	1991.03.10
藤田　相吉(あいきち)	秘録比島作戦：「ルソン」の苦闘：従軍一将校の手記	鳥取：歩一四二刊行会	1973.02.14
藤田　三司栄(さんずえ)	ルソン島の灯は消えず：比島遺骨収集の記録　追・戦闘記録	田代町(秋田県)：藤田三司栄	1976.04.29
藤田　肇	無条件降伏	豊橋：藤田肇	1979.12.01
富士原　義広	詩歌集　セブ島：戦争を繰り返さないために	高砂：富士原外科整形外科医院	1998.12.21（再発行）；初版1968、79
富士原　義広編	あゝセブ島：セブ陸軍病院職員の戦場体験記と鎮魂録	津屋崎町(福岡)：全国セブ戦友会事務局	1988.03.31
藤原　則之	乱世の比島移民：ありし日の常夏の空と大地	東京：MBC 21（東京経済発売）	1994.09.22
藤原　則之	在留日本人の比島戦：フィリピン人との心の交流と戦乱	光人社	2007.03.12
藤森　庄之助	落日：ルソン島最期の兵士たち	阿山町(三重県)：藤森庄之助	1995.08.01
藤森　清一	萬歳突撃：戦友よ!!許せよ	浜松：藤森清一	1982.00.00
藤森　清一	セブ島挽歌：海軍雷爆兵の死	浜松：藤森清一	1985.04.00

フィリピン関係文献目録（「戦記もの」）　307

頁数	著者生年	分類	内　容　等	備　考
190	1915	体　験	1940応召、中国、42帰還、陸軍上等兵、44.7.15マニラ入港、フィリピン派遣軍独立混成第55旅団、ホロ島守備、47復員、陸軍兵長	奈916-1917
261	1915	体　験	1938大阪商科大学卒、45.4.9米軍ホロ島上陸、収容所でメモ	
559	1903	体験日記	歩142刊行会。1942.3.7-45.9.11日記、105D勤高級副官、少佐、ナガ。1924入隊、31陸軍士官学校入校、33陸軍少尉、北支、42比島派遣軍、43大隊長、44少佐、45.11復員	国会GB554-200；立命館
184	1920	遺骨収集	1937農林省農事試験場、40中学校、入隊、満洲	昭和916/F67/；桃山大
89	1916	体　験スケッチ	1938京都高等工芸学校卒、中支、44.4.25臨時応召入隊、5.18マニラ着、6スリガオ上陸、45.9.18ミンダナオ島サグントで捕虜、46.3.18浦賀復員、第30師団経理部（豹兵団）	奈916-1617
118		詩　歌　集	南方第14陸軍病院部隊	奈911.1-1617
417		体験病院	大阪帝国大学医学専門部卒、1943.12陸軍軍医少尉、44.1第14軍司令部付（マニラ）、44.6南方第14陸軍病院（セブ）、45.4セブ戦線で退却開始、8.31米軍に投降、46.3.16復員	奈210.75-1917
271	1912	邦人体験	1930.3-46.12フィリピンに居住 1984.8.9-12フィリピン訪問記	国会GB554-E1812
234	1912	邦人体験	光人社NF文庫。『乱世の比島移民』（1994）改題	国会GB554-H1027；靖国204718/392.9Uフ
167	1919	体　験	1944.7独立速射砲第18大隊に編入、比島派遣、45.11復員	奈916-1517
12+48+33	1920	体　験	旧姓：伊藤。1938横須賀海兵団、17魚雷調整班、中菲空、セブ山中で終戦、45.9タクロバン捕虜、46.11名古屋復員	奈916-1910
167	1920	体　験		奈916-1915

308　Ⅱ．目 録

著　者　名	書　　　名	出版社・発行元	発行年月日
藤弥　義雄	フィリピン戦線の記録：穆稜から大連・姫路・台湾・を経て	？：藤弥義雄（ワープロ）	1996. 03. 17
伏永　力松（ふしみ）	恨みのバシー海峡：戦争体験記	三木：伏水力松	1994. 03. 00
二木　滉（ふたつき　こう）（本名：日高親男）	遥かなる戦歴	彩光社	1979. 08. 20
二木　滉	続・遥かなる戦歴：クラーク戦線　35年目の回想	新世紀書房	1981. 03. 24
二口　正道	比島戦覚書：野戦重砲兵第二十二連隊マニラ東方拠点に消ゆ	武蔵野：二口正道	1983. 05. 01
船戸　光雄	最後の従軍記者	稲沢市：船戸光雄	1984. 03. 00
船戸　光雄	戦争報道の断面	稲沢市：船戸光雄	1990. 09. 20
船戸　光雄	あの日あのころ：随想	稲沢市：船戸光雄	1992. 10. 01
船戸　光雄	余白に印す	稲沢市：船戸光雄	1994. 07. 01
船戸　光雄	報道戦士は報われたか	自費出版	1995. 09. 00
船戸　光雄	わが戦中・戦後	稲沢市：船戸光雄	1997. 01. 00
古市　馨	五十年目の告白：瘴癘のルソン	高城書房出版	1995. 01. 01
古川　金三・藤田義郎	此の一戦：海上挺進基地第14大隊海上挺進第14戦隊　部隊史	神戸：企業公論社出版局	1976. 11. 03
古川　洋三	闘鶏島異聞（小説）	河出書房	1956. 00. 00
古川　義三	ダバオ開拓記	東京：古川拓殖株式会社	1956. 11. 15
古沢　定一	ルソン島の御霊に捧ぐ	岐阜：古沢定一	1973. 06. 15
古山　高麗雄（こまお）	兵隊蟻が歩いた	文藝春秋社	1977. 05. 30

フィリピン関係文献目録（「戦記もの」） 309

頁数	著者生年	分類	内　容　等	備　考
15		体験	1944.6.30サンフェルナンド上陸、45.12.6博多復員、戦後五十有余年歩十九・一機会第十九回記念長野大会に寄せ	奈916-1617
240	1922	体験	1943入隊、44.8.1ルソン島北部上陸、マニラへ、11月頃シンガポールへ	奈396.21-1610
284	1921	体験	1942.1佐世保海兵団入団、44.7ダバオ転進、10マニラ転進、45.1クラーク海軍防衛部隊第16戦区隊配属、海軍1等主計兵曹、46.11.8名古屋復員	奈913.6-1617
207	1921	体験		国会GB654-787
71		体験	東寧―釜山―マニラ、1944.8.22マニラ上陸、野戦重砲兵第22連隊主計士官、45.2.3マニラ市街戦、9.8降伏命令、9.14武装解除、11.8加治木復員。「本書を亡き戦友に捧ぐ」	国会GB554-1549
108		従軍記者	軍報道班員	
138		従軍記者	軍報道班員	
114		従軍記者		奈914.6-0000
87		従軍記者	軍報道班員	
80		従軍記者		国会UC176-G2
68		従軍記者	軍報道班員	
312	1923	体験	戦記、陸軍野戦兵器廠	
400	1922；1914	部隊	「謹んで本書を第十四基地大隊　第十四戦隊の英霊に捧ぐ」。レ14戦隊（威19753）基地14大隊（尚武3328）。1944.8.19比島に第1海上挺進本部、45.9.26投降	奈396.2-1601；396.3-1601
214	1910	小説	「「バンカ」（民舟）―ルソン島脱出綺譚―」と2編	奈913.6-1610
693	1888	邦人体験	ダバオに1914古川拓殖会社創立、44.9.5帰国	
26	1919	慰霊巡拝	比島観音建立報告巡拝団の旅行記	奈292.48-1748
326	1920		「三十年目のカバナツアン」など6ヶ国、6編。駿、103D、2D4i、C級戦犯	奈915.6-1600；1982.8文春文庫

著者名	書名	出版社・発行元	発行年月日
文化奉公会編	大東亜戦争　陸軍報道班員手記　バタアン・コレヒドール攻略戦	大日本雄弁会講談社	1942. 07. 18
ヘンソン、マリア・ロ　サ・L.著、藤目ゆき訳	ある日本軍「慰安婦」の回想：フィリピンの現代史を生きて	岩波書店	1995. 12. 15
歩一会編	比島に於ける歩兵第一聯隊の勇戦とその最期	歩一会	1956. 11. 00
防衛庁防衛研修所戦史室	比島攻略作戦	朝雲新聞社	1966. 10. 30
防衛庁防衛研修所戦史室	比島・マレー方面　海軍進攻作戦	朝雲新聞社	1969. 03. 28
防衛庁防衛研修所戦史室	南方進攻陸軍航空作戦	朝雲新聞社	1970. 03. 20
防衛庁防衛研修所戦史室	捷号陸軍作戦〈1〉レイテ決戦	朝雲新聞社	1970. 12. 39
防衛庁防衛研修所戦史室	比島捷号陸軍航空作戦	朝雲新聞社	1971. 08. 25
防衛庁防衛研修所戦史室	海軍捷号作戦2：フィリピン沖海戦	朝雲新聞社	1972. 06. 10
防衛庁防衛研修所戦史室	捷号陸軍作戦〈2〉ルソン決戦	朝雲新聞社	1972. 11. 25
法両　春蔵	私の従軍記：フィリピン　ルソン島・ミンダナオ島	都南村(岩手)：法両春蔵	1988. 10. 01
北菲空通信会	鎮魂　慰霊碑建立によせて	鈴鹿：北菲空通信会	1972. 05. 25
細川　繁利	比島派遣　威第九一六八部隊の記録	大阪：細川繁利	1979. 12. 00
細田　正一編	独立戦車第八中隊　ルソン戦線の軌跡	宝塚：細田正一	1989. 10. 00
北海道	比島（ルソン島）戦没者現地慰霊並びに戦跡巡拝団行動記録	札幌：北海道	1967. 00. 00
ポッター、J・D・著、江崎伸夫訳	マレーの虎：山下奉文の生涯	恒文社	1967. 03. 15

頁数	著者生年	分類	内　容　等	備　考
310		報道班	火野葦平「バタアン半島総攻撃従軍記」など	奈916-1517
220	1927；1959	慰安婦自伝	従軍慰安婦の自伝	
18		連　隊	玉第5914部隊	靖国44644/396.5 i001ホ
25＋572		戦　史		
658		戦　史		
763		戦　史		
650		戦　史		
663		戦　史		
615		戦　史		奈391.2-1902
690		戦　史		
136		体　験	1944.7.3マニラ上陸、7.10ダバオ入港、45.9.20降伏、11.21浦賀復員、海軍工作兵長、第301設営隊、1944.7ミンダナオ上陸、看護助手の看護日誌	国会GB554-E722
170		慰霊碑建立		奈369.37-1948
100		部　隊	元第8飛行場大隊作戦主任。	靖国25242/398A.5ホ
302		中　隊	改訂編者	奈396.7-1617
43		慰霊巡拝		北海道立図北方資料 391.5/HO
296		伝　記		奈289-1927

フィリピン関係文献目録（「戦記もの」）　311

著者名	書名	出版社・発行元	発行年月日
歩兵第十連隊史刊行会編	歩兵第十連隊史：その歴史七十有二年、軍旗の下に集いし者無慮十万五千名	岡山：歩兵第十連隊史刊行会	1974. 04. 18
歩兵第十七聯隊比島会戦史編纂委員会編	第八師団　歩兵第十七聯隊比島戦史（満州第八四八部隊比島派遣威第四七一七部隊）	歩兵第十七聯隊比島会	1981. 04. 29
歩兵第十七聯隊比島会戦史追録編集委員会編	第八師団　歩兵第十七聯隊比島戦史追録（満州第八四八部隊　比島派遣威第四七一七部隊）	歩兵第十七聯隊比島会	1986. 04. 29
［歩兵］十七比島会	歩兵十七聯隊　記念碑建立・比島戦史編纂・慰霊祭　報告書	秋田：十七比島会	1982. 04. 29
歩兵第十七聯隊比島会編	歩兵十七聯隊比島戦史・同記録「さしえ集」	秋田：歩兵第十七連隊比島会	1987. 04. 20
歩兵第十七連隊比島会編	政府派遣フィリピン戦没者遺骨収集団協力隊の記録　遥かなる比島の山河　昭和五十八年度	秋田：歩兵第十七連隊比島会	1984. 04. 29
歩兵第十七連隊比島会編	昭和六十二年　比島戦跡巡拝　日台交流会等の記録　遥かなる比島乃山河	歩兵第十七連隊比島会	1988. 04. 29
歩兵第十七連隊比島会編	平成元年　遺骨収集・地蔵尊建立　戦跡巡拝の記録　遥かなる比島乃山河	歩兵第十七連隊比島会	1989. 04. 29
歩兵第十七聯隊比島会編	遥かなる比島の山河　平成二年　遺骨収集・戦跡巡拝の記録	秋田：歩兵第十七聯隊比島会	1990. 04. 29
歩兵第十七聯隊比島会編	遥かなる比島の山河　平成三年　比島戦跡慰霊巡拝の記録	歩兵第十七聯隊比島会	1992. 04. 29
歩兵第十七連隊比島会編	平成四年　比島戦跡慰霊巡拝の記録　遥かなる比島乃山河	歩兵第十七連隊比島会	1993. 04. 29
歩兵第十七連隊比島会編	平成六年　地蔵尊移転安置・戦没者五十回忌供養の記録　遥かなる比島乃山河	歩兵第十七連隊比島会	1994. 04. 29
歩兵第十七連隊比島会編	平成七年　終戦五十周年記念誌　遥かなる比島乃山河	歩兵第十七連隊比島会	1995. 04. 29
歩兵第十七連隊比島会編	平成八年　遥かなる比島の山河	歩兵第十七連隊比島会	1996. 04. 29
歩兵第十七連隊比島会、秋田県郷友連盟編	昭和五九・六十年　比島特別巡拝団の記録　遥かなる比島の山河	歩兵第十七連隊比島会	1985. 04. 29

頁数	著者生年	分類	内　容　等	備　考
1030		連　隊	1944.12ルソン上陸、第10師団(鉄)歩兵第10連隊の戦闘記録	奈396.59-1901
730+301		連　隊		国会GB544-97
286		連　隊		国会GB544-97；昭和396.5/H81/2
n. p.		連隊慰霊		国会GB541-E1；昭和210.75/H81/
76		連　隊		国会GB554-E279；昭和396.5/H81/
29		遺骨収集		国会GB514-E1
90		慰霊巡拝		奈369.37-1648
77+10		遺骨収集巡拝		奈369.37-1648
82		遺骨収集巡拝		昭和292/H81/1990
118		慰霊巡拝		靖国72004/396.5 i017ホ
101		慰霊巡拝		奈369.37-1648
105		慰霊巡拝		奈369.37-1648
98		慰霊巡拝		奈369.37-1648
68		慰霊巡拝		奈369.37-1648
50		慰霊巡拝		奈369.37-1648

II. 目 録

著者名	書名	出版社・発行元	発行年月日
歩兵第十七連隊比島会、秋田県郷友連盟編	昭和六十一年 比島巡拝地蔵尊建立団の記録 遥かなる比島の山河	歩兵第十七連隊比島会	1986.04.29
歩兵第四連隊	歩兵第四聯隊 戦史資料（昭和十六年十月～二十一年三月）（ジャワ・比島・ガ島・北緬フーコン・仏印）	歩兵第四聯隊	1946.03.23
［歩兵第71］連隊史編集委員会編	歩兵第七十一連隊史	五五八会	1977.03.10
歩兵第六十三聯隊史編纂委員編	歩兵第六十三聯隊史	松江：歩兵第六十三聯隊史刊行委員会	1974.07.30
ホームウッド、ハリー著	ルソン沖の決戦	東京創元社	1991.09.00
堀池　栄一	ミンダナオ島敗走記	草津：堀池栄一	1995.10.00
堀川　静夫	マニラへの道	東京信友社	1961.04.25
ボール、ペリーE. 著、尾崎能彦・大前嘉孝・小島かおり訳	米軍の戦闘記録（1996年版）：ルパオの戦い（1945年2月1日～8日）：フィリピン、ルソン島	私製	1996.09.00
本咲　利邦 （ほんざき　としあき）	死闘900日：比・パナイ島の対ゲリラ戦	ヒューマン・ドキュメント社	1990.07.20
本多　祐啓	還らぬ戦友：比島従軍記	金沢：本多富喜江	1994.06.28
毎日新聞社終戦処理委員会編	東西南北：毎日新聞社殉職社員追憶記	大阪：毎日新聞社終戦処理委員会	1952.04.25

フィリピン関係文献目録(「戦記もの」) 315

頁数	著者生年	分類	内　容　等	備　考
81		慰霊碑建立		奈369.37-1648
n.p.		連　　隊		靖国90186/396.5 i004ホ
583		連　　隊	旭第1125部隊、23D、歩71R	昭和396.5/R27
893		連　　隊	1944.12ルソン島転進	国会GB611-32；昭和396.5/H81
549		戦　　記		岐阜県図933/ホ
109	1919	体　　験	1940.1輜重兵第16連隊第3中隊（自動車隊）入隊、41.12.24ルソン島上陸、42.8病気のため送還、44.7.15マニラ上陸、8.4ミンダナオ島カガヤン上陸、11.3ダバオ州トクボク、7.22タモガン山中解散、山中放浪、9.17キダパワンで捕虜、ダリアオン収容所、11.22浦賀上陸、復員	滋賀県立図S-3921-95
275	1894	体　　験	陸軍憲兵学校卒、第48師団配属憲兵長、1941.12.24リンガエン湾上陸からマニラ入城までの1ヶ月の行動記録、マニラ検察庁指導官	国会915.9-H672m
97		戦　　記	塹壕に武装した日本軍第2装甲師団に対するアメリカ軍第35歩兵連隊戦闘部隊、アメリカ航空大学・航空戦争専門大学における教育課程要領の実践のための学部提出研究報告を翻訳したもの	奈391.2-1517
266	1914	現地応召体験	1943大日本紡績社命によりマニラ渡航、44.8パナイ島に渡り応召、45.12浦賀復員	
131		体　　験	海軍第235設営隊、1944.5.11マニラ上陸、45.8.30米軍に投降。1977慰霊巡拝	奈916-1617
349		追 憶 記	マニラ新聞、ダバオ新聞関係	昭和916/Ma31

316　Ⅱ. 目　録

著　者　名	書　　名	出版社・発行元	発行年月日
前川　常夫[述]、中田　重顕[録]	悲傷の島、ルソンの夕霧：奥熊野からフィリッピンに出征した兵士の苦闘の記	大阪：前川常夫	2005. 11. 01
前田　秋信	落花の風：今語る特攻の真実	近代文芸社	1995. 02. 20
前田　武次郎	比島飢餓行軍日記	桃滴舎	1985. 06. 15
前原　信松著、前原　寿子編	平和よ！　永遠にあれ：太平洋戦争比島従軍記録	那覇：前原寿子	1995. 06. 23
牧　清	ルソンの轍	吉良町(愛知)：牧清	1983. 08. 00
牧　清編	比島派遣　戦車第二師団整備隊戦記	吉良町(愛知)：牧清	1989. 03. 10
槇　恒信	碧雲(バギオ)：あらしと云う名の平和な町	東京：高尾勝夫	1985. 08. 15
真木葉（本名：荒木　勲）	ミンダナオ島戦記：マキリンの雲は燃えて	新人物往来社	1975. 07. 25
増田　寅一編	南溟の英魂を求めて：政府派遣・比島方面戦没者遺骨収集：参加報告記録（49.11.20～49.12.20）	京都：桃陵会	1975. 04. 01
方田村　純	さらばセブ島の落日―わたつみの墓碑銘	旺国社	1975. 03. 25
万田村　純	セブ島浪漫：拾った珠玉	海鳥社	1989. 12. 10
松井　達男編	比島派遣　第三十師団通信隊史	豹第一二〇三一部隊戦友会「村上会」	1994. 04. 08
松井　範政編	我が戦記　第六十五旅団　工兵隊　野戦病院	大田：松井範政	1982. 03. 02

フィリピン関係文献目録(「戦記もの」) 317

頁数	著者生年	分類	内　　容　　等	備　　考
111	1922	体　験	比島派遣第14方面軍捜索第16聯隊兵長。1943入隊、フィリピン出征、45.7負傷、放置、捕虜	三重県立図；靖国83562/392.9U
344	1922	体　験	1943.9長崎師範学校卒、10.1陸軍特別操縦見習士官、学徒出陣、44.11.11比島出陣、46.3.5紀伊田辺復員	奈916-1617
86		体験日記	1944.8.8-45.9.3日記、「駿」。1944.8.8満洲発、釜山経由、12.22アパリ上陸、45.9.17武装解除、46.6.3佐世保復員	奈916-1617
207	1908	体　験	第38野戦工兵道路隊(比島派遣軍第1748部隊)バタアン・コレヒドール攻略戦、従軍日記、収容所で執筆、「戦友たちの記録」。1941.10.3応召、12.22リンガエン湾上陸、45.9.15武装解除、12.17大竹復員	国会GB554-G217
96+65		体　験	1944.9.11北サン上陸、45.9.16武装解除、11.15加治木復員、戦車第2師団整備隊、73、79慰霊巡拝	奈916-1617
73		部　隊	自昭和十七年九月至昭和二十年九月、第一線戦闘部隊として激戦下の敢闘と技術を活用して特殊兵器の創製に励む　ルソン作戦に於いて偉功に輝く戦闘記録	国会GB554-G668；奈396.7-1617
350		邦人体験		奈289-3637
228	1924	体　験	陸軍士官学校、陸軍戸山学校卒、北朝鮮よりミンダナオへ、豹兵団	
60	1914	遺骨収集	元垣兵団戦友会	立命館210.75/MA66
580	1914	体　験	大分県中津市生まれ、1935歩兵47連隊入隊、37北支、中支、43フィリピン上陸、戦犯容疑者として収監、47不起訴、復員	国会KH335-108
295	1914	体　験	1943セブ島上陸、47.8戦犯容疑不起訴復員	
198	1920	部　隊	ミンダナオ島第30師団通信隊	国会GB554-E1721
310	1904	体験病院	1924衛生兵として入隊、支那事変、46.5.16召集解除、帰郷	奈396.7-1610

著者名	書名	出版社・発行元	発行年月日
松浦　修一・永井　啓三	比島遺骨収集記録　Mindanao Agusan 48.11.13～48.12.10	？：？	n. d.
松浦　俊郎	ルソンの日々：私のフィリピン戦記	創栄出版	1991. 11. 25
マッキンタイヤー、ドナルド著、大前　敏一訳	レイテ〈連合艦隊の最期・カミカゼ出撃〉	サンケイ新聞社出版局	1971. 03. 05
マッキンレー友の会	比島絵日記	マッキンレー友の会	1983. 11. 00
松沢　芳明	比島に祈る	上郷町（長野）：松沢芳明（手書き）	1985. 01. 00
松沢　芳明	パナイ島移動修理班顛末記　増補　その日の春分哨・輸送船神洲丸秘話	飯田：松沢芳明	1992. 04：00
松嶋　磐根	オリオン峠ヲ死守セヨ：今明かすルソン戦の真相	郷ノ浦町（長崎）：松嶋磐根	1986. 10. 30
松田　要二	歌集　留魂賦	岐阜：松田要二	1989. 07. 10
松永　市郎	先任将校：軍艦名取短艇隊帰投せり	光人社	1984. 05. 08
松永　市郎	三号輸送艦帰投せず：『先任将校』後日物語	光人社	1986. 10. 30
松永　元一	バレテ戦従軍記	淀江町（鳥取）：松永元一	1995. 12. 00
松葉　福生	純忠乃青春：呂宋戦の思い出	京都：松葉福生	1988. 04. 30

フィリピン関係文献目録（「戦記もの」）　319

頁数	著者生年	分類	内　　容　　等	備　　考
32		遺骨収集	30師団歩兵41連隊3大隊	奈916-3748
194	1922	体　験	収容所で記す；1944.11.12マニラ入港、45.12.23大竹港復員	国会GB554-E1097
206	n.a.；1902	戦　記		奈391.2-1517；第二次世界大戦ブックス5
66		体　験	手書き	靖国43546/392.9Uマ
88	1921	体　験	1944.2.10応召、満洲、6.14マニラ入港、イロイロ、ネグロス島、パナイ島、45.9.2武装解除、46.12.9名古屋復員	奈916-1917
1冊		体　験		奈書庫916-1617
255	1920	体　験	1940長崎師範二部卒、41満洲108部隊（通信隊）入隊、41豊橋予備士官学校卒、陸軍中尉、44.4.28マニラ上陸、比島派遣駿9760部隊（本部通信）出征、46.6佐世保復員。駿9760、17614、独歩、179大隊一ノ瀬隊	奈916-1617
117？	1902	体験歌集	陸士第36期生陸大専卒、陸軍大佐、1944.12渡比（最後の渡洋兵団）、第19師団作戦教育主任参謀、復員後在千葉留守業務局比島部調査課長（2年間）、岐阜県軍恩連合会会長（18年間）	奈911.16B-1917
277	1919	体　験	海軍大尉、撃沈船から上陸まで	奈391.2-1517；光人社NF文庫1993
220	1919-2005	体　験	1940.8海軍兵学校卒、海軍大尉	国会GB554-2177；昭和916/Ma83
109	1923	体　験	1944.2.10入営、満洲、釜山経由、44.12.23北サン上陸、45.9.16降伏、10.28名古屋復員、90慰霊巡拝	奈916-1617
203		体　験	1939陸軍士官学校卒、44.5.10マニラ着、45.11.29加治木復員。陸軍少佐。1977執筆	奈916-1517

II. 目録

著者名	書名	出版社・発行元	発行年月日
松原　俊二	学徒、戦争、捕虜：私のレイテ戦記	開発社	1989. 08. 15
松原　胖	ルソン島巡拝の旅（続、もや部隊戦没者慰霊団フィリピン戦跡訪問記）	山形：もや友の会	1975. 03. 01
松原　胖編	三十三回忌の供養を終えて　第四次比島巡拝の旅	山形：もや友の会　いふ部隊遺族会	1977. 08. 15
松村　高	比島戦　私のアルバム	羽曳野：松村高	1977. 04. 00；再版1990. 08
松村　政春	再び比島を訪ねて	？：？	1974. 05. 00
松村　政春	鎮魂	？：？	1979. 04. 00
松本　武正	生きる：フィリピン　ルソン島に闘って	宍道町（島根）：松本武正	1996. 08. 15
松本　正光著、長野　為義編	ルソン島戦記	松本正光	1992. 03. 00
まつもと　マーシャ	マバラカットの青い空	八王子：まつもとマーシャ	1998. 12. 10
松本　秀忠	比島派遣軍高第8858部隊22部隊298中隊従軍覚え書き	防府：松本清（息子）	199-
松本　良男著、幾瀬　勝彬編	秘めたる空戦：三式戦「飛燕」の死闘	光人社	1989. 04. 14
マニラ新聞社編輯	新比島誕生の前奏：東条首相の来比	マニラ新聞社	1943. 00. 00
マニラ新聞社	復刻版　マニラ新聞	日本図書センター	1991. 09. 00
マニラ日本人小学校	とくべつ　児童文集　昭和十七年八月	マニラ日本人小学校	1942. 08. 31
マニラ陸軍航空廠之会編	鎮魂	？：マニラ陸軍航空廠之会	1991. 06. 00

フィリピン関係文献目録（「戦記もの」） 321

頁数	著者生年	分類	内　容　等	備　考
226	1920	体験	1942.2入隊、前橋予備士官学校卒、44.5.9マニラ上陸、移動修理班小隊長、46.5.10浦賀復員	奈396.21-1917
76		慰霊巡拝	ガリ版刷り	昭和916/Ma73/
183		巡拝		山形県立図郷土390.28モヤ
n.p.		体験写真集	1941.9連隊本部付通信暗号係将校として野砲22連隊に応召、比島作戦に参加、43.7内地復員、フィルムも。	奈210.75-1517
70		慰霊巡拝	1941.12.25比島上陸、独立歩兵72大隊、46.11.25復員、73厚生省比島遺骨蒐集団参加	奈916-1949
30		慰霊	並列書名：Filipino-japanese friendship memorial shrine	奈369.37-1948
111	1917	体験	1938松江歩兵第63連隊入営、北満から釜山に44.8.10出港、12.11マニラ上陸、45.9.17武装解除、12.18名古屋港帰国。陸軍主計准尉	奈396.21-1617
119				高知県立図
248		特攻	特攻隊	奈392.1-3625
28	1907-92	体験	1941.9召集、比島作戦参加、45.12.1生還。48.10記	国会GB554-E1893
267	1921；1921	飛行	拓殖大学、1941.6満洲入隊、43.2独立飛行第103中退、45.4米軍捕虜、47.9復員	奈396.8-1610
				岐阜県図391.4/シ
5巻		復刻版		
71			学校ごよみ1941.11.20-42.6.30	奈916-3537
222		慰霊記念	慰霊碑建立10周年記念文集	奈916-3617

著者名	書名	出版社・発行元	発行年月日
マニラ陸軍航空廠之会編	マニラ陸軍航空廠の栞（平成十一年改訂版）	東京：マニラ陸軍航空廠之会	1999. 05. 00
間野　照雄	比島戦　敗走生還日記　三百六十五日	岡山：間野照雄	1976. 07. 00
丸山　忠次	ダバオに消えた父	風媒社	2008. 06. 16
満月会編	満州第五五六部隊とその終焉：輜重兵第八連隊	秋田：満月会	1986. 03. 00
満洲・比島・三六三七会	独立野戦照空第二大隊（三六三七部隊）の歩み：満洲・比島　三六三七会　結成　三十周年記念誌	角館町（秋田）：満洲・比島・三六三七会	1996. 05. 30
三浦　覚	祖国危うし!!　ああ海上挺進特別攻撃戦隊	新居浜：新潮堂書店	1983. 06. 01
三浦　正	ルソンの慟哭：一兵士の戦争記録	三浦正	1988. 00. 00
三川　汪（ひろし）	山ゆかば草むす屍	花巻：三川汪	2001. 06. 00
三木　清ほか	比島風土記	東京：小山書店	1943. 12. 15
水原　一夫編	手紙・遺品・証言にみる父の実像　遙かなる時を超えて	水原一夫	1990. 12. 25
三角　澄麿	戦塵にまみれて	香々地町（大分）：三角澄麿	1985. 11. 13
溝口　似郎（じろう）	予言部隊長	東京：大日本皇道会	1971. 10. 01（四版）、1959. 2. 1、1963. 11. 1、1967. 1. 15
溝口　晋	予言部隊長：偉大なる奇瑞の書	呉：尾野郡次	1967. 11. 00（三刷）、初刷1960. 2、二刷1967. 2

フィリピン関係文献目録（「戦記もの」）　323

頁数	著者生年	分類	内　容　等	備　考
82		慰霊記念	1981慰霊碑建立以来毎年慰霊祭	奈369.37-1648
91		体　験	早川海軍部隊。海軍主計隊長	昭和916/Ma46/
246	1938	邦人体験	ダバオ生まれ、父輝広ミンタル病院勤務医、45.5父、日本兵に殺される、逃避行、米軍収容所、45.11長野に引き揚げ	
156		部　隊		奈396.7-1610不明
127		大　隊		奈916-1501
269	1924	特　攻	奥付のタイトルは『陸軍海上挺進特別攻撃戦隊』。1944.4入隊、44.8南方従軍、46.3復員	奈396.7-1601
155		体　験		兵庫県立図郷土916/413
62				岩手県立図郷土K916
355	1897-1945	文化人		昭和292/Mi21/
197		法要記念	「故陸軍上等兵　水原五郎作　五十回忌法要記念出版」	滋賀県立図
150	1916	体　験	1938中支、41.8臨時召集、12リンガエン湾上陸、43.6マニラ市比島憲兵教習隊入隊、44.5同卒、ミンダナオ島カガヤン憲兵分隊、45.5第35軍軍司令部参謀部勤務、45.12浦賀復員。35A司令部、カガヤン廠分隊	国会GB554-E587
300		体　験		奈916-1617
316	1906	体　験	海上輸送8大、暁16747。1934年以来満洲、中支、比島転戦、セブ島で終戦、戦犯で死刑、後無罪、47.9.5横須賀復員	奈913.6-1617

著者名	書名	出版社・発行元	発行年月日
溝口　博	松井揚陸部隊の最後：揚陸隊指揮班長の見たレイテ戦	横浜：溝口博	1986.06.00
御園生　一哉	軍医たちの戦場：帝国海軍の裏方　初級軍医奮戦記	図書出版社	1982.11.25
御園生　一哉	比島軍医戦記	図書出版社	1983.01.15
三井金属鉱業株式会社修史委員会事務局編	三井金属修史論叢　別冊　第1号　マンカヤン特集	三井金属鉱業株式会社	1974.09.03
三岡　健次郎	船舶太平洋戦争：一日ハ四時間ナリ	原書房	1973.08.30
三留　理男	望郷　皇軍兵士いまだ帰還せず	東京書籍	1988.08.05
峰尾　静彦	海鳴りが聞こえる：比島戦犯死刑囚青年将校の遺書	フェイス出版	1966.10.10
美濃田　三郎	「ネグロス島戦闘記録」我等かく戦えり	奈良：美濃田三郎	1980.10.20
水本　生	セブ島懐古：終戦前後の思い出	？：水本生	1970.10.10
水本　生ほか	燃える特攻基地セブを死守せよ：フィリピン戦記	光人社	1991.10.28
宮内　良夫	レイテ島戦・セブ戦　戦争日誌　自　昭和一九年一一月一日　至　昭和二一年三月二四日　付属一　戦争日誌索引　付属二　忘れ得ぬ人々		1945.08.00
宮内［良夫］少将	燦光比島に消ゆ　歩五十七比島戦記	宮内少将	1946.06.05
宮内　良夫	燦光　比島に消ゆ　歩五七戦記（レイテ島に於ける郷土部隊戦場の真相）	鈴木茂	1995.07.00
宮内　良夫？	元歩兵五十七聯隊復員者調査表		

フィリピン関係文献目録（「戦記もの」） 325

頁数	著者生年	分類	内　容　等	備　考
102	1915	体　　験	1936.1入隊、37.7北支、北満44.10レイテ島オルモック駐進、45.5セブ帰隊不能、45.12浦賀復員	奈916-1617
243	1918	体験軍医	元海軍軍医大尉	奈916-1621
246	1918	体験軍医	北大医学部卒。1944.12中比島海軍航空隊へ軍医として赴任、45.12.24浦賀復員	
573		企業慰霊	慰霊派遣団記録、開発から引き揚げまで	昭和916/Ma64/B1
314	1912	体験参謀日　　記	1943.9.15-44.6.30日記。陸士、陸大卒、船舶兵団参謀。大本営参謀、比島作戦	奈391.2-1610；新装版1983.1
279	1938	NF	インドネシア未帰還兵、フィリピン在留孤児	復刻版2005.07；奈916-3900
336	1917	体験参謀日記戦犯	1948.11-53.6獄中日記。1938海軍兵学校卒、海軍少尉、44.10フィリピン参謀、海軍少佐、戦犯、インファンタ住民虐殺、49.2.19死刑判決、53.7.22帰国	国会915.9-M511u
15		慰霊碑建立記念	第2艇身団（鷲9949）第3連隊（高千穂空挺部隊）本村隊ネグロス島派遣隊。ネグロス島日比合同慰霊碑	奈916-1617
172	1923	体　　験	関西大学専門法科卒。1943.10海軍予備学生、44.7ダバオ、セブ、海軍中尉、46.3.19浦賀復員	奈397.21-1617
315		証　　言	証言：昭和の戦争　リバイバル戦記コレクション、他4篇	国会GB554-E971
8冊		戦争日誌	昭和二十年八月頃　収容所に起隊中　思出日記	靖国396.5i057
n.p.		体　　験	ガリ版刷り	靖国44645/396.5i057ミ
36+		体　　験		靖国75250/396.5i057ミ
		連　　隊		靖国396.5i057

326 Ⅱ. 目 録

著者名	書名	出版社・発行元	発行年月日
宮木　利男	ネグロス島の嵐	外海町（長崎）：宮木利男	2004. 06. 01
三宅　善喜	密林に消えた兵士たち：私のダバオ戦記	健友館	1981. 08. 20
Miyazaki Kazunobu, B. David Mann and Takehiko Yoshikawa	The Untold Story befind the Battle of Bataan in 1945 (People who Bravely Defended Olongapo Zambales)-History of the Himeji 39th Infantry Regiment 10th Division Imperial Japanese Army		1993. 10. 01
宮崎　實編	バンバンの月	熊本：宮崎實	1984. 09. 11
宮澤　縦一	傷魂	大阪新聞社東京出版局	1946. 11. 30
宮下　清志	死の転進：戦争に奪われた青春	松本：ナカニシ印刷	1998. 08. 30
宮田　應孝	比島巡拝記	東京：宮田應孝	1995. 07. 10
宮林　荘司編	比島の思い出　垣6558部隊　野砲兵第22聯隊	宇治：宮林荘司	1977. 08. 01
宮原　力（つとむ）	知られざるフイリッピン　カモテス諸島におけるポロ島の玉砕	？：宮原力	1995. 00. 00
宮前　鎮男	ある兵士の手記：かかる中隊長ありき	芙蓉書房	1967. 05. 10；改訂新版1974
宮前　鎮男	新版　ある兵士の手記　中隊長に捧げる鎮魂譜	芙蓉書房	1983. 09. 20
宮本　郷三	隼のつばさ：比島最後の隼戦闘隊	光人社	1988. 03. 21
宮本　伍朗	星三つの青春	久留米：宮本伍朗	1982. 08. 00

頁数	著者生年	分類	内　容　等	備　考
191		体　験	1943.6.26マニラ入港、ネグロス島へ、45.8.31投降、武装解除、46.10.22名古屋入港	しょうけい916-Mi77
206	1916	体　験	1943.9特別野戦飛行場第一設定隊技手としてダバオ配属、45.12復員。威2401	
64＋		体　験	日米双方の兵士から見たバタアン戦	奈391.2-1517、391.2-1748（付録）
200	1917	体験軍医	1941熊本医科大学卒、陸軍軍医学校卒、ニューギニア、ルソン転戦、46.1.8浦賀上陸	奈916-1621
77	1908-2000	体　験	1944.5.8入隊、6.2バシー海峡で遭難、8カガヤン、負傷、米軍に救助される	国会GB554-156
164		体　験	1944.5.20第4航空軍航空情報隊、6.22ダバオ上陸、45.12.18名古屋復員	奈916-1617
180	1932	巡　拝	兄宮田應信1924生まれ、37東京陸軍幼年学校入、41.3.18陸軍予科士官学校卒、44.9.26サンフェルナンド上陸、45.7.10イポ付近で戦死、陸軍少佐	靖国58025/392.9Uミ
257		体　験		昭和396.6/Mi71/；靖国396.5FA22
11		体　験	船舶工兵第1野戦補充隊陸軍衛生曹長；1944.12.1ポロ島に進出、45.2.11脱出、46.12末名古屋復員	奈396.59-1517
412	1917	体　験	レ9戦隊長上法貞男記録	奈396.1-1520
235	1917	体　験		奈396.1-1520
246	1921	体　験	福島高商卒、1944.8ネグロス島飛行第30戦隊戦闘機操縦員、46.6復員	奈916-1517
175	1921	体　験	1942.10熊本歩兵第13連隊入隊、上海、ソロモン、44.4比島派遣威4021部隊へ転属、中部ルソンの山中で終戦、45.11加治木帰着	奈396.21-1510

著者名	書名	出版社・発行元	発行年月日
宮本　雅二	比島戦記：比島に散華した兄達雄の霊に捧ぐ	？：宮本雅二	1998. 07. 00
ミンダナオ会	アポの山は知っていた：ミンダナオ会慰霊五十年祭記念文集	東京：ミンダナオ会	1994. 04. 24
ミンダナオ島友の会	→ 山田護		
ミンタル会々員編	比島ミンダナオ島戦記	静岡：ミンタル会	1976. 10. 15
向井　潤吉	南十字星下：比島従軍記	東京：陸軍美術協会出版部	1942. 12. 15
武藤　章	比島戦の実相		1947. 06. 15
武藤　章	比島から巣鴨へ：日本軍部の歩んだ道と一軍人の運命	実業之日本社	1952. 11. 26；中公文庫 2008. 12
棟田　博・森田淳二郎編	フィリピン攻防戦	あかね書房	1969. 00. 00
村井　熊雄	比島体験記	佐世保：村井キヌ	1946. 03. 10
村井　熊雄	引揚邦人の体験せる比島敗戦記	東京：高松書房	1946. 03. 20
村尾　かつ子	追憶　村尾栄	東京：村尾かつ子	1991. 10. 15
村尾　国士	比島決戦：マッカーサー上陸と悲運の将軍山下奉文	フットワーク出版	1992. 11. 30
村尾　国士	フィリピン決戦：山下奉文とマッカーサー	学習研究社	2001. 09. 20
村岡　伊平治	村岡伊平治自伝	南方社	1960. 12. 15
村上　兼巳編	三十三年目の証言：一戦没兵士の追跡調査	三十三年目の証言企画編集室	1978. 11. 10

頁数	著者生年	分類	内　容　等	備　考
222	1920	体験書簡	上等兵。85通の戦陣便りと1通の封書1942．4．4-44.11．9着。1920生、慶應義塾大学卒、42．3入隊、北支、山東、43．1青島からニューギニヤへ、44．4パラオ経由マニラ陸軍病院入院、44．8バギオ第74兵站病院、45．6．1食糧調達中ゲリラに襲撃され惨殺	奈916-1617
302		慰霊記念	「これを英霊に捧げ、靖国神社に奉納、……」	国会GB554-E1760；奈916-1517
286		法要記念	慰霊碑。拠兵団、カタルナン、トリーほか、山田部隊、33回法要記念	大阪市大
208	1901-95	報道班	陸軍報道班員	昭和916/Mu24/；靖国392.9U；京大
102		体験参謀		靖国72856/392.9Uム
326；339	1892	体験参謀戦犯	1920.12陸軍大学卒、30参謀本部、39軍務局長、42．5．11近衛師団長としてメダン着、44.10比島第14方面軍参謀長、45．9．2下山、9．3調印、巣鴨日記	奈916-1917
230		特　　攻	神風特攻隊、大西中将。シリーズ：少年少女太平洋戦争の記録	東京都立図多摩/210/195/5
61	1908	邦人校長体験	1936.10.25バギオ日本人小学校校長、45.12．2博多帰国	奈916-2637；第2刷1981．5．19
61		邦人体験		昭和916/Mu41/
168		妻　追　悼	夫1909生、画家、44．7第2次応召、45．5ルソン島アシン北方戦死	奈289-1248
252	1942	NF	フリーライター	秘蔵写真で知る近代日本の戦歴15
293	1942	NF	『比島決戦』を大幅に加筆し、文庫化	国会GB541-G124
209+29	1867-1942	自　　伝	女衒、レガスピ在住	
255	1932	証　　言	編者は遺族、サラクサク生還者の回想	奈916-1617；2刷1978.12

著者名	書名	出版社・発行元	発行年月日
村上　喜重	生魂：比島ルソンの回顧	郡山：村上喜重	1980. 03. 03
村越　重昭	フィリピン戦：流転の一兵　付・軍事郵便	鳴門：村越重昭	1993. 03. 14
村崎　凡人	キャンガン付近		
村崎　凡人	比島戦記：歌集	春秋社	1978. 08. 20
村崎凡人（文）・西原比呂志（絵）	ルソンを北へ	えくらん社	1961. 01. 00
村瀬　治郎	フィリッピン　ネグロス島に　慰霊碑は聳えて建立せり	佐久間町（静岡）：村瀬治郎	1989. 08. 00；追加版2001. 4
村瀬　治郎	負け戦に征ってきた一等兵の話集	佐久間町（静岡）：村瀬治郎	2001. 07. 00
村田　三郎平編	南暝	？：？	1953. 09. 00
村田　三郎平編	ルソンの霊	日比親善慰霊会	1977. 01. 00
村田　三郎平編	最前線爆雷製造部隊：フィリピン作戦技術将校の手記	風媒社	1977. 04. 15
村田　三郎平編	比島戦記要覧（案）	豊橋：村田三郎平	1985. 05. 31
村田　三郎平編	戦野の詩：証言・比島作戦の綴り	彩流社	1985. 08. 15
村田　三郎平編	ボカ沈：沈没輸送船の記録	豊橋：村田三郎平	1988. 07. 15
村田　三郎平編	比島作戦戦訓余話・第　号：米軍の作戦記録	村田三郎平	1986. 12. 20
村田　三郎平編	比島作戦戦訓余話・第1号：進攻戡定	村田三郎平	1991. 04. 00
村田　三郎平編	比島作戦戦訓余話・第2号：交戦〈前編〉ルソン島	村田三郎平	1990. 02. 18

フィリピン関係文献目録（「戦記もの」）　331

頁数	著者生年	分類	内　容　等	備　考
280		体　験	1944.10ルソン島北サン上陸、46.12.5名古屋復員。旭、23D、歩64転属	奈916-1617
168	1920	体　験	戦記物を読んで勉強；1942.3.31リンガエン湾上陸、バタアン戦へ、45.11.20浦賀復員 　　　→　青地菊夫（筆名）	
169	1914	体験歌集	1944.5.2マニラ入港、45.11.11鹿児島復員、独歩183（牟田）大、中尉	国会KH384-148
254	1914	体　験 報道班	第105師団宣伝宣撫報道班班長中尉、81B通信隊、キアンガン	国会915.9-M958r
45		慰霊巡拝 歌　集	1980ネグロス島慰霊碑建立、84、88慰霊巡拝、別書名：歌集慰霊塔は聳えて建てり：フィリピンネグロス島慰霊碑参詣と戦跡巡拝	奈911.1-3748；しょうけい916-Mu57-2
160		体　験	フィリッピン・ネグロス島　元第49飛行場中隊。1944.4.10入隊、8.22マニラ上陸、10.1セブ上陸、11.26ネグロス島上陸、45.9.2投降、11.3レイテ島POW生活、12.28浦賀上陸、翌日兵役免除・帰郷	奈916-1610
104	1911		画：後藤正喜	奈916-3517
96				豊橋市中央図書館
310	1911	日　記	1944.7.1-45.9.16日記。勤、撃整備隊。陸軍工科学校技術将校養成課程卒。105D兵器部、ナガ	奈391.2-1617
496			手書き	昭和916/Mu59/
253	1911	戦記集成	比島作戦関係図書約700冊から抽出して編集。比島第105師団(勤)、戦車第2師団(撃)、技術将校。1973政府派遣収集委骨団参加	
106	1911		比島作戦余話集	奈916-0000
404				靖国
714				靖国60256/392.9Uム
1118				靖国60254/392.9Uム

著者名	書名	出版社・発行元	発行年月日
村田　三郎平編	比島作戦戦訓余話・第3号：交戦〈後編〉ビサヤ諸島・ミンダナオ島	村田三郎平	n. d.
村田　三郎平編	比島作戦戦訓余話・第4号：後方(甲)輸送	村田三郎平	1988. 09. 05
村田　三郎平編	比島作戦戦訓余話・第5号：後方(乙)兵站衛生	村田三郎平	1987. 12. 27
村田　三郎平編	比島作戦戦訓余話・第6号・軍政	村田三郎平	1993. 07. 15
村田　三郎平編	比島作戦戦訓余話・第7号・敗陣	村田三郎平	1990. 11. 30
村田　三郎平編	比島作戦戦訓余話・第8号・報道	村田三郎平	1986. 12. 20
村田　三郎平編	比島作戦戦訓余話・第9号・在留邦人	村田三郎平	1993. 09. 14
村田　三郎平編	比島作戦戦訓余話・第10号・収容所	村田三郎平	1987. 05. 03
村田　三郎平編	比島作戦戦訓余話・第11号・戦犯	村田三郎平	1993. 01. 28
村田　三郎平編	比島作戦戦訓余話・第12号・戦没	村田三郎平	1991. 10. 12
村田　三郎平編	比島作戦戦訓余話・第13号・戦後誌	村田三郎平	1994. 01. 24
村田　三郎平編	比島作戦戦訓余話・第14号・戦野の画帖	村田三郎平	1993. 10. 01
村田　三郎平編	比島作戦戦訓余話・第16号・住民	村田三郎平	1993. 05. 05
村田　三郎平編	比島作戦戦訓余話・第17号・陣中小史	村田三郎平	1992. 11. 18
村田　三郎平編	比島作戦戦訓余話・第18号・手記集	村田三郎平	1995. 02. 26
村田　三郎平編	兵隊民話	？：村田三郎平	1997. 03. 17
村田　省蔵著、福島　慎太郎編	→　福島慎太郎編		
村田　禎造・上野　政夫共編	→　橘部隊ダバオ会		
村田　治美編	ルソン島の思い出　第百三海軍病院記	マニラ103海軍病院パサイ会	1980. 08. 31
村田　治美編	ルソン島の思い出（第二集）　第百三海軍病院記	マニラ103海軍病院パサイ会	1983. 05. 15
村松　喬	落日のマニラ	鱒書房	1956. 07. 15

頁数	著者生年	分類	内　容　等	備　考
1003				靖国60253/392.9Uム
787				靖国60252/392.9Uム
600				靖国60251/392.9Uム
711				靖国60250/392.9Uム
660				靖国60249/392.9Uム
474				靖国60248/392.9Uム
631				靖国60247/392.9U
567				靖国60246/392.9Uム
672				靖国60245/392.9Uム
671	1911	資料集	勤、撃兵団	奈916-1617；靖国60244/392.9Uム
520				靖国60243/392.9Uム
411				靖国60242/392.9Uム
716				靖国60241/392.9Uム
1035				靖国60240/392.9Uム
964				靖国60239/392.9Uム
267	1911		比島作戦戦訓余話・第20号	奈210.75-2900
135		体験病院		しょうけい916-Mu59；昭和498/Mu59/1
169		体験病院		昭和498/Mu59/2
206	1917	従軍記者	1940早大英文科卒、東京日日新聞社入社、42.4南方前線部隊従軍、ビルマ特派員、1943.5毎日新聞マニラ支局、45.12復員	国会915.9-M951r

著者名	書名	出版社・発行元	発行年月日
村山　富三	思い出多い比島の山、山	？：村山富三	n. d.
望月　信雄編	比島の国柱	長野：野口喜三雄刊行委員一同	1980. 10. 29
望月　学	想い出の比島戦線	近代文芸社	1983. 04. 30
元歩兵第73聯隊・ルソン戦友会	北部ルソン従軍回想記　フィリピン戦線（Ⅱ）	佐野：元歩兵第73聯隊・ルソン戦友会	1988. 12. 00
もや・いふ部隊友の会鎮魂の記録編集委員会編	鎮魂の記録	米沢：もや・いふ部隊友の会	1986. 09. 07
もや・いふ部隊友の会　東北地区事務局編（千葉信夫）	フィリピン　ルソン島戦没者慰霊巡拝の歩み：山形東部五十九部隊戦没者追悼の記録　第十六次比島戦跡訪問を終えて	平泉町（岩手）：もや・いふ部隊友の会東北地区事務局	2005. 00. 00 ？
もや友の会編	もや部隊比島戦記	山形：もや友の会	1973. 08. 15
もや友の会編	ルソン島巡拝の旅	山形：もや友の会	1975. 03. 01
もや友の会　いふ部隊遺族会編	ルソン島巡拝の旅　続	山形：もや友の会いふ部隊遺族会	1976. 08. 01
森　長隆	思ひ出の記フィリッピン従軍誌	森とめ子	1977. 00. 00
森　晴治	戦塵：第一線軍医従軍記	福岡：森晴治	1978. 01. 25
森　博	戦車第二師団工兵隊戦闘誌	羽生（埼玉）：森博	1963. 04. 28
森　博	戦車第二師団戦闘誌	羽生（埼玉）：森博	1964. 04. 28
森崎　兼守編	戦記：元第26師団（泉兵団）のあゆみ（フィリピン戦）	大村：森崎兼守	n. d.

フィリピン関係文献目録(「戦記もの」) 335

頁数	著者生年	分類	内　容　等	備　考
8		体　験	1943.5舞鶴海兵団入団(整備兵)、相模野航空隊普通科修了、スマトラ島の航空隊転属、1944.9魚雷攻撃を受け、マニラ上陸、レガスピ、46.12佐世保復員	奈916-1617
423			望月重信中尉1944.5.22戦死、1934東大卒、41.12.23リンガエン湾上陸、タガイタイ教育隊	奈289-1948
204	1917	体　験	1941京城帝大医学部卒。1944.12北サンフェルナンド上陸、虎1野病、47.1復員	奈394-1617
83		連　隊		昭和396.5/Mo83/
692		部　隊		奈396.21-1701；山形県立図郷土K915.9モヤ
272		慰霊巡拝	もや・いふ部隊六十回忌記念誌	山形県立図郷土閉架916モヤ
295		部　隊		奈396.59-1501；昭和396.21/Mo97/
76		巡　拝	→　松原　胖	山形県立図郷土閉架292.481モヤ
46		巡　拝		山形県立図郷土閉架292.481モヤ
2巻			自昭和十六年七月十一日至昭二十二年一月三日	佐賀県立図
196		体験軍医	比島攻略作戦参加	奈394-1921、916-1921
17		体　験		奈396.7-1501
25		体　験	戦車第2師団工兵隊副官陸軍中尉	奈396.7-1501
406		師　団	元独立歩兵第11連隊(泉第5314部隊)、元独立歩兵第12連隊(泉第5315部隊)、元独立歩兵第13連隊(泉第5316部隊)、元第26師団通信隊(泉第5320部隊)、その他部隊関係	奈396.21-1617

II. 目録

著者名	書名	出版社・発行元	発行年月日
森田　正覚著、佐藤喜徳編	ロスバニオス刑場の流星群：山下奉文・本間雅晴の最期	芙蓉書房	1981.09.25
森高　繁雄編	大東亜戦史3　フィリピン編　再版	東京：富士書苑	1978.05.10
森部隊誌編集委員会編	風九三〇八部隊誌	東京：森部隊誌編集委員会	1970.04.00
森本　茂治	南十字星のかげに：比島で噴死した将兵に捧げる	海南：森本茂治	1980.00.00
森本　春実	死闘の鉄　第十師団	創世社	1955.10.25
守屋　正	ラグナ湖の北：わたしの比島戦記	理論社	1966.07.00
守屋　正	比島捕虜病院の記録	金剛出版	1973.04.10
守屋　正	フィリピン戦後の人間群像	勁草書房	1978.04.25
谷木　春治	ルソン島戦闘記録：私の観た、体験したフィリピン	胆沢町（岩手）：谷木春治	1983.00.00
野重八会編	われらの野重八	横浜：野重八会	1976.04.01
野重八会編	續・われらの野重八：野重八会三十周年記念	横浜：野重八会	1991.08.15
安田　貞雄	螢燈記	東京：六興商会出版部	1943.04.05
安田　貞雄	蛍燈記　第二部	東京：六興商会出版部	1943.08.18
矢野　正美	ルソン島敗残実記：我が青春のフィリッピン	三樹書房	1986.08.16

フィリピン関係文献目録（「戦記もの」） 337

頁数	著者生年	分類	内　容　等	備　考
264	1907；1918	戦　犯	本文はすべて1949年に記述。編者：1944応召、下士官として北部ルソン戦	奈329.67-1927；靖国64411/393.4
643		戦　記		しょうけい210.75-Mo62-03；昭和210.75/Mo66/3
308 +16		部　隊		奈396.8-1601
69				和歌山県立図
270		体　験	鉄5454（輜重10）、1944.12北サンなど上陸、バレテ	国会915.9-M819s
222	1909	体　験	京大医学部卒、1944.10.11マニラ到着、46.8佐世保復員。基地7大隊（暁16794）	
401	1909	体験軍医	京大医学部卒。1944軍医大尉、終戦後から11ヶ月米軍第174兵站病院にて日本人捕虜診療。49.10一七四会結成	
268	1909	体　験	基地7大隊、レ7.8.11戦隊	奈210.75-1617
52	1924	体　験	「第二三師団旭兵団歩兵第七二連隊第二大隊いふ部隊」；「この一編を北部ルソン島で散華せられた『いふ部隊』の英霊に捧ぐ」1944.12.2北サン上陸、旭、23D、歩72転属、45.9.13武装解除、46.12.23名古屋復員	国会GB554-1673
362		部　隊	「われらの野重八」補遺（9頁）	国会GB611-174
391		部　隊	野重八会三十周年記念	奈396.6-1910
296	1908-91	従軍記者	軍報道班員、「兄上の霊に捧ぐ」	国会915.6-Y62ウ
338	1908-91	従軍記者	1938応召、中南支転戦、42.1徴用、ビサヤ、ミンダナオ戡定作戦従軍、かたはら陣中新聞「南十字星」編輯、42.12帰還	国会915.6-Y62ウ
298	1920	体験日記	1944.8.2-45.12.10日記。1944.9戦車第2師団工兵隊上等兵としてルソン島上陸、45.12復員。1978.5慰霊団参加、慰霊碑建立（サラクサク峠）	

II. 目 録

著者名	書名	出版社・発行元	発行年月日
矢野　正美	ルソン島敗残実記	三樹書房	1993. 08. 15
柳井　乃武夫	山の兵隊：比島より生還せる一学生兵の手記	東京：交通協力会	1987. 07. 01
柳原隊戦友会	セブ戦記：海軍98防空隊　岡田副官の戦記抜粋	？：柳原隊戦友会	1981. 11. 19
柳本　貴教	戦車第二師団　機動歩兵第二連隊　比島捷号作戦の経過と結果	甲府：柳本貴教	1988. 08. 26
野砲兵第十聯隊終焉記編纂委員会編	姫路野砲兵第10聯隊　終焉記	松原：野砲兵第十聯隊比島戦友会	1986. 11. 00
野砲兵第十連隊戦没者追悼記念誌編纂委員会編	野砲兵第10連隊　戦没者追悼記念誌（戦友会50年の歩み）	東大阪：野砲兵第十連隊比島戦友会	1994. 10. 00
野砲兵第22連隊砲友会	砲輪蹄跡：野砲兵第22連隊砲友会比島戦没者三十七回忌慰霊団報告書	？：野砲兵第22連隊砲友会	1981. 00. 00 ？
山浦　照編（ミンダナオ憲友会）	遙かなるミンダナオ島　回顧録	西尾：ミンダナオ憲友会	1993. 09. 30
山岡　荘八	小説　太平洋戦争6：レイテの死闘と比島戦の終末	講談社	1968. 07. 20
山岡　荘八	新装版　小説太平洋戦争4：敵主力迫る	講談社	1983. 08. 05
山形県慰霊団作成	沖縄・台湾・フィリピン・シンガポール・インドネシア海域　第四回洋上慰霊祭『思い出集』	山形：山形県慰霊団	1990. 02. 28
山形県慰霊団員共同作成	第3回台湾・フィリピン・沖縄海域洋上慰霊祭	山形：山形県慰霊団員	1987. 03. 01
山口　笙堂	フィリピン（比島）戦跡慰霊法要の旅	君津：山口笙堂	1979. 07. 08
山口　昇	俘虜記：生きて日本に還る　あるルソン島抑留者の記録	？：山口昇	1994. 08：00

頁数	著者生年	分類	内　容　等	備　考
301	1920	日　記	1944．8．2-45.12.10日記。撃工兵隊兵士	
272	1923	体験学徒	リオデジャネイロ生まれ、1943東大2年生のとき学徒出陣。44．1.14セブ上陸、45．12．6浦賀復員。船舶工兵1野戦補充隊、暁6142	奈396.59-1617
19		戦友会	33特根戦史抜粋	奈916-1517
42		連　隊	自昭和17年3月至昭和20年9月	奈396.5-1501
196		連　隊		奈396.6-1901
324		慰霊巡拝	1944.12.23北サンなどに上陸、バレテ、サラクサクなど、1993．2．4-11　50年忌慰霊巡拝、戦友10名、遺族25名、添乗3名、計38名	国会G554-G106；奈396.6-1901
39		連　隊	昭和56年2月7-16日比島慰霊行	奈369.37-2748
304		憲　兵		国会GB554-E1757
244	1907-78	小　説		奈913.6-0017、小説太平洋戦争
387	1907-78	小　説		奈913.6-0017、小説太平洋戦争
98		慰　霊	平成1年11月20日(月)〜12月9日(土)20日間、謹んで英霊に捧ぐ	山形県立図郷土K390.28ヤマ
125		慰　霊		山形県立図郷土YK390.28オチ
31		慰　霊	1979．5．30-6．6	国会Y95-80C91119
22		体　験	1944.10.14戦艦武蔵沈没、ルソン島防衛戦、45．9．6武装解除、46.12.8名古屋港上陸	奈369.37-1746

著者名	書名	出版社・発行元	発行年月日
山口　昇	慟哭のフィリッピン：ルソン島山中の骸は訴える	？：山口昇	1995. 08. 15
山口　正男著、大瀬　淑子編著	五十年前の若者たち：姫じょおんはさいていましたか	久居：大瀬勝彦	1994. 08. 07
山口部隊ネグロス会編	山口部隊ネグロス戦記	福岡：山口部隊ネグロス会	1981. 10. 01
山崎　柄根	鹿野忠雄：台湾に魅せられたナチュラリスト	平凡社	1992. 02. 20
山崎　哲夫	私の応召日記　第二部	東京：山崎哲夫（ワープロ）	1995. 08. 00
山崎　友助	椰子は見ていた：ある学徒兵の比島戦記	東京：リロアン会	1983. 06. 01
山崎　友助	画集：比島攻防戦：戦前・戦後のフィリッピン	ヒューマン・ドキュメント社	1987. 06. 21
山崎　亘	一等兵のルソン戦記：その悲哀と心情	東京：朝日新聞東京本社出版サービス編集	1987. 03. 01
山下　九三夫	山下奉文の追憶：三十年祭に際して	東京：山下九三夫（息子）	1976. 02. 23
山下　九三夫編	山下奉文の追憶	？：山下九三夫	1979. 02. 23
山下　九三夫	山下奉文の追憶（四十年祭に際して）	東京：山下九三夫（息子）	1986. 00. 00

フィリピン関係文献目録（「戦記もの」）　341

頁数	著者生年	分類	内　容　等	備　考
52	1922	体験	1942.5横須賀海兵団入団、44.11.26マニラ上陸、45.9.5武装解除、46.12復員、81.11慰霊巡拝	奈916-1617
100		復刻	原著、陸軍伍長山口正男『大東亜戦争陣中記録　昭和十九年三月一日記　死線を越えて　征野』；中隊長の息子の妻編	奈966.21-1517
226		大隊	独立歩兵第172大隊（山口部隊）、1941.10.28第10野戦補充隊として編成、42.3.30サイゴン上陸、10.31編成替え、独立守備歩兵第39大隊、43.1.6ネグロス島上陸、45.3.30米軍ネグロス島上陸、8.30投降	奈916-1501
335	1939		動物学専攻	
40		体験	1941.7召集、北満、12.24リンガエン湾上陸、46.1.19佐世保復員	奈916-1617
288	1923	体験	法政大学在学中、1943.12.1学徒出陣、近衛工兵第2連隊入隊、船舶工兵第1野戦補充隊（暁6142部隊所属、ルソン、パナイ、ネグロス、セブ、レイテ戦参加、セブ島で終戦、45.12.3浦賀復員。慰霊碑建立	奈396.21-1617
193	1923	画集		国会GB554-2322
222		体験	1929台北第2師範学校卒、1944.11比島第4飛行師団第33航空地区司令部、45.3第105師団臨時歩兵第16大隊第3中隊指揮班、陸軍1等兵、45.12.6大竹復員。臨歩16（利根木）大、キアンガン。第127飛行場大隊（127ab）威18448。1982慰霊巡拝	国会GB554-E55；奈916-1617
65		追憶	故山下奉文30年祭	奈289-1948
82		追憶		奈289-1927
56		追憶		靖国72560/390.281ヤ

著者名	書名	出版社・発行元	発行年月日
山下　盛一	フイリッピンに於ける第二次応召戦記	大和：山下邦夫（息子）	1981.09.20
山下　晴朗	サザンクロスを背にうけて：さきの大戦で未だ知られざる明野少年軍属の悲劇	中日新聞社出版開発局	2000.08.15
山田　淳一	比島虜囚記	一橋書房	1955.07.25
山田　淳一	比島派遣一軍医の奮戦記	札幌：山田淳一	1992.06.10
山田　善助	比島戦記：北部ルソン飢餓の持久戦　兵の死闘	瑞穂町（東京都）：山田善助	1974.07.15
山田　善助	比島従軍戦記　北部ルソンの死闘　戦没者の追悼と平和を祈念して	瑞穂町（東京都）：山田善助	1982.08.15
山田　忠彦	「戦友よ涙はもう出ない　比島山中邀撃戦」	今日の話題社	1968.02.25
山田　忠良	兵士の追憶：傷病兵の苦闘	田辺：山田忠良	1998.12.02
山田　登編	藍よりも青し：旧陸軍空挺部隊三十三回忌比島慰霊記録	大阪：陸軍落下傘三・四会	1977.12.20
山田　久治編	平和への軌跡："ネグロス島・ナスノンの丘　慰霊碑除幕式に参詣して"	？：第三十一教育飛行隊戦友会事務局	1977.09.24
山田　秀吉	呂宋日記	東京：山田秀吉	1992.09.08
山田　廣一（ひろかず）	はだしの戦記	白州町（山梨）：山田浪代・間瀬秀雄	1986.04.01
山田　正巳	ぼくの比島戦記　若き学徒兵の太平洋戦争	元就出版社	2000.06.26

フィリピン関係文献目録(「戦記もの」) 343

頁数	著者生年	分類	内　容　等	備　考
56	1908	体　験	独歩355大、抜10693。1928入隊、36予備役召集、陸軍歩兵少尉、44.6比島派遣軍独立混成歩兵355大隊第1中隊長および輸送指揮官、44.7.15マニラ、11.27ボコロド、45.8.29武装解除、46.3.21横須賀復員	国会GB544-111
161	1929	体　験	1944陸軍明野飛行学校通信班就職、44.10.21クラークフィールド到着、46.12佐世保復員	奈916-1617
298	1910-97	体験軍医	1936北海道大学医学部卒、44.7臨時召集、比島出征、46.12.31佐世保復員	奈916-1646
485	1910-97	体　験	収容所で日記放棄、新たに収容所で日記風に記す。1944.11.1ナガ到着、47.1.1佐世保復員	国会GB554-G683
55		体　験	1944.6東部6部隊応召入隊、44.11リンガエン上陸、46.10.20名古屋上陸復員。宮下隊のみ太田部隊へ	奈396.3-1617
133	1917	体験追悼	1944.6東部第6部隊応召、46.10名古屋上陸復員	昭和916/Y19/
57-96		戦　記	太平洋戦争ドキュメンタリー第4巻『零戦虎徹』所収。振武集団陸軍中尉。レ9戦隊(威16785) 41軍	奈916-1910
110		体　験	元満洲ハイラル第737部隊　元比島派遣旭兵団23師団野砲第17聯隊	奈369.37-1649
134		慰　霊		立命館319.8/Y19
63		慰霊碑建立記念		奈916-0048
523	1912?	体験日記	日記、陸軍軍属、日語教員要員	非売品
146	1919	体　験	三重高等農林学校卒。1939年北支、42年1月24日リンガエン湾上陸、バタアン戦参加、パナイ島、ミンダナオ島平定、マスバテで降伏、陸軍大尉、46.3.18浦賀上陸、3.22復員	奈396.21-1617
287		体験学徒		

著者名	書名	出版社・発行元	発行年月日
山田　護	鎮魂　ミンダナオ島幾山河：遺族の想い・生還者の声	京都：ミンダナオ島友の会	1996. 08. 01
大和　隼雄	南十字星と共に	大和隼雄（手書きコピー）	1990. 03. 21
山中　明	カンルーバン収容所物語　最悪の戦場　残置部隊ルソン戦記	光人社	1987. 09. 03
山根　正吉	戦火に燃ゆる　比島戦線　五年の記録	山根正吉	1981. 04. 00
山吹会企画・編集	山砲兵第二十五聯隊　軍跡　第六中隊	福島：山吹会	1990. 06. 01
山村　辰雄	九死に一生の奇跡　戦場の青春	日野町：山村辰雄	2001. 10. 08
山本　繁一著、二階俊太郎編	ジャングル生活十二年　ミンドロの日本兵	弘文社	1957. 06. 15
山本　七平	ある異常体験者の偏見	文藝春秋社	1974. 05. 15
山本　七平	私の中の日本軍、上下	文藝春秋社	1975. 11. 30
山本　七平	一下級将校の見た帝国陸軍	朝日新聞社	1976. 12. 20
山本　照孝	比島バレテの思い出：歩兵第六十三連隊の最期	鳥取市：バレテ会	1967. 09. 15
山本　博	死生有命	大阪：山本哲也	1986. 07. 10
山本　平弥	海軍予備士官の太平洋戦争：越中島：風呂敷に包まれた短剣	光人社	1989. 11. 28
山本　平弥	防空駆逐艦「秋月」爆沈す：海軍予備士官の太平洋戦争	光人社	2001. 06. 00
山本　文彦	南冥の島　ミンダナオ　慰霊親善紀行	名古屋：山本文彦	1973. 08. 31

フィリピン関係文献目録(「戦記もの」) 345

頁数	著者生年	分類	内　容　等	備　考
270		慰霊追悼	第10独立守備、第35大隊	奈369.37-3648
159		体　験	「フィリッピン北部ルソンの戦闘に参加した一兵卒より今は亡き友に悔恨を込めて、この手記を贈る」	滋賀県立図
235	1917	体　験	捕虜体験記、陸軍少佐。第4航空軍司令部「真」15300、航空情報隊長	
172		体　験	手書き。本書を謹んで　全比島戦戦没者の英霊に捧ぐ。威303部隊	靖国8162/392.9Uヤ
160		中　隊	編集主任：平間光一。1943.12.10入営、12.29北サンフェルナンド上陸、バギオ、45.9.12集結、9.24カランバ捕虜収容所到着、46.7.25佐世保入港、8.3上陸、翌日復員完結	奈916-1201
57		体　験	1944.8.7マニラ沖漂流	滋賀県立図
302		残留体験	残留12年。1944.12.19　92式重爆撃機に便乗、クラーク飛行隊、ミンドロ島	国会915.9-Y3532z-N
293	1921-91	体　験	駿17619、103D、砲兵隊	奈304-0000；文春文庫1988
2巻	1921-91	体　験	駿17619、103D、砲兵隊	奈916-0000；文春文庫1983
335	1921-91	体　験	駿17619、103D、砲兵隊	奈396.21-1620；文春文庫1987
108		体　験	戦中メモ、1947.4書き下ろし。1944.12.3マニラ到着、45.9.16米軍に収容。鉄5447（歩63）	非売品
229	1903-84	体　験	中学教諭、1944.9マニラ入港、陸軍中尉、46.1復員	国会GB554-2333
280	1921	体　験	1943.8東京高商卒、9月海軍応召、海軍大尉	奈397.21-1510
269		体　験	「〈越中島〉海軍予備士官の太平洋戦争」(平成元年刊)の改題、光人社NF文庫	神大海916-123など
52		慰　霊	ミンダナオ　フレンドシップ　ソサエティ主催、1973年慰霊親善旅行団　第1便　E班	昭和292/Y31/

II. 目録

著者名	書名	出版社・発行元	発行年月日
山本　文弥	ルソンの雨	山本文弥	1981. 09. 00
山本　正治	亡き戦友に捧ぐ　比島戦記	下市町(奈良)：山本正治（ワープロ）	1998. 08. 00
山本　正道	フィリピン戦の回想：一当番兵の記録	高知：山本正道	1991. 02. 19
山本　正道編著	カンルーバン将官俘虜収容所に於ける将軍の横顔と句集	相模原：巨杉会	1994. 08. 15
山本　又平	ルソン戦線のキリスト：愛の神に生かされて	キリスト新聞社	1996. 06. 10
山本　森高	椰子と兵隊	福岡：山本森高	1966. 11. 03
山本　譲	あゝ比島リパ飛行場に暮らし	？：山本譲	1988. 10. 01
横澤　健蔵	ルソンへの想い	山形：横澤健蔵	1976. 03. 28
横沢　健蔵	戦車第二師団　師団速射砲隊の戦記「ルソンへの想い」より抜粋	山形：横澤健蔵	1988. 08. 26
横手　邦博	ミンダナオ島物語：開拓移住民の戦争と平和の記録	佐世保：横手邦博	1989. 10. 17
横山　孝雄作・画	少年兵：レイテに消ゆ	ほるぷ出版	1985. 09. 15
横山　泰和	バレテ峠：大東亜戦の比島における精鋭第十師団の奮戦とその最期	川崎：「バレテ峠」刊行会	1989. 10. 10
吉岡　正利著、吉岡　正和編	蒙彊・比島戦記	旺史社	1989. 12. 08
吉川　洋子	日比賠償外交交渉の研究　1949-1956	勁草書房	1991. 11. 30

フィリピン関係文献目録（「戦記もの」） 347

頁数	著者生年	分類	内　容　等	備　考
106				昭和916/Y31/
31		体　験	帰還13年目に執筆。1939.1.10奈良歩兵38連隊入隊、中国4年、43.1.5満期除隊、44.8.9再召集、速射砲中隊、45.8.29捕虜、47.1名古屋復員73.8、遺骨収集	奈916-4617
600	1912	体　験	1943.7-9西部第34部隊、43.12-44.6歩兵第184大隊（二宮部隊）フィリピン出征、44.6-45.9第82旅団（河嶋兵団）司令部、45.9-46.10俘虜収容所、46.10.17名古屋港、復員	奈916-1617
287	1912		巨杉会会報　別冊　特輯	奈911.3-1746
303	1911	体　験	上智大学新聞科、1941.9応召、12.24ルソン島上陸、比島派遣軍渡8857部隊、マニラ市で受先、46.4.28浦賀復員	奈916-1917
69			小倉陸軍病院勤務	奈394-1617
199		体　験	1944.3.27クラークフィールド、第1航空地区部隊、リパ飛行場、1944.4.15-7.29操縦手簿日誌	奈916-1501
264	1912	体験慰霊	1944.8.9マニラへ出発。1969、73戦跡巡拝、71-72比島観音。速射砲隊	奈292.48-1617
42		中　隊	中隊長	奈916-1601
59	1936	邦人体験	1936.11.17カリナン区マリガトン生まれ、45.9米軍にとらえられ収容所へ、45.11帰国	長崎県立図；国会GB554-E678
255		漫　画		奈396.21-1517；ほるぷ平和マンガシリーズ26
259	1919	体　験	日本大学歯科卒。1942.4.12満洲、44.12.22アパリ、バレテ、9.17降伏、46.6帰国	奈396.59-1617
255	1908；1949	体　験	教員、1944.8.21マニラ到着、第2開拓勤務隊、46.1.10復員	国会GB554-E522；無名戦士の記録シリーズ
438	1942	研究書		

II. 目 録

著者名	書名	出版社・発行元	発行年月日
吉沢　輔雄	出会いと別離：セブ島海軍出陣学徒の回想	長野：吉沢輔雄	1995.09.30
吉沢　輔雄編	出会いと別離：セブ島海軍出陣学徒の回想　吉沢輔雄著を読んで	？：吉沢輔雄	1996.05.01
吉沢　仁助	遥かなるルソン島：戦禍の記憶　平和を祈る	横浜：吉沢和代	2004.08.20
吉田　茂	東亜戦争体験記：大津島魚雷発射場及び施工：フィリッピン戦線	徳山：檜原伸夫	1996.02.00
吉田　俊雄・半藤　一利	全軍突撃：レイテ沖海戦	R出版	1970.08.10
吉田　俊雄・半藤　一利	レイテ沖海戦(上)(下)	朝日ソノラマ	1984.06.18
吉田　実	ダバオの最後　比島引揚邦人の手記	高松書房	1946.00.00
吉田　義雄著、上島富士雄編	敗戦記：比島北部ルソン島	上島富士雄	2003.05.15
吉富　徳三	比島余録	福岡：元ハイラル七三七戦友会	1966.02.00
吉村　昭	戦艦武蔵	新潮社	1966.09.05
吉村　昭	戦艦武蔵ノート	図書出版社	1970.07.25
吉村　昭	海軍乙事件	文藝春秋	1976.07.30
吉村　修吉	バタンガス収容所：極限社会の人間模様	カルチャー出版社	1972.08.15
読売新聞大阪本社社会部編	フィリピン：悲島	読売新聞社	1983.12.16
読売新聞大阪本社社会部編	比島棉作部隊	新風書房	1991.11.31［ママ］

フィリピン関係文献目録（「戦記もの」）　349

頁数	著者生年	分類	内　容　等	備　考
298	1923	体験学徒	長野師範学校本科卒。米軍野戦病院でメモ、航海日誌採録。1943.10.1海軍予備学生、1944.9.19マニラ上陸、46.3.18浦賀復員	奈397.21-1617
162		礼状集	読後感想	奈397.21-3917
54	1914-2003	体　験	陸軍衛生軍曹。1936入営、43.2.22マニラ上陸、46.9.31［ママ］マニラ港出帆、10.22大阪港復員上陸	国会GB554-H488；昭和916/Y94/
125		体　験	1934呉海軍施設部臨時工員、318海軍設営隊、1944.9.15フィリピンに出征、海軍技術少尉、45.9末セブ投降、46.12.20名古屋復員	奈916-1617
525	1909；1930	戦　記	海軍中佐、軍令部参謀；ジャーナリスト	奈391.2-1517；文庫化1984
2巻	1909；1930	戦　記	海軍中佐、軍令部参謀；ジャーナリスト	奈391.2-1517；初版1970
64		邦人体験		国会YD5-H-915.9-Y865ウ（マイクロフィッシュ）
83	n.a.；1934	体　験	原本1948.7.15；陸軍軍曹、比島派遣威第12451部隊	国会GB554-H201
59		体　験	旭、23D、野砲兵17R	昭和916/Y92/
228	1927	戦　記		国会913.6-Y884s2；昭和913/Y91；新潮文庫1971
274	1927	資　料	戦艦武蔵取材日記、戦艦武蔵資料	昭和916/Y91
195	1927	体　験	独歩173、大西隊、福留事件	奈913.6-1500；1982文春文庫
298	1919	体験捕虜	第4航空軍司令部「真」15300、飛行整備隊。1941.3入隊、満洲、ルソン島山岳州で終戦、47.1復員	立命館210.75/Y91
237		ドキュ	1983.5.16-11.3掲載98回分を収録；ドキュメント	新聞記者が語りつぐ戦争18
266		ドキュ		新聞記者が語りつぐ戦争3

II. 目録

著者名	書名	出版社・発行元	発行年月日
読売新聞社編	昭和史の天皇　第10～13巻	読売新聞社	1970.03.25-12.25
読売新聞社出版部編、陸軍省企画	大東亜戦史　比島作戦	読売新聞社	1942.11.08
ラウレル、ホセ・P.著、山崎重武訳、ホセ・P・ラウレル博士戦争回顧録日本語版刊行委員会編	ホセ・P・ラウレル博士戦争回顧録	日本教育新聞社出版局	1987.02.26
ラザフォード、ワード著、本郷健訳	日本軍マニラ占領：激闘！フィリピン攻略戦	サンケイ出版	1974.02.25
陸軍航空飛行第三戦隊戦友会	陸軍航空飛行第三戦隊	陸軍航空飛行第三戦隊戦友会	1979.10.24
陸士57期同期生慰霊巡拝実行委員会	フィリピン　ビルマ　慰霊巡拝記	？：陸士57期同期生慰霊巡拝実行委員会	1996.06.01
陸上自衛隊幹部学校編	フィリピンの陥落	陸上自衛隊幹部学校	1955.03.00
陸上自衛隊幹部学校訳	戦史資料第21号　第二次世界大戦史料　レーテ（比島への帰還）	陸上自衛隊幹部学校	1955.12.00
陸上自衛隊幹部学校	バタアン作戦　第1巻（作戦の経過）	陸上自衛隊幹部学校	1959.04.00
陸上自衛隊幹部学校	バタアン作戦　第2巻（別紙、付図）	陸上自衛隊幹部学校	1959.04.00
陸上自衛隊幹部学校	バタアン作戦　第3巻（極東米軍）	陸上自衛隊幹部学校	1959.04.00
陸上自衛隊富士学校特科部	バターン・コレヒドール作戦における砲兵戦斗の教訓	富士学校特科部	1959.01.00
陸戦史研究普及会編	ルソン島進攻作戦：第二次世界大戦史	原書房	1969.08.15

フィリピン関係文献目録（「戦記もの」）　351

頁数	著者生年	分類	内　容　等	備　考
			1980愛蔵版、1989角川文庫	昭和210.7/Y81/11
273		戦　記		奈916-1517
197	1891-1959	体　験	1945.9.15-11.16横浜拘置所で記述、12.25巣鴨拘置所で完成	
204	1927；1902-78	戦　記		第二次世界大戦ブックス55
80		名　簿		奈396.8-1517
183		慰霊巡拝		奈369.37-0048
3冊		資　料	軍事的見地からの検証、戦史資料第15号	国会GB544-137；靖国31552/393.26
2巻		資　料	米陸軍公刊戦史 Leyte：The Return to the Philippines, 1954の全訳	靖国64540-64541/393.26リ
120		作　戦		靖国31011/392.18リ
57		作　戦		靖国76463/392.18リ
118		作　戦		靖国76463/392.18リ
37		作　戦		靖国76463/392.18リ
255		作　戦	陸上自衛隊幹部学校（旧陸大）戦史教育教官執筆により、1966年7月から陸戦史集を刊行	陸戦史集12

著者名	書名	出版社・発行元	発行年月日
リール、フランク著、下島連訳	山下裁判	日本教文社	1952. 06. 05
リロアン編集委員会編	リロアン：船舶工兵第一野戦補充隊の足跡	東京：リロアン会	1990. 10. 16
連隊史編集委員会編	野戦重砲兵第12連隊史	元野戦重砲兵第12連隊成高子会本部	1994. 11. 13
若一　光司	最後の戦死者：陸軍一等兵・小塚金七	河出書房新社	1986. 07. 25
若尾　静子（旧姓：後田）	サンパギータよ　永久に薫れ	横浜：若尾静子	1996. 00. 00
若潮会戦史編纂委員会	○レの戦史　陸軍水上特攻・船舶特幹	大盛堂書店出版部	1972. 02. 10
我妻　喜男（わがつま）	孫に贈る戦場の思い出：大東亜戦争比島従軍悲哀行路記	米沢：サンユー企画出版部	1988. 06. 10
若柳　友信著、橋本　義夫編	戦場の記録：フィリッピンにて	八王子：ふだん記全国グループ	1980. 10. 25
脇坂　潔	ルソンの山は尊し	北九州：脇坂潔	1986. 03. 26
和田　多七郎	フィリピン・ノート：兄の風景・戦争への旅	無明舎出版	1983. 11. 30
和田　敏明	マニラ脱出記（フイリッピン現地報告）	成徳書院	1942. 05. 08
和田　敏明	証言！太平洋戦争：南方特派員ドキュメント	恒文社	1975. 08. 20
渡辺　清	戦艦武蔵の最期	朝日新聞社	1971. 10. 10
渡辺　久寿吉	比島セブ島攻略作戦資料	歩兵第百二十四聯隊	1942. 04. 03

頁数	著者生年	分類	内　容　等	備　考
456		裁　判		奈210.75-1950
451		部　隊	1943.10.30セブで編成、45.9.2終戦	奈396.7-1601
819		連　隊	1941.7新編成、44大14方面軍直属部隊	
224	1950	NF	ルバン島1974戦死者。独歩359、臨歩2中ルバン	
98	1927	邦人体験	マニラ日本人国民学校卒、1942.1軍政部、軍政監部、軍司令部参謀部第2課政務班勤務、12陸軍病院補助看、46.8.2帰国	奈916-2637、立命館
405		特　攻	海上挺進戦隊と同基地大隊。別装丁で同じ内容のものあり、靖国では1971年版としている	国会GB541-33；靖国5683/396.5E暁ワ
117		体　験	1940.2.1入営、満洲、奉天、44.5.25マニラ上陸、独立無線第98小隊、45.9.17降伏、46.12.25名古屋復員、陸軍准尉	奈916-1617
153	1918	体　験	1943.10.19歩兵第1連隊補充隊（東部第62部隊）召集兵としてマニラ上陸、43.12.6第14方面軍野戦自動車廠（渡10681部隊）、イフガオで終戦、46.12.22名古屋復員、技術兵長、1975戦跡訪問、P.W.メモ、日記1946.11.1-12.12	国会GB554-1000
350	1911	体　験	1944.9.4北サン上陸、衛生部員、米陸軍174兵站病院、46末佐世保復員	国会GB554-E8
242	1935	NF	戦死した兄の足跡を追う戦争紀行	
257	1905	体　験	東京日日新聞社、大阪毎日新聞社前マニラ支局長、開戦10日前にマニラ脱出	国会915.9-W126ウ
253	1905	ドキュ	1925東大法学部卒、毎日新聞社記者、マニラ、スラバヤ、サイゴン各支局長、5年間特派員	国会GB554-396
319	1925-81	体　験	1942戦艦武蔵乗員、45復員	1982朝日選書として復刻；奈913.6-1502
		作　戦	川口支隊　歩兵第124聯隊第3大隊長	靖国79844/396.5 i124ホ

354　Ⅱ. 目録

著者名	書名	出版社・発行元	発行年月日
渡辺　久寿吉	比島ミンダナオ島攻略作戦資料	歩兵第百二十四聯隊	1942.04.21
渡辺　三郎	比島攻略戦側背攻撃の奮戦記　附：日・米比作戦基本方策の観察	山水堂	1962.03.11
渡辺　綱男編	捷一号作戦回想録：太平洋戦争比島・ミンダナオ島・ダバオ地区	渡辺綱男	1969.00.00
渡辺　政一編	高橋中隊の激闘　ルソンの虎　歩兵第七十五聯隊	渡辺政一	1984.12.20
渡辺　政一編	なつかしき北鮮　張鼓峰事件　ルソン会の比島巡拝大授戒と戦友の供養	渡辺政一	1988.08.00
渡部　迪雄（わたなべ　みちお）	ルソンの足跡：野戦病院付一歯科医将校の記録	会津若松：渡部迪雄	1996.08.07
渡辺　光治（みつじ）	レイテの星よとわに：陸軍少佐渡邊竹司の青春	市川：渡辺光治	1995.02.25
渡邉　光治	お遍路：比島戦域慰霊巡拝記総括編　八十路坂への挑戦　第二楽章	市川：渡邉光治	2003.11.10
渡辺　元芳	もう悪い夢は見たくない：飢餓兵団の記録	東京：渡辺元芳	1985.12.20
渡集団報道部発行	極秘　第十四軍軍宣伝班　宣伝工作史料集	龍溪書舎	1996.11.00
渡第一〇六八〇部隊編	比島遠征記念　比島派遣渡第一〇六八〇部隊	マニラ新聞社	1943.07.00
Fred M. Duncan	日本軍終戦直後のルソン島写真（CD）昭和20年比島での終戦後俘虜集結写真CD		1945.00.00

フィリピン関係文献目録（「戦記もの」） 355

頁数	著者生年	分類	内　容　等	備　考
		作　戦	川口支隊　歩兵第124聯隊第3大隊長	靖国79845/396.5 i124ホ
100		体験参謀	バターン半島に勇戦玉砕した英霊に捧ぐ。元京都師団（第16師団）参謀長	靖国58280/392.9 Uワ
27		作　戦		岐阜県図郷土G/393/シ
96		中　隊	歩75、5中隊3小隊の記録	靖国43492/396.5 i075ワ
132		巡拝供養	虎歩兵第75聯隊高橋中隊	靖国80937/392.9 Gワ
233	1916	体　験	1941東京高等歯科医学校卒、41.12朝鮮歩兵第76連隊入隊、44.12.29第1野戦病院付北サン上陸、45.9.15俘虜収容所、46.12.7名古屋復員、陸軍歯科医少尉	奈394-1621
190	1923	NF	兄レイテ戦で戦死	奈289-1948
118	1923	慰霊巡拝	第16師団通信隊遺族	歴博　書庫　292.48 ワタ；靖国40070/392.9U
225	1917	体　験	第30師団野砲兵第30連隊将校、1941.12京城入隊、43.12少尉、1944.6.6スリガオ上陸、45.6中尉、45.9.8武装解除、46.3浦賀復員、1981退職を機に執筆	国会GB554-E1832
2巻		史料集	資料提供：人見潤介；編集・解説：中野聡、寺見元恵	
n.p.		部　隊		靖国67303/396.5 Depマ
		写真集		靖国97870/393.3フ

国会：国会図書館　　奈：奈良県立図書情報館　　靖国：靖国偕行文庫
昭和：昭和館　　しょうけい：しょうけい館（戦傷病者史料館）

Ⅲ. 索　　引
（人名・地名・事項）

1．フィリピン関係文献目録（戦前・戦中）

人　名

[ア行]

アギナルド（あぎなるど）　木村1943、山田1902、1942

上野重信　高幣1942

ウッド総督　ウッド1922

太田恭三郎　井上1927、太田興業株式会社1937、野村1942、星1942

[カ行]

ケソン　江野澤1940

[サ行]

坂本志魯雄　尾崎1932

菅沼貞風　赤沼1942、江口1942、河西1942、花園1942、福本1941、1941

鈴木栄二郎　鈴木1943

[タ行]

高山右近　片岡1936

東条首相　マニラ新聞社1943

[ハ行]

林政文　北国新聞社1942

ボース　中山1942

[ヤ行]

山田美妙　塩田1938

横尾東作　竹下1943

[ラ行]

リカルテ　中山1942

リサール　花野1942、毛利1942

呂宋助左衛門　村上1896

地　名

[ア行]

アメリカ（米国）　アンダーソン1944、大蔵省理財局1935、拓務省拓殖局1911、ヂュガン1926

イラナ　安田1944

イロイロ　志村1942

[カ行]

コレヒドール　上田1944、ウノカズマロ1944、西田1943、文化奉公会1942

[サ行]

サンボアンガ　華南銀行1931

スルー（大尾）1942

セブ　志村1942

[タ行]

台湾　小泉・小笠原1940

ダバオ（ダヴァオ）　Wester1921、馬越1930、1934、大久保1932、太田興業株式会社1932、n.d.、海外興業株式会社1920、外務省通商局1928、外務省通商局第三課1930、学徒至誠会1937、華南銀行1930、1930、1931、蒲原1938、菅野1931、隈川1929、柴田1942、台湾総督官房調査課

1921、1926、台湾総督府1929、台湾の言論界1926、高幣1942、拓務省拓南局1942、田名部
　　　1928、1929、ダバオ日本人会1927、1929、1936、野村1942、濱野1936、星1942、n.a.1928

ダバオ州（ダヴァオ州）　隈川1929、ダヴァオ商工会1939、ダバオ日本商業会議所1940

[ナ行]

日本　阿部1933、小池1936、松波1921、村上1945

ネグロス　志村1942

[ハ行]

バギオ　海外鉱業協会1940、志村1942

バタアン　上田1944、西田1943、文化奉公会1942

パダダ　太田興業株式会社バゴ農事試験場1937

パラワン　三吉1942

ブスアンガ島　海外鉱業協会1941

米国　→「アメリカ」を見よ

[マ行]

マニラ（馬尼剌）　加藤1944、華南銀行1930、1930、1930、柴田1943、志村1942、台湾銀行調査
　　　課1918、田口1937、東京地図協会1932、南方開発金庫比島支金庫1943、日本陸上競技連盟
　　　1934、農商務省水産局1903、マニラ新聞社出版局1943、歴山1889、和田1942

マニラ港　比律賓協会1937

マニラ市　台湾商工会議所1940、南方開発金庫比島支金庫1942、1942、1943、比律賓協会1935

マンブラオ　Weekley n.d.

ミンダナオ　（大尾）1942、沢田1943、田中n.d.、三吉1942

　北ミンダナオ　宮坂1931

ミンダナオスルー州　ダバオ日本商業会議所1940

ミンダナオ島　木村1942、後藤1942、台湾総督府1929、仲原1942、1942、1943、ハーリー1942、
　　　正木・児島1932、n.a.1928

[ラ行]

呂宋(ルソン)　明石1943、川渕1928、中目1934、光村写真部1898、芳野1931、n.a. 1928、n.a. n.d.

呂宋島　農商務省水産局1903、増沢1937

レイテ島　大井上1922

事　項

[ア行]

麻耕地　台湾総督府1929、n.a. 1928

麻栽培目論見書　元吉1920

麻真田　石井1916

麻病害虫予防駆除　ダバオ日本人栽培協会1937

アジア・モンロー主義（亜細亜モンロー主義）　デュラン1935、モンガド1933

アバカ（馬尼刺麻、マニラ麻）　エドワーズn.d.、エドワーヅ・サリービ1919、台湾総督府殖産局商工課編1918

米国(アメリカ)極東進出の拠点　影山1941

米国(アメリカ)（の）対比島植民政策　松岡1914

米国(アメリカ)対比政策史　池上1944

米国(アメリカ)特派調査委員　台湾総督官房調査課1923、1926

アルミニウム資源　海外鉱業協会調査部1944

硫黄資源　台湾拓殖株式会社調査課1943

イゴロット　仲原1943

移住　n.a. n.p.

桑科無花果(いちじく)　佐多1944

稲作　日本拓殖協会編1945

移民法　台湾拓殖株式会社1940

映画事情　南洋映画協会企画部調査課1942

衛生事情　日本公衆保健協会1942、日本公衆保健協会南方調査室1942、宮尾1942

衛生状況　斉藤1921、宮尾1942

衛生法規　日本公衆保健協会1941、日本公衆保健協会南方調査室1942

遠洋漁業調査　農商務省水産局1903

黄麻　南方開発金庫比島支金庫1942
太田興業株式会社（太田興業会社）　太田興業株式会社19--、太田興業株式会社1940、東洋拓殖
　　株式会社・海南産業株式会社1942
沖縄県人　村山1929

[カ行]
海運　東亜海運株式会社営業部企画課1941
海運航空　三菱商事株式会社業務部1941
海外学事視察団　小野1926
海関税則書　農商務省商工局1902
海軍南方軍需基地　田中？
外国貿易　商工省貿易局1930、農商務省臨時産業調査局第四部第二課1920、渡辺1930
会社法調査　宗宮1943
開拓　星1942
開拓記　柴田1942
開拓史　蒲原1938
開拓略史　仲原1943
開発　村社1919
海洋文学　柳田1942
華僑　井出1939、黒川1942、黄1944、台湾南方協会1941、友添1943、原1938、福田1939、渡辺・
　　松屋共編1932
カシケ　南方開発金庫比島支金庫1943
家畜衛生及畜産　仁田1925
カトリック教会　岡本1943
貨幣史　大内1943
貨幣制度　斉藤1923
カポック事業　セルビー1926
関税　台湾総督府財務局1935
関税規定　比律賓協会訳編1937

缶詰事業　大東亜缶詰産業協力会1943

気象資料　中央気象台編1941
気象調査　中央気象台1941
キャッサバ産業　台湾拓殖株式会社1942
給養地理資料　陸軍経理学校研究部1941
教育　台湾総督府1918、朝鮮情報委員会編1922、南方開発金庫調査課1942
教育視察　石原1930
教育事務官報告　比律賓政務委員会1905
教育制度の調査　文部省教育調査部1942
教育年報　朝鮮総督府学務局1920
共同組合運動　南方調査室？
恐日宣伝　小池1936
漁業試験報告　友安・大熊・青木・森脇1928
漁業視察　今村1928、白石1904
漁業調査　愛知県水産試験場1932？
銀行券　横浜正金銀行調査課1920
銀行発達史　宇佐見1942
金融　横浜正金銀行頭取席調査部1943、横浜正金銀行馬尼拉支店1940
金融財政　野村合名海外事業部1942

クロマイト　海外鉱業協会1940
クローム鉱　上治1942
軍政　大東亜経済連盟1943
軍政関係法令集　比島軍政監部総務部司政課1943
軍備　大阪経済研究会1941

経済　石川・朝倉1942、大蔵省理財局1935、国際経済学会編1940、内閣情報局1942？、松岡1913
経済界　商工省商務局貿易課1928
経済資源　大谷1942、1944
経済事情　外務省亜米利加局第一課1940、木原1938、台湾銀行総務部1918、高雄州商工奨励館1937、高原1942、田中1918、1922

経済調査　野村合名海外事業部1942、1942、1942

経済年報　外務省調査部1940、在「マニラ」帝国総領事官報告1937

経済問題　金田1937、森1940

経済力　神戸商工会議所1942

芸術　宮武1943

刑法　岡田1919

憲法　外務省訳1935、比律賓協会1935、1943

蝗害論　小泉1944

工業　拓務省拓務局1931

鉱業　海外鉱業協会1941、外務省亜米利加局第一課1940、長尾1941、吉原1936

鉱業情勢　海外鉱業協会1943、1943

鉱業図　海外鉱業協会1940

鉱業法　拓務省拓務局1937

工業用燃料　海外鉱業協会訳1942

工業用林産物　南方圏研究会編1943

鉱区図　海外鉱業協会1940

鉱山　海外鉱業協会1940

鉱産事業　経済統計研究所1942

鉱産資源　東亜研究所1942

鉱石輸出量　海外鉱業協会1941

高層気流　デッペルマン1941

耕地　資源科学研究所編1944

交通　松波1921

交通産業明細図　台湾総督府情報部編1941

交通状態取調書　三上1909

交通詳密地図　平塚・班目1942

交通調査資料　鉄道省運輸局連絡運輸課編1942、鉄道省国際観光局1942、鉄道省鉄道調査部第四課1942

交通通信　三菱商事株式会社業務部1941

公定小売価格　南方開発金庫比島支金庫1943

鉱物資源　海外鉱業協会1943、拓務省拓務局南洋課編1940、久住1942、依田1940

364　Ⅲ．索　引（人名・地名・事項）

公有土地法　拓務省拓務局南洋課（木口訳）1937

小売物価　南方開発金庫比島支金庫1943

航路案内　大阪商船1936

小切手振出制度　南方開発金庫比島支金庫1943

国語問題　南方開発金庫調査課1942

国税法　藤井訳1943

国名　三吉1942

ココ椰子（古々椰子）　伊藤1942、ウェスター訳1920

コプラ及ココ椰子油　クライン訳1927

コプラ収買組合　南方開発金庫比島支金庫1942

小麦栽培　山田1944

護謨栽培　Wester1918

米　カムス1927

[サ行]

サイサル　エドワード・サリーピイ、比島農務局1920

財政　横浜正金銀行頭取席調査部1943

財政概要　南方開発金庫調査課1942

在留邦人商業発達史　渡辺1936

在留邦人商工業者　ダヴァオ商工会1939、ダバオ日本人商業会議所1940

在留邦人発展　杉山・泉1942、台湾拓殖株式会社調査課1941

材話　高野1927

砂糖　日本糖業聯合会1942、三井物産株式会社砂糖部商務課1941

山岳住民　南洋経済研究所？

産業　杉山・泉1942

産業関係要綱総攬　比島軍政監部産業部1943

産業資料　外務省通商局第五課1942

産業図　東亜研究所1943

産業調査　宮坂1931

蚕業調査　隈川1929

産業道路地図　？1942

山林経営　三井物産株式会社木材部1938

資源　台湾総督府外事部1943、日本経済研究会編1941、日本貿易振興株式会社企画部1942、日本貿易振興協会1942、渡辺1942
資源及貿易　日本貿易振興株式会社企画部編1942
資源科学文献目録　資源科学研究所1943
資源図絵　横浜商工会議所1943
視察　鎌田1922
視察議員団報告　？1938
視察報告　斉藤1928、楢崎1944
シザル麻及マニラ麻調査　児島1931
自然　太平洋協会編1942
自転車　東京商工会議所1938
自動車道路　辻豊編輯1941
信濃村　上伊那郡富県植民研究会編1917
司法資料　比島軍政監部総務部司政課1943
司法制度　上田1943
市民権ノ考察　外務省亜米利加局第一課（鶴原書記生）1936
宗教　三吉1942
宗教事情　文部省宗務局1942
従軍　今1944
従軍記　西川1943、向井1942
従軍司祭　塚本1945
重要港湾　石川1941
重要人物　濱野1939
需給表　南満州鉄道株式会社東京支店調査室資料係1940
樹脂　台湾拓殖株式会社調査課（朝倉）1942
樹脂資源　台湾拓殖株式会社調査課1942
主要港湾　海務院総務部情報課1942、陸軍省主計課別班訳1941
小学地理　マニラ日本人小学校編1940
小学歴史　マニラ日本人小学校1940
商業移民　木全1933

III. 索　引（人名・地名・事項）

商業鉱業貿易連合部会記録　東京商工会議所1942
植物種の分類　佐多1944
植物油　藤田1940、1941
食料品小売価格　南方開発金庫比島支金庫1942
人口　資源科学研究所1944、篠田丸万太1942、南方圏研究会編1943、南洋経済研究所1943
人口統計　大谷1941
真珠　上田1944
真珠及真珠採取業　Seale1936
真珠貝　ジャコブソン1918
新渡航者　ダバオ日本人会1937
森林　矢部1935
森林資源　深谷1942
森林視察　仙田1905
森林樹木　南方圏研究会編1943

水産及鉱業　野村合名海外事業部1942
水産業　南洋水産協会1943、渡辺1941
水産業調査　日本水産株式会社営業部調査課？
水産資源　Herre1929、南洋協会台湾支部編1929
水稲　ジャコブソン1918

製塩　大村1942
政界　外務省亜米利加局第一課1941
生活　仲原1942
生活経済情況　日本貿易振興株式会社企画部編1943
生活必需物資統制令　横浜商工会議所1942
生活必需物資配給統制組合　南方開発金庫比島支金庫1943
制限預金　南方開発金庫比島支金庫1943
政治　国際経済学会編1940、内閣情報局1942？
政治組織　南方開発金庫調査課1942
政治動向　吉田1941
製紙用パルプ　台湾拓殖株式会社調査課（朝倉）1942

税制　台湾総督府財務局税務課1941

製糖会社　台湾拓殖株式会社調査課1943

製帽業　藤村1921

石炭　海外鉱業協会1940、1941、拓務省拓務局南洋課1938

石油　海外鉱業協会1941、1944、拓務省拓務局南洋課1938、南方圏研究会訳1943

石膏鉱床　海外鉱業協会1943

セメント　海外鉱業協会1941

繊維植物　ブラオンn.d.

繊維製品輸入統計表　黒川編1943

繊維類新法規　小倉貿易株式会社1934

前線論　デッペルマン1941

船舶用材　海務院総務部情報課1942、嘉規1942

宣撫と宗教班　小野1945

総督施政報告　ウッド1923

蔬菜　田中n.d.

損害保険業　長崎1942

［タ行］

対外並対日貿易　商工省商務局貿易課1929、商工省貿易局1931、1932、1936、渡辺1929

対外貿易　商工省商務局貿易課1928

大地図　比律賓協会関西支部編1943

大東亜共栄圏　東亜貿易政策研究会編1942、横浜商工会議所1943

大東亜戦争　大本営陸軍報道部監修1944

大東亜戦争画文集　向井1943

台風　デッペルマン1941

タガログ語　朝日新聞社1942、江野澤1942、沖1939、笠井1942、1944、佐藤1944、テオドロ1944

ダバオ土地問題　松本1936

ダバオ日本人会　ダバオ日本人会1938？

ダバオ農民道場　ダバオ農民道場1939

煙草　外務省通商局第五課1940

368　Ⅲ．索　引（人名・地名・事項）

煙草事情　東亜煙草株式会社1942
タンニン　台湾拓殖株式会社調査課1942

地学　橋本1939
畜産　台湾総督府外事部1942、陸軍省兵務局1942
畜産資源　板橋1942
地形　東亜研究所1943
地券制度　南方開発金庫比島支金庫1943
地史　半沢1932
地質学的観測　ウィルス1941
地質図　台湾総督府外事部1934
地図　東方通信社調査部1922、比律賓協会1935
地文人文　野村合名海外事業部1942
中央銀行設立問題　南方開発金庫調査課1943
中立　デューラン1942
地理　ミラー・Polley1943、森山1903

通貨　横浜正金銀行頭取席調査部1943
通貨・金融　名和田1943
通貨法　ヘルナンデッ1943

手形並二小切手法　比島調査部編1943
鉄　上治1942
鉄鉱　海外鉱業協会1940
電気事業　電気協会調査部編1942
電気用品市場調査　吉野1918
伝道　大久保1938、1939
伝道記　大久保1932
天然資源　鈴木1933
電力調査　北久一1943

銅　Scholey1940、南方開発金庫調査課1942

東亜共栄圏　三吉1941

糖業　外務省亜米利加局第一課1938

糖業調査　比島糖業審査会編1944

統計　台湾総督官房調査課1923、フィリピン大蔵省関税局編1942、比律賓商務交通省編1925、法貴・鈴木・神宮司共編1942

銅鉱業　海外鉱業協会1941

銅鉱床　海外鉱業協会1942

銅精錬　Weekley1942

統治機構　東亜研究所？

玉蜀黍産業　台湾拓殖株式会社調査課1943

東洋拓殖株式会社　東洋拓殖株式会社調査課編1942

童話集　槙本1943

独立　今村1935、1941、金田1937、岐阜商工会議所1942、小池1935、1936、国策研究会1937、デューラン1935、1942、仲原1944、古屋1939、1942、渡辺1937

独立運動　南船北馬1935

独立軍　木村毅1943

独立再検討及延期問題　外務省亜米利加局第一課1940

独立再検討論　興亜院1940

独立戦　山田1902

独立戦争　石井1942、入江1943

独立の歌　山田・大木1943？

独立秘史　木村1944

独立問題　上田1934、海外鉱業協会1940、外務省1935、軍令部1940、田沢1922、デユガン1926、出淵1936、南方研究座談会1936、比律賓協会1935、ポンセ1901、前田訳1933、三神1919、森1939

独立論　デュラン1943

土俗　宮武1943、三吉1942

土地関係法制調査　宗宮1943

土地制度　藤井1942

富籤　南方開発金庫調査課1943

[ナ行]

内国税　台湾総務府財務局1935
内皮繊維　台湾拓殖株式会社調査課1943
ナリック　南方開発金庫調査課1942
南進　江口1942、河西1942、国策研究会1937
南進思想　柳田1942、1943
南進論　花園1942
南方共栄圏　大久保1941
南方政策　長谷川1936
南洋材　海務院総務部情報課1942、嘉規1942

肉製品需要　飯田1927
日貨排斥　原1938
日支事変　大西1937
日比学生会議　日本英語学生協会1941、日本英語学生協会編1940、松下1941
日比関係　金子1936、吉村1936
日比関係年表　石井1942
日比(の)経済関係　濱野1936
日比小辞典　山鹿・ヴェルンソサ1943
日比同盟説　デューラン1934
日比貿易　村上1930、横浜正金銀行調査課1922
日本商品　元吉1919
日本商品取扱商店調査　農商務省商務局1911
日本人　福本1889、古川1939
日本人問題　正木1931

布引丸　木村1944

葱頭　長崎県農会1931
熱帯医学　渡辺1942
熱帯農業視察　加藤1937
燃料　台湾拓殖株式会社調査課1942

燃料鉱物　橋本1943

農業　Wester1920、東洋拓殖株式会社調査課訳1943、南洋協会1924、信沢1932、福原1943
農業教育　井上1927
農業銀行　東郷1914
農業経営　藤井1942
農業史　ミラー1942
農業事情　児島1941
農業調査　吉川n.d.
農業投資　木全1933
農業労働者　菅野1931
農産　比律賓政庁出品部1916
農産資源　伊藤1942
農事試験場　児島1941
農村金融組合　横浜正金銀行調査部1943
農地制度　比島軍政監部産業部1943
農林水産物貿易統計　フィリピン大蔵省関税局編1942
農林畜水産物　農林省南方資源調査室1940

[ハ行]

鳳梨(パイナップル)事情　岡崎1931
バゴ農事試験場　児島1933、1934、1935、1936、1938、1940、1941、1941
バゴボ族（バゴボー族）　渋谷1943、仲原1942、1943
旗　比律賓協会編1936
バタアン戦　火野1944
発券銀行及通貨関係法規　日本銀行調査局1942
馬鈴薯　長崎県農会1931
万国聖体大会　田口1937
蛮族　三吉1936
蕃地行政　ウースター1920
販路調査　山田1916

卑金属及非金属　海外鉱業協会1943

飛蝗　小泉・小笠原1940

人　佐藤1941

比島移民法　マニラ日本人会1941

比島語文法　澤田1944

比島作戦　読売新聞社編1942

比島市場　渡辺1930

比島独立主義者　台湾総督官房調査課1926

比島派遣軍　比島派遣軍報道部編（渡集団報道部編）1943

比島物資輸出入管理令　横浜商工会議所1942

比島糧食統制組合　南方開発金庫比島支金庫1942

標準語　三吉1941

風土　歴山1889

物価　南方開発金庫調査課1943、南方開発金庫比島支金庫1942

物資不足並対策　木村1942

物資問題　貿易奨励会1942

風土記　三木1943

ブリ椰子　後藤1921

文化　佐藤1941、内閣情報局1942？、松下1941、三吉1942

文学　柳田1943

文化史　Gonzalez & Gonzalez1940

米国…　→　アメリカ…

米作　外務省通商局第五課1940、南方開発金庫調査課1942、南洋協会台湾支部1922、兵庫県実業教育協会商業教育部1943

米西戦争　橘1937、森山1903

米比間自由通商貿易問題　二宮1932

ベンゲット移民　大石1939、南洋経済研究所？

貿易　Wester1920、外務省通商局第五課1941、黒川1942、斉藤1928、杉山・泉1942、東亜海運株式会社営業部企画課1940、1941、南方開発金庫調査課1943、日本貿易振興株式会社企画部

1942、日本貿易振興協会1942、横浜正金銀行頭取席調査部1943、横浜正金銀行馬尼拉支店
　　　1940、歴山1889、渡辺1939

貿易概観　南洋貿易会？

貿易概説　海外鉱業協会1941

貿易額　外務省通商局第六課1940

貿易統計　ダヴァオ商工会1936

貿易統計年表　商工省貿易局編纂1940

貿易年表　東亜貿易政策研究会編1942

邦人　馬越1934、蒲原1938

邦人企業　台湾総督官房調査課？、南方開発金庫調査課1942

邦人経済事情　華南銀行1940

邦人産業調査　隈川1929

邦人事業　台湾総督官房調査課1921、1926

邦人事業調査　華南銀行1927、1931

邦人事情　学徒至誠会1937、松本1936

邦人商社名簿　南洋協会1941

邦人調査　華南銀行1930

邦人発展　海外興業株式会社1920、志村1942

報道写真集　毎日新聞社編1944

保険法　南方開発金庫調査課1944

本邦繊維工業品　渡辺1933

本邦内地人人口動態統計　東亜研究所1941

[マ行]

マクダフィ・タイデイング法　小池1935

鮪延縄漁業調査　台湾総督府水産試験場1940

マゲー　小林1922、台湾総督府殖産局商工課編1918

マニラ麻（馬尼剌麻）　麻船具社、麻船具新聞社1940、飯澤1919、石井1916、エドワード・サリー
　　　ピイ1920、大島1931、太田興業株式会社1932、外務省通商局第五課1940、蒲原1934、紙村
　　　1913、極東殖産株式会社1918、小林1922、高見1941、東洋拓殖株式会社・海南産業株式会社
　　　1942、仲原1942、南方開発金庫調査課1942、元吉1920

Ⅲ．索　引（人名・地名・事項）

マニラ麻栽培　拓務省拓務局1937、1939、古川1939

マニラ麻栽培事業実地調査　マニラ麻栽培組合1917

馬尼刺麻真田　農商務省農務局1913

マニラ麻統計表　太田興業株式会社1926

マニラ、カーニバル商工見本市　大阪商工会議所1929

マニラヘンプ加工業　南満州鉄道株式会社東亜経済調査局1924

マローロス憲法　比律賓協会1943

マンガン　上治1942、海外鉱業協会1944

マンガン鉱（満俺鉱）　海外鉱業協会1940、1941

マンガン鉱業　大東亜省南方事務局編（金子）1943

満俺鉱資源　鉄興社鉱山部編1942

マングローブ　台湾拓殖株式会社調査課1942、台湾拓殖株式会社調査課（朝倉）1942

マングローブ樹脂　台湾拓殖株式会社調査課1942

蜜柑　長崎県農会1931

三井物産株式会社　三井物産株式会社木材部1938

見本市報告　台湾商工会議所1940

民族　太平洋協会編1942、棚瀬1941、1942、仲原1942、南方開発金庫調査課1942、比島軍政監部
　　　（蝋山政道）1943、ベイヤー1943、三吉1939、1942

民族史　外務省調査部1938、1941、クローバー1943

民族誌　三吉1942

民族指導方策　拓務省拓南局1942

民族文化　棚瀬1941

民譚集　火野1945

莫大小（メリヤス）　太田1933

綿織物　伊多波1928

綿花栽培　エヘルシト・ビクルース？

綿花事業調査　永原1938

綿花増産計画要綱　南方開発金庫比島支金庫1942

綿花調査　台湾拓殖株式会社1942

綿作　榎本1942、太田興業株式会社バゴ農事試験場1937、田中訳1921、東洋拓殖株式会社1942

綿作計画案　拓務省拓南局1942

棉作事情　榎本1942、長野1942

綿作調査　本田1937

綿布市場視察　日本綿織物工業組合連合会1935

木材　台湾総督府中央研究所1924、レイエス・アギラール1943

木材伐採　矢部1935

モロ族　仲原1942、南方圏研究会編1943

モロ族問題　比律賓協会1942？

モロノ法律　宗宮1943

[ヤ行]

椰子　極東殖産株式会社1918、ジャコブソン1918

椰子栽培　台湾総督府殖産局編1917

有毒植物　山本1941

郵便貯蓄制度　南方開発金庫比島支金庫1943

有用樹種　南国企業株式会社1942

油脂　日本油糧統制株式会社南方油脂資源調査室1941、日本油糧統制株式会社南方油脂資源調査室1942

輸出数量統制規定　日本比律賓メリヤス輸出組合1937

輸出統制　太田1933

輸出統制管理　海外鉱業協会1941

輸出入統計　外務省通商局第六課n.d.

羊毛生産　三井物産株式会社業務部n.d.

[ラ行]

雷雨　デッペルマン1941

落花生産業　比律賓農商務省編1943

ラミー　南方開発金庫比島支金庫1942

Ⅲ．索　引（人名・地名・事項）

苧麻栽培(ラミー)　太田興業株式会社バゴ農事試験場1938
苧麻栽培法(ラミー)　拓務省拓南局1942

陸軍報道班員　鈴木1943
林業　外務省通商局第五課1940、金平1913-14、庄田1941、深谷1942、1944
林業及パルプ資源調査　高瀬・谷口1943
林業政策　島田1942

歴史　池田1942、木村惇1944、小池1936、佐藤1941、南方圏研究会編1943
歴史年表　和田1944

労働　永井1944
労働事情　鈴木1933

[ワ行]
矮馬　葛野・寺田1942

2．南洋協会発行雑誌フィリピン関係記事目録　1915-44年
（フィリピン以外の地域のものについては省略した）

人　名

[ア行]

青山龍吉　1928-4

アギナルド将軍（ア氏）　1927-7、1939-5

アーサー将軍　1939-8

石井清彦　1928-3、4、5

板倉恪郎　1918-2、3、6、11、1919-1、2、3、4、6、7、8、8、9、10、11、12、1920-1、2

伊藤武　1939-5

井上直太郎　1916-6、1921-9、1928-11

井上雅二　1924-11、11、1926-9、10、12、1942-8

岩永啓　1941-8、9

ヴアルガス　1940-2

鵜飼恒一　1930-11

内山清　1938-11

ウツド将軍　1927-9、9、9

エ氏　1940-12

江野澤恒　1939-5、1940-5、1943-1

榎本信一　1925-7、8、8、10、11、1926-1、3、4、5、9、12、1927-4、5、6、1930-4、6

エリサルデ　1941-7

扇谷正造　1943-2

大城孝蔵　1936-2、5

太田恭三郎　1915-8、1926-5、5、5、1928-11

大谷純一　1937-2

大谷喜光　1943-7

大森益徳　1924-8

岡崎平治　1927-1

岡本耿介　1930-4、5、1932-5

オスメニア（オスメニヤ）　1921-3、1938-11、12、1939-11、1942-1

[カ行]

ガティカ　1940-5

金子豊治　1936-2、4、5、1940-7

金田近二　1937-11

神谷忠雄　1918-2

カロー　1941-2

ガロ　1935-11

貴志敏雄　1938-4

木原総領事代理　1939-4

木村惇　1936-2、3、1943-1、7

木村澄　1944-9、10、11

清野謙六郎　1943-9

清野重郎　1940-6

ギルモーア　1927-9

クエンコ　1938-5

隈川八郎　1929-4、5

ケソン大統領（クエーゾン）　1920-12、1936-7、1938-1、3、1938-8、8、8、9、9、1939-1、1941-9、1942-1

児島宇一　1932-3、1942-2

小林常八　1929-8、9

小森徳治　1919-1、2、3、1920-11、12

近藤直澄　1916-7

[サ行]

佐伯博士　1928-5

佐々木勝三郎　1942-1

佐々木駒之助　1943-8

サビド　1940-1

サントス　1928-5

杉村恒造　1916-6

ステイムソン　1928-6

瀬戸清次郎　1927-2

セーヤー（セ弁務官）　1939-9、11、1940-11

ソツト　1939-7

[タ行]

高木幸次郎　1917-2

高野実　1928-3、4、5

高橋武美　1918-6、7

竹村生　1930-10

田中源太郎　1921-3、4、5

田中秀雄　1921-1、2

タピア　1941-1

田本会頭　1927-9

長風生　1925-11

鶴見祐介　1916-5

デヴイス　1929-7

ドーソン　1941-1
トンプソン　1927-9

［ナ行］
内藤教授（内藤博士）　1939-2、7
中村今朝雄　1938-5、6、1939-1、2、4、1943-10
中目真隆　1939-9
中屋健一　1941-11

縫田栄四郎　1926-6、1927-6、1928-12

根岸由太郎　1939-5

［ハ行］
芳賀鍬五郎　1916-8、1917-3
蜂須賀正氏（蜂須賀侯）　1929-1、7、8、9
埴原正直　1917-5
早川副会頭　1922-5
原繁治　1937-9、1938-2、3、4、1939-1、6、1940-2、1941-2、4、7

ヒメネス　1939-6
平本　1937-6

藤村誠太郎　1921-7、8、9、10、11、12
船津完一　1922-2、4、5、6
フリアノ　1942-5
古川義三　1939-10

ヘネローソ　1937-11

法貴三郎　1941-7

ポーター　1940-2、3、5、7、1941-1

[マ行]

正木吉右衛門　1927-2、1929-7、1931-4、8、1932-1、4、4、12、1933-6、1936-2
マゼラン　1937-2
松岡正雄　1919-6

水門了一　1921-9、11
宮尾績　1942-10、11
三山喜三郎　1915-2
三吉香馬　1928-10、1935-12、1937-8、12、1938-1、2、3、4、5、6、7、8、9、10、11、12、
　　　　　1939-1、2、3、4
三吉朋十　1935-10、11、11、12

村上直次郎　1939-6

メンディヌエト　1940-3
メンドサ　1935-11

諸隈弥作　1930-7、8
モンロー博士　1940-4

[ヤ行]

柳原隆人　1932-4
山村一郎　1938-11
山村楳次郎　1920-9、1936-12、1937-4、1940-11
山村八重子　1926-11、1928-12、1937-11
山本恒男　1939-7、11

横田事務官　1938-12
吉川正毅　1919-8、9、11、12

吉田丹一郎　1940-12、1941-1

吉村敏夫　1936-6

[ラ行]

リサール　1942-8

リンディオ　1940-5

ロドリゲス　1936-8

ロドリゴ　1939-6

ロハス　1938-12、1939-7、7、11、1940-2

ロメロ　1939-11

[ワ行]

和田義隆　1941-10

渡辺薫　1931-1、2、3、6、1932-5、7、7、8、9、10、10、11、1933-3、5、8、9、1934-1、4、5、8、8、1935-1、4、5、10、1936-1、7、10、10、10、1937-1、5、8、1938-1、3、8、1939-4、11、1940-4、7、1942-2、4、6、7、10、1943-1、6

地　名

[ア行]

アトンアトン　1920-10

アポ山（アポー山）　1929-1、4

米国（合衆国、米）〔アメリカ〕　1915-5、1918-3、1929-7、1930-5、6、9、1937-11、1938-10、1939-3、1941-6、6

イフガオ　1938-6、7、8、9、10、11

イロイロ市　1928-10

イロコス州　1917-4

印度　1929-10

印度支那　1941-4

豪　州〔オーストラリア〕　1921-1、1940-8

和蘭（蘭）〔オランダ〕　1937-4、1941-7

蘭　領印度（蘭印）〔オランダ〕　1931-8、1936-4、1941-2

[カ行]

カリンガ郡　1935-11

ケソン市　1939-11

コタバト　1937-4、1941-11

コロン島　1939-1

[サ行]

サマール島　1918-11

サント・トーマス湲　1935-12

サント・トーマス山　1934-5

サント・トーマス山頂　1935-11

サンバレス（サムバレス、ザンバレス）　1927-5、6、1936-10、1938-12、1939-1、2、3、4

桑　港(サンフランシスコ)　1917-5、1929-9

サンボアンガ（サムボアンガ、ザムボアンガ、ザンボアンガ）　1918-11、1920-5、1924-5、1927
　　-6、1931-5、1935-9、1937-4、4、5、5

爪哇(ジャワ)　1917-5、1935-12、1937-5、1938-10

新嘉坡(シンガポール)　1939-3

スペイン　1930-7

スマトラ　1928-1

スルー列島　1938-4

スール地方　1917-5

錫蘭(セイロン)　1917-3

セブ　1937-2

セブ港（シブ港）　1935-1、1936-9、1937-5

ソモロツド海岸　1935-12

［タ行］

タイ　1942-4

タイタイ地方　1938-4

台湾　1930-3

ダバオ（ダヴオ、ダウアオ、ダヴァオ）　1921-11、1925-9、1926-5、7、1927-1、3、1928-1、10、
　　1929-4、4、7、8、9、11、1930-1、6、11、1931-1、8、9、1932-5、9、1934-12、1935-1、
　　7、7、9、9、9、9、1936-2、7、7、1937-6、1938-1、2、4、5、5、6、8、1939-1、10、12、
　　1940-5、1941-8、9、11、11、1942-2、10

ダバオ河　1935-7

ダバオ港（ダヴアオ港）　1928-3、11、1930-4、1931-5、1939-4

ダバオ市　1939-6

ダバオ州　1924-11、1929-5、1937-11

ダバオ湾　1927-12

タヤバス　1941-11

タロビン村　1935-10

独逸　1942-4

トレド　1937-5

[ナ行]

西印　1923-5

日本　1916-7、8、1938-3、4、8、11、1939-6

ヌエヴァイスカヤ州　1918-12

ネグロス島　1942-12

[ハ行]

バキウ市　1935-10

バギオ地方　1938-12

バギヲ　1936-5、9

パグサンハン峡谷　1925-1、1

バコロド　1938-12

バシラン島　1920-10

バダン島　1921-7

パラワン　1939-1

パラワン県　1935-11

パラワン島　1935-10、12、12

ビコール地方　1936-10、10

ビサヤ（ヴヰサヤ）　1940-7

ビサヤ地方　1941-12

比律賓富士　1940-3

ブスアンガ島　1942-2

プリンセサ港　1935-12

米国　→　アメリカ

ヘイツベレーツ山　1922-2

ヘツチヤブリ地方　1922-2

ベンゲツト　1940-6

ホロ　1935-9

ボンガボン　1926-4、5

ボントツク　1937-12、1938-1、2、3、4、5

ボントツク郡　1935-11

[マ行]

マウンテーン州　1935-12

マニラ（馬尼剌）　1915-2、1917-1、2、3、5、1918-10、12、1919-4、5、1920-3、4、4、7、8、9、9、1921-2、2、2、1923-5、1924-3、10、12、1925-7、8、10、10、1926-4、6、6、8、8、10、1927-6、6、6、7、10、1928-1、4、1929-8、9、1930-1、10、1932-2、1934-8、1935-12、1936-4、8、12、1937-5、5、10、12、1938-1、1、2、4、5、5、9、10、12、1939-1、1、2、6、11、1941-2

マニラ港（麻尼拉港）　1921-7、1922-7、1928-4、1936-9、1938-2、5

マニラ市（馬尼剌市）　1920-3、1938-2、3、1939-5、5

マニラ北港　1938-6

マニラ湾口　1941-9

マヨン山（マヨン火山）　1928-8、1929-2

馬来半島　1921-10、1926-7

満洲国　1940-5

ミアンガス　1928-10

ミンダナオ　1919-6、1920-10、1921-11、1932-1、1939-4、1941-12

北ミンダナオ　1940-7
ミンダナオ島（ミ島、ミンダナヲ島）　1918-11、1922-5、1924-11、1925-1、1927-12、1931-1、
　　1932-3、12、1938-12、12
ミンタル河　1935-9
ミンタル耕地　1924-11

[ヤ行]
横浜　1927-7、1938-12

[ラ行]
ラグナ　1931-6

呂宋　1937-8、1939-6
　北呂宋　1932-7、8、9、10、11
ルソン島（呂宋島）　1918-12、1928-8、1929-2
ルソン地方　1939-4、4

レガズピ　1938-4

事　項

[ア行]

アイタ人　1922-2

麻　1917-2、5、1923-1、1933-9、1938-6、1939-12、1940-5、1941-11、1942-10

麻糸　1917-4

麻耕地　1928-10、1932-9

麻栽培　1924-11、1926-2、1940-3

麻栽培業救済法案　1938-10

麻栽培業調査委員会　1938-5

麻真田工聯　1938-11

麻生産制限　1933-9

麻生産統制案　1941-3

麻倉庫　1930-11

麻畑　1935-7

麻本邦輸入制限　1938-5

麻・椰子産業救済　1939-6

アバカ　1915-7

米国極東政策（アメリカ）　1938-5

米　資金凍結令（アメリカ）　1941-7

米　人（アメリカじん）　1920-4

米国新船舶法（アメリカ）　1920-8

米　人兵士（アメリカじん）　1923-2

米国青年探検家（アメリカ）　1937-11

米国大統領（アメリカ）　1938-3、3

アルハンブラ煙草会社　1940-12

イゴロット族　1921-4

移住　1926-12

イフガオ族　1921-6、1935-10

移民　1917-5、1921-2、1929-7、1930-9、1938-2、1939-10

移民制限　1930-7

移民制限法　1940-5

移民の学力試験標準　1930-1

移民排斥案　1929-3

移民法　1939-2

移民法案　1940-5、5

移民問題　1939-2

慰霊祭　1938-4、4

イロイロ日会　1938-4、1939-4

インボイス作成の注意　1931-8

魚市場　1928-4

浮橋　1932-9

売上税廃止法案　1938-5

運動会　1928-7、1938-3

営業鑑札税　1941-3

衛生　1942-10、11、1944-9、10

N・D・C　1938-2

沿岸航路法　1929-5

黄褐色人使用禁止　1939-4

大阪商船　1939-4

太田興業会社　1915-6、1930-11

豪　州　炭（オーストラリア）　1924-10

乙女　1932-9

女　1935-7

[カ行]

海運　1917-7、1924-1

会議所組織　1920-9

開港場　1939-5

外国商社　1939-6

外国人小売業者禁止法案　1938-5

外国人雇用制限法案　1939-4

外国人資産　1941-8

外国人上陸地　1932-5

外国人登録法　1941-5

外国人法案　1939-3

外国船舶　1938-5

外国貿易区　1938-1

外国保険会社　1924-11

開墾　1931-9

会社法修正案　1938-6

開発策　1916-9-10

化学工業会社設立計画　1939-9、10

華僑　1938-3、7、1940-5、8、1941-1、2、11、12、1942-1、2、6

華僑排日貨　1932-10

果実蔬菜　1936-1

貨車　1925-9

楽器　1921-6

カッチ生産業　1931-5

華南銀行　1929-6、1938-1

カーニバル　1926-3、1939-5

カーニバル祭　1926-3、3、6、6、1927-6、6、6

カヌー　1932-3

株式取引所　1927-10

貨幣市場流通高　1938-11

カポック　1918-10、11、12、1919-1、2、1920-6、1923-11-12、1926-10

紙芝居　1939-3

貨物船　1929-9

硝子製造　1933-5

カリンガ族　1932-9

カルカル温泉場　1937-5

官営缶詰及織物製造工場計画　1938-2

官営製缶並に(ニ)缶詰工場建設（計画）　1938-1、3

灌漑工事　1941-11

観光事業　1938-12

関税　1917-2、3、5、5、7、1925-1、1932-3、1935-1

関税規約　1934-8

関税収入　1921-3、1941-11

関税定率法　1941-5

関税引上　1941-6

関税引上法案　1934-12

関税法案　1938-4

缶詰　1930-7、1931-5、1937-10、1938-3

缶詰会社　1930-6

缶詰工場設立計画　1938-2

議員　1927-11

議院　1918-11

議会　1921-2、3、1922-12、1924-12、1933-6、1935-8、1937-11、12、1938-1、3、5、5、6、
　　　1939-5、6、1941-5、8

帰化法改正　1939-2

奇習　1922-5、5

汽船会社設立計画　1941-4

規那の栽培　1932-7

記念堂　1937-2

記念碑　1926-5、5、5、1937-6

キヤンバス沓　1934-8

胸像除幕式　1938-5

共同委員会　1938-12

橋梁　1935-7

漁業　1921-10、1925-7、8、1928-4、1938-9

極東オリンピック大会　1930-2

極東大会　1930-4

魚菜市場　1919-4

居住税令　1939-9

漁場　1928-4

漁船　1928-4、1941-6

漁夫　1927-12、1932-3

漁網　1928-2

金　1934-4、1938-12、1940-2、6、7、1941-10

銀紙献納　1938-5

禁輸修正案　1941-5

空路　1941-2、7

クローム鉄鉱　1941-7

軍艦失矧　1938-4、4

軍教問題　1936-11

軍需関係品輸出許可制　1940-10

軍需資材　1941-12

軍需品輸出許可制　1940-9、9、10

薫製骸骨　1935-12

軍政財政自給体制　1942-10

軍隊　1930-10

警官　1939-5

経済　1920-4、1937-1、5、1938-12、1939-1、1940-3、1941-4、4、4、7、11、12、1942-1、2

経済界　1937-12、1941-4

経済確立対策　1938-12

経済使節派遣法案　1938-10

経済審議会　1937-1

経済政策　1938-9、1939-7

経済独立　1938-5

経済問題　1937-11

繋船　1921-2

毛皮　1932-3
ケーブル線　1928-2
献金　1938-2
原産国名の明記　1930-3
原産地表記　1937-11
原産地名記入　1929-7
原産地名表示　1937-11

交換教授　1938-11
交換問題　1923-5
工業　1938-2
鉱業　1928-3、4、5
工業化　1935-8
工業化運動　1941-10
工業奨励策　1940-3
航空条約　1937-4
航空郵便　1941-3
航空路　1935-12、1936-4、1937-5
公債　1921-2
耕作機　1920-4
鉱山　1940-4
鉱産業　1939-11
鉱山業　1923-6
鉱産資源　1940-4、1941-6
厚生省　1941-4
公設市場　1940-3、4、1941-3
耕地　1920-3
交通　1940-2
交通銀行支店開設　1939-2
高等弁務官　1939-8、9
抗日委員会　1937-10
甲皮生地　1934-8

港務局　1922-7

小売業　1940-1、2

小売業比島人化案　1940-2

小売商権国民化運動　1941-2

公立学校　1938-6

航路　1930-7、1939-1

国営会社　1942-6

国営興業会社　1939-6

国営興発　1940-4

国営土地管理院　1941-11

国語　1939-2、11

国語統一発令　1938-2

国際観光局　1939-6

国際連盟　1926-9

国税収入　1917-5

国勢調査　1940-9

国防計画　1940-1

国防省　1939-11

国民性　1938-2

国立麻会社　1939-9

国立麻繊維会社　1940-1、1

国立銀行　1940-4

国立交易会社法案　1938-5

国立興発会社　1938-9、1939-3、4、5、8、9、10

国立商事会社　1940-3

国立繊維会社　1939-6

国立倉庫会社　1938-9

穀類　1919-11

古々椰子（ココ椰子）　1915-10、1921-1、2、1930-5、1932-2

国家興業会社　1938-3、5

国庫収入　1921-3

骨堂　1935-12

珈琲　1931-8

コプラ　1915-3、1916-8、1918-11、1920-6、1940-11

護謨　1917-4、5、5、7、1925-9、1926-4、7、9、1930-10

護謨園　1923-7

護謨靴　1930-10

護謨栽培（ゴム栽培）　1923-5、1925-9、12、1926-7、1927-1、1939-6、1940-11、1941-7

護謨植民地計画　1938-12

護謨生産計画　1941-1

ゴム底靴　1934-1

米　1917-3、1920-3、1936-8、1941-7

米藁　1933-6、1934-5

コモンウエルス（コンモンウエルス）　1936-12、1937-1、2

ゴロテ　1935-10、12、12

コロナダル植民地　1940-11

[サ行]

財界　1921-1、2

財政　1922-1、1932-6、1941-6

栽培企業　1927-9

在留邦人　1931-1、1938-2

材話　1928-2、3、4、5

雑貨　1920-9

砂糖　1915-2、1917-3、1920-6、9、1936-1、1938-5、10

砂糖消費税　1935-3

砂糖新統制法　1937-10

砂糖製造所　1920-5

真田工聯　1938-11

サリサリ店　1940-2

猿　1922-2

参議院　1928-12

産業　1918-5、6、7、8、9、10、11

産業再編成　1942-2

桟橋　1935-12

桟橋税　1935-2

産品価格　1938-7

サンボアンガ日本人会　1938-4、1939-5

参謀総長　1938-1

寺院　1927-7

次期大統領　1939-1

自給策検討　1942-4

視察　1918-2、6、7、1929-7、8、9

資産凍結令　1941-12

市場　1920-6

地震　1939-7

思想界　1939-5

師団編制　1922-3

自治制　1936-11

失業者　1942-1

失業問題　1931-7、1939-5

自転車　1925-8、1941-8

自動車　1925-9、1941-12、1943-9

自動車用電球　1931-8

支那移民　1918-12、1932-3

支那移民令　1925-1

支那人　1921-3、4、5、1937-10、10、10

支那人排斥　1923-7

社会　1943-1

社会正義政策　1939-1

謝肉祭　1924-5

上海非買同盟　1925-9

従軍手帳　1943-2

自由港　1920-4、1938-2

自由貿易　1922-11

重要法案　1924-12

出産及死亡数　1917-2

殉難者　1942-2

上院議長　1924-11

小学教育　1940-4

正月　1926-1

小学校　1918-11

上下両院議長　1927-11

上下両院長　1924-11

小規模商工業　1932-6

商業　1940-4

商業投資　1940-5

商工共進会　1926-3、8

商工省　1928-6

商工展覧会　1926-6、6、1927-6、6、6

商船　1917-5、1928-10

女王戴冠式　1926-3

植民私案　1925-8

食物生産　1917-5

食料品　1941-12

女性　1933-3

初等学校　1918-12

所得税　1939-10

所得税法　1917-2

人絹工場設立案　1939-5

人絹布　1942-1

信号　1921-2

人口　1918-2、1939-4、6、1940-3、11、1941-6、9

新航路　1920-12

新航路会社設立　1930-10

真珠　1921-11

真珠採取業　1927-11

新植民地　1941-11

神代語　1935-12

新土地法　1919-11、12、1920-4

親日比島人　1938-5

新比島建設　1943-7

新聞報道（新聞報）　1939-4、9

森林　1919-2、3

神話　1919-6

水上家屋　1927-12

水族館　1925-11

水田　1922-2、1941-11

水雷　1941-9

スマトラ麻　1928-1

税金　1926-9

政策　1915-5

生産　1920-3

政治　1922-9

製紙工場設立　1938-2

税制改革案　1939-4

製炭業　1918-6

製糖業　1917-9

製帽業　1921-7、8、9、10、11、12

精米　1925-10

税率　1931-8

精錬所設立計画　1941-12

世界教育大会　1940-4

石炭業　1937-9

石油　1921-2、1922-2、1938-3、11、1941-1、3

石灰　1916-6、1938-3、11

絶対独立論放棄　1940-1

セブ、セメント会社　1938-10

セブ日本人会　1938-3

セブ日本人小学校　1938-10

セメント（洋灰）　1938-11、11

セメント工場　1926-4

セルロイド会社　1940-3

セルロイド製品　1926-10

船員同盟罷業　1935-1

戦時インフレ　1941-10

戦争　1941-9

洗濯石鹸製造　1943-6

船腹不足　1941-10

総督　1920-7、1921-12、1927-7、9、9、9、9、1928-2、6、1929-6、7、1933-7

総督候補　1921-8

ソ連化　1940-4

[タ行]

大学　1938-4、5

耐震建築　1939-2

大東亜戦争　1942-2

大統領　1938-9

大統領教書　1937-10

大統領令　1940-1

対日感情　1939-4

対比綿布輸出協定　1938-7

台風　1928-12、1931-2、1937-12、1939-1

台北帝国大学（台大）　1938-11

対米輸出額　1940-4

大マニラ都市計画　1930-5

Ⅲ．索　引（人名・地名・事項）

台湾銀行（台銀）　1937-12
台湾銀行マニラ支店（台銀マニラ支店）　1938-5、8、9
ダヴアオ商業会議所　1924-5
ダヴァオ号　1937-10
高雄見本市　1938-3
タガル真田工業　1917-3
タガログ（語）　1939-2、1940-4
竹　1930-6
ダバオ観光団　1935-7、7
ダバオ支部（ダヴオ支部）　1930-1、3、4、1931-4、7、12、1932-2、2、4、8、1933-8、1934-8、9、1935-8、8、9、11、1936-3、8、1937-7、8、1938-7、9、1939-8、8、1940-8、1941-8
ダバオ帝国総領事館分館　1932-4
ダバオ日本人会　1926-11、1927-9、1928-7、7、1938-3
ダバオ日本人小学校　1938-7、7、7
ダバオ文化協会　1941-1
ダバオ訪日観光団　1937-10
煙草　1917-1、3、1920-6、1922-11、1925-10、1942-12
煙草商標登録法　1925-5
卵　1930-10
タ・マ法修正案　1939-4
ダラー社　1926-8

築港　1938-5
地方産業視察　1939-4
駐比律賓弁務官　1939-3
中立　1938-3
中立条約　1940-1
調査　1917-10
徴税　1917-4

通貨及発行制度　1942-2
通貨流通高　1940-6、9、10、12、12、1941-2、4、7

通行税　1920-9

通商政策　1936-12

通信業　1928-4

定期航空路　1938-10

定期航路　1928-10、1930-1

鉄鉱　1938-3、6、9、11、1939-2

鉄鋼　1938-11

鉄道　1938-4

天然瓦斯　1938-11

澱粉工場　1937-8

電話　1920-3

独(ドイツ)船　1924-3

東亜大会　1940-3、4

東京機械器具展　1938-12

東京市役所産業局マニラ出張所　1938-8

東京商品見本市　1934-8

糖業　1941-10、1942-2、3

糖業者　1939-6、7

糖業者救済　1941-11

糖業統制院　1941-12

銅鉱業　1941-7

投資　1930-5、1939-10

陶磁器　1930-4

島内船運用独占案　1940-3

投票案　1926-8、10

玉蜀黍(とうもろこし)　1937-8

東洋汽船　1924-12

東洋博覧会　1920-5

道路　1937-4

登録商標　1939-6

特別議会　1938-9、1939-7

独立　1916-8、1919-3、3、1921-12、1922-7、8、1924-4、1926-1、8、10、1927-11、1930-4、1931-4、1934-8、1936-1、6、9、1937-11、11、12、1938-3、3、12、12、1939-7、1940-12、1943-8

独立案　1923-2、1929-3、11、12

独立運動　1919-2、1921-1、1924-1、1925-1、1926-9、1927-7

独立(の)延期　1938-4

独立延期案　1939-4

独立延期論　1939-11

独立規定　1923-3

独立再検討論　1940-10

独立請願　1926-1

独立反対運動　1923-11-12

独立反対論　1937-12

独立法案　1915-2

独立法修正案　1939-4

独立問題　1921-10、1922-12、1926-9、1938-11、1940-12

土地処分法　1919-11、12

土地制度　1944-9、10、11

土地法　1920-2

特恵関係廃止問題　1938-6

トンド日本人漁業組合　1928-4

[ナ行]

内国収入　1917-3

生野菜　1930-4

南洋協会　1924-11

南洋見学団　1928-10

ニグリトー族　1930-3

肉類貯蔵　1938-3

日常生活必需品　1939-12

日米綿布協定　1938-9

日・墨　1939-6

日用品　1939-12

日貨排斥　1938-7、1940-5

日支移民　1932-1

日支事変　1937-10、10、10、11、12

ニツバ椰子　1932-9

日・比　1939-6

日比学生会議　1938-5、8、9、1939-2、6

日比学生の交換　1938-12

日比合併木材会社　1938-9、12

日比関係　1936-2、4、5、1940-5

日比関係法規集　1939-1

日比間直行航路　1939-4

日比貿易（日・比貿易）　1915-3、1919-3、1920-9、1928-10、1933-9、1939-9、1940-3、4、1941-12

日比綿布協定　1938-9、1940-7

日比友好関係　1939-11

日本案内所　1936-12

日本化　1940-4

日本館　1926-6、1927-6、6、1939-5

日本観　1938-5

日本資本　1939-4

日本(の)女性　1933-3

日本人　1918-6、1931-8、1932-5、1939-9

日本人健児団　1938-8

日本人顧問　1938-12

日本人問題　1931-4、1932-4、1933-6

日本船　1941-9

日本品　1933-6、1938-12、1940-5

日本向送金制限　1941-10

404　Ⅲ．索　引（人名・地名・事項）

日本綿製品　1941-6

日本郵船　1929-9、1930-1

入国税　1933-4

女護島　1924-8

ネグリート族　1935-10

NEPA運動　1936-7

年中行事　1926-1

農家　1922-2

農業　1917-3、1942-2、7

農業教育　1927-3

農業銀行　1915-10

農産状態　1921-11

農産物　1916-9-10、1920-9

農産物栽培　1919-1

農民　1917-2

農務富源部殖産局省令　1934-5

[ハ行]

鳳梨（パイナップル）　1917-7

排日　1924-8

排日貨　1928-8、10、1938-10

ハインコミツシヨナー　1939-2、5

バギオ日本人小学校　1938-9

白人種　1939-4

爆薬製造会社　1938-9

バコボス族　1921-6

バシラン興業会社　1920-10

機織　1921-4

バタツク族　1935-10

葉巻　1940-6
ハム、ベーコン　1938-4
パルプ工場　1930-11
反共連盟　1939-6
万国新聞大会　1921-2
蕃族児童教育　1918-11
蕃族小学校　1918-12
反日反米論　1939-7

ピアノ　1939-5
皮革製品　1941-1
卑金属鉱　1941-11、12
飛行　1938-11
比島学生観光団　1935-6
比島教育使節　1938-12
比島経済審議会　1938-12
比島紙　1937-12
比島市況　1941-7
比島人移民排斥案　1930-6
比島人蹶起　1942-3
比島人排斥　1930-5
比島大学　1928-5
比島大学籠球部　1929-3
比島大統領　1938-5、7
比島売却説　1923-8-9
比島物産　1940-3、1941-12
比島問題研究所　1942-10
比島要人　1943-10
比律賓学生観光団　1935-6、6
比律賓協会　1935-10
比律賓銀行設立計画　1939-3
比律賓市場　1931-1、2、3、1939-11

比律賓大学　1932-2、1938-12

［次の］比律賓大統領　1939-5

『比律賓年鑑』　1937-2

比律賓名士　1922-5、1939-4

比律賓メリヤス輸出組合創立　1931-6

ビール製造業　1933-8

フイリッピン読本　1938-9

フキリッピン語　1935-12

服装　1921-6、6

副総督　1927-9、1930-7

婦人（婦）　1921-7、1932-2、1935-10

物価対策　1939-11

物価統制　1940-1

物産相場　1920-9

船賃　1933-4

舟　1935-12

噴火　1928-8

文化　1943-1

文化工作論　1943-2

文芸賞　1939-5

米国…　→　アメリカ…

米穀問題　1937-4

米作　1917-1、1919-11、1920-11、12

米作研究　1942-5

幣制改革問題　1937-12

米比会商　1938-6

米比間船賃　1941-6

米比共同委員会　1938-12、12

米比共同準備委員会　1937-11、11、12

米比経済関係　1938-5

米比自由貿易　1939-2、5

米比通商関係　1938-3、3

米比通商協定　1938-6

米比貿易　1939-5、8

ベンゲット移民　1939-8

ベンゲット金山　1941-11

ヘンプ　1917-7

貿易　1915-2、3、1916-6、1917-1、3、3、3、4、10、1919-10、1920-3、6、1921-1、7、9、10、1922-4、1923-4、1930-4、1931-1、2、3、5、1932-1、5、1933-11、1934-12、1935-1、1936-1、1、12、1937-4、1939-5、7、8、9、1940-5、6、8、12、1941-4、5、7、7、9、9、10、11、12、1942-4

貿易産業問題　1936-6

貿易通信員事務所　1938-1

帽子　1920-9、1921-2

邦字新聞　1931-1

邦商　1932-10

邦人　1921-11、12、1924-11、1925-1、1928-4、1929-4、5、1938-9、10、11、1939-1、1、1、1、3、10、1940-2、7

邦人移民　1940-5

邦人漁船　1941-11

邦人漁船ライセンス　1941-6

邦人漁夫射殺事件　1939-1

邦人小売業者　1937-9

邦人失業者　1922-5

邦人子弟　1938-5

邦人小学生　1939-1

邦人紡績工場　1936-8

紡績　1938-5

紡績工場　1938-3、5

包装　1933-6、1934-5

暴動　1927-6、1931-2

408　Ⅲ．索　引（人名・地名・事項）

訪日　1938-7、8
防備新案　1921-7
邦品　1939-7、1942-2
邦品不買　1938-3
暴風　1928-10
暴風雨　1938-12
琺瑯鉄器　1927-12
捕獲船　1917-7
簿記法　1925-4
牧場　1926-4、5
保健　1929-4
保健衛生　1929-4
北海道巡回見本市　1934-8
ボントック族　1932-9
本邦関係法案　1939-5
本邦産蜜柑　1931-12
本邦商品輸出業者　1928-6
本邦人　1915-2
本邦品　1922-8

[マ行]

捲糸工聯　1938-11
燐寸（マッチ）　1922-7、8
マニラ麻（馬尼刺麻、マニラヘンプ）　1918-3、7、8、1919-3、4、6、7、8、9、10、11、12、
　　1920-2、6、9、10、12、1921-1、9、10、1924-8、1927-6、1928-1、1、1929-7、7、10、11、
　　12、1930-11、1931-4、8、1932-9、1933-9、1935-1、1936-2、1937-12、1941-7、1942-1
マニラ麻生産制限委員会　1935-1
マニラ麻挽機械　1925-11、11
マニラ麻挽出機械　1925-11
マニラ麻輸入緩和　1938-9
マニラ麻（の）輸入制限　1938-10

マニラ、カーニヴァル 1939-5

馬尼剌港 1920-7

マニラ桟橋 1941-12

マニラ紙 1940-2

マニラ市会 1940-2、4

マニラ支部（馬尼剌支部） 1925-3、1926-1、11、1928-6、1929-12、1930-11、1931-7、8、1932
　　-4、8、1933-8、1934-2、8、8、9、1935-8、11、1936-8、1937-5、8、1938-9、1939-1、5、
　　7、7、8、9、1940-8、1941-1、4、8、8、11、12、1942-1、2、2、2

マニラ支部設立 1924-12

マニラ商工新報 1931-2

マニラ商品陳列所 1942-8

マニラ商品見本展示会 1928-6

マニラ日本倶楽部 1938-4

マニラ日本商業会議所（マニラ日本人商業会議所） 1934-3、1936-5、1937-11、1938-5

マニラ日本人会（馬尼剌日本人会） 1928-7、1938-3

マニラ日本人小学校 1927-12、1938-3、3、9

マニラ婦人見学団 1941-5

マラカニアン宮殿 1939-1

丸木材輸出禁止案 1937-10

丸太及角材 1935-2

満俺（鉱） 1938-8、1942-2

未開地面積 1924-11

蜜蜂養蚕 1923-4

港別輸出入 1925-11

民屋 1935-10

民族 1943-1

ミンタル小学校 1924-11、1928-7

ミンタル病院 1935-9

無線電信施設 1922-6

無線電話連絡 1940-8

Ⅲ. 索　引（人名・地名・事項）

莫大小(メリヤス)　1920-9
綿織物　1940-12
綿花開発　1942-7
綿花(の)栽培　1935-10、1937-1
綿作　1917-4、1942-12
綿布　1934-10、1935-4、5、9、1937-4、1938-8、9、11、1939-8、11、1940-4、7、1942-1
綿布工場　1939-8
綿布自給自足計画　1939-4

木材　1925-1、1、1927-4、1928-6
木材業　1938-11
木材租借権　1936-7
モロ　1918-4、4
モロ族（モロー族、モロー人）　1927-12、1930-4、1931-3、1938-4、11

[ヤ行]
野外市場　1935-10
椰子油　1919-8、9、1925-10、1934-8
椰子園　1920-10、1935-12
椰子栽培業救済法案　1938-10
椰子産業　1941-2
椰子樹栽培業者大会　1930-2
椰子生産制限　1933-9
椰子製油業　1918-11
椰子実の筏　1925-1
椰子油製造業　1918-12
山下汽船　1938-5

有価証券　1940-7
輸出　1917-1、1941-11
輸出商品　1931-8

輸出税　1940-12、1941-4、12

輸出制限令　1941-11

輸出手続規定　1918-11

輸出統制　1941-7、7、9、10

輸出統制法　1941-6

輸出品　1915-2、1929-7、1930-3

輸送　1915-2

油田　1921-2、1939-2

輸入　1920-2

輸入貨物厳重検査　1929-8

輸入検査　1931-8

輸入税　1929-10

輸入制限　1937-12

輸入品　1933-6、1937-11、11

輸入米　1917-7、1918-2

養蚕　1922-10

予算　1940-3

欧羅巴人（ヨーロッパ）　1919-1

欧州大戦（ヨーロッパ）　1940-5

[ラ行]

酪農品　1941-7

ラミー栽培　1941-12

ラミーの規格制定案　1942-1

蘭々油事業　1932-5

利益金強制投資法案　1924-11

罷業　1941-11

離婚法修正案　1938-3

リザール、セメント会社　1938-3

立教籠球団　1929-1
立法部　1925-9
両議院長　1922-5
旅行の栞　1918-10
林業　1942-12
林檎　1915-3
臨時議会　1939-9

煉瓦工業　1917-4
連合日本人会　1929-7

労働者問題　1918-12
労働法　1921-2
労働力の比島人化法案　1941-8

[ワ行]
早稲田大学（早大）1939-2

3．フィリピン関係文献目録（「戦記もの」）

（著者名は、筆頭著者のみ）

人　名

［ア行］

赤松海軍予備学生　赤松73、93

池田儀次郎（故陸軍軍曹）　池田兼一99

池端正一兵曹（軍神）　白川90

伊藤榮雄　伊藤榮雄62

井上忠男　井上忠男

宇垣纏　宇垣52

大阪圭吉　鮎川75

岡田副官　柳原隊81

岡本牧夫軍曹（故）　岡本望91

小野哲（陸軍大尉）　小野哲84

小野田寛郎　小野田凡二74

［カ行］

加賀尾秀忍　加賀尾64

鹿野忠雄　山崎柄根92

鎌田初年兵　鎌田97

川野茂春（陸軍大尉）　川野74

栗田健男　江戸93

小島清文　永沢95

小塚金七　小塚73、若一86

［サ行］

阪本武彦　阪本66

サントス（大蔵大臣ホセ・アバド・）　林76

414　Ⅲ．索　引（人名・地名・事項）

嶋村大輔　嶋村67

重慶揚支那領事　林76

順ちゃん　新美02

菅谷政夫　菅谷87

住田邦夫　斗桝84

関川力　関川85

[タ行]

竹島央俊郎　新谷77

千葉少佐　角皆

坪倉上等兵（予備）　坪倉83

東条首相　マニラ新聞社43

友近美晴　斉藤桂助75

[ナ行]

中野忠二郎　中野忠二郎85

中村興雄　中村興雄8-

成田武夫　成田91

西尾忍　西尾92

[ハ行]

林孝雄　鈴木政子74

林田軍曹　暁78

原平三　小見92

ハルゼー、提督ブル　江戸93

平井義夫　平井94

本間雅晴（中将）　今52、高橋虎夫83、森田81

[マ行]

マッカーサー　ウィロビー59、香取98、テイラー82、村尾国士92、01

村尾栄　村尾かつ子91

村岡伊平治　村岡60

村田省蔵　福島慎太郎69

[ヤ行]

山下奉文（大将）　沖58、59、68、児島69、今52、高橋虎夫83、フクミツ82、ポッター67、村尾国士92、01、森田81、山下九三夫76、79、86

吉沢輔雄　吉沢輔雄96

[ラ行]

ラウレル（ホセ・P・）　ラウレル87

リカルテ将軍　太田兼四郎53

[ワ行]

渡邊竹司（陸軍少佐）　渡辺光治95

地名

[ア行]

秋田　高橋敬三97、98

Agusan　松浦修一n.d.

アジア　アジア90、鈴木静夫84

アシン　一木99、玉村78

アシン川　西本正巳77

アシン河　福井勉93

アパリ　梅崎87

アポ　ミンダナオ会94

アメリカ合衆国　スミス79

硫黄島　雑誌「丸」95

イフガオ　宍倉75、75、80

インドネシア　山形県90

ウマヤン河　新谷77

雲南　富崎82

大阪　比島威81

沖縄　落合83、雑誌「丸」95、山形県87、90

奥熊野　前川05

オリオン峠　松嶋86

Olongapo Miyazaki93

[カ行]

カガヤン　新谷77

カガヤン渓谷　角田87

加治木港　加治木99

ガ島　千田75、歩兵第四46

カバナツアン　沼間98

カバルアン丘　小川哲郎73、76

カモテス諸島　宮原95

からやん島　大久保81

カラヤン島　櫻本9-

カンギポット　重松00

カンルーバン　山中87、山本正道94

キヤンガン（キャンガン）　青地49、嶋村67

京都　西村美枝子93、馬場05

九州（北部）　案浦78

グアム　佐倉市04

クラーク　岡沢82、品川97、二木81

クラーク地域　寺嶋83

クラーク地区　第一復員局46

クラークフィールド　赤松信乗73

豪北　飛行45

コレヒドール　ウノ44、第二六師団98、西田市一43、文化奉公会42、陸上自衛隊59

[サ行]

サイパン　81

サマール　手島貞次81、ビサヤ地区74

サラクサク峠　固武79、佐々木謙85、竹内喜代二83、橋本義満93

サランガニ　サランガニ戦友会78

Zambales Miyazaki93

ザンボアンガ　遠藤88、小見昌夫79

サンホセ　大岡50

シェラマドレ　武田保清85

Ⅲ. 索　引（人名・地名・事項）

滋賀　馬場05
ジャワ　歩兵第四46
爪哇　岩田
シンガポール　山形県90

巣鴨　52
スルー　池田諒94、97

赤道　太田恒也43
セブ　小沢66、歓喜峰の会93、清水三朗85、富士原88、水本91、宮内45、柳原隊81
セブ島　酒井78、セブ島71、富士原98、88、藤森清一85、万田村75、89、水本70、吉沢輔雄95、96、渡辺久寿吉42
鮮（北）　渡辺政一88

ソロモン　厚生省61、斎藤三郎80

[タ行]
タイ　鈴木四郎89
泰　南方鉄道n.d.
大東亜共栄圏　NHK95
太平洋　里見憲貞76、塚田94、中岡98
大連　藤弥96
台湾　今中01、沖縄90、落合83、小野清志92、厚生省61、藤弥96、山形県87、90、山崎柄根92
ダバオ　新井恵美子93、飯島92、06、石原83、小見寿92、岸88、柴田賢一79、城田80、第三十二01、橘部隊79、田中義夫00、ダバオ会88、93、中尾94、古川56、丸山08、三宅81、吉田実46、渡辺綱男69
ダバオ国　天野90
タブナン　セグーラ88

中国　奥村芳太郎70、坪内94
長沙　井上忠男

ツゲガラオ　伊藤忠雄92

トウキョウ　デアシス82
東南アジア　馬場87
トツカン谷　西本正巳77

[ナ行]

長崎県　内山94

ナスノンの丘　山田久治77

ナチブ山　柴田賢次郎43

南海　井上武男93、田村宏88、日高82、84

南国　鈴木眞武00

南西諸島　政府派遣88

南方　赤井n.d.、神野勝之助89、359会94、玉村78、辻哲夫96、防衛庁70

南冥　安延60、山本文彦73

南溟　鈴木四郎89、中島彬文94、丹羽69、増田75

南暝　村田三郎平53

南洋　柴田賢一79、坪内94

南洋群島　沖縄90

南洋方面　南方鉄道n.d.

日本　アゴンシリョ91、飯島92、06、池端96、長部88、鈴木静夫84、鈴木昌夫82、デアシス82、日本のフィリピン占領期94、山口昇94

ニューギニア　厚生省61、千田75

ネグロス　井上悠紀男、菅谷87、土持90、山口部隊81

ネグロス島　池07、池の90、石塚80、威第一九七〇部隊92、94、井上一郎83、猪股01、上田八造00、金子栄之87、小谷野84、高瀬73、服部92、ビサヤ地区74、廣瀬04、美濃田80、宮木04、村瀬89、山田久治77

ノモンハン　工兵第二十三79

Ⅲ．索　引（人名・地名・事項）

[ハ行]

ハイラル　工兵第二十三79

バギオBaguio　市川79、小寺n.d.、98、01、01、02、02、03、05、槇85

バコロド　土持91

バシー海峡　大野文吉81、櫻本9–、伏水94

バタアンBataan　柴田義男94、中山43、西田市一43、橋本静雄79、文化奉公会42、Miyazaki93、陸上自衛隊59、59、59

バタアン半島　尾崎62

バターン　御田78、木村73、後藤利雄00、鷹沢95、舘96、夏友会81、陸上自衛隊59

バタンガス　青帽子58

バタンガス　石田甚太郎98、吉村修吉72

パナイ島　本咲90、松沢92

バラバック島　遠藤88

パラナン　平岡善治94

バレテ　佐藤清78、バレテの弾痕78、松永元一95、山本照孝67

バレテ峠　小野清志92、佐々木謙85、里見憲貞76、角田99、飛岡95、西井77、バレテ峠85、横山89

ハワイ　小島清文79

バンバン　宮崎84

比　本咲90

比（北）　伊藤忠雄92

ビサヤ諸島　村田三郎平n.d.

ビサヤ地区　上田八造00、土肥74

比島　青木01、青地49、青帽子58、暁78、秋永56、阿部艶子44、安部76、有馬01、石川欣一46、95、石引79、泉03、泉会57、一木99、伊藤信義06、井上一郎89、井上忠男、井上忠79、83、指宿97、今中01、岩田、岩村、上野四郎70、宇佐美83、潮書房89、内山94、大分県77、大河原81、大島久二81、大島六郎77、太田兼四郎53、太田悠照91、99、大谷清彦81、大谷博司88、大谷94、大塚逸雄90、大塚逸翁85、大野六弥00、大森建道85、岡崎92、岡沢76、82、岡田録右衛門82、岡本虎雄52、小川小二郎59、小川四郎49、小川哲郎76、荻野93、小田81、小野清志92、小野豊明45、99、小野田久一85、於保95、加賀尾53、64、垣42、梶原90、勝田80、加藤清92、加藤春信76、77、79、金丸92、金谷81、金子政美72、掃部77、萱原83、川井

フィリピン関係文献目録（「戦記もの」） 421

75、川瀬77、神田79、岸88、木村73、京都新聞社76、久木田85、葛野49、国見、栗原悦蔵45、黒木70、畔柳07、小池88、厚生省56、61、61、工二十三69、工兵第二十三79、小島清文79、小島正実95、小寺n.d.、今44、49、近藤末73、今日の話題社69、斉藤桂助75、斎藤三郎80、斎藤芳二95、坂67、佐々木修00、佐々木浩一88、佐々木正逸99、佐竹91、92、佐藤康平79、佐藤文蔵n.d.、佐藤操81、里見憲貞76、359会94、塩見87、宍倉70、75、80、篠原45、柴田賢次郎43、島居79、清水博02、志村登67、陣中新聞42、進藤56、神野寛85、人類の蹉躓49、須藤75、84、角田99、駿河85、セブ島71、戦艦武蔵79、戦車87、88、第一三九会74、第一復員局46、第一復員省46、第三南遣79、高岡88、高貫04、04、04、高橋喜平80、高橋繁雄95、高橋重広85、高橋信幸86、高橋則夫77、高山博文97、滝田44、竹内喜代二83、竹腰92、武田清吉08、武田利明90、田嶋94、谷村87、00、田村吉雄53、月原69、辻豊52、土屋67、土谷65、68、坪内94、坪倉83、手島丈夫76、寺下辰夫67、寺下宗孝43、土井69、東口78、桃陵会71、73、独自六三会74、独歩一六五78、独立野戦n.d.、斗桝84、富崎82、友近46、中岡98、長久保93、仲村80、南方鉄道n.d.、西川佳雄43、西田三千男84、西村義光84、西本正巳70、75、77、日比慰霊会58、日本アート70、日本遺族会77、沼間98、根本93、橋本純00、橋本年中95、蜂巣91、花野89、馬場87、濱崎03、林76、林田66、原90、原田66、バレテ会74、バレテの弾痕78、東94、引揚援護庁46、樋口誠五郎01、飛行45、久光96、比島慰霊90、比島観音73、91、06、比島軍政42、比島攻略73、比島戦没68、比島調査93、比島電二96、比島桃陵85、90、90、比島派遣軍43、43、比島派遣独立87、比島派遣野戦89、平井94、平岡久03、広田86、フィリッピン遺族86、フィリッピン方面58、深津90、福井源左衛門82、福井勉93、福島69、福林76、福山85、藤田三司栄76、藤原94、07、歩一会56、防衛庁66、69、71、細川79、北海道67、歩兵第十七81、81、82、84、85、86、86、87、88、89、90、92、93、94、95、96、歩兵第四46、本多94、前田85、前原95、牧89、増田75、松井達男94、松浦修一n.d.、マッキンレー83、松沢85、松原胖77、松村高77、松村政春74、松本秀忠9-、マニラ新聞社43、間野76、満洲96、三木43、御園生83、峰尾66、宮内46、95、宮田95、宮林77、宮本郷三88、宮本雅二98、ミンタル会76、向井42、武藤47、52、村井46、46、村尾国士92、村上善重80、村崎78、村田三郎平n.d.、85、85、86、86、87、87、88、90、90、91、91、92、93、93、93、93、93、94、95、村山n.d.、望月信雄80、望月学83、もや・いふ05、もや友の会73、森本茂治80、守屋66、73、柳井87、柳本88、野砲兵第22連隊81、山岡68、山口笙堂79、山崎友助87、山田淳一55、92、山田善助74、82、山田忠彦68、山田登77、山田正巳00、山根81、山本照孝67、山本正治98、山本譲88、吉岡89、吉田義雄03、吉富66、読売新聞91、読売新聞社42、陸上自衛隊55、我妻88、渡辺久寿吉42、42、渡辺三郎62、渡辺綱男69、渡辺政一88、渡邉光治03、渡第43、Duncan45

422　Ⅲ．索　引（人名・地名・事項）

比島沖　雑誌「丸」95、95、舘n.d.、中島誠56、二口83
比島北部　独立歩兵93
ピナツボ　田嶋94
姫路　藤弥96、野砲兵第十86
ヒリッピン　金ヶ江68、栗原賀久50、ケソン会73、小林84、固武72、小柳次一44、田中義章73
ビルマ　志村恵美04、鈴木四郎89、富崎82、日本アート70、馬場87、陸士96

フィリッピン（フイリッピン、フイリッピン）　飯島06、池田源治52、今井86、上田八造00、太田恒也43、大塚広一85、岡田梅子92、加藤清敬71、河合寿恵吉94、木戸65、75、島田68、高橋虎夫83、田村栄80、塚越73、中嶋静恵78、新美彰76、丹羽69、野村良平07、ボール96、前川05、宮原95、村瀬89、森長隆77、谷木83、矢野86、山口昇95、山崎友助87、山下盛一81、吉田茂96、陸士96、陸上自衛隊55、若柳80、和田敏明42
フィリッピン群島　曹洞宗78、大本営44
フィリピン　アゴンシリョ91、アジア90、天野90、新井恵美子93、井伊91、飯野94、池田兼一99、池田佑69、池の90、池端96、石田甚太郎90、92、石長75、03、石原83、泉五三一四97、一戸69、井上忠男、猪股01、上田茂83、上田敏明90、潮書房86、宇都宮81、NHK94、大沢78、大澤94、太田重夫--、沖縄90、奥村芳太郎70、長部88、落合83、小見寿92、小見昌夫79、加藤勝美06、金丸00、川上84、川北75、川崎94、川村91、熊井77、熊本県68、栗原賀久74、小谷野84、近藤鎌弘96、斉藤トシエ80、佐々木康勝82、サントス88、市柿96、柴田義男94、志村恵美04、曙光新聞93、鈴木賢士97、スタインバーグ78、スミス79、皇81、85、88、95、政府派遣88、ソリヴェン07、第一〇三工作部87、谷尻69、田村宏88、丹波04、茶園87、筒井95、堤86、ディソン07、鉄兵団77、寺嶋83、土肥74、東城78、飛岡95、永沢03、中村八朗72、七六会78、生江95、00、新美彰93、西尾92、98、西本正巳70、75、80、82、86、日本のフィリピン占領期94、ビサヤ会78、ビサヤ地区74、平田94、廣瀬04、フィリピン「従軍慰安婦」93、95、フィリピン戦没者95、フィリピン戦友会85、藤弥96、ヘンソン95、防衛庁72、法両88、歩兵第十七88、松浦俊郎91、松原胖75、松本武正96、水本91、棟田69、村尾国士01、村越93、村田三郎平77、元歩兵88、もや・いふ05、森崎n.d.、森高78、守屋78、山形県87、90、山口笙堂79、山本正道91、読売新聞83、ラザフォード74、和田多七郎83
比律賓　早瀬03、平間90、90、比律賓協会03
フィリピン沖　寺嶋84
プエド橋　岩川俊男02
福井　馬場05

福岡　斉藤トシエ80

福知山　福林76

仏印　歩兵第四46

ブラジル　宇都宮81

プログ山　比島威81

ベンゲット道　85

穆陵　藤弥96

ボルネオ　太田恒也43

ボルネオ（北）　遠藤88

ホロ島　井上武男93、奥村達造80、藤岡79、91

ポロ島　宮原95

ボントクBontoc　小寺02、05

[マ行]

マキリン　荒木03、真木葉75

マニラ　威92、94、金井77、78、萱嶋68、郡司93、ケソン会73、児島69、佐竹91、セブ島71、田中衛58、田中義章73、茶園86、堀川61、マニラ陸軍99、村松56、ラザフォード74、和田敏明42

マニラ東方　小川哲郎73、奥山85、二口83

マニラ東方高地　阪東85、89

マニラ東方山岳高地　佐々木修00

マニラ南方　小川哲郎73

マニラ湾　小野田久一85、衣川88

マバラカット　まつもと98

マヨン　石坂77

マリアナ　斎藤三郎80

マリアナ沖　雑誌「丸」95

マリキナ　比島復員88

マレー　南方鉄道n.d.、原90、防衛庁69、ポッター67

満（北）　小野清志92

424　Ⅲ．索　引（人名・地名・事項）

マンカヤン　三井74
マンカヤン地区　七六会78
マンカヤン銅山　尾本82
満洲（満州）　安部76、奥村芳太郎70、工兵第二十三79、歩兵第十七81、86、満月会86、満洲96
マンダラガン　池の90
マンダラガン山　池07

三重　馬場05
南太平洋　大澤明彦86
南の島　NHK94、はら95
ミンダナオMindanao　石河82、85、伊藤五朗57、伊藤由己93、御田77、島田68、高橋幸春94、中島惟誠87、豹兵団82、平岡久03、広瀬92、松浦修一n.d.、ミンダナオ会94、山本文彦73
ミンダナオ島　荒木03、飯島90、06、遠藤88、荻原87、小見寿92、久保田69、捜84、第三十二01、辻哲夫96、外山89、法両88、堀池95、真木葉75、ミンタル会76、村田三郎平n.d.、山浦93、山田護96、横手89、渡辺久寿吉42、渡辺綱男69
ミンダナヲ島　東94
ミンドロ　山本繁一57
ミンドロ島　大岡69、中野重平05

緬（北）フーコン　歩兵第四46

蒙彊　荻野90、吉岡89
モンテンルパ　新井恵美子96、石田甚太郎97、上野正美92、加賀尾53、64、82、辻長一84、辻豊52、野田72、フクミツ82

[ヤ行]
山形東部　もや・いふ05

ヨコスカ　大林92

[ラ行]

ラグナ湖　守屋66

ラバウル　夏友会81

蘭印　南方鉄道n.d.、日本アート70、原90

蘭印諸島　富崎82

リパ　山本譲88

リロアン　リロアン90

ルソン　赤野78、赤松光夫84、95、朝井--、98、安積77、新井昭英78、阿利87、井口光雄08、石井78、石田徳71、石長74、03、磯崎84、入江98、岩崎敏夫00、02、梅崎87、江崎57、77、85、93、03、大河内91、大島久二78、81、大南n.d.、岡田梅子80、荻野90、開発88、加藤静枝96、加藤英男88、金井86、鎌田97、唐住81、河合武郎87、90、神崎83、北和子96、儀同81、03、京都新聞社82、クラークスン82、小池88、神頭02、小寺99、後藤利雄75、小橋88、小南85、坂田澤司80、83、阪本66、佐竹73、佐藤喜徳82、84、87、宍戸90、品川97、篠木04、下平83、白石99、白鳥84、86、杉谷93、鈴木四郎89、砂川87、91、皇81、戦車76、千田75、高木85、高橋重広85、87、高宮75、田中敏春91、常見98、独立歩兵93、栩木75、友清73、83、長井清88、89、中川八郎81、95、中嶋静恵78、西村美枝子93、西本末次郎92、西本正巳86、仁部n.d.、橋詰88、橋本静雄81、畑99、馬場02、濱田97、浜野79、89、はら95、比島派遣武田隊79、平間90、90、福井綏雄82、福永76、藤田相吉73、古市95、防衛庁72、細田89、前川05、牧83、松浦俊郎91、松嶋86、三浦正88、村上善重80、村崎61、村田三郎平77、山崎亘87、山中87、山本文弥81、山本又平96、横澤76、横沢88、脇坂86、渡辺政一84、88、渡辺迪雄96

ルソン（北）　日下94

ルソン（北部）　泉五三一四97、市川79、89、伊藤忠雄92、大谷博司88、小川哲郎71、72、76、78、佐藤清78、第二六師団98、中西97、元歩兵88、山田善助74、82

呂宋　伊藤猛04、小野哲84、小寺00、松葉88、山田秀吉92

呂宋（南部）　佐藤康平79、高橋敬三97、98

ルソン沖　ホームウッド91

呂宋山岳　小寺08、08、08

呂宋山岳地域　小寺05、06、08

ルソン山地　小寺05

Ⅲ．索　引（人名・地名・事項）

ルソン島　阿部尚道85、鮎川75、池上喜代士88、大内05、太田重夫--、大野文吉81、小栗92、加藤春信79、蒲生82、川崎94、桑野89、工兵二十三46、小南85、佐久間88、沢田03、杉井88、鈴木昌夫82、角田99、高山県十92、土肥74、飛岡95、西井77、長谷川次男93、久田81、87、平田94、藤田三司栄76、藤森庄之助95、古沢73、法両88、北海道67、ボール96、松原胖75、松本武正96、松本正光92、村田三郎平90、村田治美80、83、もや・いふ05、もや友の会75、76、谷木83、矢野86、93、山口昇94、95、吉沢仁助04、陸戦史69、Duncan45

ルソン島（北部）　吉田義雄03

呂宋島　白石99

ルソン島南部　加藤勝美06

ルソン島北部　寺嶋83

ルソン島北部山岳地帯　固武79

呂宋北部山岳地帯　05、05

ルパオ　ボール96

ルバング　小野田種次郎74、小野田凡二74

ルバング島　江崎59、小野田寛郎88、小塚73

ルバン島　秋田88、小野田寛郎74

レイテ　石塚80、泉五三一五58、泉レイテ86、91、伊藤由己95、井上一郎83、ウールファート51、NHK94、95、大岡71、72、小沢66、御田77、影山80、80、片岡87、神子88、歓喜峰の会93、95、97、岸見04、京都新聞社81、後藤正男84、95、小橋82、佐倉市04、市柿96、清水三朗85、霜月86、鈴木隆83、鈴木政子74、第一師団65、第一復員局46、第二六師団98、田中賢一75、80、田村区90、97、千葉日報社73、筒井95、銅山72、富田77、豊田83、中嶋建之助88、中村興雄8-、中村八朗72、西島93、野口67、馬場02、05、樋口晴彦01、ビサヤ地区74、豹兵団82、フェリアス99、防衛庁70、マッキンタイヤー71、松原俊二89、溝口博86、山岡68、横山89、渡辺光治95

レイテ沖　岩佐95、98、江戸93、学習研究社95、小島清文79、小柳冨次50、56、65、佐藤和正88、中岡06、半藤99、フィールド56、吉田俊雄70、84

レイテ海　荒巻95、小板橋85、檜山88、福田81、89

レイテ島　影山75、重松00、セブ島71、宮内45、95

レイテ湾　中島誠56、檜山88、フィールド49

レーテ　陸上自衛隊55

レナチン川　佐々木修00

ロスバニオス　森田81

事　項

[ア行]

青帽子　青帽子58

青帽子劇団　青帽子58

赤紙　白鳥93

暁　暁78、林田幸夫66

悪戦苦闘　独立歩兵三五六93

悪夢　佐能60

旭　工兵第二十三79

兄　赤松光夫84、長部88、はら95、宮本雅二98、和田多七郎83

アパカ　金子政美72

アパカ　石原83

雨　加藤清92、千葉日報社73、山本文弥81

荒鷲　新藤56

暗号士　永沢03

威　外山89、岸88、篭谷90、比島威81、細川79、歩兵第十七81、86

慰安婦　フィリピン「従軍慰安婦」95、ヘンソン95

異境　相野田94

幾山河　中嶋建之助76、山田護96

犠牲（いけにえ）　里見高義--

遺稿　斎藤芳二95、阪本66、関川85、田中衛58、斗桝84、中村興雄8-、福島慎太郎69

遺稿集　小野哲84、久木田85、新谷77、中野忠二郎85

異国　金子寛次82、田中義夫00

遺骨収集　熊本県68、第一師団81、谷口74、手嶋83、七六会78、バレテ会74、フィリッピン方面58、フィリピン戦友会85、藤田三司栄76、歩兵第十七84、89、90、松浦修一n.d.

遺骨収拾　嶋村67

遺書　高橋虎夫83、永田武二67、峰尾66

異常体験者　山本七平74

428　Ⅲ．索　引（人名・地名・事項）

遺族　桑野89、後藤正男84、第一〇三87、土谷65、68、山田護96

泉　重松00

泉兵団　森崎n.d.

一七四会　一七四会06

一福会　穴原81

一等兵　村瀬01

移動修理班顛末記　松沢92

祈り　相野田94、後藤正男95、バレテ峠85、比島桃陵会90、90

荊　上野正美92

遺品　水原90

移民　城田80、ダバオ会93、藤原94

慰霊　泉レイテ86、井上一郎89、比島慰霊90、比島桃陵85、90、90、フィリピン戦没者95、北海
　　　道67、野砲兵第22連隊81、山田登77

慰霊紀行　セブ島71

慰霊記念　戦艦武蔵79

慰霊五十年　ミンダナオ会94

慰霊祭　加治木99、バレテ会74、歩兵十七82

慰霊親善　山本文彦73

慰霊巡拝　歓喜峰の会93、95、97、後藤正男84、第一師団81、第二六師団98、バレテの弾痕78、
　　　もや・いふ05、陸士57期96、渡邉光治03

慰霊碑　歓喜峰の会97、北菲72、村瀬01、山田久治77

慰霊旅行　大内05

飢え　小林84、沢田03

餓え　平岡94

内幕　池田源治52

馬　高山県十92

海　平岡善治94

運隊　近江06、加藤英男88

運命　アゴンシリョ91、井上武男93、加藤清92、栗原賀久50、74、清水博02、新谷77、武藤52

永遠不滅　黒木70

映画　櫻本富雄93

栄光　石田忠四郎91、柴田賢一79、城田80、田村栄70、01

英魂　万田村75

衛生部　ケソン会73、坂田澤司80、田中義章73

英霊　後藤正男95、鈴木隆83、谷尻69、田村栄76、坪内94、林田佐久良66、福永76

絵日記　フェリアス99、マッキンレー友の会83

炎熱　比島桃陵90、90

黄金伝説　生江95、00

応召　山崎哲夫95、山下盛一81

小山内隊　井上忠79

鬼兵団　大河内91

お遍路　渡邉光治03

覚書　二口83、松本秀忠9-

おもい出　第一三九会74

思い出　有馬01、一七四会06、宇都宮81、垣42、加来02、加藤清92、川崎可保98、郡司93、小寺06、後藤正男84、小橋88、戦車第二師団87、88、独自74、馬場87、日高82、比島攻略73、深津90、松葉88、水本70、宮林77、村田治美80、83、村山富三n.d.、山本照孝67、我妻88

想出　大久保81、佐竹91

想い出　望月学83

思い出集　山形県90

思ひ出の記　森長隆77

恩讐　固武79、佐藤操81、89

[カ行]

海軍　国見92、寺嶋83、野島80、柳原隊81

海軍乙事件　吉村昭76

海軍技術士官　西田三千男84

海軍気象隊技工士　北和子96

海軍々医　辻哲夫96

海軍航空隊　伊藤忠雄92、日高82、84

430　Ⅲ．索　引（人名・地名・事項）

海軍工作部　第一〇三87
海軍参謀　市柿96
海軍主計　白石99
海軍出陣　吉沢輔雄96
海軍捷号作戦　防衛庁72
海軍嘱託　中尾94
海軍進攻作戦　防衛庁69
海軍設営隊　岩崎敏夫02、岡沢82
海軍戦斗　厚生省引揚援護局56
海軍戦闘機操縦　岩井79、84
海軍特別年少兵　塚田94
海軍病院　村田治美80、83
海軍兵科予備学生　岡沢96
海軍予備学生　永沢03、那須72、野村泰治90
海軍予備士官　山本平弥89、01
海軍雷爆兵　藤森清一85
海軍陸戦隊　児島69
懐古　水本70
回顧　飯島92、06、井上忠79、遠藤88、小寺99、05、近藤鎌弘96、第三南遣79、比島桃陵85
回顧録　神山渓春02、島居79、山浦93
回行録　蒲生82
悔恨　高橋幸春94、長井清89
海上挺進　草戸82、92、小島正実95、古川金三76、三浦覚83
海戦　江戸93、学習研究社95、国見、小柳冨次50、56、65、67、雑誌「丸」95、95、高貫04、04、04、舘n.d.、中島誠56、半藤99、防衛庁72、吉田俊雄70、84
海戦記　岩佐95
海戦史　フィールド49、56
懐想　福田85
回想　安積77、一木99、宇都宮81、岡山86、小野田寛郎88、小野田凡二74、河合武郎87、川上喜久子84、小柳富次67、斎木96、市柿96、皇95、ソリヴェン07、高瀬73、高橋敬三97、98、根岸90、二木81、ヘンソン95、山本正道91、吉沢輔雄95、96
回想記　武田清吉08、花木91、福井正七郎76、元歩兵88

回想録　可児隊86、志村恵美04、谷口71、堤86、比島派遣武田隊79、フィリピン遺族86、渡辺綱男69

開拓　柴田賢一79、ダバオ会93

開拓移住民　横手89

開拓記　古川義三56

開拓勤務中隊河井隊　清水徳郎82

外地　奥村芳太郎70

海難記　草戸82

海没部隊　井上悠紀男87

壊滅　田嶋94

傀儡部隊　酒井78

画家　高知新聞社94

垣　戦争03、田村栄70、81、01、宮林77

垣兵団　桃陵会71、中嶋建之助76、馬場02、05

下級将校　山本七平76

下級兵士　竹内喜代二83

学生兵　柳井87

学徒　上野正美92、川崎可保98、神崎83、松原俊二89、山崎友助83、山田正巳00、吉沢輔雄95、96

学友　土持93

下士官　石田忠四郎90、加来02、小板橋85、佐々木康勝82

歌集　青帽子58、入江98、木羽木75、西尾92、松田89、村崎78

画集　小沢66、山崎友助87

風　森部隊70

片桐部隊　片桐部隊72

加藤隊　加藤隊90

可児隊　可児隊86

歌文集　竹内保81

カミカゼ　ディソン07、マッキンタイヤー71

神風特別攻撃隊　安延60

神風特攻　今中01

神風特攻隊　安延77

川北大隊　佐々木修00、西村美枝子93

Ⅲ. 索　引（人名・地名・事項）

河島兵団　東口68

歓喜峰　歓喜峰の会93、95、97

看護　近藤末73

艦載機偵察員　岩佐98

患者収容隊　角皆

艦隊　木俣86、檀96

艦隊航空隊　斉藤三郎87、斎藤三郎80

艦砲射撃　木俣72

陥落　陸上自衛隊55

還暦　田村93、95

還暦記念　田村栄81

記憶　安藤95、黒木70、佐倉市03、04、05、志村恵美04、中嶋9-、吉沢仁助04、佐倉市04

飢餓　阿部85、千田75、平岡03、前田武次郎85、山田善助82、渡辺元芳85

帰還　小野田寛郎88、三留88

祈願　比島桃陵85

機関砲隊　中川義春86

紀行　尾本82

鬼哭　太田兼四郎72

記者　河崎79

気象将校　今里89

傷痕　秋田88、佐藤喜徳84、87

奇跡　中野重平05、西本末次郎92、山村01

軌跡　池田保富88、河井徳雄96、根本97、99、細田89、山田久治77

機動砲兵　佐々木浩一88

機動歩兵　蜂巣91、柳本88

機動輸送　暁78、林田幸夫66

祈念　山田善助82

君が代　新井恵美子93

虐殺　生田98、川村91、友清83

逆上陸　葛野49

救護班　内山94、斉藤トシエ80、比島威81

九死一生　独立歩兵三六三02、山村01

救出　秋田88

義勇隊　酒井78、杉崎43

據　竹本73

教育　有馬01

教育飛行隊　第三十一教育飛行隊96

狂気　友清83

教師　石原83

郷土部隊　案浦78、大野六弥00、宮内95

郷土兵団　福林76

京都兵団　京都新聞社76、81、82

玉砕　井上武男93、大野六弥00、小川哲郎73、76、河合武郎90、工兵第十六89、常岡90、馬場02、05、藤岡79、91、宮原95

玉兵団　第一師団81

魚雷発射場　吉田茂96

漁撈隊　生田87

霧　石田徳71

斬込隊　広田86

キリスト　山本又平96

記録　池の90、石田甚太郎90、石長75、石引79、泉会57、泉第五三一四97、泉レイテ86、伊藤由己93、岩井79、84、大谷博司88、岡部86、小川哲郎78、荻野90、奥谷88、奥山85、小見昌夫79、御田77、78、加治木港99、加藤隊90、加藤忠治85、金丸92、河合重雄96、関西174会66、日下94、小池88、工二十三69、工兵第二十三79、小島正実95、小寺05、05、05、後藤正男84、小林84、駒宮72、坂67、佐々木修00、沢田03、嶋村67、曙光新聞93、関川85、第一師団81、第一復員局46、第一復員省46、第三十一96、第二六師団98、第一〇三87、高橋功72、田中賢一80、田村栄80、月原69、辻哲夫96、辻豊52、坪内94、手島貞次81、土肥74、独立歩兵三五六93、中川義春86、那須72、西田三千男84、日本のフィリピン占領期94、仁部n.d.、野際83、野島80、橋本静雄79、畑99、バレテの弾痕78、樋口誠五郎01、比島派遣野戦89、豹82、86、藤岡79、91、藤田三司栄76、藤弥96、細川79、北海道67、歩兵第十七84、85、86、87、88、89、90、92、93、94、増田75、松浦修一n.d.、美濃田80、村田三郎平86、88、もや・いふ86、05、守屋正73、山口昇94、山田登77、山根81、山本正道91、横手89、若柳80、渡辺迪雄96、渡辺元芳85

記録集　鏑木90

偶感日記　金谷81
空戦　松本良男89
空戦記　白浜68、中野忠二郎74
空戦録　中岡06
空母零戦隊　岩井79、84
苦患　坂田澤司80、83
駆逐艦秋月　国見
屈辱　ウェンライト67
苦斗　井上忠79、83
苦闘　荻野90、クラークスン82、小橋88、佐藤康平79、西田三千男84、藤田相吉73、前川05、山田忠彦98
首実験　那須72
句文集　永田呂邨99
熊本兵団　熊本兵団65
供養　松原胖77、渡辺政一88
供養塔　曹洞宗78
栗田艦隊　小島清文79、小柳冨次56、檜山88
軍医　阿部85、井上悠紀男87、唐住81、河井96、河崎79、国見――、92、御園生82、83、森晴治78、山田淳一92
軍靴　佐藤喜徳84、87
軍艦蒼鷹　手嶋84
軍艦名取　松永市郎84
軍旗　里見76、歩兵第十74
軍事郵便　村越93
軍需部　手嶋83
軍神　白川90、西島93
軍人　石橋99、武藤52
軍政　村田三郎平93
軍跡　山吹会90
軍属　樽家86、87、95、樋口杲70

フィリピン関係文献目録（「戦記もの」）　435

軍隊　加藤英男88、草戸88、垂井95、塚越73

軍隊生活　平間光一90

軍隊体験　草戸92

軍通有線　比島電二96

軍刀　草戸88

軍票　小池88

軍歴　石川幸雄97

刑場　森田81

螢燈記　安田43、43

軽爆戦隊　土井68

軽爆隊特攻　今日の話題社69、土井69

撃　角皆、独立歩兵第三五六93

激戦　池田保富88、スタインバーグ78、塚越73、原90

激戦記　新藤56、野口67

激戦地　固武79

激闘　井口08、市川89、斎木96、斉藤三郎87、高橋重広85、ラザフォード74、渡辺政一84

撃兵団　大谷博司88、杉谷93

ケソン陸軍病院　ケソン会73、田中義章73

血戦　小島清文79、西井77

決戦　石塚80、岸88、後藤正男95、白鳥84、86、土井勤68、富田77、中島誠56、野村良平07、樋口晴彦01、防衛庁70、72、ホームウッド91、村尾国士92、01

決戦記　潮書房86、辻哲夫96

決戦場　篠原45

決戦地　塚越73

血涙　関西174会66

ゲリラ　筒井95

ゲリラ軍　セグーラ88

ゲリラ戦　熊井77、本咲90

幻影91

検証　伊藤95

建武集団　第一復員局46

Ⅲ．索　引（人名・地名・事項）

憲兵　石田忠四郎90、93、佐竹73、85、92
憲法学者　久田87

後悔　戦争03
航空基地　石塚80
航空作戦　第一復員局46、第一復員省46
航空情報連隊　池田兼一99
航空通信艦隊　第六航空79
航空特殊通信隊　可児隊86
航空兵　赤松光夫84、95
航軍司令部　小橋博88、小南85
行軍日記　前田武次郎85
皇軍兵士　三留88
絞首刑　門松50、82
功績　今中01
航跡　福島一三95
交戦　村田三郎平n.d.、90
降伏　ウェンライト67
工兵　工二十三会69、工兵第十六89、工兵第二十三79、工兵二十三46、高橋敬三97、98
工兵隊　根岸90、松井範政82、森博63
工兵隊長　黒田75
工兵中隊　日下94
工兵見習士官　太田悠照91
攻防戦　秋永56、中岡98、棟田69、山崎友助87
攻略　佐竹91
攻略作戦　防衛庁66
攻略作戦資料　渡辺久寿吉42、42
攻略戦　文化奉公会42、ラザフォード74、渡辺三郎62
攻略戦記　坪倉83、西田市一43
攻略戦史　比島攻略73
交流　藤原07
故郷　鈴木眞武00

酷暑　平井94

国柱　望月信雄80

告白　古市95

極秘　渡集団96

心（こころ）　金丸92、菅谷87、西尾98、藤原07

五十回忌供養　歩兵第十七94

五十回忌現地慰霊　西村美枝子93

五十回忌追悼　歓喜峰の会95

五十回忌追悼誌　岡本望91

五十回忌法要　平井94

木霊　平間光一90、99

[サ行]

最悪　江崎93、03、山中87

歳月　アゴンシリョ91、堤86

最后　手島丈夫76、寺嶋84

最後　ウノ44、江戸93、小野清志92、木俣72、斎藤桂助46、斉藤桂助75、佐々木太郎87、佐藤太郎55、60、清水博02、武田利明90、千葉日報社73、塚田94、角皆、寺嶋83、野村泰治89、浜野59、広田86、福田89、船戸84、溝口博86、宮本郷三88、吉田実46、若一86

最期　井伊91、大谷稔94、儀同81、03、藤森庄之助95、歩一会56、マッキンタイヤー71、森田81、山本照孝67、横山泰和89、渡辺清71

最前線　大島久二81、大谷清彦81、村田三郎平77

斎藤部隊　工兵第二十三79

裁判　茶園86、87、テイラー82、フィリピン従軍慰安婦93

財宝　フクミツ82

再訪記　太田重夫--

在留日本人　藤原07

作戦　井上忠男、岸見04、木戸65、木俣72、栗原賀久50、74、佐々木太郎87、市柿96、第一復員局46、日本アート70、橋本純00、蜂巣91、原田66、フィールド56、村田三郎平n.d.、85、86、86、87、87、88、90、90、91、91、92、93、93、93、93、93、94、95、陸上自衛隊59、59、59、59、渡辺三郎62、渡辺綱男69

作戦技術将校　村田三郎平77

作戦資料　岩田大尉

佐倉連隊　佐倉市03、04、05、千葉日報社73

サザンクロス　高橋洋一郎96、山下晴朗00

挫折　城田80

雑記帳　石田忠四郎90

山河　石長74、泉レイテ86、91、金井02、金子寛次82、谷村87、00、フィリピン戦友会85、歩兵第十七84、85、86、88、89、90、92、93、94、95、96

山岳戦　奥山85

散華　相野田94、草戸82、黒木70、重松00、宍倉70、75、80、土谷65、68、斗桝84、広田86、宮本雅二98

惨劇　坂67

珊瑚　武田利明90

燦光　宮内46、95

三式戦「飛燕」　松本良男89

33回忌　金井77

三十三回忌　松原胖77、山田登77

三十三回忌慰霊　大分県77

三十三年目　村上兼巳78

三十七回忌　野砲兵第22連隊81

参戦記　勝田80、黒木70、竹内喜代二83、平間光一90、99

残地隊　猪股01、大谷稔94

残地部隊　山中87

残地兵　小南85

山中　開発88、加藤春信76、77、79、今49、中西97、山口昇95

山中激撃戦　山田忠彦68

参謀　青地49、飯島92、06

参謀長　斉藤桂助75、友近46

山砲兵　山吹会90

山野　土持90、フィリピン戦没者95

惨烈　金丸92、00

死　奥山85、北和子96、佐藤和秀91、須藤75、84、平87

詩　京都新聞社76、81、82、坂田澤司83、清水德郎82、村田三郎平85

歯科医　渡辺迪雄96

詩歌集　富士原98

屍　岩崎佳民85、三川01

士官　野島80

私記　加藤勝美06

持久戦　小川哲郎72、76、佐藤清78、山田善助74

地獄　石河82、今井86、小野田85、岸見04、小島92、高橋しげ子71、浜野89

志士　太田兼四郎53

死守　松嶋86

詩集　生田98、白鳥88、田村栄81、成田91、日暮91

輜重隊　大谷博司88

輜重兵　中島惟誠87、豹86、満月会86

私信　中尾94

死生観　長嶺82

至誠通天　沖68

死生有命　山本博86

死線　柴田義男94、関根95、田嶋96、戸高87

地蔵尊　歩兵第十七86、89、94

自走砲　朝井－－、98、安藤95

師団速射砲隊　横沢88

実像　水原90

実相　栗原賀久50、74、武藤47

実録記　常岡90

自伝　田丸89、村岡60

死斗　小川哲郎72、76

死闘　大島六郎77、小川哲郎76、於保95、佐藤太郎55、セグーラ88、樽家86、87、95、友清73、本咲90、松本良男89、森本春実55、山岡68、山田善助74、82

死闘記　福井綏雄82

自動車部隊　川瀬77

児童文集　マニラ日本人小学校42

Ⅲ. 索　引（人名・地名・事項）

死の行軍　井伊91

死の行進　木村73、後藤利雄00、鷹沢95、舘96

死の谷　相野田94、阿利87、大森96、浜野89

死の転進　葛野49、中島惟誠87、宮下98

自分史　足立93

始末記　小南85

灼熱　岡崎92、中野重平05

写真　雑誌「丸」95、95、南方鉄道n.d.、Duncan45

写真記録集　小柳次一44

写真集　泉レイテ91、ダバオ会88、土肥74、比島復員88、フィリピン戦友会85、深津90

ジャングル生活　山本繁一57

終焉　満月会86

終焉記　野砲兵第十86

宗教　神山渓春02

宗教班　小野豊明45、99

従軍　太田恒也43、岡部86、金子栄之87、神山渓春02、小柳次一44、今44、阪本66、島居79、武田清吉08、田嶋94、96、谷口71、堤86、中島誠56、藤田相吉73、松本秀忠9-、元歩兵88

従軍カメラマン　小柳次一93

従軍看護婦　赤井n.d.、石引79、加藤静枝96、フィリピン「従軍慰安婦」93

従軍記　安部76、飯野94、内山94、大澤86、片岡87、金子政美72、国見、三枝80、鈴木四郎89、戦争03、竹内保81、東城78、西川佳雄43、西村義光84、根本93、馬場02、浜野89、日岐00、法両88、本多94、松永元一95、向井42、森晴治78

従軍記者　船戸84

従軍記録　佐々木康勝82、佐竹73、竹内喜代二83、前原95

従軍誌　森長隆77

従軍者　金丸92

従軍手記　寺下宗孝43

従軍戦記　山田善助82

従軍日記　大森85、神崎83、斉藤トシエ80

従軍悲哀行路記　我妻88

従軍譜　樋口杲70

収骨　泉レイテ86、上野四郎70、ビサヤ地区74

フィリピン関係文献目録（「戦記もの」）　441

収骨慰霊　桃陵会73、ビサヤ会78

終章　南条95

終戦　桑野94、小寺08、白石孝繁99、永沢03、水本70、Duncan45

終戦五十周年　歩兵第十七95

終末　岡田梅子92、塚越73、山岡83

住民　石田甚太郎90、村田三郎平93

収容所　青帽子58、小島清文79、志村登67、村田三郎平87、山中87、吉村修吉72

手記　青地49、新井昭英78、石川いさむ80、石原83、今里89、上野正美92、岡本虎雄52、奥村達造80、加藤静枝96、唐住81、河崎79、川崎可保98、木戸65、黒田75、畔柳07、ケソン会73、斉藤桂助75、酒井78、佐藤操81、城田80、諏訪87、91、第一〇三87、竹本73、田中義章73、樽家86、寺嶋84、土井勤68、友近46、中嶋静恵78、藤田相吉73、文化奉公会42、宮前67、83、村田三郎平77、95、柳井87、吉田実46

珠玉　万田村89

主計　金井86

主計兵　小池88

出撃　マッキンタイヤー71

出陣記　飯島90

出征　白鳥88、樋口誠五郎01、前川05

守備隊　独歩78

修羅　永田呂邨99

駿　独立歩兵三五六93

殉職社員　毎日新聞52

巡拝　川北75、川崎卓吉94、佐々木修00、霜月86、月原69、阪東85、89、比島観音建立73、歩兵第十七85、86、松原胖75、77、宮田95、もや友の会75、76、渡辺政一88

巡拝慰霊　加藤清敬71

駿兵団　塩見87

傷痍軍人　野際83

生涯　河合寿恵吉87、高知新聞社94、チャロンゲン95、ポッター67

将軍　飯島92、06、沖59、今52、テイラー82、フクミツ82、村尾国士92、山本正道94

証言　石田甚太郎92、荻原87、加藤春信80、京都新聞社76、81、82、サントス88、新美彰93、畑99、水原90、村上兼巳78、村田三郎平85、和田敏明75

将校　藤田相吉73、松永市郎84、86、渡辺迪雄96

捷号　フィールド56
捷号作戦　柳本88、渡辺綱男69
捷号陸軍航空作戦　防衛庁71
捷号陸軍作戦　防衛庁70、72
招魂　丹羽69
傷魂　宮澤46
召集令状　北清一83
少女　フェリアス99
少年軍属　山下晴朗00
少年飛行兵　畔柳07、笹田97
少年兵　須藤75、84、横山孝雄85
傷病兵　山田忠良98
将兵　大野六弥00、馬場05、森本茂治80
情報将校　小野田寛郎88、長久保93
勝利　スミス79
上陸　鈴木昌夫82
瘴癘　古市95
昭和史　香取98、読売新聞社70
嘱託　萱原83
曙光新聞　影山80、80、曙光新聞93、97
初年兵　朝井--、98
神軍　川村91
進撃　独自74
進攻　池田源治52、村田三郎平91
進攻作戦　陸戦史69
真実　石長75、03、生江00、前田秋信95
神洲丸秘話　松沢92
真相　加賀尾64、斉藤桂助75、舘96、富田77、友清83、友近46、林76、フィールド56、松嶋86、宮内95
陣地　橋本義満93
陣中　村田三郎平92
陣中新聞　陣中新聞42

陣中日記　金谷81、川野74

陣中日誌　戦車第二師団76、坪倉83、中沢84、東94

新天地　新井恵美子93

人肉　石長75、永尾96

振武集団　小川哲郎73

新聞　影山80、マニラ新聞社91

新聞記者　石川欣一95、南条95

水上特攻　雑誌「丸」95

随想　船戸92

随想録　丹羽69

水雷戦隊　木俣72

生　磯崎84、小林84、篠木04

生還　石橋99、上野正美92、下川80、中野重平05、西本末次郎92、間野76、柳井87、大森96

生還者　加藤春信80、竹本73、根岸90、山田護96

生還兵　畑99

生還兵士　田中敏春91

生魂　村上善重80

生死　広瀬92

青春　安延77、石田甚太郎02、上野正美92、江崎77、岡山86、奥谷88、河井96、草戸92、斎木96、佐久間98、笹田97、高橋信幸86、田丸89、中沢84、那須72、広瀬92、福井綏雄82、松葉88、宮下98、宮本悟朗82、矢野86、山村01、渡辺光治95

星条旗　寺下宗孝43、檀96

生存者　第一〇三87

生と死　大島久二78、木戸65、斎藤三郎68、田中二郎78、田中敏春91、久田81

青年将校　峰尾66

整備隊　猪股01、牧89

政府派遣　寺嶋83、土肥74、歩兵第十七84、増田75

絶望　影山75、中西97

瀬能・多賀部隊78

零　今中01

III．索　引（人名・地名・事項）

零戦　白浜68

零戦虎徹　斎藤三郎68

戦影　尾崎43

戦火　安部76、山根81

戦禍　ダバオ会93、吉沢仁助04

戦艦武蔵　佐藤太郎52、55、60、戦艦武蔵79、塚田94、豊田83、吉村昭66、70、渡辺清71

戦艦大和　小板橋85、永沢03

戦記　赤松光夫95、荒木03、井伊91、井口08、池07、池田諒94、97、石井78、石河82、石塚80、市川79、89、一戸69、伊藤五朗57、稲垣86、乾77、井上悠紀男87、猪股01、指宿97、岩崎敏夫02、ウィロビー59、上田八造00、大岡71、72、大島久二81、大谷博司88、岡沢82、岡本望91、小川哲郎73、小川博則83、奥村達造80、尾崎62、小山田88、梶原90、加藤忠治85、金井86、鏑木90、河合武郎87、90、川口95、神田79、儀同03、木村73、神頭02、小谷野84、斎藤芳二95、坂田澤司80、佐久間98、櫻本一三9–、佐々木正逸99、佐々木康勝82、佐藤康平79、サランガニ戦友会78、塩見87、市柿96、重松00、柴田賢一79、柴田賢次郎43、柴田義男94、清水徳郎82、白石99、杉井88、杉谷93、鈴木眞武00、駿河85、千田75、第一師団65、高木85、高貫04、04、04、高橋喜平80、高橋繁雄95、高橋重広85、高橋定道88、橘部隊79、丹波04、桃陵会71、徳津91、独歩一六五78、独立野戦n.d.、戸田92、飛岡95、外山89、永沢03、永渕88、西田三千男84、日比慰霊会58、沼間98、根岸90、橋本静雄79、橋本純00、畑99、服部92、樋口誠五郎01、久光96、比島電二96、比島派遣軍43、平岡久03、広田86、福田81、89、牧89、真木葉75、松井範政82、松浦俊郎91、松原俊二89、松本正光92、御園生83、水本91、宮内46、95、三宅81、宮本雅二98、ミンタル会76、村崎78、村田三郎平85、もや友の会73、森崎n.d.、守屋正66、柳原隊81、山口部隊81、山崎友助83、山崎亘87、山下盛一81、山田善助74、山田廣一86、山田正巳00、山中87、山本正治98、横沢88、吉岡89

戦記もの　高橋三郎88

戦句集　太田悠照91、99

戦訓　赤松光夫84、村田三郎平n.d.、86、86、87、87、88、90、90、91、91、92、93、93、93、93、93、94、95

先遣隊　新谷77

戦詩　高瀬73

戦死　小見寿92、品川97

戦史　泉第五三一四97、市川89、可児隊86、空閑98、熊本兵団65、クラークスン82、田村栄70、01、歩兵第十七81、82、87、若潮会72

フィリピン関係文献目録（「戦記もの」）　445

戦死者　若一86

戦史資料　歩兵第四46

戦時想記　竹本73

戦車　指宿97、岩田大尉、大谷博司88、鹿江88、河合重雄96、杉谷93、戦車第七連隊92、永渕88、根岸90、畑99、牧89、森博63、64、柳本88、横沢88

戦車隊　砂川87、91

戦場　石河90、石田甚太郎95、岩佐98、宇佐美84、潮書房89、江崎93、03、長部86、88、金丸92、木戸65、日下94、小島清文92、沢田03、垂井95、友清73、中島正十9一、長嶺97、新美虚炎02、浜野79、御園生82、宮内95、山中87、山村01、我妻88、若柳80

戦場記　花野89

戦場体験　久田87

戦場体験記　富士原88

戦塵　三角85、森晴治78

戦陣記　外山83、89

戦績　川瀬77

戦跡　加藤清敬71、第二六師団98、常岡90、西本正巳70、77、82、橋本静雄81、比島桃陵90、豹兵団82

戦跡慰霊巡拝　泉第五三一四97、河合寿恵吉94、高橋重広87、歩兵第十七92、93

戦跡慰霊法要　山口笙堂79

戦跡写真集　西本正巳70

戦跡巡拝　小田81、坪内94、鉄兵団77、七六会78、日本遺族会77、丹羽69、北海道67、歩兵第十七88、89、90、もや・いふ05

戦跡訪問　島田68

戦跡訪問記　松原胖75

戦線　阿部尚道85、井上忠79、今井86、岩崎敏夫00、大分県77、大島六郎77、太田悠照91、99、大野六弥00、大南n.d.、岡沢82、於保95、金谷81、唐住81、小池88、小林84、今49、坂田澤司83、佐々木浩一88、佐竹73、佐藤康平79、里見憲貞76、サントス88、品川97、島居79、清水三朗85、曙光新聞93、神野寛85、戦車第二師団87、88、第三南遣79、土屋67、寺下辰夫67、東城78、富崎82、浜野89、比島派遣武田隊79、比島派遣独立87、藤弥96、二木81、細田89、望月学83、元歩兵88、山根81、山本又平96、吉田茂96

前線　石河82

戦想　白塚99

Ⅲ．索　引（人名・地名・事項）

戦争　相野田94、池田諒94、石引79、井上忠男、岩崎佳民85、江崎77、大岡70、岡田梅子95、小川哲郎78、小野田寛郎74、御田78、河崎79、河原井98、櫟93、栗原悦蔵45、小寺98、00、小柳次一93、佐藤操89、戦争03、平87、田中二郎78、土持92、93、長久保93、西川好雄04、野際83、久田81、87、平岡久88、福島民友新聞社82、富士原98、松原俊二89、宮下98、和田多七郎83

戦争回顧録　ラウレル87

戦争記録　三浦正88

戦争裁判　加賀尾64、坂67

戦争体験　岡山86、沖縄タイムス90、斎木96、坂田澤司80、高橋三郎88

戦争体験記　加藤勝美06、下津78、伏水94

戦争日誌　宮内45

戦争犯罪人　火野79

戦争報道　船戸90

戦藻録　宇垣52

戦地　加来02、はら95

宣伝工作史料集　渡集団96

宣伝班　渡集団96

戦闘　赤野78、安藤95、加藤英男88、萱嶋68、川瀬77、木戸75、畔柳07、佐藤文蔵n.d.、第六航空79

戦闘記録　鈴木昌夫82、藤田三司栄76、ボール96、美濃田80、谷木83

戦闘誌　森博63、64

戦闘日記　塩見87

戦闘飛行集団　原田66

戦斗史　小川小二郎59

船舶　駒宮91、三岡73

船舶工兵　伊藤由己93、花野89、リロアン90

船舶特幹　若潮会72

船舶砲兵　駒宮72、77

戦犯　相野田94、村田三郎平93

戦犯記　人類の蹉跌49

戦犯裁判　井上忠男

戦犯死刑囚　岡本虎雄52、加賀尾53、野田72、峰尾66

戦犯釈放　フクミツ82

戦犯収容所　小野哲84

戦秘史　皇88

宣撫　小野豊明45

戦砲隊　赤野78

戦没　岡本望91、神崎83、戦艦武蔵79、蜂巣91、村田三郎平91

戦没者　歓喜峰の会97、曹洞宗78、比島戦没者68、北海道67、野砲兵第22連隊81、山田善助82、歩兵第十七84、94、もや・いふ05

戦没者遺骨収集　土肥74、増田75

戦没者慰霊団　松原胖75

戦没者慰霊碑　小見昌夫79、バレテ会74

戦没者慰霊訪問記　遠藤88

戦没者慰霊六十回忌　第三十二01

戦没者50回忌　比島桃陵90、90

戦没者五十回忌　フィリピン戦没者95

戦没者50年祭　坪内94

戦没者三十七回忌慰霊団　田村栄80

戦没者巡拝　小栗92

戦没者追悼　もや・いふ05、野砲兵第十94

戦没兵士　日高84、村上兼巳78

全滅記　岡沢76、西井77

全滅記録　杉谷93

全滅史　葛野49

戦野　竹腰92、村田三郎平85、93

戦友　池07、金井77、金子栄之87、木戸75、黒木70、桑野89、宍倉70、75、80、鈴木眞武00、高橋重広85、87、土持93、藤森82、桃陵会73、蜂巣91、本多94、山田忠彦68、山本正治98、渡辺政一88、西尾98

戦友会　野砲兵第十94

戦乱　藤原07

戦慄　近藤鎌弘96

占領　池端96、上田敏明90、川村91、小寺08、鈴木静夫84、ソリヴェン07、津野85、日本のフィリピン占領期94、ラザフォード74

戦歴　奥村芳太郎70、二木79、81

壮烈　白川90
速射砲隊　杉谷93
足跡　池田兼一99、宇佐美83、小寺03、夏友会81、比島慰霊90、リロアン90、渡辺迪雄96
祖国　石橋99

[タ行]

退却　小島清文79
体験　金丸92、代田69、垂井95、飛岡95、友清73、村井46、谷木83
体験記　岩崎佳民85、大分県77、小寺n.d.、田中敏春91、田村金作93、95、比島派遣独立87、村井46
体験記録　塩田88
大東亜戦　横山泰和89
大東亜戦史　池田佑69、田村吉雄53、森高78、読売新聞42
大東亜戦争　小川博則83、小山田88、加藤忠治85、櫻本富雄93、93、佐々木浩一88、佐藤成夫85、志村恵美04、大本営44、田淵89、西村義光84、文化奉公会42、我妻88
第二次世界大戦　池の90、スミス79、陸上自衛隊55、陸戦史69
第二次世界大戦史　スタインバーグ78
第二次大戦　神山渓春02、代田69
第百師団　橘部隊79
太平洋戦記　阿部85
太平洋戦争　赤松光夫84、井口三木男86、池上澄雄86、NHK95、奥谷88、金子栄之87、川崎可保98、国見92、熊井77、熊本兵団65、駒宮97、98、00、今日の話題社69、佐々木正逸99、雑誌「丸」95、95、スミス79、セグーラ88、高貫04、04、04、田嶋94、96、日本アート70、長谷川博一97、平田94、フィールド49、56、前原95、三岡73、山岡68、83、山田正巳00、山本平弥89、01、和田敏明75、渡辺綱男69
太平洋戦史　学習研究社95
高千穂降下部隊　田中賢一75
高野部隊　外山89
高橋隊　高橋定道88

高橋中隊　高橋重広87、渡辺政一84

高山支隊　蜂巣91

瀧上大隊　独立歩兵第三五六93

武田部隊　工兵第二十三79

橘部隊　橘部隊79

脱出　大島六郎77、沼間88

脱出記　和田敏明42

脱走　永田武二67

龍兵団　富崎82

田中大隊　小見昌夫79

谷間　江崎57、77、93、03、玉村78

田村区隊長　田村区90

弾雨　西田市一43

短歌集　土屋67

弾痕　バレテの弾痕78

断面　船戸90

血　岩川隆83、熊井77、駒宮77

地上整備兵　田嶋94

父　池田兼一99、小栗91、小見寿92、重松00、志村恵美04、高山博文97、丹波04、チャロンゲン95、平井94、丸山08、水原90

張鼓峰事件　渡辺政一88

弔魂　比島観音73

調査行　ビサヤ地区74

調査票　宮内

調査報告　比島調査93

諜報員　岡崎92

鎮魂　安延77、池田兼一99、池田保富88、佐倉市05、第一師団81、ネグロス島86、日高84、比島桃陵85、90、90、フィリピン戦没者95、富士原88、北菲72、松村政春79、マニラ陸軍91、宮前83、もや・いふ86、山田護96

鎮魂歌　相野田94、金丸00

沈没　寺嶋84

450　Ⅲ．索　引（人名・地名・事項）

追憶　小見昌夫79、田嶋94、96、ネグロス島86、比島復員87、88、毎日新聞社52、村尾かつ子91、山下九三夫76、79、86、山田忠良98

追憶集　鈴木政子74

追跡調査　村上兼巳78

追想　朝井--、98、岡崎92、宍戸90、西本正巳75

追悼　小沢66、金井77、桑野89、小塚73、坂田澤司83、佐々木謙85、山田善助82

追悼歌句集　高橋虎夫83

追悼文集　小見寿92

追悼碑　バレテ峠85

追慕　後藤正男95

痛恨　里見憲貞76、霜月86、長井清88、福林76

通信　櫻本一三9-

通信隊　松井達男94

償い　相野田94

恒廣大隊　常岡90

帝国海軍　有馬01、舘n.d.、御園生82

帝国艦隊　橋本純00

帝国陸軍　山本七平76

偵察機　手島丈夫76

手紙　水原90

手帳　岡田録47、岡田録右衛門82

鉄　川瀬77、佐々木謙85、独立歩兵三五六93

鉄道関係建築物　南方鉄道n.d.

鉄部隊　葛野49

鉄兵団　西井77

伝言　小川四郎49

転進　中島惟誠87、豹86、宮下98

転進記　角田87

電信兵　大澤明彦86

伝統　有馬01

天皇　読売新聞社70

天王山　潮書房86

東亜戦雲録　池田源治52

東亜戦争体験記　吉田茂96

投降　石川欣一46、95、小島清文79

慟哭　内山94、大島久二81、鎌田97、関川85、樽家95、フィリピン戦友会85、三浦正88、山口昇95

統帥　第一復員局46

当番兵　山本正道91

逃亡　於保01

同胞　土谷65、68

逃亡兵　石河85

逃避行　新美彰93

読者　池田諒97

特設艦艇　駒宮00

特別攻撃隊　高木74、三浦覚83

特別工作隊　岩村n.d.

独立　太田兼四郎53

独立工兵　篭谷90、独立工兵89

独立混成　市川89、奥村達造80

独立自動車　独自74

独立重砲兵　花木91

独立戦車　細田89

独立飛行　手島丈夫76

独立歩兵　泉五三一五58、荻野90、片桐部隊72、359会94、重松00、独立歩兵第三五六93

独立野戦照空　満洲96

独立野砲　赤野78

髑髏　荻原87

常夏　藤原94

道産子　西島93

突撃　吉田俊雄70

特攻　舘n.d.、福島民友新聞社82、前田秋信95

特攻機　大野芳84

特攻基地　赤松信乗93、水本91

特攻整備員　諏訪87

特攻隊　今日の話題社69、武田利明90、土井69

特攻隊整備員　諏訪91

独混　井上忠83

突入　檜山88

突入記　暁78、林田幸夫66

友　岩佐二郎98、大野重太郎79、高橋則夫77、樽家95、広田86

灯　藤田三司栄76

虎兵団　佐竹85

[ナ行]

夏部隊　夏友会81

七六会　七六会78

涙　岩川隆83、小川哲郎71、加賀尾64、高橋洋一郎96、山田忠彦68

涙雨　小橋82

南瓜　新井照英78

南方軍　蒲生82

南方特派員　和田敏明75

南方特別留学生　デアシス82

二十歳　生田98

日米決戦　佐藤和正88

日米戦　潮書房86

日米大決戦　フィールド56

日記　赤松信乗73、93、阿部艶子44、石井78、伊藤猛04、ウェンライト67、宇垣52、梅崎87、岡田録右衛門82、尾崎43、小野哲84、久木田85、小松75、辻哲夫96、デアシス82、浜野79、間野76、山崎哲夫95、山田秀吉92

日系棄民　天野90

日系人　小寺98、鈴木賢二92

日誌　大塚逸翁85、90、萱原83

日赤　内山94、近藤末73

日赤救護班　石引79

日比交流　曙光新聞93

日比混血児　チャロンゲン95

二等兵　仁部n.d.

日本映画　櫻本富雄93

日本海軍　小柳冨次67

日本艦隊　フィールド49

日本軍　池の90、石田甚太郎90、皇81、セグーラ88、生江00、フィリピン従軍慰安婦95、フェリアス99、ヘンソン95、山本七平75、ラザフォード74、Duncan45

日本軍人　長嶺82

日本軍部　武藤52

日本人　大沢78、津野85、ディソン07

日本人小学校　石原83

日本武士道　林76

日本兵　アジア90、石田甚太郎92、石長75、サントス88、筒井95、永尾96、中野重平05、山本繁一57

人間　石長74、石引79、岩川隆83、小川哲郎78、沖59、御田77、78、福島民友新聞社82

人間群像　守屋78

人間模様　吉村修吉72

合歓　飯野94

野火　大岡52

乗組員　寺嶋84

[ハ行]

敗因　NHK95

敗残　池上喜代士88、石田徳71、久保田69、塩田88、高山県十92、廣瀬04、福井源左衛門82、藤岡79、91、矢野86、93、吉田義雄03

賠償　吉川91

454　Ⅲ．索　引（人名・地名・事項）

敗陣　村田三郎平90

敗戦　青地49、秋田88、石川欣一95、大内05、河井96、小坂88、小寺n.d.、斉藤桂助75、角田99、田村宏88、友近46、浜野79、村井46

敗戦行記　馬場87

敗走　石長75、03、石引79、小川四郎49、荻原87、近藤末73、代田69、西井77、西本末次郎92、橋本年中95、長谷川次男93、福井勉93、堀池95、間野76、今里89

敗兵　石河82、岡田梅子80

敗北　ウェンライト67

墓場　櫻本一三9-

白日夢　大河原81

爆沈　山本平弥01

白兵戦　大野文吉81

爆雷製造部隊　村田三郎平77

派遣　細川79、牧89、松井達男94、山田淳一92

派遣軍　比島派遣軍43

波多野隊　桑野89

白骨　金井02

白骨消亡兵団　清水三朗85

母　常見98

「疾風」戦闘機隊　清水博02

隼　井上一郎83、宮本郷三88

隼戦闘隊　宮本郷三88

挽歌　江崎85、加藤春信79、川口95、田中賢一75、中嶋建之助88、日岐00、藤森清一85

萬歳突撃　藤森清一82

阪東部隊　阪東85、89

悲運　京都新聞社76、81、82、中嶋建之助76、村尾国士92

引揚死没者　加治木港99

引揚船　加治木港99

悲劇　赤松光夫84、沖59、岸見04、今52、山下晴朗00

飛行　猪股01、大谷稔94

飛行雲　青木01

飛行場大隊　加藤香89

飛行団　小川小二郎59、新藤56

飛行兵　畔柳07

悲惨　柴田賢一79

悲傷　前川05

悲島　読売新聞大阪83

比島観音　伊藤信義06、荻野93、固武72、バレテの弾痕78、比島観音奉賛会91、06

比島作戦　有馬01、垣42、川井75、第一復員局46、第一復員省46、寺下宗孝43、東口68、西村義光84、飛行45、深津90、藤田相吉73、読売新聞42

比島派遣　大谷博司88、宍倉70、松本秀忠9-、渡43

比島方面作戦　引揚援護庁46

非命　終戦50周年95

姫路師団　葛野49

白夜　大野文吉00

兵庫兵団　神山参二69、70

豹兵団　豹86、豹兵団82

漂流　坂端70

被雷艦船　駒宮97

秘録　小柳冨次56、65、田村吉雄53、中島誠56、藤田相吉73

秘話　近藤末73、須藤75、84、長久保93

悲話　白鳥86

フィリピン人　藤原07

復員　大岡78、宮内

復讐　佐藤操89、テイラー82

福知山聯隊　福知山聯隊75

藤田隊　威92、94

不戦　固武79

不戦兵士　永沢95

風土記　三木43

不法殺害事件　林76

俘虜　生田81、大岡48、大島六郎64、山口昇94

俘虜集結写真　Duncan45
俘虜収容所　山本正道94
浮浪　今49
文化人　櫻本富雄93
文化創造　影山75
憤死　森本茂治80
奮戦　小野清志92、新藤56、野口67、横山泰和89
奮戦記　威92、94、寺嶋83、御園生82、山田淳一92、渡辺三郎62
分隊長　金谷81

兵　飯島92、06、角田99、村越93
米軍　鈴木昌夫82、茶園86、ボール96、村田三郎平86
兵士　赤松光夫95、石長75、03、伊藤由己93、江崎93、03、小橋88、小林84、飛岡95、西本正巳77、82、平岡久88、藤森庄之助95、前川05、三浦正88、三宅81、宮前67、83、山田忠彦98
兵卒　岡部86、岡本望91
兵隊　杉井88、千田92、高山県十92、村田三郎平97、柳井87、山本森高66
兵隊蟻　古山77
兵站　仲村80
兵団　渡辺元芳85
兵站衛生　村田三郎平87
兵站病院　穴原81、空閑98、宍倉70、第一三九会74
米陸軍　クラークスン82
兵旅　案浦78
平和　相野田94、加賀尾64、佐倉市05、土持92、93、長久保93、中野重平05、バレテ峠85、前原95、槙85、山田善助82、山田久治77、横手89、吉沢仁助04
碧雲　槙85
ベンゲット移民　小寺99

歩　宮内46、95
冒険　アゴンシリョ91
防空駆逐艦秋月　国見92、山本平弥01
望郷　三留88

彷徨　大島久二78、大谷稔94、大野文吉00、開発88、勝田80、加藤春信76、77、79、西井77

奉賛名簿　固武72、比島観音建立72

邦人　大澤清94、小寺n.d.、98、00、01、01、02、02、03、05、05、05、06、08、08、08、08、城田80、中嶋静恵78、村井46、村田三郎平93、吉田実46

砲声　梶原90

法政大学予科　土持92

砲弾　河合武郎90

報道　村田三郎平86

報道戦士　船戸95

報道班員　斎藤桂助46、斉藤桂助75

報道部隊　寺下辰夫67

忘備録　谷口74

砲兵戦記　中山43

砲兵戦斗　陸上自衛隊59

砲兵隊　奥村達造80

砲輪蹄跡　野砲兵第22連隊81

砲列　中山43

放浪　於保01、今49、塚越73

放浪記　神野勝之助89、西本正巳82

母艦航空隊　野村泰治89

北馬南船　足立93

星　大杉92、岡田梅子80、宮本悟朗82、渡辺光治95

補充兵　石川いさむ80、大岡77、84

慕情　西本正巳86

堀田大隊　中川美代司95

墓碑銘　赤松信乗73、93、万田村75

墓標　後藤正男84、宍倉75、75、80

歩兵　宇佐美83、小川博則83、小野清志92、加藤隊90、栗田73、佐倉市03、04、05、佐々木謙85、佐藤康平79、鈴木昌夫82、田村榮70、01、徳津91、橋本静雄79、バレテ会74、広田86、歩一会56、歩兵第十74、歩兵第十七81、82、86、87、歩兵第四46、歩兵第71連隊77、歩兵六十三74、宮内？、山田照孝67、渡辺政一84

歩兵師団　クラークスン82

捕虜　ウェンライト67、影山80、小坂88、下平83、松原俊二89
捕虜新聞　影山75
捕虜病院　守屋73
翻弄　川崎可保98

[マ行]
毎日新聞社　毎日新聞社52
孫　我妻88
松井揚陸部隊　溝口博86
マニラ麻　ダバオ会93
マニラ新聞　南条95
○ト部隊　桑野89
○レ　若潮会72
○レ特攻隊員　石井不二郎78
マンゴー　石田甚太郎95、野村良平04

御霊　古沢73
三井金属　三井金属74
密命　岡崎92
密林　川口95、西井77、三宅81
南十字星　池上澄雄86、宇都宮81、岡部86、小見昌夫79、片桐部隊72、金丸00、佐藤康平79、陣中新聞42、照木91、92、中西97、樋口杲70、ビサヤ会78、向井42、森本茂治80、大和90
見習士官　石田徳71、坂田澤司80
峰松大隊　大南n.d.
民族独立運動　神山渓春02

無条件降伏　藤田肇79

迷宮　中野重平05
冥福　黒木70
盟兵団　市川89、佐藤文蔵n.d.

名簿　井上忠男、工兵二十三46

棉作　高岡88、読売新聞91

もや部隊　松原胖75、もや友の会73

モロ族　池田諒94、伊藤五朗57、井上武男93

[ヤ行]

椰子　茂見56、平井94、山崎友助83、山本森高66

椰子林　熊本県68、三枝80

夜叉　石河90

野戦航空補給廠　福井源左衛門82

野戦高射砲　小野哲84、ネグロス島86

野戦自動車廠　比島派遣野戦89

野戦重砲指揮官　河合武郎87

野戦重砲兵　二口83、連隊史94

野戦飛行場設定隊　三枝80

野戦病院　高橋功72、角皆、西井77、松井範政82、渡部迪雄96

野戦兵器廠　岸88

野戦防疫給水部隊　蒲生82

野砲兵　安部76、梶原90、佐々木修00、西村美枝子93、宮林77、野砲兵第十86、94、野砲兵第22連隊81、比島攻略73

山口部隊　山口部隊81

山下裁判　宇都宮75、リール52

山下財宝　生江95

山下兵団　栗原50、74

大和　岩佐95、98、雑誌「丸」95

遺言　木戸75

夕霧　前川05

雄魂　中村八朗72

幽囚　辻豊52

勇戦　歩一会56

幽閉　辻長一84
輸送　村田三郎平88
輸送艦　松永市郎86
輸送艦船　駒宮98
輸送作戦　伊藤由己95
輸送船　駒宮77、松沢92、村田三郎平88
輸送船団　駒宮72、77、95

夜明け　新井恵美子96
洋上慰霊　政府派遣88
洋上慰霊祭　落合83、山形県87、90
抑留者　山口昇94
予言部隊長　溝口晋67、溝口似郎71
予備役将校　塩田88

[ラ行]
落日　野村泰治89、90、藤森庄之助95、万田村75、村松56
乱世　藤原94

陸海決戦記　潮書房89
陸軍機動輸送艇　川井75
陸軍空挺部隊　山田登77
陸軍航空作戦　防衛庁70
陸軍航空廠　マニラ陸軍99
陸軍航空飛行　陸軍航空飛行79
陸軍水上特攻　儀同81、03、若潮会72
陸軍潜水艦○ゆ　福山85
陸軍特別攻撃隊　高木74
陸軍病院　赤井n.d.、玉村78、富士原88
陸軍報道班員　文化奉公会42
陸戦記　小野田久一85

留魂　阪東85、89
虜囚　伊藤猛04、岡田録右衛門82、山田淳一55
慮人　小松75

流転　村越93

霊　宍倉75、80、日高84、宮本雅二98、村田三郎平77
レイテ作戦　第一復員局46、田中賢一75、80
レイテ戦　フェリアス99
黎明　檀96
烈禍　福井綏雄82
連合艦隊　高貫04、04、04、福田81、89、マッキンタイヤー71
連合軍司令部　池田源治52
連隊旗　岩川隆83

六道　太田悠照91、99
浪漫　万田村89
ロラ　石田甚太郎02

[ワ行]
鷲見文男隊　安藤95
わたつみ　万田村75
渡　渡43

[アルファベット]
B級戦犯　佐藤操81
BC級戦犯　茶園86、87
PK部隊　櫻本富雄93
PW　岡田録47、岡田録右衛門82、坂田卓也74

編 集 者 紹 介

早瀬　晋三（はやせ　しんぞう）
1955年生まれ
大阪市立大学　大学院文学研究科　教授
〔主要著作〕
『「ベンゲット移民」の虚像と実像──近代日本・東南アジア関係史の一考察』（同文舘、1989年）、『復刻版　比律賓情報解説・総目録・索引（人名・地名国名・事項)』（龍溪書舎、2003年）、『「領事報告」掲載フィリピン関係記事目録　1881-1943年』（龍溪書舎、2003年）、『海域イスラーム社会の歴史』（岩波書店、2003年）、『歴史研究と地域研究のはざまで』（法政大学出版局、2004年）、『戦争の記憶を歩く　東南アジアのいま』（岩波書店、2007年）、『歴史空間としての海域を歩く』（法政大学出版局、2008年）、『未来と対話する歴史』（法政大学出版局、2008年）、『未完のフィリピン革命と植民地化』（山川出版社、2009年）

南方軍政関係史料⑩
フィリピン関係文献目録（戦前・戦中、「戦記もの」）

2009年11月10日第1刷	揃税込価格　22,000 円
	（税抜価格　20,000 円）

編集者　早　瀬　晋　三
発行者　北　村　正　光
発行所　株式会社　龍溪書舎

〒179-0085　東京都練馬区早宮 2－2－17
電　話 03（5920）5222・振替 00130-1-76123
FAX 03（5920）5227

ISBN978-4-8447-0005-0

印刷　勝美印刷
製本　高橋製本